Prinz Eugen

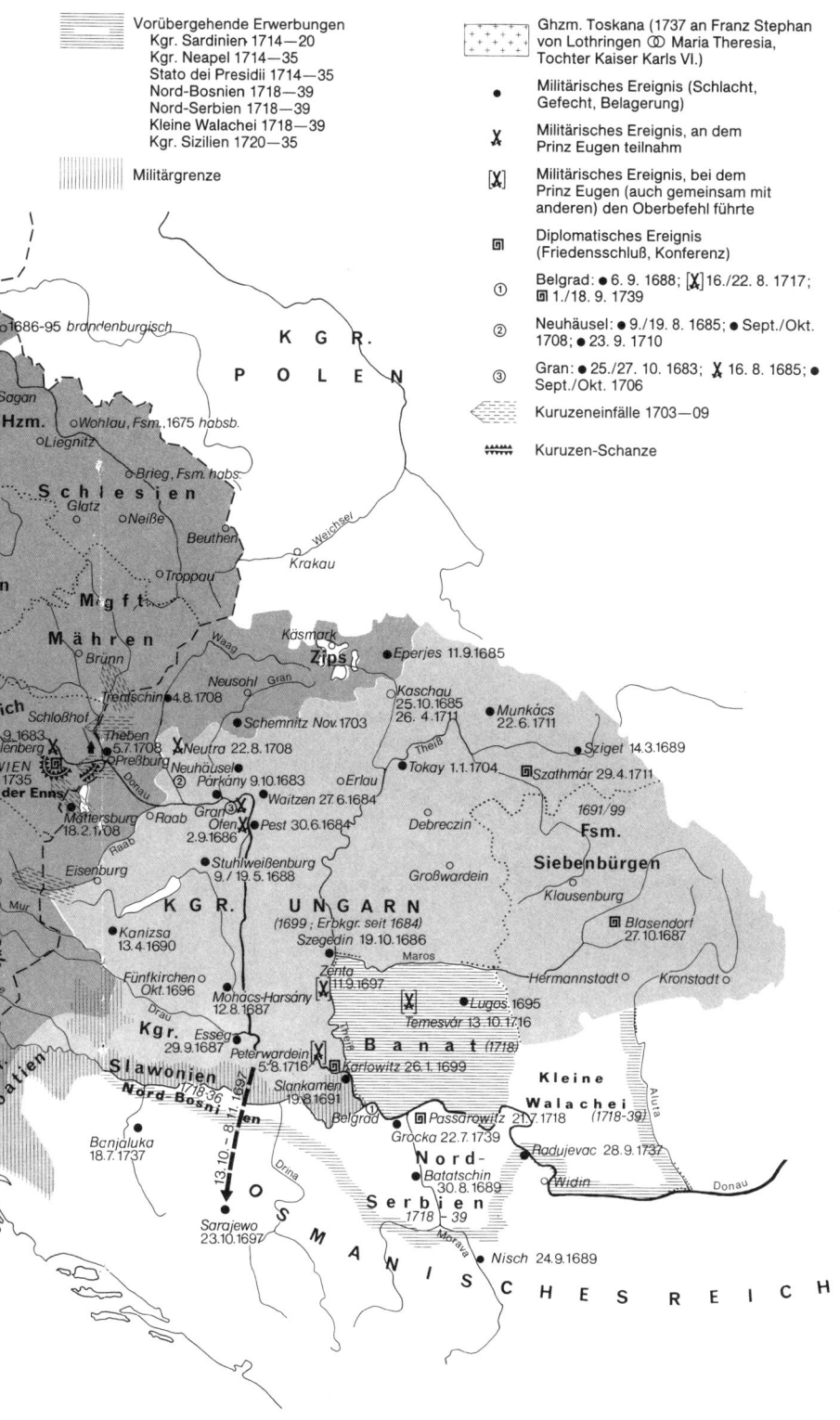

Inhalt

Erstes Kapitel
Heldenplatz und Belvedere 7

Zweites Kapitel
Eugenio von Savoye 10

Drittes Kapitel
In Habsburgs Dienst 32

Viertes Kapitel
Der Feldherrnstab 54

Fünftes Kapitel
Jahrhundertwende 76

Sechstes Kapitel
Krieg um Spaniens Erbe 97

Siebtes Kapitel
Fronten im Süden und Westen 135

Achtes Kapitel
Lorbeer und Olivenzweig 162

Neuntes Kapitel
Auf dem Gipfel 205

Zehntes Kapitel
Kabalen und Krisen 238

Elftes Kapitel
Herkules und Apoll 259

Zwölftes Kapitel
Zwischen Barock und Aufklärung 392

Dreizehntes Kapitel
Die Sphinx von Wien 310

Vierzehntes Kapitel
Frieden durch Gleichgewicht 324

Fünfzehntes Kapitel
Welkender Ruhm 347

Sechzehntes Kapitel
Der edle Ritter 366

Stammbaum 380
Zeittafel 381
Bibliographie 385
Personenregister 391
Bildquellennachweis 399

Erstes Kapitel

Heldenplatz und Belvedere

In Erz gegossen begegnet uns Prinz Eugen von Savoyen auf dem Heldenplatz in Wien. Stolz im Sattel, die Zügel fest in der Hand, zwingt er dem Roß in der Levade seinen Willen auf wie einst den Türken und Franzosen, deren Feldzeichen vor ihm niedergesunken sind.

»Dem ruhmreichen Sieger über Österreichs Feinde« wurde das Monument von Kaiser Franz Joseph I. gewidmet. Dessen Vorgängern Leopold I., Joseph I. und Karl VI. hatte der Prinz aus dem savoyischen Fürstengeschlecht gedient, als Feldherr dem Hause Habsburg die Großmachtstellung erkämpft und diese als Staatsmann durch eine Gleichgewichtspolitik gesichert.

Das in historisierendem Stil geschaffene Reiterdenkmal wurde am 18. Oktober 1865 enthüllt – am 202. Geburtstag Eugens, am 51. Jahrestag der Völkerschlacht bei Leipzig, in der Österreich mitgesiegt hatte, und acht Monate vor der Niederlage bei Königgrätz, die den Anfang vom Ende des Habsburgerreiches markierte.

Die Beschwörung des Heldenzeitalters blieb ohne das erwünschte Ergebnis. Das Lied »Prinz Eugen, der edle Ritter«, als Volksweise entstanden, war zur Denkmalsweihe vom Vize-Hofkapellmeister zu einem Festgesang für Männerchor und Blasorchester gestaltet worden. Ein patriotischer Poet hatte einen neuen Text geliefert, in dem es hieß: »Hatt' nicht Weib und hatt' nicht Kinder, Öst'reich war ihm Weib und Kind!« Das Programm verhieß: »Bei der morgigen Festveranstaltung im Burgtheater werden mit Genehmigung Seiner Majestät des Kaisers wirkliche Trophäen des Prinzen Eugen auf der Bühne paradieren.«

Im Heeresgeschichtlichen Museum paradieren sie immer noch: türkische Halbmonde, französische Lilienbanner, darüber Porträts des Siegers, den Hofmaler zum Heroen stilisierten, dazwischen verklärte Schlachtendarstellungen, die Lessing als »furchtbare Täuscherei« kritisierte.

Beim Anblick des ausgestellten Küraß von Prinz Eugen wird Gigantisches auf Menschliches reduziert. Die Schulterbreite beträgt 31, die Rückenlänge 40, der Brustumfang 100 Zentimeter. Ein knabenhafter Körper, mehr der eines Kadetten als der eines Kommandeurs steckte darin, aber im Kopf ein unbestechlicher Verstand, unbeugsamer Wille und männlicher Mut, ja Kühnheit, worauf die von feindlichen Kugeln verursachten sieben Dellen im Küraß hindeuten. Der Panzer verbarg eine leidenschaftliche Natur, mit der der Sohn einer italienischen Mutter oft im Widerstreit war, und die er meist, aber nicht immer, in den Küraß seiner französisch geprägten Ratio zu zwingen vermochte.

Der Wahlspruch des »edlen Ritters« ist auf seinem Degen eingraviert: »Ne me tirez pas sans Raisons« und »Ne me Remettez point sans honneur«. Die erste Devise verweist auf den Vorsatz des »Honnête homme«, nur aus Vernunftgründen und Staatsräson zur Waffe zu greifen, die zweite auf die Entschlossenheit, sie nur nach ehrenhafter Führung wieder in die Scheide zu stecken.

Die Grandeur, die er Österreich erkämpfte, ging dahin, die Glorie, die er sich erwarb, überlebte ihn. Auf dem Bahrtuch des am 21. April 1736 dreiundsiebzigjährig Verstorbenen sind Eugens Siege vermerkt – von Zenta 1697 über Höchstädt 1704 bis Belgrad 1717. In der Leichenrede des Dompredigers von Sankt Stephan wurde er mehr als Friedensstifter denn als Triumphator gefeiert: »Sobald er den Frieden hoffen konnte, war er des Sieges schon müde. Ein Strauß von einem Olivenzweig war ihm lieber als ein Wald von Lorbeerbäumen.«

In den Ruhmestempel des Heeresgeschichtlichen Museums in Wien kommen immer weniger Besucher. Der Reiter auf dem Heldenplatz scheint als Parkwächter für Autos zu dienen, deren Besitzer sich in dem in Sichtweite liegenden Kongreßzentrum der Hofburg um ein friedliches Miteinander der Staaten und Nationen bemühen. Eugen von Savoyen, der Italiener von Herkunft, Franzose durch Bildung und Wahlösterreicher, dieser Europäer de souche, vom Stamme her und von Hause aus, hätte Gefallen an dieser Perspektive gefunden.

Besucher aus der ganzen Welt strömen zum Belvedere, dem »Wunderwürdigen Kriegs- und Siegeslager des unvergleichlichen Helden unserer Zeiten«, wie es im 18. Jahrhundert gefeiert wurde. Der Bauherr Eugen, der als savoyischer Sonnenprinz mit dem bourbonischen Sonnenkönig wetteiferte, ließ sich im Bildprogramm seines Schlosses nicht nur als Herkules der Waffen und Apoll der Künste und Wissenschaften, sondern auch als Friedensbringer rühmen.

Menschen von heute zieht es in den Musentempel und das Friedenslager, in das schönste Barockpalais und zum prächtigsten Barockgarten der einstigen Hauptstadt eines Vielvölkerreiches, das der Hausherr mitgeschaffen und miterhalten hatte und dessen übernationales Vermächtnis aktuelle Bedeutung gewonnen hat. So schweift der Blick vom Belvedere zurück in eine Vergangenheit, in der Eugen von Savoyen – mit Hegel zu sprechen – ein »Geschäftsführer des Weltgeistes« war, und vorwärts in eine Zukunft, der Grundsätzliches und Zeitloses vom Geiste dieses Europäers nicht schlecht anstünde.

Zweites Kapitel

Eugenio von Savoye

In drei Sprachen unterschrieb er als Eugenio von Savoye, beschrieb mit einem italienischen und einem französischen Eigennamen und einem verbindenden deutschen »von«, also mit der sprachlichen Dreifaltigkeit, die europäische Dreieinigkeit seines Wesens.

»Es geschieht um zu zeigen, daß ich ein dreifaches Herz habe: das leidenschaftliche eines Italieners meinen Feinden gegenüber, das ergebene eines Franzosen für seinen Monarchen und ein treues teutsches für meine Freunde«, erklärte er und deutete an: Italienisch galt ihm als Muttersprache, Französisch als Bildungssprache und Deutsch, in dem auszudrücken er »nicht versiert« war, hielt er für kein nationales Idiom, vielmehr für die Lingua franca eines übernationalen Reiches, dem er sich verschrieben hatte.

In Italien wurzelte sein Dynastengeschlecht, und auf diese hohe Abstammung und die sich daraus ergebende Verpflichtung pochte er sein Leben lang: »Denn ob ich schon ein particularis, so bin ich doch von solchem Geblüt und Gemüt, daß ich auch einem König nach der wahren Glorie und Ehre, nach welchen ich durch den rechten Weg allzeit gestrebt, im geringsten nicht weichen tue.«

Das Herzogtum Savoyen lag geographisch um Turin und in den Westalpen, geschichtlich zwischen dem römisch-deutschen Imperium und dem Königreich Frankreich. In diesem Gebiet des ehemaligen Lotharingien überschnitten sich der italienische und der französische Kulturkreis. Politisch war jener Zwischenstaat einem Zweifrontendruck durch die Bourbonen und die Habsburger ausgesetzt, den der Savoyer durch eine Schaukelpolitik zu mindern, ja zu seinem Vorteil zu nützen verstand.

Vom Kaiser hatte er die Herzogswürde und das Reichsvikariat über Piemont erhalten. Eheliche Verbindungen mit spanischen und französischen Prinzessinnen verknüpfte er mit politischen Bündnissen. Im Spanischen Erbfolgekrieg sollte er von beiden Seiten profitieren, den Königstitel, zunächst den sizilianischen und schließlich den sardischen, gewinnen und sich für eine Rolle als Wegbereiter der Einheit Italiens im 19. Jahrhundert empfehlen.

Prinz Eugen von Savoyen, der ungern gegen den mit Ludwig XIV. verbündeten Herzog Viktor Amadeus II. und gern an der Seite des zu Österreich gewechselten Vetters gegen Frankreich kämpfte, blieb sich – auch wenn er mit Herz und Hand die Casa Austria vertrat – seiner Zugehörigkeit zum Haus Savoyen bewußt. Dabei entstammte er nicht der regierenden, sondern der jüngeren Linie Carignan, die erst nach dem Aussterben der älteren im Jahre 1831 auf den Thron gelangte.

Eugens Großvater, der erste Carignan Tommaso Francesco, hatte die savoyische Schaukelpolitik mit persönlichem Gewinn an Ansehen und Vermögen betrieben. Mit einer französischen Prinzessin vermählt, hatte er zunächst zu Frankreich gehalten, war dann als spanischer Feldmarschall dessen Kriegsgegner geworden, um schließlich Front gegen die Habsburger zu machen, die ihm nicht so viel wie die Bourbonen zu bieten vermochten. Der Niederländer Anthonis van Dyck hat ihn so porträtiert wie später Jakob van Schuppen den Prinzen Eugen darstellte, hoch zu Roß, mit Küraß und Kommandostab, indessen mit dem Unterschied, daß der Enkel tatsächlich ein Feldherr und der Großvater eher ein Condottiere war.

Der Gewinn, den der Prince de Carignan aus seinem Engagement für Frankreich bezog, wurde durch den Schaden beeinträchtigt, den ihm seine französische Gemahlin eintrug. Marie de Bourbon-Soissons verschaffte ihm zwar Eingang in die Pariser Hofgesellschaft, vergällte ihm aber das häusliche Dasein so sehr, daß er sich immer wieder in das Feld flüchtete, wo der Mann noch etwas wert zu sein schien. Als Angehörige einer Dynastie, die sich anschickte, in Europa zu dominieren, suchte die hochmütige Frau ihre Familie mit dem in Frankreich praktizierten Absolutismus zu beherrschen. Auch ihr Enkel sollte darunter leiden.

Das erste Kind aus der Ehe von Thomas Franz von Carignan und Marie von Bourbon war die 1627 geborene Luise Christine. Sie heiratete den Markgrafen Ferdinand Maximilian von Baden, der sie in Paris sitzen ließ, weil er die Erfahrung gemacht hatte, daß man dort zwar Damen mit Plaisir den Hof machen könnte, aber eine Heirat mit ihnen wie die Pest meiden sollte. Seinen im Hôtel de Soissons geborenen Sohn Ludwig Wilhelm holte er nach Baden, wo der Vetter Eugens sich für seine Rolle im Krieg gegen Türken und Franzosen zu wappnen begann.

Der Vater von Prinz Eugen, Eugen Moritz, der den um acht Jahre älteren »Türkenlouis« als Militär wie als Politiker übertreffen sollte, wurde 1635 als dritter Sohn der Carignan-Bourbon geboren. Der erste Sohn, Emanuel Philibert, kam taubstumm zur Welt, was ihn nicht daran hinderte, sich als Haupt und Fortsetzer des Familienzweiges zu bewähren. Sein Bruder Josef Emanuel machte nicht viel von sich reden, umso mehr Eugen Moritz – und das nicht allein als Vater eines berühmten Sohnes.

Marie von Bourbon, die auf diesen Filius setzte, verschaffte ihm Würde und Besitz eines Grafen von Soissons. So wurde er ein französischer Prinz, dem eine entsprechende Laufbahn offenstand, welche er – als Sproß eines Soldaten und Genosse einer Kriegszeit – in der königlichen Armee einschlug, die daranging, die Vormachtstellung Frankreichs in Europa zu erkämpfen. Eugen Moritz stieg mit Ludwig XIV. auf, wurde General und Gouverneur, hatte Chancen, zum Oberbefehlshaber ernannt zu werden. Doch am 7. Juni 1673 raffte den erst Achtunddreißigjährigen das Fieber, vielleicht sogar – wie gemunkelt wurde – ein Gift hinweg. Er hinterließ sieben Kinder, darunter – als fünftes – unseren Prinzen Eugen, und eine Witwe, die dem Toten kaum nachtrauerte und sich um die Waisen nicht nachhaltig kümmerte.

Die Ehe, eine familiäre Mesalliance, war als eine politische Allianz geschlossen worden. Olympia Mancini kam aus einer

*Olympia Mancini, Mutter des Prinzen Eugen.
Gemälde eines unbekannten Meisters.*

dubiosen italienischen Familie, die das Glück hatte, mit Kardinal Mazarin, dem allmächtigen Minister Frankreichs, verwandt zu sein, was mehr die ehrgeizige Marie von Bourbon als ihren eher gleichgültigen Sohn bewog, die unstandesgemäße Verbindung mit einer »Mazarinette« einzugehen.

Als Giulio Mazarini in den Abruzzen geboren, in Frankreich als Jules Mazarin zum Nachfolger Richelieus und Mentor der Regentin Anna aufgestiegen, hatte Mazarin seine Nichten Mancini aus Rom nach Paris geholt. Vom Onkel protegiert, von parvenühafter Geltungssucht getrieben und ihre mit Keckheit gepaarte Schönheit einsetzend, reüssierten die »Mazarinetten« an einem Hof, in dem die Männer im Salon und die Frauen im Boudoir dominierten.

Laura Mancini heiratete den Herzog von Mercoeur, Sohn des Herzogs von Vendôme und Enkel König Heinrichs IV. Maria Mancini wurde die Jugendliebe Ludwigs XIV. und Gemahlin des Fürsten Colonna, bei dem sie es nicht lange aushielt. Hortensia Mancini flüchtete aus der Ehe mit dem Herzog von Meilleraye-Mazarin an den Hof in London, wo die Vierzigjährige ihr galantes Leben von neuem begann. Maria Anna Mancini gab sich mit dem Herzog von Bouillon zufrieden.

Die schillerndste »Mazarinette« war Olympia. Ihr Geburtsdatum ist in keinem Kirchenregister aufzufinden, die Eintragungen in der Chronique scandaleuse sind jedoch nicht zu übersehen.

Die Frau des Prinzen Eugen Moritz von Savoyen-Carignan, Grafen von Soissons, und Mutter unseres Prinzen Eugen war als Kind nach Paris gekommen, am 11. September 1647 im Louvre der Königin-Regentin vorgestellt worden. Im Palais Royal wurde sie die Kameradin des noch nicht zehnjährigen Ludwigs XIV. und – aufgeblüht, aufgeweckt und aufstrebend – die Freundin des jungen Königs. An seiner Seite trat sie bei Hofe auf und ging daran, eine mehr als nur platonische Rolle zu übernehmen. Genaues weiß man nicht, aber es ist nicht auszuschließen, daß sie seine Maitresse wurde, sich sogar der Hoffnung hingab, Königin von Frankreich zu werden. Dies hätte freilich nicht einmal Onkel Mazarin zugelassen, der im

Zweifelsfall die Staatsräson, die eine dynastische Eheverbindung erforderte, der Familienräson vorzog.

Olympia Mancini mußte sich mit der Rolle einer Prinzengattin abfinden, was für einen Emporkömmling sehr viel bedeutete, ihr aber viel zu wenig schien. Den Mittelpunkt ihres Daseins sah sie weiterhin im Königsschloß und nicht im Familienpalais. Ludwig XIV. erwies ihr die zweifelhafte Ehre, Oberintendantin seiner königlichen Gemahlin Maria Theresia zu werden. Immerhin war dieses Amt mit höfischer Präsenz im Louvre und in den Tuilerien sowie mit hohen Einkünften verbunden.

Dennoch hielt es Olympia für angebracht, im Hôtel de Soissons einen Nebenhof einzurichten, dem sie als »heimliche Königin« vorstand. Zu ihrer Genugtuung konnte selbst der Sonnenkönig nicht umhin, diesem durch sein nicht seltenes Erscheinen den von der Hausherrin gewünschten Glanz zu verleihen. Dem Hausherrn blieb die Mondrolle zugedacht, die er mit erstaunlichem Langmut übernahm. Ohne vernehmliches Murren finanzierte er ihre Verschwendung, bezahlte Spielschulden und schien auch die Seitensprünge seiner Gattin, von denen tout Paris sprach, zu übersehen, sie jedenfalls nicht nachdrücklich zu beanstanden.

Nachdem Eugen Moritz 1673, nach sechzehnjähriger Ehe, fern von Frau und Haus verschieden war, begann der Niedergang der angeheirateten Prinzessin von Savoyen-Carignan und Gräfin von Soissons. Die Stütze, die er ihr geboten hatte, war nicht mehr da, Mazarin, ihr Förderer, dahingegangen, und Ludwig XIV., ihr Gönner, der seine Passion für Olympias Schwester Maria Mancini entdeckt hatte, begann sich endgültig von der zunächst favorisierten »Mazarinette« abzuwenden. Übermütig und unbekümmert, ungeduldig und unbeherrscht, beschleunigte sie den Abstieg. In Ränken verheddert und in Skandale verwickelt, sank die Grande Dame, zu der sie emporgehoben worden war und sich hochintrigiert hatte, zu einer Femme fatale herab.

Für den Verlust ihrer Stellung als Oberintendantin der Königin wurde sie zwar finanziell entschädigt, aber die damit verbundene Herabsetzung in der Hofgesellschaft verwand sie nicht. Schließlich wurde ihr die Verdächtigung, sie habe versucht, Einfluß mit unlauteren, ja kriminellen Mitteln zurückzugewinnen, zum Verhängnis.

Im Jahre 1679 wurde die Wahrsagerin Cathérine Deshayes, genannt La Voisin, unter der Beschuldigung verhaftet, hochgestellten Damen nicht nur Liebestränke zur Erhaltung von erwünschten Amanten, sondern auch Giftmischungen zur Beseitigung von lästig gewordenen Partnern verschafft zu haben. Bei ihrem Verhör fiel auch der Name Olympias als einer ihrer Kundinnen. Der König wurde an das Gerücht erinnert, ihr Gemahl sei nicht vom Fieber, sondern von Gift hinweggerafft worden. Ludwig XIV. stellte seine einstige Favoritin vor die Alternative: Absetzung ins Ausland oder Festsetzung in der Bastille. Sie wählte die Flucht.

Im Hôtel de Soissons, berichtete die Gesellschaftschronistin Madame de Sévigné, »wurde eifrig gepackt, Geld und Geschmeide zusammengerafft; Lakaien und Kutscher mußten graue Röcke anziehen, acht Pferde wurden vor eine Karosse gespannt«. Sie sei unschuldig, beteuerte sie ihren Leuten, bevor sie sich am 25. Januar 1680, um drei Uhr morgens, aus Paris in Richtung Brüssel, der Hauptstadt der spanischen Niederlande, davonmachte. Die Kinder, darunter den siebzehnjährigen Prinzen Eugen, ließ sie bei der Schwiegermutter zurück.

Wurde sie zu unrecht beschuldigt? Die Voisin hatte ausgesagt, die Gräfin von Soissons habe ihr von der Liebe eines großen Fürsten erzählt, sie gefragt, ob sie diese durch eines ihrer Mittel zurückgewinnen könnte, und angedeutet, daß sie, falls dies nicht gelänge, sich an ihm rächen wollte. Nun weiß man, wie unter der Folter Aussagen zustande kamen. Aber sprach der Umstand, daß sich Olympia einer Einvernahme durch die Flucht entzog, nicht gegen sie? Jedenfalls kehrte sie nicht mehr nach Frankreich zurück, liierte sich in Brüssel erst mit dem Generalgouverneur Alexander Farnese von Parma und knüpfte Kontakte zum Generalstatthalter Max Emanuel von Bayern, weilte dazwischen in Madrid, das sie bald verlassen mußte, weil sie von König Karl II. von Spanien beschuldigt wurde, ihn verhext zu haben, und man ihr unterstellte, an der angeblichen Vergiftung der Königin Marie Louise beteiligt gewesen zu sein.

Prinz Eugen sah seine Mutter nur zweimal wieder. Ende 1685 reiste er zu ihr nach Brüssel und Anfang 1686 mit ihr nach Spanien, wo sie ihm vergeblich zu einer angemessenen Stellung und einer vermögenden Gemahlin zu verhelfen suchte. Am 8. Juli 1708, wenige Monate vor ihrem Tod am 10. Oktober, suchte sie der in Österreich avancierte Sohn für ein paar Stunden in Brüssel auf, bevor er wieder ins Feld eilte, um die Schlacht bei Oudenaarde zu schlagen und zu gewinnen.

Die fast siebzigjährige Mutter, wurde erzählt, sei von seiner kühlen Zurückhaltung tief betroffen gewesen, und es wurde berichtet, er habe sie wenig geschätzt und schon gar nicht geliebt. Jedenfalls hat er es zeitlebens vermieden, sich über sie mündlich wie schriftlich zu äußern, weil er wohl nur Negatives zu sagen gehabt hätte.

Eugen konnte es nicht vergessen, daß sie Mitschuld an seiner unglücklichen Kindheit trug, und mochte es nicht verzeihen, daß sie den Namen Savoyen in Mißkredit gebracht hatte. Der Prinz, der so stolz auf seine Herkunft aus einem Dynastengeschlecht war, vermochte die aus dem Dunkel aufgetauchte Mancini nicht als gleichwertig anzuerkennen, und der Mann, der sich, mühsam genug, zur Selbstzucht zwang und die Gebote eines »Honnête homme« zu befolgen sich bemühte, verwand es nicht, daß die Mutter wie seine Tanten über die Stränge schlugen, sich einen Lebenswandel erlaubten, der sogar in einer nicht zur Prüderie neigenden Zeit als anrüchig galt. Selbst der Umstand, daß er durch seine Mutter ein Großneffe des Staatsmannes Mazarin geworden war, ließ ihm die Mancini-Sippe nicht in einem günstigen Licht erscheinen.

Der Vater bedeutete ihm mehr. Zwar hatte er ihn kaum gekannt, denn er war erst Zehn, als er ihn verlor, und auch bis dahin hatte er den mehr im Felde als in der Familie Wirkenden wenig zu Gesicht bekommen. Doch Eugen Moritz entstammte dem savoyischen Herrschergeschlecht und war als Graf von Soissons ein französischer Prinz geworden. Durch ihn war er mit den spanischen wie österreichischen Habsburgern und den französischen Bourbonen verwandt, und auf seiner Ahnentafel erschienen auch Kastilianer und Aragonesen, Przemysliden und Piasten. Sein Wappen verwies außerdem auf die Könige von Zypern und – mit dem Sachsenroß – auf die angebliche Abstammung der Savoyer vom Sachsenherzog Widukind.

In der abendländischen Vergangenheit wurzelte sein Geschlecht und in der europäischen Gegenwart war es über Grenzen hinweg mit einer internationalen Verwandtschaft verbunden. Vorfahren Eugens waren der römisch-deutsche Kaiser Karl V. und der spanische König Philipp II.. Viktor Amadeus II. von Savoyen, Ludwig Wilhelm von Baden und Louis de Vendôme waren seine Vettern. Das blaue Blut erhielt von der Mutterseite einen bürgerlichen Zufluß, der dem Hochadeligen nicht gefiel, und weiteren italienischen Zustrom, der seinen romanischen Wesenszug verstärkte.

Italienisch bestimmt war seine Natur, französisch geformt sein Geist. Prinz Eugen von Savoyen-Carignan wurde als österreichischer Feldherr und Staatsmann ein Gegner Frankreichs, blieb jedoch zeitlebens ein Freund der französischen Kultur, zu dem er in seiner Jugend herangebildet worden war.

Am 18. Oktober 1663 in Paris geboren, kam er in eine Welt, die nicht allein innerhalb der Grenzen Frankreichs, sondern weit darüber hinaus französisch geprägt war.

Zwei Jahre vorher hatte Ludwig XIV. seine Alleinherrschaft angetreten, deren Formen und Inhalte von anderen Monarchien übernommen wurden, und mit dem Bau von Versailles begonnen, das in Europa als Modell eines Schlosses und Muster einer Kultur zu gelten begann. Descartes und Pascal beherrschten die Philosophie, Corneille, Racine und Molière die Bühne, und 1663 schuf Poussin das Gemälde »Die vier Jahreszeiten«, das Klarheit und Gesetzmäßigkeit des Esprit classique anschaulich wiedergab.

Das Hôtel de Soissons, Eugens Geburtshaus, lag in der Nähe des Louvre, der Tuilerien und des Palais Royal, in denen Kapitel um Kapitel der Königsgeschichte aufgeschlagen worden war und weiterhin aufgeschlagen wurde. Katharina von Medici

*König Ludwig XIV. von Frankreich, der »Sonnenkönig«.
Gemälde aus der Werkstatt von Hyacinthe Rigaud.*

hatte im Stil der Spätrenaissance das Palais erbaut, das neben den Königsschlössern bestehen konnte und unter den Adelspalästen herausragte. Von Prinz Karl von Bourbon, dem Urgroßvater Eugens zu Beginn des 17. Jahrhunderts erworben, wurde es der Sitz des königlichen Seitenzweiges Soissons, der sich durch seinen Großvater Thomas Franz mit der Linie Savoyen-Carignan verband. Von einem Turm des Palais hatte der Astrologe der Katharina von Medici den Lauf der Sterne beobachtet und gedeutet, ohne das Schicksal des Hauses vorhersehen zu können: Um die Mitte des 18. Jahrhunderts gelangte es in den Besitz der Stadt Paris, die es abreißen ließ und an seiner Stelle eine Getreidehalle erbaute, die später zur Handelsbörse umfunktioniert wurde.

Für Eugens Mutter Olympia, die noch höher hinaus wollte, war das Hôtel de Soissons schon bald zu klein geworden. Sie hielt sich lieber in den ihr als Oberintendantin eingeräumten Gemächern des Königsschlosses auf und am liebsten in ihrem Lustschlößchen in Chaillot. Ihre sieben Kinder ließ sie im Familienpalais in der Obhut der Schwiegermutter Marie von Bourbon und der Schwägerin Luise Christine von Baden zurück, die mit sich selber so beschäftigt waren, daß die ihnen Anvertrauten beziehungsweise Aufgebürdeten der Aufsicht von Domestiken überlassen blieben.

Eugen, das fünfte Kind nach vier älteren Buben und vor zwei jüngeren Schwestern, litt besonders unter dem Mangel an Fürsorge der anderweitig engagierten Mutter und dem so oft abwesenden und viel zu früh verstorbenen Vater. An den Folgen trug er sein Leben lang. Von Kindesbeinen an auf sich allein gestellt, begann er sich auf sich selbst zurückzuziehen, sich anderen zu verschließen, einen Panzer anzulegen, durch den er sein leicht verletzliches Innere zu schützen suchte. Ein Einzelgänger trat seinen Weg an.

Dieser Knabe hätte einer fürsorglichen Hand bedurft, weniger für seinen schwächlichen und anfälligen Körper als für seine empfindsame Seele. Niemand habe diese Aufgabe übernommen, keiner habe ihn mahnend und strafend geleitet, konstatierte der Marquis de Saint-Maurice, der im Auftrag des

Turiner Savoyers im Hause Soissons nach dem Rechten zu sehen und wenig Erfreuliches zu berichten hatte. Der Umgang des Zehnjährigen bestünde aus Lakaien und Zofen, also mit allerlei Gelichter und nicht mit Gebildeten seines Standes, was umso betrüblicher wäre, als er im Grunde gute Anlagen besäße.

»Prinz Eugen ist ein kleines, mutwilliges, schmutziges Bübchen gewesen«, erinnerte sich Liselotte von der Pfalz, die als Gemahlin des Herzogs Philipp von Orléans, des Bruders Ludwigs XIV., Paris wie ein Panoptikum betrachtete: »Ein kurz aufgeschnupftes Näschen, ziemlich langes Kinn und so kurze Oberlippen, daß er den Mund allezeit ein wenig offen hat und zwei breite doch weiße Zähne sehen läßt; ist nicht gar groß, schmal von Taille... aber die Augen waren schön.« Fragend, wie sie in die Welt blickten, ließen sie auf einen wachen Verstand schließen.

Diesen zu schärfen war eine Erziehung à la française geeignet, auch wenn sie im Falle Eugens zu wünschen übrig ließ, später durch Autodidaktik ergänzt und vervollkommnet werden mußte. Die Hofmeister, mit denen der hochgeborene und übermütige Schüler sein Unwesen trieb, gaben sich nicht allzu viele Mühe, den groben Klotz zu polieren. Immerhin erhielt er eine standesgemäße Grundbildung, die erweitert werden konnte.

In der internationalen Adelsgesellschaft, in die er hineingeboren war und hineinwachsen sollte, wurde besonderer Wert auf Sprachkenntnisse gelegt. Französisch und Italienisch lernte er in Wort und Schrift beherrschen, ein wenig Latein und vielleicht auch Spanisch mag dazugekommen sein. Sein Interesse für Mathematik entsprach dem Zeitgeist, der von Pascal, der Philosoph und Mathematiker war, mitgeprägt wurde. In die Geometrie soll der nachmalige Feldherr von einem dem Festungsbaumeister Vauban nahestehenden Lehrer eingeführt worden sein. In der Geschichte faszinierten den Jungen die Heldengeschichten eines Alexanders des Großen und Julius Caesars, kaum deshalb – wie es im nachhinein hieß –, um sich für eine eigene Heldenrolle zu präparieren, sondern weil seine Phantasie Beschäftigung brauchte und Auslauf suchte.

Die Familie wollte aus dem Fünftgeborenen einen Priester machen, wobei sie weniger an eine geistliche Berufung als an die mit diesem Beruf verbundenen Pfründen dachte, die sie im Stammland Savoyen zu erhalten trachtete. Bei einem Besuch in Turin wurde dem Fünfzehnjährigen die Tonsur erteilt. Zurück in Paris, begann der »kleine Abbé« sich einem Lebenswandel hinzugeben, der damals auch bei geweihten geistlichen Herren nicht ungewöhnlich war, der aber von jenen, die darauf lauerten, Anstößiges in Olympias Familie zu entdecken, angeprangert wurde.

Von Ausschweifungen des »petit salope«, des kleinen Liederjan, sprach Liselotte von der Pfalz: Ihm und seinem Vetter Turenne seien die Namen berüchtigter Huren zugelegt worden, weil »man prätendierte, daß diese zwei auch dazu gebraucht worden«. Eugen, der »Madame Lancienne« genannt worden sei, habe sich wohl kaum mit Frauen »incommodiert«; denn »ein paar schöne Pagen wären besser seine Sache« gewesen.

Homosexuelle Neigungen und Praktiken wurden ihm nachgesagt, auf Bisexualität deutete eine Bemerkung Voltaires: Eugen habe sich als Siebzehnjähriger mit dem Schauspieler und Lustspieldichter Dancourt betrunken und mit dessen Frau geschlafen. Wie auch immer: Eugen kam im weiteren Leben besser mit Männern als mit Frauen zurecht, blieb unverheiratet und ohne Kinder. Weil der junge Mann durch Kennenlernen der Laster deren überdrüssig geworden sei, meinte ein Zeitgenosse, habe er Anständigkeit zu schätzen gewußt und der »edle Ritter« werden können.

Eugen war im Sternzeichen der Waage geboren, aber ein ausgeglichenes Wesen war ihm nicht in die Wiege gelegt worden; er mußte es sich mühsam aneignen. Weniger die Abwendung von Erfahrungen, die er in seinem Sturm und Drang gemacht hatte, als die Hinwendung zu Werten, die ihm in seiner Jugend, auch wenn er sie zunächst übersehen hatte, vor Augen gestellt worden waren, verschafften ihm das Ansehen eines »Honnête homme«.

Das Ideal des ehrbaren, anständigen und rechtschaffenen Kavaliers war in Frankreich aufgestellt, freilich so hoch gehängt worden, daß viele es vorzogen, unter ihm durchzuschlüpfen, und nur wenige sich anstrengten, es zu erreichen. Als Hilfestellung boten sich Eugen die »Maximes morales« des Duc de la Rochefoucauld an, jene modische Pflichtlektüre, die dem eifrigen Leser kaum entgangen sein dürfte, zumal der Sohn des Autors, Prinz François de Marcillac, im Hôtel de Soissons verkehrte.

Auch die Tugenden seien bewußt oder unbewußt Erscheinungsformen der Eigenliebe, des häufigsten Motivs menschlichen Handelns, und der Hunger nach Beifall sei die Quelle allen Heldentums, lauten Kernsätze La Rochefoucaulds, die ein junger Mann unterstreichen mochte, der als Eigenbrötler zur Selbstsucht neigte. Doch es gab weitere Sätze, die zu Selbstanalyse und Selbstkritik anregten, eine Brücke von der negativen zu einer positiven Seite des Egoismus zu schlagen vermochten: Obgleich die Menschen »nie ohne Rücksicht auf ihren Eigennutz handeln, folgt daraus doch nicht, daß alles, was sie tun, verdorben sei und daß es in der Welt überhaupt keine Gerechtigkeit und keine Ehre gebe«.

Jeder sei mehr oder weniger der Sklave seiner Leidenschaften, befand La Rochefoucauld; »wenn eine überwunden wird, geschieht es nicht durch Einsicht, sondern durch eine andere Leidenschaft«. Die Leidenschaft Eugens wurde das Streben nach Ehre und Ruhm, wobei er sich zunehmend bemühte, die Passion durch die Ratio zu zügeln und auf das hohe Ziel eines »Honnête homme« hinzulenken, der in Selbstverwirklichung sich »Honneur et réputation« verdiente und damit nicht nur sich selber, sondern auch anderen diente.

La Rochefoucauld gab einen Anstoß, der durch andere positiv weitergeführt wurde. Der heilige François de Sales, ein savoyischer Edelmann, gab in seiner »Introduction de la vie dévote« eine Anleitung zu einem weltoffenen und weltgestaltenden Leben nach Gottes Geboten. Jean Racine, der größte Dramatiker des französischen Klassizismus, führte Helden und Heldinnen vor, die Menschlich-Allzumenschliches nach den Gesetzen von Pflicht und Ehre zu disziplinieren suchten. Der Moralist Jean de La Bruyère kritisierte die Gesellschaft seiner

Zeit noch im Namen des Dekalogs und schon im Sinne der Aufklärung.

Dem Leitbild des »Ehrenmannes« lagen die »Virtutes cardinales«, Klugheit, Gerechtigkeit, Tapferkeit und Mäßigung, zugrunde und es war am Vorbild des mittelalterlichen Rittertums wie an dem des »Cortegiano«, eines Hofmannes der Renaissancezeit, orientiert. In erster Linie – auch wenn es europäische Geltung gewann – war es von einer französischen Elite beschworen worden, die durch Befolgung dieses Ideals ihr Königreich und mit ihm dessen Adelsstand aus den Tiefen, in die sie durch die Religionskriege gestürzt worden waren, wieder in die Höhe führen wollte.

Prinz Eugen von Savoyen-Carignan, der als junger Mensch sich in Abgründe gestürzt, zumindest in sie hineingeschaut hatte, suchte mit wachsender Reife nach oben zu sehen und zu kommen. Er folgte dem Leitstern eines »Honnête homme«, kam Schritt auf Schritt voran, bis er schließlich einen Gipfel erreichte, auf dem er als »Roi des honnêtes gens« gerühmt wurde und seine Maximen als Tugendwährung in Umlauf kamen.

»Ich würde die Pflicht eines ›Honnête homme‹ verletzen, wenn ich die Wahrheit, wovon ich genügsam überzeugt, nicht kundbar machen wollte.« Und: »Ich hoffe, daß alle meine Absichten nur dahin zielen, meine Würde in einer Weise auszuüben, die dem öffentlichen Wohle voll entspricht.« Oder: »Wenn es sich um Pflicht und Ehre handelt, opfert man mit Vergnügen auch das Letzte.«

Doch dies vermisste er an seinem König Ludwig XIV., der im Zenit der Macht und im Sonnenglanz seines Selbst den Kodex vergessen zu haben schien, dessen Beachtung ihm den Aufstieg ermöglicht, zumindest erleichtert hatte. Am Versailler Hof wie in der Pariser Gesellschaft waren die hehren Tugenden zu einem Komment, einer Hülse ohne Substanz verkommen. Nur in der königlichen Armee schien das Ritterideal noch zu gelten. In ihr suchte Prinz Eugen, der sich nicht, wie von seiner Familie vorgesehen, als Priester zum Gottesdienst berufen fühlte, seinen Beruf als Soldat und seine Bewährung als Kavalier.

Im Frühjahr 1683 meldete sich der neunzehnjährige Eugen bei Ludwig XIV. Das geistliche Gewand hatte er unter Protest der Großmutter, die ihn des Hauses verwies, als aufgezwungen abgelehnt und sich eine Ausstaffierung zugelegt, von der er sich ein für die anvisierte Offizierslaufbahn erforderliches Aussehen versprach. Über das schwarze Haar, das ihm den Spitznamen »le Noireau«, der Schwarzkopf, eintrug, hatte er eine Perücke gestülpt. Hohe Absätze sollten ihn größer erscheinen lassen, als er es mit seinen 165 Zentimetern war, und durch ein Straffen des schmächtigen Körpers und ein gestelztes Auftreten suchte er Figur zu machen.

Der König musterte ihn von oben herab und vermeinte auf den ersten Blick einen Kontrast zwischen Schein und Sein zu gewahren. Das einzige, was ihn beeindruckt haben mochte, waren die eulenhaften Augen im olivgetönten Gesicht, doch da sie ihn an diejenigen der Mutter erinnerten, wirkte dies negativ auf sein Gesamturteil. Vor wenigen Jahren hatte er die ehemalige Favoritin zum Verlassen Frankreichs genötigt, und er war nicht willens, Olympias Sohn, dessen bisheriger Lebenswandel an ihre Extravaganz erinnerte, ein Avancement in seiner disziplinierten Armee zu gestatten.

Nein, mit einem militärischen Kommando, nicht einmal über eine Kompanie von vierzig Mann, wollte er diesen Prinzen nicht betrauen, befand der Monarch und beendete, kaum daß sie begonnen, die Audienz. Eugen gab sich nicht geschlagen, wagte einen zweiten Versuch, reiste dem König in die Ostprovinzen nach, trug sein Anliegen erneut vor und wurde wiederum und endgültig abgewiesen.

Der Sonnenkönig, daran gewöhnt, daß jeder, der ihm ins Antlitz zu blicken wagte, wie geblendet die Augen schloß, verdroß es, daß ihn der junge Mann ungeniert angeschaut hatte: »Die Bitte war bescheiden, aber der Bittsteller nicht. Nie noch nahm sich jemand heraus, mir so frech wie ein zorniger Sperber ins Gesicht zu starren.«

Am Morgen des 27. Juli 1683 wurde Ludwig XIV. benachrichtigt, daß der von ihm abgewiesene Prinz heimlich Paris verlassen habe, in der Absicht, Frankreich den Rücken zu kehren und seine Dienste einem fremden Monarchen, wahrscheinlich dem Erbfeind Habsburg, anzubieten. Achselzuckend meinte der König, daß ein derartiger Verlust bei ihm und ein Gewinn bei einem anderen nicht zu Buche schlagen würde.

Nachdem der Savoyer, den er nicht als französischen Soldaten hatte haben wollen, ihm als österreichischer Feldherr die Vorherrschaft in Europa streitig gemacht hatte, kam der Bourbone um die Feststellung nicht herum: »Dieser Prinz ist ein unnachahmliches Muster für alle Regenten und Staatsmänner; ich kann seine eiserne Treu und Anhänglichkeit an seinen Souverän, sein reines Gefühl von Vaterlandsliebe und den hohen Begriff von strengster Erfüllung seiner verschiedenen Pflichten nicht genug bewundern; aber ich kann auch den Verlust, den Frankreich selbst an ihm erlitten hat, nicht genug bedauern. Die Vorsehung wollte es so; denn wir würden vielleicht seinen Tugenden nicht so viel Gerechtigkeit erzeigt haben.«

Es sei ein Fehler gewesen, den jungen Mann nach seinen Jugendsünden zu beurteilen, resümierte Voltaire. Ludwig XIV. habe auf Schranzen gehört, die beteuert hätten, der entgleiste Abbé werde stets ein unordentlicher und unfähiger Mensch bleiben. Das entschuldigte nicht den absolutistischen Herrscher, der alles entscheiden wollte und damit auch alles zu verantworten hatte, und der im Falle Eugens nicht zuletzt durch persönliche Ressentiments zu seiner Fehleinschätzung gekommen war.

Immerhin hatte der König nach Bekanntwerden der Flucht Eugens Haftbefehl erlassen und »bei Leib- und Lebensstrafe« jedermann verboten, ihn auf das rechte Rheinufer übersetzen zu lassen. Doch diese Maßnahme galt weniger dem in seinen Augen unbedeutenden Savoyer als dem, der sich mit ihm abzusetzen erkühnt hatte: seinem Schwiegersohn Prinz Louis-Armand Conti, dem – im Gegensatz zu Eugen – in seinem Königreich eine standesgemäße Karriere offenstand. Aber er hatte sich von dem um zwei Jahre älteren Kumpan seiner kleinen Pariser Affären zu einem großen Abenteuer verleiten lassen.

Am Abend des 26. Juli 1683 bestiegen die jungen Herren, die für verkleidete Mädchen gehalten wurden, die an die Porte de Saint-Denis bestellten Pferde. Unbehelligt, weil die Befehle, sie zu ergreifen, sie nicht einholen konnten, erreichten sie die spanischen Niederlande und waren vier Tage nach ihrem Aufbruch im römisch-deutschen Reich. Aus Köln schrieb Eugen seinem Onkel Emanuel Philibert nach Turin, er hoffe, ja erwarte, »daß Sie leicht die von mir begangenen Fehler vergessen werden und, da ich mit sehr wenig Geld abgereist bin, Sie genügend Gnade zeigen, um mich nicht in äußerster Not in einem für mich fremden Land auszusetzen«.

In diese Gefahr geriet er kurz darauf. Ein Bevollmächtigter Ludwigs XIV., der den Flüchtenden auf den Fersen war und sie in Frankfurt am Main einholte, bewog den Prinzen Conti unter Androhung der Beschlagnahme seiner französischen Güter zur Umkehr. Eugen, der nichts zu verlieren hatte, ritt mit dem ihm vom Freund geschenkten Ring samt einigen Louisdor in der Satteltasche allein weiter.

Warum waren die Prinzen aus Frankreich in Richtung Österreich entwichen? Der Savoyer, der dort kein Fortkommen sah, verband mit Conti, dem ein solches im Reiche seines Schwiegervaters nicht verwehrt war, keineswegs nur die Lust am Abenteuer, sondern vornehmlich das Verlangen, sich im Kampfe gegen die Türken, die Wien und das Abendland bedrohten, zu beteiligen, was von diesen Franzosen, deren König sich mit dem Sultan gegen den Kaiser des Heiligen Römischen Reiches zusammengetan hatte, für eine Christenpflicht aller Europäer gehalten wurde.

Für Eugen kam ein weiterer Grund hinzu. Am 23. Juli 1683 hatte er in Paris erfahren, daß sein älterer Bruder Ludwig Julius, der in österreichischen Diensten Oberst eines Dragonerregimentes geworden war, am 7. Juli im Kampfe gegen die vorstoßenden Türken bei Petronell verwundet und am 13. Juli in dem von diesen eingeschlossenen Wien gestorben war.

Eugens Hoffnung schien nicht abwegig zu sein, daß er an die Stelle seines Bruders zu treten vermöchte, wenn schon – als militärischer Anfänger – nicht gleich als Regimentskommandant, so doch in einer Position, die baldigen Aufstieg und wachsende Einkünfte versprach. Er rechnete mit der Fürsprache seines Vetters, des Markgrafen Ludwig Wilhelm von Baden, der als Feldmarschall-Leutnant für Habsburg focht, und setzte auf Kaiser Leopold I., der dem Bruder des Savoyers erkenntlich sein müßte und in seiner Bedrängnis keinen einzigen Mann, der sich ihm zur Verfügung stellte, zurückweisen könnte.

Über Regensburg, wo auf dem Reichstag der Fall Wiens und ein weiteres Vordringen der Türken befürchtet wurde, kam Eugen nach Passau, wohin der Kaiserhof geflüchtet war. Am 14. August 1683 – nach dem ersten Einbruch der Türken in den Befestigungsring der Kaiserstadt – sprach der Prinz bei Leopold I. vor und ersuchte ihn um Aufnahme in die kaiserliche Armee.

Eugen gestand seine militärische Unerfahrenheit wie seine vergeblichen Bemühungen »um eine Kriegsehrenstelle bei der Krone Frankreichs« und versicherte dem Habsburger, falls er ihn in seine Dienste nähme, »standhafte Treu« und seine Bereitschaft, bei jedweder Kriegsgefahr alle Kräfte zu des »Erzhauses Österreich Wohlfahrt und Wachstum mit unerschrockenem Mut und meinem letzten Blutstropfen anzuwenden und aufzuopfern«.

Augenscheinlich war Leopold I. vom Bittsteller ebensowenig überzeugt wie vordem Ludwig XIV. Er sah sich einem Jüngling gegenüber, der zu Fuß eher einem Gnomen als einem Mannsbild und zu Pferd mehr einem Jockey als einem Kavalleristen glich. Doch in seiner Notlage mußte ihm jeder, der ihm seine Hilfe anbot, willkommen sein, erst recht ein Angehöriger der zwischen Frankreich und Österreich hin- und herschwankenden Dynastie Savoyen, aus der sich – wenn auch nur aus einer Nebenlinie stammend – nun ein weiteres Mitglied auf die Seite Habsburgs stellte. Die Vorstellung, wie dies den Bourbonen, der Eugen abgewiesen hatte, verdrießen würde, nahm ihn trotz aller Vorbehalte für das Prinzlein ein, das ausgezogen war, es wie ein Ritter mit Tod und Teufel aufzunehmen.

Später, als er sich des in ihn gesetzten Vertrauens würdig erwiesen hatte, erklärte Eugen, er stehe zu diesem Kaiser wie zu einem Vater in Dankbarkeit und Verehrung. Auf dem Wege nach Passau hätte er ein Deckengemälde in Schloß Alteglofs-

Kaiser Leopold I. Stich von Caspar Luyken.

heim betrachten und bewundern können, das Leopold I. als über Fürsten des Reiches und ganz Europas thronenden Jupiter darstellte. Gottvaterhaftes vermochte Eugen am Modell des Barockmalers kaum zu entdecken, als er ihm zum erstenmal gegenüberstand. Majestätisch an seiner Person war lediglich das Hofgewand, markant in seinem Gesicht nur die Habsburgerlippe. Der unstete Blick ließ auf Unsicherheit hinter der zur Schau getragenen Gleichgültigkeit schließen, und die eingefallenen Wangen gaben ihm einen Zug, der als asketisch zu bezeichnen gewesen wäre, wenn dies der stattliche Embonpoint nicht widerrufen hätte. Aus den halb von den Lidern verhangenen Augen, mit denen er den Petenten musterte, sprach mehr Desinteresse als Interesse, und seine niedergeschlagene Miene ließ vermuten, daß er sich von niemandem und schon gar nicht von dieser Neuerwerbung eine Abwendung des Unheils versprach.

Leopold I. war beileibe kein Jupiter, nicht einmal ein über dem Durchschnitt seines Geschlechts stehender Habsburger, das Jacob Burckhardt so charakterisierte: »Physisch keine Idealfiguren; wenig Genialität; aber Wohlwollen, Ernst, Bedächtigkeit; Ausharren und Gleichmaß im Unglück; keine Lumpen und Liederlichen.« Noch weniger als andere Mitglieder seines Hauses schätzte der Kriegsherr Eugens die Trommeln und Trompeten der Schlachtenmusik – mehr die Violinen und Bratschen der Kammermusik; das Notensetzen fiel ihm leichter als das Tatenvollbringen. Im Zeitalter des Absolutismus beanspruchte auch er unbeschränkte Macht auf Erden, beugte jedoch sein Knie vor Gott dem Allmächtigen, nicht allein an der Pestsäule auf dem Wiener Graben, sondern auch im wirklichen Leben. Dieser Kaiser des Heiligen Römischen Reiches huldigte noch der mittelalterlichen Auffassung, daß der Inhaber der weltlichen Gewalt dem Höheren im Himmel zu dienen und sich vor ihm zu verantworten habe.

»Es freut mich, nur denen zu dienen, die sich selbst höheren Aufgaben unterwerfen«, bekannte der als »Roi des honnêtes gens« gerühmte Prinz Eugen. Schon auf der untersten Stufe seines Aufstieges war er willens, dem christlichen Kaiser gegen die mohammedanischen Türken beizustehen. Bald sollte er in der Lage sein, dem Habsburger zu Siegen über Osmanen und Bourbonen zu verhelfen – Leopold I., der sich nicht vorstellen mochte, daß dieser Savoyer ein ergebener wie erfolgreicher Diener seines Monarchen werden könnte.

»So viel steht fest – und ich werde es ganz Europa beweisen –, daß mich weder meine Abstammung noch das Interesse meines Hauses Savoyen auch nur einen Augenblick in meiner Pflicht und meiner Ehre schwankend machen werden«, erklärte Eugen, nachdem er die ersten Lorbeeren errungen hatte. Als er sich einen Lorbeerkranz gewunden hatte, fügte er hinzu: »Wenn man glaubt, ich wolle mir auf Kosten des allgemeinen Wohles Ruhm erwerben, so bin ich bereit, mich und meinen Ruhm ohne Zögern zu opfern. Denn ich bin hergekommen, dem Staate zu dienen, und man hat nie eigene Interessen bei mir erkannt.«

In der Selbsteintragung im Heldenbuch verschwieg er, daß ihn auch und nicht zuletzt Eigeninteresse von Frankreich nach Österreich getrieben hatte. Dabei lieferte er einen glänzenden Beweis für die scheinbar widersinnige These La Rochefoucaulds, daß Egoismus eine Antriebskraft des Altruismus werden könnte, und selbstsüchtiges Streben nach Ruhm und Ansehen auch die Gloire und Grandeur des Dienstherrn zu fördern vermöchte.

Drittes Kapitel

In Habsburgs Dienst

Österreich war in Not, als ihm 1683 Prinz Eugen seinen Degen anbot, den er bisher nur auf dem Fechtboden geführt hatte. Der mit dem Erbfeind Frankreich alliierte Erzfeind Türkei griff wiederum nach dem »halben Mond samt einem Stern«, den die Wiener nach der ersten Belagerung im Jahr 1529 auf die Spitze des Stephansturms gesetzt hatten, in Erfüllung des Versprechens, das islamische Wahrzeichen auf der christlichen Kirche anzubringen, wenn sie von türkischen Kanonenkugeln verschont bliebe.

Seither schienen die Türken die Hauptstadt des Heiligen Römischen Reiches für eine osmanische Stadt zu halten, denn sie zogen wiederholt gegen sie: 1532, 1566, 1596 und 1664, ohne ihr Ziel zu erreichen, Wien einzunehmen. Im Jahre 1665 stand ein türkischer Reisender vor dem Stephansturm und beschwor seinen Gott: »Möge Allah der Allerhabene gewähren, daß er zu einem Minarett umgewandelt wird und daß von ihm dereinst der mohammedanische Gebetsruf erschallt!«

Einen neuen Versuch, die Kirche in eine Moschee zu verwandeln und das Osmanische Reich, das ohnehin schon über den Balkan und fast das ganze Ungarn bis beinahe vor die Tore Wiens reichte, noch weiter auszudehnen, unternahm im Jahre 1683 Mechmed IV. mit einem vom Großwesir Kara Mustafa geführten Heer von 200 000 Mann. »Dein kleines Reich will ich Dir nehmen«, hatte der Sultan dem Kaiser angekündigt, »und dessen gesamte Bevölkerung von der Erde fegen.«

In Wien brach Panik aus. Viele flohen, folgten Leopold I., der dem Befehl des Osmanen, »Uns in Deiner Residenzstadt zu erwarten, damit Wir dich köpfen können«, nicht nachkommen wollte. Die Moral der Zurückgelassenen, die sich zur Verteidigung des zu einer Festung ausgebauten Wien rüsteten, war kaum besser als die ihres geflohenen Monarchen. »Der Türke rückt heran mit einer Macht und mit einem so zahlreichen Heer, wie man seit hundert Jahren kein so zahlreiches mehr gesehen hat«, jammerte er. »Ich habe keine Hilfe, weder an Leuten noch an Geld, und doch ist es eine Sache, die die ganze Christenheit angeht.«

Ganz allein blieb der Habsburger nicht. Papst Innozenz XI. schickte seinen Segen und Subsidien. Markgraf Ludwig Wilhelm von Baden, Kurfürst Max Emanuel von Bayern, Kurfürst Johann Georg III. von Sachsen und Johann Sobieski, der König von Polen, kamen mit Soldaten. An der Spitze des auf 65 000 Mann angewachsenen, den Türken an Zahl immer noch weit unterlegenen Heeres der »christlichen Allianz« stand Karl von Lothringen, der sein Herzogtum an Frankreich verloren hatte und dies zunächst den Osmanen und dann dem Bourbonen, die beide sein Wahlland Österreich in die Zange nahmen, heimzuzahlen gedachte.

Den Potentaten, die dem Kaiser zu Hilfe eilten, folgten Prinzen aus europäischen Häusern, die als Mitstreiter, jedenfalls als Schlachtenbummler beim großen Kampf dabei sein wollten. Eugen von Savoyen zeichnete sich unter den anderen Freiwilligen durch den Vorsatz aus, die Gelegenheit für einen Einstieg in eine militärische Karriere zu ergreifen. Er führte ihn so gut und schnell aus, daß schon bald Ludwig Wilhelm von Baden – dem sein Vater nicht ohne Erfolg angeraten hatte, eine derartige »occasion« zu nutzen, um ein »heroisches« Gemüt zu gewinnen – dem Vetter bescheinigte: »Dieser junge Savoyarde wird mit der Zeit alle diejenigen erreichen, welche die Welt jetzt als große Feldherren betrachtet.«

Am liebsten hätte Eugen bereits 1683 das Regiment des gefallenen Bruders übernommen. Aber der Kaiser hatte es bereits anderweitig vergeben und wollte es ohnehin nicht einem Grünschnabel überantworten. Dieser mußte sich fürs erste mit der Erlaubnis begnügen, als Volontär beim Oberbefehlshaber Karl von Lothringen zu dienen.

Er kam noch rechtzeitig zur Schlacht am Kahlenberg, die

mit dem Sieg über die Türken und dem Entsatz des bedrängten Wien endete. Wo und wie er mitkämpfte, sich ausgezeichnet haben mochte, ist in keinem Heeresbericht verzeichnet. Noch wurde von ihm kaum Notiz genommen. Zu vermuten ist, daß er am 12. September im Gefolge der Großen zur Feldmesse ging, dann dem linken Flügel des vom Kahlenberg wie mit Adlerschwingen auf die Belagerer herabstoßenden Heeres folgte und sich im Lager der davongestobenen Türken umsah, wo die reiche Hinterlassenschaft ihm einen ersten und überzeugenden Hinweis gab, daß ein Sieger nicht nur mit Ruhm, sondern auch mit Beute belohnt wurde.

Wahrscheinlich war der Volontär am 14. September beim Einzug Leopolds I. in seine befreite Hauptstadt dabei und stimmte in der Stephanskirche in das Tedeum ein, »das mit herzlicher Andacht gesungen« und mit dem – wie ein Chronist vermeldete – »der göttlichen Majestät für diesen herrlichen Sieg gebührend Dank gesagt« wurde.

Der Stephansturm war 1683 – im Unterschied zu 1529 – von den Türken beschossen und beschädigt worden. Nun wollten die Wiener den Halbmond auf der Spitze nicht mehr dulden; an seine Stelle wurden das Christenkreuz und der Reichsadler gesetzt. Unter diesen Wahrzeichen, mit dem Wahlspruch »Herunter mit dem Mond auf Erden! Der Adler soll erhöhet werden!« beteiligte sich der Savoyer an der Verfolgung und Zurückdrängung der Osmanen, eilte von Erfolg zu Erfolg und fand schließlich seine letzte Ruhe in der Kreuzkapelle der Stephanskirche in Wien, von wo aus »der ruhmreiche Sieger über Österreichs Feinde« seinen Triumphzug begonnen hatte.

Die goldenen Sporen, die Prinz Eugen nach der Befreiung Wiens vom Herzog von Lothringen überreicht worden waren, mußte er sich freilich noch verdienen. Die Verfolgung der nach Ungarn zurückweichenden Türken bot ihm erste Chancen, die er zu ergreifen verstand.

Im Stabe seines Vetters Ludwig Wilhelm von Baden zeichnete er sich bei der Erstürmung Parkanys und der Einnahme von Gran aus. So hielt man den Zwanzigjährigen für militärisch be-

*Die Schlacht am Kahlenberg 1683, durch die
Wien von der Belagerung durch die Türken befreit wird.
Gemälde von Martino Altomonte.*

fähigt, jedenfalls dank seiner Herkunft für würdig, ein militärisches Kommando zu übernehmen. Am 14. Dezember 1683 wurde er zum Inhaber und Oberst des Regiments seines gefallenen Bruders ernannt. Die Savoyen-Dragoner sollten den Namen des Prinzen bis zum Ende der Habsburgermonarchie tragen.

Zunächst mochten die rauhen Reiter von ihrem »kleinen Kapuziner«, wie sie ihn wegen seiner knabenhaften Gestalt und seines schlichten braunen Rockes nannten, nicht allzuviel halten. Das Darlehen, das er zur Ausrüstung seines Regiments beim Badener aufnahm, hätte für seine eigene Ausstattung nicht mehr gereicht, wurde erzählt; deswegen habe er seine Uniform aus einer gelegentlich erstandenen Kapuzinerkutte schneidern lassen, vielleicht auch deshalb, weil er es Karl von Lothringen gleichtun wollte, der in einem braunen Rock, freilich aus feinerem Tuch und nicht mit zinnernen Knöpfen, aufzutreten beliebte.

Nicht allein persönliche Bravour, sondern vornehmlich Protektion durch standeshalber und verwandtschaftlich verbundene Fürsten hatte dem Savoyer eine Laufbahn eröffnet, in deren Verlauf er seine Gönner nicht enttäuschen sollte. Karl von Lothringen, der Schwager Leopolds I., empfahl ihn dem Kaiser; Markgraf Hermann von Baden, der Hofkriegsratspräsident, hielt seine Hand über ihn, und dessen Neffe, sein Vetter Markgraf Ludwig Wilhelm von Baden, verhalf ihm in den Sattel.

Auch Kurfürst Max Emanuel von Bayern nahm sich des um ein Jahr jüngeren Prinzen an. Der Wittelsbacher, Sohn Adelheids von Savoyen, einer Nichte von Eugens Großvater Thomas Franz, hatte sich bei Leopold I. für eine Beförderung Eugens verwandt, griff dem mittellosen Regimentsinhaber finanziell unter die Arme, nahm ihn, nachdem die Truppen ihre Winterquartiere bezogen hatten, mit an den von Passau nach Linz verlegten Kaiserhof und lud ihn nach München ein.

In seiner Residenz wollte Max Emanuel, dessen Ehrgeiz mit Lebenslust gepaart war, die vor Wien gepflückten Lorbeeren wie ein bayerischer Sonnenkönig genießen und daran auch den jungen Obersten teilhaben lassen. Eugen kam zur Faschingszeit, wurde von dem Kurfürsten zu Ballnächten, Schlittenfahrten und Jagdvergnügen geladen, zu denen der Savoyer weder Lust noch Laune mitbrachte. »Er liebt nicht die Vergnügungen des Herrn Kurfürsten von Bayern«, konstatierte der französische Gesandte. »Dieser junge Prinz von Savoyen ist nicht sehr aufgeweckt, er spricht wenig, und es ist leicht zu sehen, daß er sich an das Treiben des bayerischen Hofes nicht gewöhnen wird.«

Seine Zurückhaltung war auch durch Mittellosigkeit begründet. Nicht einmal die erwarteten Trinkgelder vermochte er aufzubringen, berichtete der savoyische Gesandte nach Turin. Daraufhin überwies der regierende Savoyer dem militärisch wie höfisch vielversprechenden Mann eine ansehnliche Summe, die es ihm gestattete, vordringlichen Verpflichtungen nachzukommen. Zum Abschied von München, am 12. März 1684, schenkte ihm der Kurfürst von Bayern drei prächtige Pferde. Gestiefelt und gespornt ritt Eugen in weitere Feldzüge gegen die Türken, zeichnete sich 1684 im Gefecht bei Sankt Andrä und 1685 in der Schlacht bei Gran in einer Weise aus, die dem zweiundzwanzigjährigen Oberst am 16. Oktober zur Beförderung zum Generalfeldwachtmeister (Generalmajor) und Brigadekommandeur verhalf.

Für sein Alter hatte er sehr viel erreicht. Dennoch begann er sich umzusehen, ob er im Dienste eines anderen Monarchen nicht mehr an Geltung und nicht zuletzt an Geld erlangen könnte. Zur Jahreswende 1684/85 war er in Turin gewesen, wo er erkennen mußte, daß im Herzogtum Savoyen, dem Stammland seines Geschlechtes, nicht viel zu erwarten war, aber auch erfuhr, daß dem Urenkel einer spanischen Habsburgerin im Königreich Spanien Türen offenstünden. Ein erster Anlauf war indes nicht geglückt. Herzog Viktor Amadeus von Savoyen, aber auch Kurfürst Max Emanuel von Bayern und Kaiserin Eleonore von Österreich hatten sich bemüht, ihm das ehrenvolle und einträgliche Großpriorat von Kastilien zu verschaffen, das jedoch bereits vergeben war. Der Umstand, daß es sich dabei um ein geistliches Amt handelte, hatte Eugen nicht davon abgehalten, es in Betracht zu ziehen. Der »kleine Abbé« wäre wohl – weil es ihm nicht schnell genug und hoch hinaus gehen konnte – auch gerne ein »großer Abbé« und nicht unbedingt ein bedeutender Feldherr geworden.

Der immerhin schon zum österreichischen Generalfeldwachtmeister beförderte Prinz reiste im Dezember 1685 zu seiner Mutter nach Brüssel, wohin ihn nicht die Liebe, sondern die Hoffnung trieb, daß die aus Paris verwiesene Gräfin von Soissons, die ihren Umzug nach Madrid vorbereitete, ihm bei einem »Etablissement« in Spanien behilflich sein könnte. Ende Februar 1686 brachen Mutter und Sohn in das Land des spanischen Habsburgers auf und kamen Anfang April in der Hauptstadt an.

Die lange und beschwerliche Reise, das Antichambrieren und Katzbuckeln lohnten sich nicht. Dem Nachkommen Karls V. und Philipps II. wurde nur die Würde eines spanischen Granden erster Klasse verliehen. Angemessene Mittel zum Titel suchte ihm die Mutter durch die Verbindung mit einer vermögenden Erbin zu verschaffen; sie mochte an die mit den Savoyern verwandte Infantin Isabella von Portugal oder an die einzige Tochter des Vizekönigs von Neapel und auch an eine Tochter des Condestable von Kastilien gedacht haben. Doch die Trauben hingen zu hoch, und Eugen war nicht der Fuchs, der Genüsse solcher Art begehrt hätte.

So sah er sich auf die bereits begonnene Karriere in Österreich zurückverwiesen, bei der er durch Mannesmut zu Heldenehren, wenn auch nicht unbedingt zu Vermögenszuwachs gelangen könnte. Im Türkenfeldzug 1686 war er wieder dabei. Bei der Belagerung von Ofen (Buda) half er einen Ausfall zurückzuschlagen, wobei er dem Feind so ungestüm nachsetzte, daß er in dessen Mitte geriet und von den Seinen befreit werden mußte. Beim ersten Sturm auf die Festung, der mißlang, traf ihn ein Pfeilschuß in die rechte Hand. Beim zweiten Sturm glückte die Eroberung des wichtigsten osmanischen Bollwerkes in Ungarn. Bei der Verfolgung der sich zurückziehenden Türken ritt der Generalfeldwachtmeister in vorderster Reihe.

Kurfürst Max Emanuel, sein Korpskommandant, der trotz ihrer gegensätzlichen Charaktere am Savoyer Gefallen gefunden hatte, nahm ihn im Winter mit zum Karneval in Venedig. Das Maskentreiben, das Eugen nicht behagte und bei dem er auf finanzielle Zuwendungen von Bessergestellten angewiesen war, veranlaßte ihn, Madrid wissen zu lassen, daß er bei einer entsprechenden Stellung und angemessenen Ausstattung aus dem Dienst des österreichischen in den des spanischen Habsburgers übertreten würde.

Aber auch weitere, durch Mittelsmänner und in erster Linie von seiner Mutter in Madrid unternommene Vorstöße verliefen im Sand. König Karl II. verlieh ihm jedoch den Orden vom Goldenen Vlies. Er hätte sich mehr geehrt gefühlt, wenn die Auszeichnung nicht mit Kosten verbunden gewesen wäre, die er nur unter großen Anstrengungen aufbringen konnte; für die goldene Kette hatte er 3000 Gulden zu bezahlen. Wieder einmal mußte er in Turin um Geld bitten, damit er »schon um der Ehre des Hauses Savoyen willen wie ein Fürst seinesgleichen und als General erscheinen könnte«.

Viktor Amadeus, der zum Karneval nach Venedig gekommen war, konnte auch nicht durch die gute Miene, die Eugen zu den Lustbarkeiten machte, zu zufriedenstellenden Zuschüssen bewogen werden. Immerhin übertrug er ihm die Abteien von San Michele della Chiusa und Santa Maria di Casanova in Piemont, die ihm die wenig begehrte Würde eines Laienabts, doch willkommene Jahreseinkünfte von rund 20 000 Livres einbrachten. Er hatte zwar die Tonsur empfangen und erfüllte als Zölibatär die Voraussetzung für eine kirchliche Pfründe, durfte jedoch die damit verbundenen geistlichen Funktionen nicht übernehmen. Dazu war ein Generalvikar zu bestellen, der das Amt nicht umsonst ausübte und dafür sorgte, daß die Bäume für Eugen nicht in den Himmel wuchsen.

In Spanien abgewiesen und in Savoyen nicht hinreichend bedacht, blieb ihm nichts anderes übrig, als das österreichische Feld weiter zu bestellen, das ihm bereits etliche, wenn auch noch lange nicht genügend Früchte eingetragen hatte.

Im Türkenfeldzug von 1687 kämpfte er sich weiter nach oben. Die Schlacht bei Mohacs entschied er mit der Erstürmung der feindlichen Schanzen durch seine abgesessenen Reiterregimenter. Zur Belohnung durfte er die Siegesnachricht nach Wien bringen und – am 31. Januar 1688 – die Ernennung zum Feldmarschall-Leutnant entgegennehmen.

Unter dem Oberkommando Max Emanuels zog der noch nicht einmal fünfundzwanzigjährige General gegen die osmanische Schlüsselfestung Belgrad. Nach mehrwöchiger Belagerung befahl der Bayer, dem es schon viel zu lange gedauert hatte, am 6. September 1688 den Angriff, der nach stundenlangem Kampf mit der Eroberung endete.

Der »Blaue Kurfürst«, wie ihn die Türken wegen der Farbe seines Uniformrockes nannten, war mit bloßem Degen vorangestürmt und durch einen Pfeilschuß an der Wange verletzt worden. »Mich hat Bellona geküßt«, sagte er seinem Mitstreiter Eugen, der entgegnete: »Und mich hat sie zertreten.« Durch eine Musketenkugel war er am Bein so »hart blessiert« worden, daß er nach Wien gebracht werden mußte, wo das Blei erst kurz vor Weihnachten entfernt werden konnte.

Im monatelangen Krankenstand hatte er genug Gelegenheit, über die Vor- und Nachteile des Soldatenberufes nachzudenken. Noch einmal dachte er an einen Wechsel nach Spanien, wo ihm ein ruhiges und sorgenfreies Dasein zu winken schien. Die Mutter stellte ihm die Verbindung mit einer Señorita in Aussicht, die aus bestem Hause käme und jährliche Einkünfte von 50000 Talern mitbrächte. Schon traf er Anstalten, dem Angebot näherzutreten, als ihm durch die Nachricht, daß seine Mutter – und mit ihr der Sohn – am spanischen Hofe in Ungnade gefallen war, ein Strich durch die Rechnung gemacht wurde.

Noch löste er das spanische Konto nicht auf, das vielleicht, wenn schon nicht in Madrid, so doch in Brüssel aufzustocken wäre. Die Mutter ging in die Hauptstadt der spanischen Niederlande zurück, wo es auch Max Emanuel hinzog, in der Hoffnung, als Generalstatthalter im Reiche Karls II. Fuß zu fassen, auf das er nach dem Ableben des kinderlosen Habsburgers als Gemahl der Erzherzogin Maria Antonia Ansprüche erheben wollte. Eugen mochte sich vorgestellt haben, im Gefolge seines Gönners zunächst in den Niederlanden und dann im spanischen Hauptland reüssieren zu können; jedenfalls ließ er in Madrid ein vom Kurfürsten befürwortetes Gesuch um Ernennung zum General der Kavallerie in den Niederlanden einreichen.

Auch dieser Versuch scheiterte. Doch er bekam die Chance, als kaiserlicher General unter dem zum Reichsfeldmarschall bestellten Wittelsbacher sich neue militärische Verdienste zu erwerben und sich damit ein weiteres Avancement zu erkämpfen. Aus der Not, im Dienste Österreichs bleiben zu müssen, wußte der Prinz, der nicht mit silbernen Löffeln zur Welt gekommen war und deshalb auf sein Fortkommen bedacht sein mußte, die Tugend eines »Honnête homme« zu machen: loyal zu dienen und seinen persönlichen Aufstieg mit lauteren Mitteln anzustreben.

Gegen Frankreich, nicht gegen die Türkei, war der nächste Krieg zu führen. König Ludwig XIV., der als absolutistischer Monarch sein Land regierte, war daran gegangen, die geistige Vorherrschaft, die Frankreich in Europa besaß, zu einer politischen Hegemonie zu erweitern. Da diese von den Nachbarn keineswegs so willig wie jene angenommen wurde, griff er zur Gewalt, führte 1667 bis 1668 Krieg gegen Spanien, dem England, Holland und Schweden beisprangen, und 1672 bis 1678 Krieg gegen Holland, dem der spanische König und der römisch-deutsche Kaiser beistanden. »Sich vergrößern ist die würdigste und angenehmste Beschäftigung eines Souveräns«, erklärte Louis le Grand, nahm den Spaniern Teile der Niederlande und die Freigrafschaft Burgund ab, gewann die Stadt Freiburg im Breisgau und besetzte das Herzogtum Lothringen.

Mit juristischen Aktionen ergänzte er die militärischen Aggressionen. Französische »Reunionskammern« bestätigten Ansprüche Ludwigs XIV. auf Territorien, die mit den durch die Friedensschlüsse von 1648, 1668 und 1678 französisch gewordenen Gebieten lehensrechtlich verbunden gewesen waren. Die Richtersprüche wurden mit Heeresmacht vollstreckt. Frankreich annektierte 600 Herrschaften und Orte im Elsaß, in der linksrheinischen Pfalz, im Herzogtum Luxemburg und Fürstbistum Lüttich.

Zur Einverleibung Straßburgs bemühte er nicht einmal mehr einen Rechtsvorwand. Im Jahre 1681, mitten im Frieden, wurde die Reichsstadt von französischen Truppen besetzt und zur »Ville libre royale« erklärt. Bischof und Bürgerschaft begannen Ludwig XIV. für den Nachfolger Karls des Großen zu halten. Dessen deutscher Nachfolger war im Osten mit der Abwehr der Türken beschäftigt, deren Vorstoß auf Wien von der »Allerchristlichsten Majestät«, wie sich ein König von Frankreich nannte, begünstigt worden war und deren Zurückdrängung in Versailles wie in Istanbul beklagt wurde.

Prinz Eugen von Savoyen mochte sich mitunter ausgemalt haben, welche Waffentaten er unter französischen Fahnen hätte vollbringen können. Vom König von Frankreich abgewiesen, war er an die Seite des Kaisers in Österreich getreten und hielt sich bereit, mit ihm und für ihn nach den Türken die Franzosen zu schlagen. Dabei ging es ihm weniger um die Begleichung einer alten Rechnung als um die Bewährung im Dienste des Monarchen, der ihn aufgenommen und gefördert hatte.

Inzwischen hatte Frankreich dem im Osten engagierten Reich im Westen auch noch Luxemburg und Trier entrissen. Dem Reichstag war nichts anderes übrig geblieben, als mit dem Aggressor einen Waffenstillstand abzuschließen, der ihm seine Eroberungen bis auf weiteres beließ. Der Sonnenkönig, der den Scheitelpunkt seiner Macht noch nicht für erreicht hielt, begnügte sich nicht mit der Sicherung der »natürlichen Grenze« am Rhein, griff nach dem rechten Ufer und überspannte den Bogen.

Als er im Jahre 1688, um angebliche Erbansprüche seiner Schwägerin Liselotte von der Pfalz durchzusetzen, in Süd- und Westdeutschland eingefallen war, trat ihm eine europäische Koalition entgegen: Österreich und die wichtigsten Reichsfürsten, Spanien, Schweden, Holland, England und auch Savoyen. Sein Stammland für die Koalition zu gewinnen war für Prinz Eugen eine politische Herausforderung, die er mit Geschick meisterte. Als es dann galt, das Land des Partners gegen die Franzosen zu verteidigen, bewies er erneut seine militärischen Fähigkeiten und qualifizierte sich für höhere Kommandos.

Zunächst informierte er den Vetter Viktor Amadeus II. schriftlich über die in Wien getroffenen Maßnahmen gegen Frankreich und die auf eine Aufnahme Savoyens in die antifranzösische Allianz zielenden Bestrebungen. Für eine persönliche Intervention in Savoyen wollte man ihn noch nicht verwenden, sondern setzte ihn auf dem Gebiet ein, auf dem er sich bereits bewährt hatte. Ende Januar 1689 erhielt er das Kommando über drei Kavallerieregimenter, die am Rhein kämpfen sollten. Aber es dauerte und dauerte, bis die Truppe zusammengezogen und ausgerüstet worden war. Erst im März setzte sie sich in Bewegung, kurz bevor der französische General Mélac mit der Verheerung der Pfalz begann.

Eugens Einheit wurde nach Stollhofen bei Bühl beordert, »um selbigen Ort in Defension zu setzen und das Badische Land zu bedecken«. Anfang Juli kam er bei einem Vorstoß gegen Straßburg in erste Feindberührung mit den ehemaligen Landsleuten. Anschließend beteiligte er sich an der Belagerung von Mainz. Eine Musketenkugel verletzte ihn leicht am Kopf. Nach dem Fall der Festung wurde er vom Oberbefehlshaber Max Emanuel an den Oberrhein zurückgeschickt.

Während seine Truppe das Winterquartier bezog, begab sich Eugen nach Augsburg. Die Reichsstadt war vorübergehend Reichshauptstadt geworden. Um den Kaiser hatten sich die Kurfürsten geschart, die am 24. Januar 1690 Leopolds I. ältesten Sohn Joseph einstimmig zum römischen König wählten. Die anschließende Krönung demonstrierte den neuen Glanz der Kaisermacht, der jedoch in auffälligem Kontrast zur bescheidenen Gloria der Kaiserarmee stand.

Prinz Eugen, dem dies nicht entgangen war, nützte die Winterpause, um sich nach einer Möglichkeit umzusehen, die ihn schneller wenn schon nicht zu militärischem, so doch zu privatem Vorankommen verhelfen könnte. Eine gute Partie schien in Aussicht zu stehen.

Herzog Julius Franz von Sachsen-Lauenburg hatte stattliche Besitztümer in Böhmen seinen beiden Töchtern hinterlassen, die als reiche Erbinnen begehrenswert wurden. Der fünfunddreißigjährige Markgraf Ludwig Wilhelm von Baden nahm beide in Augenschein und entschied sich für die jüngere Sybilla Augusta und nicht für die ihm zugedachte ältere Anna Maria Franziska. Für sie schlug er seinen Vetter und Kampfgefährten Eugen vor, der von Leopold I. unterstützt wurde, weil der Kaiser sich wünschte, daß sein Paladin nicht nur durch militärische Meriten, sondern auch mit einem ansehnlichen Heiratsgut »reüssieren möchte«.

Mitte April 1690 nahm Markgraf Ludwig Wilhelm von Baden den Prinzen Eugen mit nach Schloß Raudnitz in Böhmen. »Man laboriert stark für ihn, es scheint aber noch nicht, daß man große Lust zu ihm habe«, wurde in der Umgebung der Ausersehenen konstatiert. »Weil nun seine Person in Raudnitz gegenwärtig, wird sich zeigen, was Cupido bei der Prinzessin Franziska für Gewalt will üben. Eines wird sie vielleicht stoßen, daß kein Land noch Leute und ein cadet«, Eugen nur ein jüngerer Sohn einer Adelsfamilie noch dazu aus einer Nebenlinie sei, der über kein Territorium und keine Untertanen verfüge.

»Der Prinz ist nun hier und wartet der Prinzessin Franziska auf«, wurde vermerkt; »man spürt aber kein sonderliches empressement dabei und auf der anderen Seite ebenso wenig inclination.« Die Achtzehnjährige schaute auf den siebenundzwanzigjährigen Kadetten herab, der den Mangel an Hochwohlgeborensein nicht durch eine anziehende Erscheinung auszugleichen vermochte. Eugen, ohnehin Frauen gegenüber gehemmt, gab sich noch zurückhaltender und wortkarger als gewöhnlich, machte keinerlei Avance und nahm sich vor, bei seinem Avancement nie mehr auf Cupido, sondern nur noch auf Mars zu setzen.

Noch vor Ludwig Wilhelm verließ Eugen Schloß Raudnitz. Franziska heiratete im selben Jahr den Pfalzgrafen Philipp Wilhelm von Neuburg, einen jüngeren Sohn des Kurfürsten von der Pfalz und Bruder der Kaiserin Eleonore. Nach drei Jahren Witwe, vermählte sie sich mit dem Erbprinzen Giovanni Gasto von Toskana, der 1723 als letzter der Medici den Thron bestieg. So wurde die Frau, der Haare auf den Zähnen bescheinigt wurden, als Großherzogin doch noch eine regierende Fürstin. Sie dürfte es kaum bereut haben, daß sie den Cadet Eugen nicht genommen hatte, obwohl sie sein Aufstieg zum berühmten Feldherrn und bedeutenden Staatsmann nicht unbeeindruckt gelassen haben wird.

Kaum aus Raudnitz unverlobt zurück, erhielt er am 31. Mai 1690 seine Ernennung zum General der Kavallerie. Kurz darauf wurde ihm das Kommando des kaiserlichen Hilfskorps übertragen, das in Italien den Herzog von Savoyen aus der Bredouille, in die ihn seine Hinwendung zur antifranzösischen Koalition bringen mußte, herausführen sollte.

Am 4. Juni 1690 war der Allianzpakt zwischen dem Savoyer und dem österreichischen und spanischen Habsburger geschlossen worden. Viktor Amadeus II., von Natur aus vorsichtig und von der Staatsräson eines zwischen den Hauptmächten liegenden Landes auf eine Schaukelpolitik verwiesen, hatte die Entscheidung so lange wie möglich hinausgezögert und sich erst zu ihr durchgerungen, als ihm die habsburgische Seite mehr Vorteile als die bourbonische versprach. Auch danach schien er die französische Karte noch nicht abgelegt zu haben. Jedenfalls überraschte ihn Eugen, der Ende Juni in Turin eintraf, bei der Unterredung mit einem französischen Emissär.

Ein Doppelspiel wäre dem Herzog kaum zu verübeln gewesen; denn eine ausreichende Unterstützung durch die Habsburger stand zu diesem Zeitpunkt erst auf dem Vertragspapier. Die ihm zur Abwehr eines zweifellos zu erwartenden französischen Angriffes versprochenen 10000 Spanier waren nicht einsatzfähig, und Eugen, der Befehlshaber der zugesagten 5000 Österreicher, war noch ein General ohne Truppe.

Er hatte einen schweren Gang angetreten. In Mailand traf er den spanischen Generalgouverneur Fuensalida am hellichten Tage noch zu Bett mit einer Zipfelmütze an, der trotz des Gähnens das entscheidende Wort beanspruchte, das von Schlafmützigkeit bestimmt blieb. In Turin fand Eugen einen aus der Fassung geratenen Hof vor; denn die Franzosen waren in Piemont in Richtung Hauptstadt einmarschiert. »Ohne Truppen bin ich hier unnütz«, drängte er Wien zu einer raschen Heranführung seines Korps, ohne sich dies – »wegen der üblichen Langsamkeit unseres Hofes« – zu erhoffen.

Viktor Amadeus, dessen bescheidener Streitmacht die österreichischen Regimenter noch nicht – wie es Eugen erwartete – »die Seele« eingehaucht hatten, verlor die Nerven und preschte gegen die Franzosen vor. Der Vetter, der ihn vergebens zurückzuhalten versucht hatte, wollte nach der Niederlage bei Staffarda am 18. August retten, was noch zu retten war. Den Befehl über die savoyischen Garden ergreifend, deckte er den Rückzug in ein Lager bei Moncalieri, wo Ende des Monats endlich die kaiserlichen Hilfstruppen eintrafen.

Doch jener Geist, den Eugen im savoyisch-spanisch-österreichischen Heer erwartet hatte, regte sich vorerst nicht. Er mußte erfahren, daß eine Koalitionsarmee auch ohne Kampfhandlungen gegen Feindseligkeiten nicht gefeit war.

Die Alliierten redeten mehr gegeneinander als miteinander. Viktor Amadeus, der bereits einen Großteil seines Landes verloren hatte und auch noch den Rest einzubüßen befürchtete, warf seinen Verbündeten mangelnde Hilfeleistung vor. Die Spanier, die mit Mailand und der Lombardei ihre Position in Oberitalien zu behaupten hatten, setzten diese mit Vorhaltungen gegen die Savoyer und Wortgeplänkeln mit den Österreichern aufs Spiel. An eine gemeinsam geplante und ausgeführte Operation war nicht zu denken. Selbst als die Franzosen sich unerwartet aus Piemont zurückzuziehen begannen, erfolgte keine konzertierte Reaktion. Er werde eher den Dienst quittieren als noch einmal eine solche Kampagne mitmachen, seufzte Eugen.

Unter den beklagten Umständen hätte er es eigentlich begrüßen können, daß man in der fortgeschrittenen Jahreszeit nicht mehr gegen die Franzosen ziehen mußte, sondern die Winterquartiere zu beziehen waren – wenn es nicht zu Auseinandersetzungen gekommen wäre, weshalb man nach neuen Quartieren Ausschau hielt. Schließlich wurden die Kaiserlichen auf das zu Mantua gehörende Montferrat verwiesen, dessen Herzog wie Bevölkerung zu den Franzosen hielten und dies die Österreicher so sehr spüren ließen, daß sie sich Unterkunft und Verpflegung erkämpfen mußten.

Schon waren in Wien Gerüchte im Umlauf, daß die Mißhelligkeiten auch auf Fehlverhalten des Korpskommandanten

*Herzog Viktor Amadeus II. von Savoyen,
Vetter des Prinzen Eugen.
Schabblatt von Elias Christoph Heys.*

zurückzuführen wären. Um die Vorwürfe gegen seine Person auszuräumen und eine Verstärkung seiner Truppen anzumahnen, reiste Eugen in die Kaiserstadt, wo er Anfang April 1691 eintraf.

Die sorgenvollen Mienen, die er am Kaiser, bei den Ministern und Generälen wahrnahm, galten noch am wenigsten der Situation in Oberitalien. Im Oktober 1690 hatten die Türken das von Eugen miteroberte Belgrad zurückgewonnen; Ungarn war wiederum bedroht. Im Westen waren die verbündeten Holländer und Deutschen bei Fleurus im Hennegau geschlagen und selbst die vorgebliche Seemacht Britannien in einem Seegefecht vor Beachy Head an der englischen Kanalküste von den mehr kontinental als maritim gerüsteten Franzosen besiegt worden.

Im Süden hatten die Franzosen im Frühjahr 1691 eine neue Offensive gegen Savoyen begonnen und bereits Nizza erobert. Das an allen Fronten bedrohte Österreich mußte sein Hauptaugenmerk auf den Osten richten, durfte jedoch den Westen wie den Süden nicht außer acht lassen. So fiel es dem Prinzen von Savoyen nicht allzu schwer, einen Sukkurs für sein Stammland zu erlangen, zumal dessen Finanzierung durch Subsidien der Seemächte England und Holland gesichert zu sein schien. Zehntausend Mann, je zur Hälfte Österreicher und Bayern, sollten unter dem Oberbefehl des Kurfürsten Max Emanuel in Oberitalien eingesetzt werden.

Eugen wollte gerne wieder unter seinem Gönner dienen. Auf der Rückreise nach Turin bewog er in München den Kameraden, der die Annehmlichkeiten des Hoflebens nicht unbedingt mit den Anstrengungen eines Feldzuges vertauschen wollte, das ihm vom Kaiser angetragene Kommando anzunehmen.

Er war noch nicht zurück, als die Franzosen erneut Turin bedrohten. Eugen warf sich ihnen mit zweieinhalbtausend Reitern so vehement entgegen, daß sie am 28. Juni 1691 von der Belagerung Cuneos abließen. Das Lob hielt sich in Grenzen. Wie später noch öfter wurde dem Prinzen vorgeworfen, er suche eher durch Husarenritte den Feind zu überrumpeln als ihm mit generalstabsmäßigen Operationen entgegenzutreten.

Als solche nach dem Eintreffen der Hilfstruppen und dem Anwachsen der alliierten Streitkräfte auf 40000 Mann in Angriff genommen wurden, blieben die erwarteten Erfolge aus. Der Feldzug 1691 endete unbefriedigend und jener von 1692 begann nach Zwistigkeiten der Verbündeten am Sandkasten nicht vielversprechend. Immerhin gelang ein Vorstoß auf Embrun an der Durance, dem Grenzfluß zwischen Piemont und der Dauphiné. An der Spitze seines Korps betrat Prinz Eugen wieder französischen Boden, in der Hand den Degen, den ihn Ludwig XIV. nicht für Frankreich führen lassen wollte und den er nun gegen den Bourbonen schwang. Zum Marschziel setzte er sich Grenoble, aber seine Vorgesetzten bliesen nach der Einnahme von Gap zum Rückmarsch. Am Ende war man wieder dort angekommen, wo man ausgezogen war.

Das Jahr 1693 begann für Eugen in Wien. Seine Vorschläge, wie der Krieg künftig in Italien offensiv gegen Frankreich zu führen wäre, wurden gnädig entgegengenommen, doch kaum beachtet und schon gar nicht ausgeführt. »Es gibt mehr Konfusion hier als jemals«, klagte Eugen. »Nichts tut man zur Vorbereitung des Feldzuges.« Die Minister dächten nur ans Trinken, Essen und Spielen und nicht an die Interessen ihres Herrn, den er selber nicht mit Kritik verschonte: »Die Angelegenheiten des Reiches haben während einiger Stunden den Kaiser beunruhigt, aber Gott sei Dank hat es an dem Tag eine Prozession gegeben, die alles vergessen ließ.«

Sein Temperament ging mit ihm im Felde wie bei Hofe leicht und oft durch. Man hätte dies seiner Jugendlichkeit zuschreiben und es damit verstehen können, wenn der Endzwanziger sich nicht schon für so reif und fertig gehalten hätte, daß er nicht nur Anhörung, sondern auch Billigung und Befolgung seiner Ratschläge beanspruchen zu können meinte.

Anerkennung blieb ihm nicht versagt. Doch diese schien Eugen zunächst weniger seiner Feldherrnbegabung als seiner Verwandtschaftsbeziehung zu einem Alliierten des Habsburgers zu verdanken. Am 25. Mai 1693 wurde der Vetter und Berater des Herzogs von Savoyen, noch nicht dreißig und nach kaum zehnjähriger Dienstzeit, zum Feldmarschall ernannt. Ein selbständiges Oberkommando war mit dieser Beförderung nicht verbunden. Der Savoyer wurde zu Viktor Amadeus zurückgeschickt, an dessen Seite man sich von ihm als Vertreter österreichischer Interessen mehr erwartete als in seiner Funktion als Unterbefehlshaber in der Koalitionsarmee. Bald stellte sich heraus, daß ihm in Italien politisch wenig Glück und militärisch kein Erfolg beschieden war.

Unweit von Turin, bei Marsaglia, erlitten die Alliierten am 4. Oktober 1693 eine empfindliche Niederlage. Der Herzog von Savoyen habe »allzu hitzig«, vornehmlich vom Prinzen Eugen angestachelt, »sich mit dem Feind eingelassen« und dadurch dieses Unglück heraufbeschworen, behauptete der unmittelbare Vorgesetzte Eugens, Feldmarschall Caprara, Befehlshaber der kaiserlichen Truppen in Italien unter dem Generalissimus Viktor Amadeus.

Da der an Lebens- wie Dienstjahren viel Ältere den primär durch Protektion zum gleichen Rang aufgestiegenen Fant ohnehin nicht leiden mochte, konnte diese Kritik kaum für bare Münze genommen werden. Ganz unberechtigt war sie nicht. Eugen, der Kavallerist, ritt nur zu gerne Attacken, nicht nur als Oberst und Kommandeur seiner Savoyen-Dragoner, sondern auch als Feldmarschall und Befehlshaber größerer Einheiten. Es ist nicht auszuschließen, daß er bei Marsaglia seinen bei aller Ruhmsucht zur Vorsicht neigenden Vetter im Galopp mitgerissen hat.

Wie dem auch gewesen sein mag – die Folgen der Niederlage bei Marsaglia trafen in erster Linie den Herzog und nicht den Prinzen von Savoyen. Zwar zogen sich die französischen Sieger unter Marschall Catinat in Winterquartiere auf eigenem Boden zurück, aber sie hinterließen verbrannte Erde in Piemont. In seiner Not setzte Viktor Amadeus mehr denn je auf den Vetter, erwirkte in Wien die Ernennung Eugens zum Oberbefehlshaber der kaiserlichen Truppen in Italien anstelle des nach Ungarn versetzten Feldmarschalls Caprara.

In Wien brachte man dem angehenden Feldherrn nicht so viel Vertrauen wie in Turin entgegen; er wurde angewiesen, keine Operationen ohne die Zustimmung des spanischen Generalgouverneurs Leganés und des ihm als Aufpasser mitgegebenen österreichischen Feldmarschalls Pálffy vorzunehmen. Ausschlaggebend für Eugens Ernennung war die Rücksichtnahme auf den Herzog von Savoyen, der daran zu zweifeln begann, ob er mit den Österreichern die richtige Seite gewählt hatte.

Seine Bedenken wuchsen im Verlauf der Feldzüge von 1694 und 1695. Kriegsschauplatz war nach wie vor sein eigenes Land, das er, selbst wenn es ihm – was immer unwahrscheinlicher erschien – die Habsburger erhalten könnten, nur ausgeblutet und verwüstet behalten würde. Eugen tat das ihm Mögliche, den Herzog im alliierten Lager zu halten, doch die unzulänglichen Ergebnisse der militärischen Unternehmungen waren nicht dazu angetan, seinen politischen Bemühungen Nachdruck zu verleihen.

Eugen erhielt von Wien nie soviele Soldaten zugeteilt, wie er sie zu erfolgversprechenden Aktionen benötigt hätte, und der Kampfgeist der ihm zur Verfügung stehenden Truppe wurde durch mangelhafte Ausrüstung, unzureichende Verpflegung und ausbleibenden Sold nicht gehoben. Nur zu einer Blockade, nicht zu einer regelrechten Belagerung der von den Franzosen gehaltenen, strategisch wichtig am Po-Übergang unterhalb Turin gelegenen Festung Casale reichten vorerst die Kräfte. An eine Offensive in Richtung Frankreich war überhaupt nicht zu denken.

Das Jahr 1695 begann so trostlos wie das Jahr 1694 geendet hatte. Immerhin traf Catinat, der mit hundert Bataillonen zwischen Susa in den Alpen und Nizza am Mittelmeer stand, keine Anstalten zu einem Angriff, sodaß die Alliierten zur Belagerung von Casale schreiten konnten, wo die Belagerten am 11. Juli kapitulierten. Eugens Genugtuung über diesen Erfolg wäre verflogen, wenn er gewußt hätte, warum der französische Festungskommandant die Waffen gestreckt hatte und der französische Marschall nicht zum Entsatz herangerückt war. Beide handelten auf Befehl Ludwigs XIV., der den Herzog von Savoyen in dessen Absicht, sich von den Habsburgern zu lösen, durch einen Verzicht auf weitere Kampfhandlungen zu bestärken suchte.

Sein Streben nach einem Sonderfrieden mit Frankreich mußte Viktor Amadeus den Alliierten, deren Truppen in seinem Lande standen, so lange es ging, verheimlichen, auch und nicht zuletzt seinem Vetter Eugen, von dem er annehmen mußte, daß er im Zweifelsfall zu seiner Wahlheimat Österreich und nicht zu seinem Stammland halten würde. In Wien wurde von nicht wenigen, die sich immer noch nicht mit dem Aufstieg des Zugereisten abgefunden hatten, Eugen eine Fahnenflucht zugetraut.

Eugen selber rechnete fast bis zuletzt nicht mit einer Desertion seines Vetters, war jedenfalls überrascht und bestürzt, als der Machiavelli von Turin die Maske fallen ließ, und fühlte sich in seiner Ehre getroffen, als er von den Zweifeln an seiner Loyalität zum Hause Habsburg erfuhr. Der Herzog von Savoyen konnte und wollte es nicht mehr verbergen, daß er von einer Bühne abzutreten gedachte, auf der ihm immer übel mitgespielt worden war.

Er fürchte, daß Catinat gemeinsame Sache mit Viktor Amadeus machen werde, schrieb Eugen am 7. Juni 1696 nach Wien. »Macht er einen Sonderfrieden, so darf man nicht glauben, daß es dabei bleiben wird, er wird vielmehr nur die Grundlage dafür sein, unsere Truppen aus Italien zu entfernen und dann gegen uns zum größten Schaden für das Erzhaus Krieg zu führen.« Noch glaubte er dieser Gefahr durch eine energische Fortführung des Kampfes gegen Frankreich in Italien begegnen zu können, und er beschwor die österreichische Regierung, ihn dabei tatkräftig zu unterstützen.

In Wien verkannte man den Ernst der Lage und in Turin waren die Würfel gefallen. Bereits am 30. Mai 1696 war Viktor Amadeus II. von Ludwig XIV. die Rückgabe von Savoyen, Susa und Nizza sowie der geschleiften Schlüsselfestung Pinerolo als Preis für eine Abwendung von den Alliierten zugesagt worden. Anfang Juli forderte der Herzog den Abzug der österreichischen und spanischen Truppen aus Piemont.

Noch wollte Eugen seine Sache, eben die des Kaisers, nicht

verloren geben: Piemont dürfte nicht geräumt und damit indirekt, vielleicht direkt den Franzosen überlassen werden, warnte er Wien, und in Turin geriet er mit dem Vetter aneinander. Verzeihen konnte er ihm die Bündnisflucht nicht, aber er mochte verstehen, was Viktor Amadeus dazu bewogen hatte: Ohne die Unentschlossenheit des Kaisers, der dem Aliierten nicht genügend entgegengekommen und dem sich Abwendenden nicht energisch entgegengetreten sei, wäre es kaum zum Abfall des Herzogs gekommen.

Am 30. August 1696 wurde ein Friedens- und Bündnisvertrag zwischen Frankreich und Savoyen unterzeichnet. Catinat trat den Vormarsch, Eugen den Rückmarsch an. Viktor Amadeus übernahm den Oberbefehl über die französisch-savoyische Armee. Österreichs Verbündeter Spanien, der sein lombardisches Territorium zu sichern hatte, drängte auf eine Neutralisierung der Apenninenhalbinsel, die am 8. Oktober 1696 durch den Vertrag von Vigevano beschlossen wurde. Damit war Österreichs Position in Italien vorerst aufgegeben und Eugens dortige Mission zu Ende.

Der Prinz von Savoyen kehrte als kaiserlicher Feldmarschall heim nach Wien. Dort hatte er 1694 ein Gebäude in der Himmelpfortgasse erworben, um sich auch häuslich in der Residenzstadt des Habsburgers niederzulassen, in dessen Dienst er bleiben und bestehen wollte. Seinem Dienstherrn Leopold I. versicherte er: »Meine Schuldigkeit, Eid und Pflicht, auch der Eifer, womit ich Dero Dienst mit allertiefster Untertänigkeit beigetan leben muß, geht vor alles.«

Wo er sich in »solcher allerpflichtmäßigster Treue und Beständigkeit« bewähren wollte, hatte er bereits wissen lassen: »Ich biete Seiner Majestät meine schwachen Dienste an, falls er mich für den Rest dieser Campagne in Ungarn verwenden will.« Seine Bitte wurde erfüllt. Im Frühling 1697 wurde Prinz Eugen nach sieben Jahren Einsatz in Italien, der ihm wenig Ruhm gebracht hatte, auf den Kriegsschauplatz versetzt, auf dem er zwischen 1683 und 1688 erste Lorbeeren gesammelt hatte und wo er sich noch im Jahre seiner Entsendung den Siegerkranz erwerben sollte.

Viertes Kapitel

Der Feldherrnstab

Den Oberbefehl in Ungarn erhielt der vierunddreißigjährige Feldmarschall vorerst nicht. Der Kommandostab war – nach der Versetzung des Markgrafen Ludwig Wilhelm von Baden an den Rhein – dem Kurfürsten Friedrich August I. von Sachsen übertragen worden, der seinen Beinamen »der Starke« nicht seinen militärischen Fähigkeiten verdankte.

Im Südosten, der zu einer Nebenbühne in dem von Ludwig XIV. begonnenen großen Krieg geworden, doch für Leopold I. ein Hauptkriegsschauplatz geblieben war, stand es für Österreich nicht zum Besten. Die Türken hatten sich vom Schock der achtziger Jahre erholt, Belgrad zurückerobert und wieder Boden in Ungarn gewonnen.

Der Kaiser, der einen Mehrfrontenkampf zu führen hatte, vermochte seine dortige Streitmacht nicht für eine notwendige Defensive und schon gar nicht für eine erwünschte Offensive einzusetzen. Der Kurfürst von Sachsen, der nicht allein aus Reichsräson, sondern vornehmlich wegen seiner Hilfstruppen zum Oberbefehlshaber ernannt werden mußte, war nicht der Feldherr, der das Beste aus einer ungünstigen Situation zu machen verstanden hätte. Auch vom österreichischen Feldmarschall Caprara, den man dem Sachsen als Adlatus und Aufpasser beigegeben hatte, war derartiges – Eugen konnte ein Lied davon singen – nicht zu erwarten.

Da Caprara sich mit seinem Vorgesetzten Friedrich August in Ungarn so wenig verstand, wie er mit seinem Untergebenen Eugen in Italien ausgekommen war, mußte ein Ersatzmann gefunden werden. Markgraf Ludwig Wilhelm von Baden empfahl seinen Vetter, und Hofkriegsratspräsident Ernst Rüdiger von Starhemberg pflichtete ihm bei, da er »von denen, so im Stand sind zu dienen«, keinen wisse, »der mehr Verstand, Experienz, Applikation und Eifer zur Euer Kaiserlichen Majestät Dienst hätte, ein generoses und uninteressiertes Gemüt, auch die Liebe und Respekt bei der Miliz, als der Prinz von Savoyen«.

Da das Wort des »Türkenlouis« und des Verteidigers von Wien beim Kaiser Gewicht hatte und so mancher Höfling den Savoyer möglichst weit weg sehen wollte, erhielt Eugen am 25. April 1697 seine Ernennung zum Nachfolger Capraras.

Der Prinz nahm sie gehorsam, aber ohne Begeisterung entgegen. So gerne er nach Ungarn ging, so hätte er sich doch gewünscht, diesmal Erster und nicht schon wieder Zweiter zu werden. Als er sich bei August dem Starken meldete, gab ihm dieser zu verstehen, daß er der Oberste und kein Primus inter pares sei und dies auch bleiben werde. Doch kaum hatte der Kurfürst dem Kaiser den Zahlungsmodus seiner Hilfstruppen abgehandelt, verschwand er nach Dresden und kam nicht wieder, statt seiner die Nachricht, daß er in Polen zum König gewählt worden war.

In Wien wurde ein neuer Oberbefehlshaber für Ungarn gesucht und im bisherigen Stellvertreter gefunden. Am 5. Juli 1697 erhielt Eugen sein Patent und ging unverzüglich daran, sein Fortune zu nutzen.

Für ein Danaergeschenk mochte er es gehalten haben, als er die ihm anbefohlene Armee inspizierte. Er fand sie in einer Verfassung vor, die noch schlechter war, als er es bei den ihm sattsam bekannten österreichischen Zuständen befürchtet hatte. Österreich sei immer zurück, um eine Idee, ein Jahr und eine Armee, meinte Napoleon Bonaparte. Wenn Prinz Eugen dieses Wort schon gekannt hätte, wäre es ihm eher untertrieben vorgekommen.

Österreichs Großmachtanspruch kontrastierte augenfällig mit seiner Streitmacht, die zu dessen Durchsetzung notwendig gewesen wäre. Söldner, die durch freie Anwerbung wie bei einer Zwangsaushebung zusammengetrommelt wurden, gab es auch anderswo in einer Zeit, in der die Wehrpflicht noch nicht erfunden war und auch nicht möglich gewesen wäre. Doch kein anderer Großstaat verfügte über so knappe Mittel, um die

Söldner zu besolden, auszurüsten und zu verpflegen, und nirgendwo war die Heeresverwaltung so schwerfällig und waren die Befehlsstränge so verwirrt wie bei den Kaiserlichen.

»Ohne Geld können die Armeen, ohne Armeen die kaiserlichen Erblande nicht erhalten bleiben. In gefährlichen Zeiten bestehen Rat und Tat in nichts anderem als in der Armee und im Geld.« Das wurde ein Ceterum censeo Eugens, der als Oberbefehlshaber mit der Crux der Finanzot konfrontiert war und blieb.

An Geld, dem Nervus rerum des Staates wie der Truppe, mangelte es stets. Österreich war nicht arm, aber in seinen Ländern saßen die Stände auf ihren Kassen, und was sie für Wien herausrückten und der Kaiser aus eigenen Quellen schöpfte, reichte nicht aus, um den vor allem in Kriegszeiten gesteigerten Finanzbedarf zu decken.

Das Minus suchte man durch Subsidien von Verbündeten, in erster Linie der zahlungskräftigen Engländer und Holländer, wie durch Anleihen bei adeligen Potentaten wie bürgerlichen Kapitalisten auszugleichen. Das kaiserliche Ärar mußte ständig Kredite gegen nicht unbeträchtliche Zinsen aufnehmen, wodurch die Schulden immer größer und die Finanziers immer reicher wurden, in erster Linie die sogenannten Faktoren, die als Privatgläubiger den Staatschuldner doppelt schröpften: als Hofbankiers wie als Armeelieferanten. Samuel Oppenheimer spielte unter Leopold I. eine ähnliche Rolle wie Jakob Fugger unter Karl V. Der »Hofjude« borgte dem Kaiser Geld und versorgte dessen Armee – vom Pulver bis zum Pferdefutter – mit dem Nötigsten, woraus beide ihren Nutzen zogen, der Kriegsoberfaktor keineswegs weniger als der Oberste Kriegsherr.

»Es gibt kein Königtum ohne Soldaten, keine Soldaten ohne Geld, kein Geld ohne Bevölkerung, keine Bevölkerung ohne Gerechtigkeit«, hatte bereits ein Sassanidenherrscher befunden. Die österreichische Armee bekam nie genug Geld, weil es keine Gleichbehandlung der Untertanen, keine Steuergerechtigkeit im Ständestaat gab, und weil nur die vielen Bauern und wenigen Bürger, aber nicht die weltlichen und geistlichen Oberen ihren Beitrag leisteten, weil ein Großteil des Steueraufkommens in den einzelnen Ländern der Monarchie verblieb und nie genug Steuereinnahmen zum Kaiser nach Wien gelangten. Obendrein waren die dortigen Zentralbehörden in einer Weise organisiert, genauer gesagt, desorganisiert, die nicht geeignet war, die effektiven Mittel effizient einzusetzen.

Mehr schlecht als recht amtierte der 1556 gegründete Hofkriegsrat, der nicht nur für die Verwaltung, sondern auch für die Tätigkeit des Heeres zuständig war. Die Hofkriegsräte blockierten sich durch Zwist und Kompetenzstreitigkeiten mit den anderen Zentralbehörden, mit der Hofkammer, die bei den Finanzen federführend war, und den Hofkanzleien, die in ihrer ständischen und regionalen Zusammensetzung mehr an die Teile als an das Ganze des Reiches dachten. Fast jeder Hofkriegsratspräsident fühlte sich bemüßigt, den Armeebefehlshabern in Kommandos hineinzureden, Operationen vorzuschreiben, den Truppenführern ins Handwerk zu pfuschen. Daneben gab es noch das Generalkriegskommissariat, eine Art Militärintendanz, die den Kompetenzwirrwarr noch komplizierte, und über allen stand der Kaiser, der davor zurückschreckte, den Gordischen Knoten mit Monarchenmacht durch eindeutige und verbindliche Entscheidungen zu lösen.

In Österreich war die Armee – im Unterschied zu Preußen – nicht eine Schöpfung der Herrscher, sondern der Soldaten, von Wallenstein, dem Militärunternehmer, über Montecuccoli, dem Heeresorganisator, bis Prinz Eugen, dem bedeutendsten Feldherrn und Truppenführer. Immer wieder fand der Kaiser fähige Militärs, die ihm – trotz aller systembedingten Widrigkeiten – das Schwert schmiedeten und es – ungeachtet der Einsprüche der Hofinstanzen – erfolgreich für ihn einsetzten.

Die Generalität war international zusammengesetzt, aus den Völkern Österreichs wie aus anderen europäischen Nationen. Wallenstein war Böhme, Montecuccoli kam aus Italien und Prinz Eugen aus Frankreich. Nicht nur die militärische Elite hatte sich unter dem Doppeladler eingefunden; es waren auch Glücksritter dabei, die weniger an den Aufstieg der Habsburger als an ihr eigenes Fortkommen dachten. Genies waren so dünn gesät wie in anderen Berufen, und die Befähigten,

Tüchtigen und Loyalen, von denen es nicht wenige gab, sahen sich im Hause Habsburg durch den Hausherrn, der stets das letzte Wort beanspruchte, aber es selten aussprach, wenig gefördert. Sie wurden durch die Hausmeister, Hofchargen und Hofschranzen gebremst, die ihnen Stein um Stein in den Weg legten.

Offiziersehre war im Offizierskorps noch kaum ein bekannter und schon gar kein angewandter Begriff. Posten waren nicht allein durch Protektion zu erlangen, sondern auch mit Geld zu erkaufen. Für so manchen Regimentsinhaber war die militärische Tätigkeit ein Geschäft wie jedes andere, das freilich die Chance bot, das aufgewendete Kapital durch Beutemachen im Krieg rasch und beträchtlich zu vermehren. In den unteren Offiziersrängen waren gehorsame und tapfere Haudegen anzutreffen, die jedoch – mangels Ausbildung – Rauhbeine blieben und – mangels Korpskomment – vor unehrenhaften Handlungen nicht zurückschreckten. Diejenigen Offiziere, welche Straßenraub und Diebstähle begingen, verordnete Leopold I., sollten auch wie Straßenräuber und Diebe bestraft werden.

Offizieren wie Unteroffizieren waren drakonische Mittel in die Hand gegeben, die zur Disziplinierung der angeworbenen und zwangsrekrutierten Soldaten als notwendig erachtet wurden. Den Grundstock der Armee bildete eher der Bodensatz der Bevölkerung. Gestrauchelte, Gestrandete oder von den Werbern widerwillig Überredete waren Söldner geworden. Zwangsaushebungen wurden in den untersten Volksschichten vorgenommen. Sie alle mußten oft buchstäblich in Reih und Glied geprügelt und die zum Kriegsdienst Gepreßten in dicht geschlossenen, streng überwachten Formationen in die Schlacht geführt werden, weil sie sonst kaum vormarschiert wären und sich lieber abgesetzt hätten. Es soll vorgekommen sein, daß Spanische Reiter, Sperren aus Balken, Latten und Spießen hinter den Vorrückenden errichtet wurden, um sie am Zurückweichen zu hindern.

Am ehesten folgten sie Troupiers, die sich mutig an ihre Spitze setzten und sie mit der Aussicht auf Sieg und Beute mitzureißen vermochten. Als ein solcher Truppenführer bewährte sich Prinz Eugen. »Bei meinem Regiment soll die schärfste Mannszucht gehalten werden«, erklärte der Oberst der Savoyen-Dragoner, fügte jedoch hinzu: »Man soll ohne Ursach den gemeinen Mann nicht zu sehr anstrengen und die Schärfe nur gebrauchen, wo die Güte, wie öfters geschieht, nichts verfanget.« Eugen kam zu dem Schluß: »Ich glaube, daß beim Militär alles mit mehr Eifer getan würde, wenn jeder mit Liebe und Güte, statt mit Strenge zu seiner Pflicht angehalten würde.«

Der Feldmarschall wußte, daß allein die Furcht vor dem Vorgesetzten die Disziplin nicht gewährleisten konnte, daß Respekt, ja Sympathie dazukommen mußten, doch all dies ohne genügende Bezahlung und ausreichende Verpflegung vergeblich blieb. Der Feldherr war sich bewußt, daß die Lust der Söldner, ihre Haut zu Markte zu tragen, sich dem Nullpunkt näherte, wenn Sold und Proviant ausblieben, was bei den Kaiserlichen fast die Regel war.

Im Jahre 1693 erklärte ein Befehlshaber in Ungarn, sein Angriff auf Belgrad wäre nicht gescheitert, »wenn das geringe Geld für die Feldbäckerei und für den Transport des schweren Geschützes verfügbar gewesen, wenn nicht darum zwei Monate in den Winterquartieren, ein Monat im Angesicht der Mauern von Belgrad nutzlos verbracht worden wären«.

Ähnliche Erfahrungen hatte Prinz Eugen in Italien gemacht. Es fehle an Geld und Brot, an Bekleidung und Ausrüstung, lautete der Refrain seiner Klagelieder, die in Wien, selbst wenn sie auf offene Ohren gestoßen wären, mangels Masse nicht das erwünschte Echo finden konnten. Mit Soldaten, die ohne Löhnung blieben, wenig zu beißen und kaum etwas anzuziehen hatten, sei kein Krieg zu gewinnen. Die Leute seien unterernährt und abgerissen, die Pferde heruntergekommen, und »so ist nun schier alles gänzlich desperat«, konstatierte er 1696, kurz vor Beendigung des unglücklich verlaufenden Feldzuges in Oberitalien.

Als er im Jahr darauf den Oberbefehl in Ungarn erhielt, suchte er vor dessen Übernahme in Wien zu erkunden, ob er diesmal mit einer besser gerüsteten Armee in den Kampf ziehen könnte. Der Feldmarschall bat höheres Orts um eine Beantwortung wichtiger Fragen: Wie stark seien die Grenzmilizen, die bei Bihac stehenden kaiserlichen Truppen, die Festungen und die Artillerie, wie seien die Magazine bestückt, die Feldbäckereien und Feldspitäler eingerichtet? Sei denn der Proviantnachschub gesichert, nachdem der Oberkriegsfaktor Oppenheimer erklärt habe, »er könne darin nicht fortfahren, weil man ihn mit den Geldern stecken lasse«? Seien denn überhaupt genügend Geldmittel vorhanden, um die Hilfstruppen zu bezahlen und die eigenen Soldaten zu besolden?

Die Antworten kamen zögerlich, waren ausweichend, blieben unbefriedigend. Mit dem wirklichen Zustand der Armee wurde ihr Oberbefehlshaber an Ort und Stelle konfrontiert. Die Kriegskasse war leer, sodaß er auf eigenes Risiko beim Statthalter der Steiermark ein Darlehen von 12 000 Gulden aufnehmen mußte, um Forderungen der Donauschiffer zu begleichen, damit die Proviantransporte nicht unterbrochen wurden. An eine Begleichung der mehrmonatigen Soldrückstände war vorerst nicht zu denken.

Von der Hauptarmee, deren Sollstärke auf 80 000 Mann veranschlagt war, seien erst 31 142 Mann zur Stelle, meldete ihm General Graf Guido Starhemberg. »Nun, ich bin der 31 143ste«, antwortete Eugen, »und wir werden bald mehr werden.« Viel mehr als 50 000 Mann sollten nicht zusammenkommen. Der Oberbefehlshaber gab sich optimistisch: »Lasset mir der Feind nur ein paar Tage Zeit, bis ich Dero Armee einmal zusammenbringe, so lebe ich folgends mit göttlichem Beistande guter Hoffnung, demselben seine Vorhaben allerdings sauer zu machen.«

Der Kaiser, dem er dies mitteilte, war sich da nicht so sicher. Sein noch nicht vierunddreißigjähriger Feldmarschall stand im Ruf, zu rasch vorzupreschen und zu schnell übermütig zu werden, den Krieg »à la hussard«, wie ein Husar und nicht wie ein Feldherr, zu führen. Er dürfe nichts unternehmen, ohne sich vorher mit seinen Generälen zu beraten, nichts »hazardieren und sich mit dem Feind, außer mit einem großen Vorteil und fast sicherer Hoffnung zu einem glücklichen Resultat in kein Treffen einlassen«, wurde ihm von Leopold I. befohlen.

Zur Defensive angehalten, ging Prinz Eugen dennoch zur Offensive über, weil er in einem überraschenden Angriff die wirksamste Verteidigung sah.

Sultan Mustapha II. zog mit über hunderttausend Mann heran, der gefürchteten Sturmtruppe der Janitscharen, der angriffslustigen Reiterei der Spahis, Artilleristen, Sappeurs und Mineurs, gefolgt von einem riesigen Troß, Köchen, Handwerkern, Gauklern, Haremsfrauen und Eunuchen. Die Marschmusik – mit Trommeln, Becken, Triangel, Glockenspiel und Schellenbaum – feuerte die Truppen an und dröhnte den Gegnern in den Ohren. »Ihr Arm sei siegreich, ihr Säbel schneidend, ihr Speer durchstoßend, immer sollen sie zurückkehren mit Sieg und Wohlbefinden«, lautete die Parole der Janitscharen, deren Marschziel Wien war und blieb, um den »Goldenen Apfel« an der Spitze des Stephansturmes zu pflücken und die Feldzeichen ihrer Befehlshaber, die Roßschweife mit dem Halbmond, in der Kaiserstadt aufzupflanzen.

Prinz Eugen musterte seine Truppen, mit denen er die Türken nicht nur aufzuhalten, sondern zurückzudrängen gedachte. Die Infanterie war noch mit Piken und Musketen und schon mit Bajonettflinten bewaffnet und verfügte über Handgranaten werfende Grenadiere. In der Kavallerie ritten Kürassiere, die mit dem Pallasch hieben und mit Pistolen schossen, Dragoner, eine Art Infanterie zu Pferde, und Husaren, die zur Erkundung und für Überfälle eingesetzt wurden. Die Artillerie, obgleich in Österreich als »teuerste Waffengattung« vernachlässigt, schien der türkischen überlegen zu sein.

Diese Truppen wurden nach herkömmlichen Regeln in die Schlacht geführt. In einer Zeit, in welcher der Rationalismus auch militärische Ordnungen zu regulieren begann, wurden die alten Schlachthaufen durch mehrgliedrige und langgezogene Formationen abgelöst, in denen sich die Linientaktik des 18. Jahrhunderts ankündigte. Die Türken hielten an einer halbmondförmigen Aufstellung fest und griffen, meist in zahlenmäßiger Überlegenheit, in geballten Haufen an, die Janitscharen, nach Abfeuern der Musketen die Krummsäbel schwingend und mit einem Kriegsgeschrei, das ihnen Mut einflößen und dem Feind das Blut in den Adern erstarren lassen sollte. Wenn sie jedoch auf entschiedenen Widerstand stießen, verebbte rasch ihr Elan und sie zogen sich so ungeordnet zurück, wie sie vorgestoßen waren.

Dem Prinzen Eugen, der bereits in Ungarn gefochten hatte, war die Kampfesweise der Türken nicht unbekannt. In Italien hatte er erfahren, daß eine starre Anwendung der Regeln nicht unbedingt Erfolg versprach, der Feldherr sollte flexibel bleiben und sich eine Taktik vorbehalten, mit der die Verfechter des klassischen Stils im eigenen Lager nicht rechneten und der darauf eingestellte Gegner nicht rechnen konnte, sodaß er zu überraschen und zu überrumpeln wäre.

Mit solchen Überlegungen zog Prinz Eugen dem Sultan Mustapha II. entgegen, der von Belgrad aufgebrochen war. Wie der Türke vorgehen würde, war ungewiß, ob die Donau aufwärts gegen Peterwardein und darüber hinaus gen Ofen und Pest, oder die Theiß aufwärts in Richtung Szegedin und Siebenbürgen. Der Österreicher mußte abwarten, »bis der Feind sein Vorhaben deklariert haben werde«. Gewißheit verschaffte ihm in der Nacht vom 6. auf den 7. September ein Überläufer: Der Sultan hatte die Theiß-Route eingeschlagen. Sofort ließ Eugen seine Hauptmacht dorthin marschieren, eilte mit der Reiterei voraus, da es ihm nicht schnell genug gehen konnte, den Feind zu stellen und zu schlagen.

Am 11. September 1697 erfuhr er durch einen von seinen Husaren gefangenen Pascha, den er selber verhörte, daß der Sultan bei Zenta die Theiß zu überschreiten begann. Sogleich ritt er nach vorn, und als er sah, daß erst ein Teil auf der einzigen Schiffsbrücke übergesetzt war, ließ er unverzüglich zum Angriff auf das noch auf dem rechten Ufer stehende Gros der feindlichen Truppen blasen.

»Ein Schlachten war's, nicht eine Schlacht zu nennen« – das Wort des Dichters wurde bei Zenta blutige Wirklichkeit. Die türkische Infanterie wurde überrannt, in den Fluß geworfen, gegen die Brücke gedrängt, die zusammenbrach. Noch im Wasser wurden die Fliehenden verfolgt. Die auf das linke Ufer

*Schlacht bei Zenta. Prinz Eugens erster
großer Sieg über die Türken am 11. September 1697.
Gemälde von Jacques-Ignace Parrocel.*

Gelangten, auch der Sultan, gerieten in Panik, stoben in Richtung Temesvar davon, ließen 25 000 Gefallene, darunter den Großwesir, sieben Roßschweife, 423 Fahnen, 100 Geschütze und die Kriegskasse zurück. Diese war freilich von den magyarischen Hilfstruppen der Türken geleert worden, bevor auch sie das Weite suchten. Die Verluste der Österreicher waren verhältnismäßig gering: etwa 450 Tote und 1500 Verwundete.

»Diese viktoriose Aktion«, meldete Eugen dem Kaiser, »hat sich geendet mit Scheidung Tag und Nacht, und hat sogar die Sonne selbst von dem Tage nicht ehender weichen wollen, bis sie mit ihrem glänzenden Auge den völligen Triumph E. kais. Mt. glorwürdigsten Waffen hat vollständiglich mit anschauen können.«

An diesem 11. September 1697 ging Eugens Ruhmessonne auf und sollte nicht mehr untergehen. »Obwohl das Glück, höherem Ratschluß gehorchend, vieles zum Triumphe von Zenta getan hat, so vereinigt der Prinz doch so sehr Erkenntnis und Urteilskraft, daß er in die Reihen der ersten Feldherren aufgestiegen ist«, bemerkte der venezianische Diplomat Carlo Ruzzini. »Er besitzt vollendete Kriegserfahrung und Aufmerksamkeit bis in die kleinsten Dinge. Er hat dazu den hohen Mut und die Besonnenheit, ergreift und ordnet sich so die gegebenen Gelegenheiten.«

Mit wenigen Worten erfaßte der Venezianer das Wesen des Feldherrn Eugen und verwies auf die Strategie und Taktik, die er in die Kriegsgeschichte einführte und die von Friedrich dem Großen, Napoleon I. und Moltke fortentwickelt wurde.

In seinem Bericht an Leopold I. hob der »Honnête homme« »den tapferen Heldengeist« aller Generäle, Offiziere und »gemeinen Soldaten« hervor und bezeichnete sich selber als »Dero unvergleichlichen Armada geringes Haupt«. Aber kein Geringerer als er war der Urheber des Triumphes. Wie Caesar kam er schnell und überraschte den Gegner, sah mit einem Blick die Schwachstelle auch eines zahlenmäßig überlegenen Feindes und siegte durch ein rasches Zuschlagen mit geballter Kraft am entscheidenden Punkt.

Die Initiative zu behalten sei stets das richtige Mittel zum

Sieg, befand Eugen und ergriff diese ganz allein. Kriegsrat hielt er ungern ab, und wenn, dann ließ er letztlich nur gelten, was er sich ohnehin vorgenommen hatte. Als er noch nicht der Erste gewesen war, mußte er es erleben, daß Befehlshaber, die nicht wußten, was sie unternehmen sollten, Zuflucht zu einem Kriegsconseil nahmen, bei dessen Für und Wider wenig herauskam.

Als Oberbefehlshaber fühlte er sich verpflichtet zu kommandieren und nicht veranlaßt, zu delegieren, wollte alles übernehmen und für alles einstehen. »Wo immer ich befehle, nehme ich Gutes und Böses auf mich; ich bin kein Mensch, der jeden nach eigenem Gutdünken handeln und reden läßt.« Friedrich der Große lobte später Eugens »force d'esprit«, die in der Gefahr alle Hilfe in sich selbst fände und ihn immer sofort die vorteilhafteste Partie nehmen lasse.

Schon gar nicht ließ er sich von den Oberen in Wien dreinreden. »Nichts ist unmöglich, wenn der Führer nicht an alberne Verhaltungsbefehle Halbwissender gebunden ist, die vom Zimmer und von der Landkarte aus dem Feldherrn ängstlich seine Schritte weisen wollen, statt ihm reife Überlegung, kluge Berechnung und höchste Vorsicht anzuempfehlen und es seinem eigenen Urteil zu überlassen, was er an Ort und Stelle, Zeit und Umständen entsprechend, für ausführbar hält.«

Im Ungarnfeldzug 1697 war er angewiesen worden, nichts ohne vorherigen Kriegsrat mit den älteren und erfahrenen Generälen zu unternehmen, unter den gegebenen Umständen – der Überlegenheit der Türken – in der Verteidigung zu beharren und nicht zu einem Angriff zu schreiten. Die Fama wollte wissen, daß er unmittelbar vor Zenta eine diesbezügliche Depesche erhalten, aber nicht geöffnet habe. Jedenfalls hielt er sich nicht an die Vorschriften, tat das, was er für richtig hielt, errang einen großen Sieg, der ihm freilich von manchem Bedenkenträger in der ihm unterstellten Generalität wie im übergeordneten Hofkriegsrat mißgönnt wurde. Dieser blutjunge Feldmarschall, war zu vernehmen, sei ein Spieler, doch nicht, wie ein Feldherr alten Schlages, ein Schachspieler, der nach reiflichem Nachdenken und eingehender Überlegung seine Figuren setze und Züge vornehme, sondern ein Glücksspieler, der unbedenklich alles auf eine Karte setze.

Eugen erklärte, er sei es gewöhnt, nach den Regeln der klassischen Kriegsführung zu verfahren, müsse es sich aber vorbehalten, zu »hasardieren«, wenn dies die größere Aussicht auf einen entscheidenden Erfolg biete. Die Intuition, das unmittelbare Erfassen und Ausnützen einer Situation, konnte die Reflexion, das Nachdenken und das Berechnen, nicht ersetzen, nur ergänzen. Kühles und nüchternes Planen wie kühnes, ja verwegenes Wagen mußten in einem richtigen Verhältnis zusammenkommen, wenn aus einem Feldherrntalent ein Feldherrngenie werden sollte.

Bei Prinz Eugen sei dies der Fall gewesen, erklärte sein englischer Waffenbruder, der Herzog von Marlborough: »Es ist die Art und Weise des großen Feldherrn, Schwierigkeiten und Hindernisse zu sehen, bevor er an sein Werk geht. Wenn er es aber einmal tut, dann wird er ganz Kraft und Tätigkeit, und alle frühere Bedenksamkeit erscheint damit aufgewogen.«

Eugen erwies sich als ein Rationalist, der Raum für das Unberechenbare, das Irrationale und Instinktive ließ, somit als ein Genosse des Zeitalters der Vernunft, der aber nicht in dessen Einseitigkeit verfiel. In der Epoche des Absolutismus erschien auch der Feldherr als ein Absolutist. Von seinem Thron, dem Feldherrnhügel, lenkte er in alleiniger Entscheidung die Schlacht, trug die persönliche Verantwortung für Sieg oder Niederlage, war Herr über Leben und Tod seiner militärischen Untertanen. Da er sie aber spüren ließ, daß sie nicht als Kanonenfutter für den eigenen Ruhm und die Größe des Reiches dienten, vermochte er selbst Söldner in den Kampf mitzureißen und für seine Person und die von ihm verfochtene Sache zu begeistern.

Prinz Eugen war nicht nur Feldherr, sondern auch ein Truppenführer, und dieser Doppeleigenschaft verdankte er seine Erfolge. Im Unterschied zu Napoleon Bonaparte, der ebenfalls beides verkörperte, biederte er sich nicht, wie der »kleine Korporal«, bei seinen Soldaten an, blieb der Aristokrat, der Distanz zu den Untergebenen hielt. Aber nicht nur durch seine

Ausstrahlung als militärischer Führer, sondern auch wegen seiner Bereitschaft, vom Feldherrnhügel herabzusteigen und sich mit ihnen in das Kampfgetümmel zu stürzen, erwarb er sich über die Achtung hinaus Zuneigung. Bald stürmten sie mit dem Ruf »Vivat Eugenius!« in die Schlacht. »Diesem Deutschen folgen die Deutschen überall hin«, konstatierte, mit einem Gran Neid, der Engländer Marlborough.

Schon seinen ersten großen Sieg, 1697 bei Zenta, verdankte Eugen seiner Fähigkeit als Feldherr wie seinem Einsatz als Truppenführer. Blitzschnell reagierte er auf die Rechtsschwenkung des Sultans, verfolgte ihn im Gewaltmarsch durch eine wasserlose Steppe und dann durch sumpfiges Gebiet, in sengender Sommerhitze in geschlossener Formation und ständiger Gefechtsbereitschaft, »in guter Ordnung«, wie Eugen berichtete, »und blieb auch kein einziger Mensch zurück von der Infanterie«.

Vor Zenta angekommen, griff er sofort die noch diesseits der Theiß stehenden, doppelt so starken Türken an, umfaßte und erdrückte sie. Er ritt seinen Dragonern voran, ließ sie absitzen, feuern und ging ihnen beim Sturm auf die feindlichen Schanzen voran. Die Generäle hatten die Anweisungen des Feldherrn befolgt, die Offiziere und Soldaten folgten dem Truppenführer. »Es sind zwar etliche, die Gelegenheit gehabt, vor andern sich zu distinguiren«, berichtete Eugen, aber alle hätten mehr als ihre Schuldigkeit getan.

Bevor er »Avancez!« kommandierte, pflegte er gen Himmel zu schauen und »Oh, mon Dieu!« zu seufzen. Er wußte, daß jede Bataille, auch wenn sie noch so überlegen geplant war und tapfer ausgefochten wurde, nicht nur gewonnen werden, sondern auch verloren gehen konnte. Zur Fähigkeit mußte Fortune kommen, was der Spieler wußte, und der Christ glaubte, daß an Gottes Segen wenn schon nicht alles, so doch vieles hing.

Das »Mein Gott!« vor dem »Greift an!« mochte auch den Schrecken der Schlacht gelten, die seinen Soldaten wie ihm bevorstanden, und dem schaurigen Anblick, den das Schlachtfeld auch den Siegern bieten würde: die Toten, die oft lange unbegraben blieben, die Verwundeten, denen gar nicht oder nur mangelhaft geholfen werden konnte. Es gab kaum Feldärzte, nur notdürftig ausgebildete Feldschere, und Feldspitäler, wenn überhaupt vorhanden, waren eigentlich nur Erste-Hilfe-Stationen. Zwischen 1684 und 1709 wurde Eugen selbst neunmal, doch meist nur leicht verwundet, sodaß seine persönliche Erfahrung mit dem unzureichenden Sanitätswesen beschränkt blieb, aber immerhin so bedrückend war, daß er sich um Verbesserungen bemühte.

Selbst Feldkapläne waren rar, auch wenn der Soldat mehr als der Zivilist des geistlichen Zuspruchs bedurft hätte und der Krieg gegen die mohammedanischen Türken als Kampf der Christenheit gegen das Heidentum gepredigt wurde. Immerhin wurden an Soldaten Flugblätter mit einem angeblichen, jedenfalls einschlägigen Gebet des Prinzen Eugen verteilt. Er selber ließ sich einen Küraß anfertigen, auf dessen linker Brusthälfte die Marienzeller Madonna abbilden, zu der Leopold I. bereits nach dem Sieg über die Türken bei St. Gotthard im Jahre 1664 danksagend gepilgert war. Seit der Seeschlacht bei Lepanto im Jahre 1571 war »Maria vom Siege« angerufen worden, die auf eine Mondsichel trat, also den türkischen Halbmond niedertrat. In die Befreiungsschlacht von Wien waren 1683 die Kaiserlichen mit dem Kampfruf »Maria hilf!« gezogen.

Nun wurde der Sieg bei Zenta, den der Generalissimus Eugen errang, auch der Generalissima Maria zugeschrieben: Aus den Augen einer Madonna im oberungarischen Dorf Pocs seien unaufhörlich Tränen geflossen, die erst versiegten, als die Schlacht bei Zenta gewonnen war. Das wundertätige Gnadenbild »Maria Pötsch« wurde in den Wiener Stephansdom gebracht, der seither vom Zugriff der Türken verschont blieb.

Zenta war eine Entscheidungsschlacht gewesen, die die Osmanen ein für allemal davon abhielt, den Halbmond über der Kaiserstadt aufgehen zu lassen. Nicht einmal mehr nach Ungarn wagten sie mit größerer Heeresmacht vorzustoßen. Der Vorposten des christlichen Abendlandes schien gerettet und das Vorfeld des mohammedanischen Morgenlandes bedroht zu sein – durch »Ihro hochfürstlichen Durchlaucht Prinzens

Eugeny« Taten, und auch durch sein Gebet, das noch in einem Gebetbuch von 1766 zu finden war.

Der Feldzug von 1697 war noch nicht zu Ende. Bei Zenta war am 11. September eine Entscheidungsschlacht, aber keine Vernichtungsschlacht geschlagen worden. Ein Teil des Türkenheeres konnte sich absetzen und wegen der fortgeschrittenen Jahreszeit und des ausbleibenden Nachschubes nicht verfolgt werden.

In Ruhe lassen wollte Eugen den Feind nicht. Mit 4000 Kavalleristen, 2500 Infanteristen, zwölf Feldgeschützen und zwei leichten Mörsern unternahm er einen Streifzug in das türkische Bosnien. Den Verlauf verzeichnete er eigenhändig in gewohntem Französisch und mit schwungvoller Schrift in seinem »Journal de la marche en Bosnie«.

Ziel war Sarajewo, damals Bosna Serai (auch Seralia oder Serail) genannt, eine meist von Moslems, aber auch von Christen und Juden bevölkerte Stadt mit etwa hundert Moscheen und einer auf hohem Felsen errichteten Burg. Auf dem Vormarsch stieß Eugen am 23. Oktober 1697 auf den mit einer Aufforderung zur Übergabe vorausgeschickten, von den Türken überfallenen und verwundeten Kornett, von dem er erfuhr, daß die Bewohner ihr Heil in der Flucht gesucht hätten. »Ich marschierte also geraden Weges auf die Stadt los und stellte die Truppen in weit ausgedehnter Front auf einer Anhöhe in unmittelbarer Nähe der Stadt auf. Von hier sandte ich Abteilungen zur Plünderung aus.«

Am 24. Oktober »blieb ich bei Serail. Wir ließen die Stadt nebst der ganzen Umgebung in Flammen aufgehen. Unsere Streifkorps, welche die Feinde verfolgten, brachten Beute und viele Frauen und Kinder zurück, nachdem sie mehrere Türken getötet hatten. Die Christen kommen scharenweise zu uns und bitten um die Erlaubnis, mit ihren Habseligkeiten ins Lager kommen zu dürfen, da sie das Land verlassen und uns folgen wollen.«

Fazit: Unter den Türken herrsche eine schreckliche Verwirrung; »wären nur wenig mehr Anstalten getroffen, könnte das

Kriegstagebuch des Prinzen Eugen
(Journal de la marche en Bosnie) von 1697.

ganze Königreich eingenommen und behauptet werden«. Dazu hatte er nicht genügend Truppen und schon machten ihm Regen und sogar Schnee zu schaffen. So trat er am 25. Oktober den Rückzug an, ließ bei Esseg das Winterquartier beziehen und brach nach Wien mit der Genugtuung auf, daß er die Türken nicht nur bei Zenta geschlagen, sondern auch in Bosnien erschreckt und von weiteren Aggressionen abgeschreckt hatte.

Kaiser Leopold I., für den schließlich die Erfolge seines Feldherrn und nicht die Einflüsterungen der Neider zählten, schenkte dem Prinzen, der ihm das erbeutete Petschaft des Großwesirs überreichte, einen kostbaren Ehrendegen. Auf einer zu Ehren des Siegers von Zenta geprägten Silbermedaille konnte Eugen sein geharnischtes Brustbild erblicken und sich als »Semper honoratus« bewundern, dessen Wappen fünf Genien in den Ruhmeshimmel hoben.

Mehr als nach Krieg stand dem Triumphator der Sinn nach Frieden, für den er durch seine Waffen günstige Voraussetzungen geschaffen hatte. Sie wären zwar, wie er meinte, noch besser geworden, wenn er im darauf folgenden Jahr eine Offensive gegen Belgrad unternommen hätte, »nicht nur um dem Feind keine Zeit zu geben, daß er sich von dem in diesem Feldzug erlittenen großen Streich remittieren könne, sondern daß ihm vielmehr seine Consternation augmentieret und er zu einem guten Frieden gezwungen« werden, das eroberte Gebiet vertraglich gesichert werden könnte. Aber eine dazu erforderliche Armee war nicht vorhanden, und der Sultan zeigte sich auch ohne Vergrößerung seiner Bestürzung friedenswillig und vertragsbereit.

Zu den Verhandlungen wurde Eugen, der die Türken genug konsterniert hatte, nicht hinzugezogen. Zu seinen Bevollmächtigten ernannte der Kaiser den Reichshofratspräsident Graf Wolfgang Öttingen, den Obristwachtmeister Graf Leopold Schlick, den Grafen Ludwig Ferdinand Marsigli, einen General, und zum Sekretär den Hofkriegsratsreferendar Johann von Thiel. Im österreichischen Hauptquartier hörten sie sich Eugens Lagebeurteilung an, bevor sie am 15. Oktober 1698 mit den Abgesandten des Sultans in dem unterhalb von

Peterwardein am rechten Donauufer gelegenen Karlowitz zusammentrafen.

Auf einer Anhöhe über dem zerstörten Ort, wo später die Kirche Maria Fried erstand, waren Zelte zur Unterkunft der Delegierten aufgeschlagen und ein Holzhaus für die Unterhandlungen errichtet worden. Die österreichischen und türkischen Bevollmächtigten sowie die englischen und holländischen Vermittler hatten separate Zimmer. Durch vier Türen – um Streitigkeiten wegen des Vortritts zu umgehen – begaben sie sich auf ein Zeichen gleichzeitig in den Konferenzraum, an einen runden Tisch, an dem die Okzidentalen auf Stühlen und die Orientalen auf einem Diwan saßen.

Die Verhandlungen zogen sich monatelang hin, denn es wurde wie in einem Basar gefeilscht und wie in einem Kaffeehaus disputiert. Die Unbilden des Winters beschleunigten die Pourparlers. Am 26. Januar 1699 westlicher und am 20. Redjeb 1110 östlicher Zeitrechnung konnte endlich der in Latein verfaßte Friedensvertrag von Karlowitz zwischen Österreich und der Türkei unterzeichnet werden. Kaiser Leopold I. ratifizierte ihn im Februar und Sultan Mustapha II. im März 1699.

Siebenbürgen und ganz Ungarn – unter Einschluß der Bacska und mit Ausnahme des Temesvarer Banats – sowie Kroatien und Slawonien, mit Ausnahme des südöstlichen Teiles Syrmiens, des Vorfeldes des türkisch gebliebenen Belgrads, wurden Österreich zugeschrieben. Die Save bildete die Grenze zwischen Slawonien und dem türkischen Bosnien.

Eugen hätte zwar gerne das Banat dazugehabt, aber mit dem Friedensvertrag konnte auch der Feldherr, der durch seine Waffentaten die Voraussetzungen dafür geschaffen hatte, zufrieden sein. Mit Genugtuung nahm er zur Kenntnis, daß beim Friedensschluß von Karlowitz auf das von ihm für die Heeresführung gestiftete, Reliquien bewahrende Kreuz geschworen wurde. Das Ziel des Militärs, der den Krieg nicht als Selbstzweck betrachtete, war von Anfang an gewesen, den moslemischen Türken christliche Gebiete wieder abzunehmen, und Österreich, für das sich der Savoyer entschieden hatte, zu einer europäischen Großmacht zu erheben und dessen erweitertes

Staatsgebiet durch einen angemessenen Friedensschluß zu sichern.

Die Befriedung des Donauraumes war die Grundbedingung für Landzuweisungen an einheimische und an herbeigerufene deutsche Bauern und Voraussetzung für ein Aufblühen Ungarns und Siebenbürgens, die der Donaumonarchie reiche Ernte eintrugen. Nicht nur Magyaren und Kroaten wurden Nutznießer der Kriegserfolge und Friedensbemühungen des »edlen Ritters«, sondern auch Serben. Zehntausende von Familien, die vor den Türken geflohen waren, konnten in Syrmien und zwischen Donau und Theiß angesiedelt werden. Karlowitz wurde Sitz eines orthodoxen Patriarchen und ein serbisches Kulturzentrum.

Prinz Eugen war durch seinen Sieg bei Zenta und den dadurch ermöglichten Frieden von Karlowitz ein Schützer und Mehrer des habsburgischen Reiches geworden. Ende 1698, nach Beendigung des fünfzehnjährigen Krieges, der 1683 mit der Befreiung Wiens begonnen hatte, in die Reichshauptstadt zurückgekehrt, nahm der Savoyer nicht nur Lorbeeren, sondern auch Honorare entgegen. Zu den Einnahmen als Feldmarschall und Regimentsinhaber kamen die Einkünfte aus einer Landschenkung des Kaisers, einem guten Dutzend Dörfer im Mündungsbereich der Drau sowie von der für 85 000 Gulden erworbenen Donauinsel Czepel unterhalb von Ofen und Pest.

Nun war der Savoyer, der lediglich mit seinem Degen nach Österreich gekommen war, dank diesem, den er erfolgreich zu führen verstand, auch finanziell ein gemachter Mann. Zunächst beglich er in Paris offene Rechnungen, was selbst die ihm wenig gewogene Liselotte von der Pfalz für ihn einnahm: »Hier hatte er viel Schulden gelassen; sobald er in kaiserlichen Diensten geraten und Geld bekommen, hat er alles bezahlt bis auf den letzten Heller.«

Es blieb noch genug übrig, denn er brachte – wie ein Zeitgenosse bemerkte – »seine Ökonomie in einen solchen Stand, als man nicht von einem bisher nur militärischen Herrn hätte vermuten sollen«. Der Grundherr beauftragte den erst am Anfang seiner Laufbahn stehenden Baumeister Johann Lucas von Hildebrandt mit der Errichtung des Landschlosses Ráckeve auf seiner Donauinsel. Bereits 1694 hatte sich der Feldmarschall für 33 000 Gulden ein Haus in der Trabothgasse, der späteren Himmelpfortgasse im Zentrum Wiens gekauft, mit dessen Umbau zu einem Stadtpalais er den kaiserlichen Hofarchitekten Johann Bernhard Fischer von Erlach beauftragte.

Die Gassen der Innenstadt waren, wie Lady Montagu, die reisende und schreibende Engländerin, bemerkte, »so schmal, daß es unmöglich ist, die schönen Fronten der Paläste zu überblicken«. Auch das Barockpalais des Prinzen blieb in eine Häuserfront eingezwängt und bekam nicht mehr Licht und Luft als seine bürgerlichen Nachbarn. Bald sah sich Eugen, der eine herrschaftliche Repräsentation anstrebte, in seiner Entfaltung in der Stadt des Kaisers gehemmt, wo er seßhaft zu werden und sich nach Rang und Würde einzurichten gedachte.

Außerhalb der in den mittelalterlichen Befestigungsring eingeschnürten Innenstadt erwarb er 1697 Grundstücke am Rennweg, die sich einen Hang hinaufzogen, von dessen Anhöhe man zum Kahlenberg schaute, von dem aus der Volontär zum erstenmal gegen die Türken gestürmt war, und hinüber zur Hofburg blickte, deren Herrn der Feldmarschall zur Großmachtstellung verholfen hatte.

An diesem strategischen Punkt, angesichts des Ausgangspunktes des Türkenkriegs und der sich gen Osten dehnenden Ebene, in der er diesen glorios beendet hatte, gedachte er sich ein Sommerhaus, mehr noch, ein Schloß zu errichten – das Belvedere.

Vor den Bastionen Wiens zu bauen, war nicht nur das Bedürfnis eines großen, räumliche Ausdehnung, architektonische Manifestation und höfische Repräsentation begehrenden Herrn. Dies war auch eine patriotische Tat. Im Jahre 1683 waren Vororte eingerissen worden, um den türkischen Belagerern keine Deckung und den österreichischen Belagerten ein Schußfeld zu bieten. Als die Angreifer zurückgeschlagen waren und die Aussicht bestand, daß sie nie mehr zurückkommen würden, begann der Wiederaufbau. Der Adel ging voran, errichtete

Pavillons und Paläste, und bald war die Kaiserstadt in einen prachtvollen Barockrahmen gefaßt.

Der Barock war mit seinen Ordnungsprinzipien wie mit seinen Ornamenten, der räumlichen Weite und dem pittoresken Detail, Großartigkeit und Prunk der Stil jenes Reiches, dem Prinz Eugen mit dem Feldherrnstab einen Weg in das 18. Jahrhundert wies.

Fünftes Kapitel

Jahrhundertwende

Der Doppeladler hatte zu allen Zeiten und ganz besonders an dieser Jahrhundertwende nach Osten wie nach Westen zu blicken, in jene Himmelsrichtungen, aus denen das in der Mitte gelegene Reich stets und ständig Unheil zu gewärtigen hatte.

Die Bedrohung durch Rußland, die für die Donaumonarchie zwei Jahrhunderte später lebensgefährlich wurde, war noch nicht gegeben. Noch hatte man einen gemeinsamen Feind, das Osmanische Reich, das Kaiser und Zar eben besiegt hatten. Peter der Große, seit 1689 Alleinherrscher aller Reußen, eroberte 1696 das unweit der Mündung des Don in das Asowsche Meer gelegene türkische Asow – ein Jahr bevor Prinz Eugen durch seinen Sieg bei Zenta die Türken besiegte und dadurch Ungarn wie Siebenbürgen für Österreich gewann.

Der Habsburger profitierte davon, daß der Romanow die moslemischen Feinde des Christentums zurückdrängen half und Rußland den Weg in die westliche Zivilisation öffnete. Im Jahr 1697 reiste der Zar nach Holland und England, um als erster Zimmermann seines Reiches den Bau einer Flotte vorzubereiten, und anschließend nach Wien, um den Kaiser zu einer Fortsetzung des Kampfes gegen die Türken zu animieren und sich in der Kaiserstadt – er war Mitte Zwanzig – zu amüsieren.

Am 26. Juni 1698 zog Peter in Wien ein, das keine Kosten gescheut hatte, dem Russen mit der habsburgischen Macht die österreichische Pracht zu zeigen. Zunächst wurde ihm Etikette demonstriert. Beim Empfang in der kaiserlichen Sommerresidenz Favorita war vorgesehen, daß die beiden Monarchen in die Galerie von den entgegengesetzten Seiten gleichzeitig eintreten und, gravitätisch aufeinander zuschreitend, sich in der Mitte treffen sollten. Doch der Gast eilte dem Gastgeber weiter als vorgesehen entgegen. Höflinge rümpften die Nasen über den Barbaren, und diesem schwoll die Zornesader über das steife Zeremoniell und die nichtssagenden Komplimente, mit denen der um drei Jahrzehnte ältere, in seiner Würde erstarrte Leopold I. ihn bedachte.

Lockerer ging es bei dem Kostümfest zu, das der Kaiser, als Schankwirt verkleidet, seinem als friesischer Bauer auftretenden Besucher gab. Unter Nummer 49 erschien als »Diener, so kein Frauenzimmer bei sich gehabt«, Prinz Eugen von Savoyen. Näher kamen sich Zar und Feldmarschall nicht. Hätten sie über Politik gesprochen, wäre Peter enttäuscht gewesen. Denn der Sieger von Zenta teilte die Auffassung seines Kaisers, daß die Eroberungen durch einen Frieden mit dem Sultan gesichert und nicht – wie es dem Zaren vorschwebte – die Feindseligkeiten mit allen Risiken fortgesetzt werden sollten.

Der Doppeladler mußte auch nach Westen blicken und außer dem Erzfeind Türkei den Erbfeind Frankreich im Auge behalten. Dort war mit Ludwig XIV. ein Herrscher an die Regierung gekommen, der seine absolute Macht im Innern befestigt und die Vorherrschaft seines Königreiches in Europa ins Visier genommen hatte. »Ein hochgerichtetes Herz ist schwer zu befriedigen, und kann nicht volles Genügen finden als durch Ruhm«, erklärte der Sonnenkönig und meinte damit vornehmlich Kriegsruhm. »Er hat das Zeug in sich, um vier Könige und einen Honnête homme daraus zu machen«, lobte ihn der französische Marschall Antoine de Gramont.

Den ersten Eroberungskrieg hatte Ludwig XIV. bereits im Jahre 1667 begonnen, als der Savoyer noch ein Pariser Kind gewesen war. Unter dem Vorwand, sich die Mitgift, die Spanien seiner Gemahlin Maria Teresa nicht geben wollte und konnte, selber beschaffen zu müssen, marschierte er in den spanischen Niederlanden ein. Der Engländer und der Holländer, denen der Franzose zu nahe rückte, stellten sich dem Angreifer entgegen, der 1668 den Frieden von Aachen schließen mußte. Von seinen Eroberungen verblieben ihm elf Städte, darunter Lille und Douai, die im Feldherrnleben Eugens noch eine Rolle spielen sollten.

Der neunjährige Eugen spielte noch mit Zinnsoldaten, als 1672 Ludwig XIV. Revanche an Holland nahm, das ihm zu trotzen gewagt hatte. Seine hunderttausend Mann eroberten einen Großteil der Niederlande. Wilhelm von Oranien, an die Spitze der Republik berufen, ließ die Deiche öffnen, wodurch die Provinz Holland und die Stadt Amsterdam gerettet wurden, und begann einen Damm gegen die französische Invasion zu errichten. Dabei unterstützten ihn England, Spanien und das römisch-deutsche Reich. Im 1678 geschlossenen Frieden von Nymwegen erhielt die niederländische Republik ihr ganzes Staatsgebiet zurück. Dennoch hatte sich für Ludwig XIV. der zweite Eroberungskrieg gelohnt: Von Spanien bekam er die Freigrafschaft Burgund und Grenzstädte der spanischen Niederlande, darunter Valenciennes, Bouchain, Cambrai und Maubeuge. Das römisch-deutsche Reich überließ ihm Freiburg im Breisgau und de jure Teile und de facto ganz Lothringen.

Die Grenze Frankreichs weiter nach Osten vorzuschieben, blieb das Ziel des Sonnenkönigs, das er zunächst durch die Reunionen und dann durch den 1688 begonnenen dritten Eroberungskrieg zu erreichen suchte. Der Zeitpunkt schien günstig zu sein. Leopold I. rang im Osten mit den Türken, die Ludwig XIV. zum Angriff gegen Österreich ermutigt hatte. Aber er hatte die Lage falsch eingeschätzt. Gegen den Franzosen, der sich zum Herrn des Kontinents aufschwingen wollte, schlossen sich die alarmierten Mächte zu einer europäischen Allianz zusammen: Österreich und das Reich, Holland, England, Spanien, Savoyen und Schweden.

Während der Krieg im Osten weiterging, wobei an der Seite des Habsburgers deutsche Staaten, Polen, Rußland und Venedig standen, entbrannte im Westen der Krieg zwischen der Allianz und Frankreich, der fast ein Jahrzehnt lang am Rhein, in den spanischen Niederlanden und in Oberitalien – wo Prinz Eugen mitkämpfte – mit wechselndem Glück geführt wurde.

Treibende Kraft des Widerstandes gegen die Vorherrschaft Frankreichs und für die Erhaltung eines Gleichgewichtes der europäischen Mächte war Wilhelm von Oranien, der diese Aufgabe als sein Schicksal und seine Sendung bezeichnete. Seit der

»Glorious Revolution« von 1688 gebot der Gemahl der Tochter des englischen Königs Jakob II., Maria, als Wilhelm III. über das England der »Bill of rights« und hielt das republikanische Holland in seinem Fahrwasser. Die beiden Seemächte waren die entschiedensten Gegner des absolutistisch regierten, Protestanten verfolgenden Frankreich, das Britanniens niederländischen Brückenkopf gefährdete und die Kreise seines Seehandels störte.

Ein wichtiges Kriegsziel erreichte Wilhelm von Oranien durch den Seesieg der englischen und holländischen Flotte 1692 bei La Hougue. An der Ostseite der wie eine Schwertspitze gegen England gerichteten Halbinsel Cotentin in der Normandie versank mit den französischen Kriegsschiffen die Hoffnung Ludwigs XIV. auf eine Seemachtsrolle. Als Landmacht hatte er sich behauptet; sein Marschall von Luxemburg war in den Niederlanden in drei Schlachten siegreich gewesen. Trotzdem gelang es dem Oranier, den Bourbonen zu einem Frieden ohne Landgewinn, ja mit Landverlust zu zwingen.

In Ryswijk, einem Dorf zwischen Den Haag und Delft, wurden im Herbst 1697 die Friedensverträge zwischen den Kriegsgegnern unterzeichnet. Spanien bekam Luxemburg und das Reich Freiburg zurück, der Herzog von Lothringen wurde vollständig wieder eingesetzt und Wilhelm III. als König von Großbritannien anerkannt, mit dem französischen Versprechen, ihn in seinen Staaten nicht weiter zu behelligen. Ludwig XIV. mußte den Gegenspieler respektieren, der seiner Machtausdehnung Grenzen gezogen hatte.

Der Friede von Karlowitz hatte Österreich beträchtlichen Landgewinn eingetragen und zur Großmacht erhoben. Zu einer selbständigen und europäisch bedeutenden Macht sei Österreich erst durch die Wiedereroberung von Ungarn geworden, bilanzierte der Historiker Leopold von Ranke. Am Ende des 17. Jahrhunderts seien nicht nur der Sultan im Osten, sondern auch der Sonnenkönig im Westen in ihre Schranken gewiesen worden. Wenn die Türken gesiegt hätten, »wäre Ludwig XIV. als der einzige Schirm der Christenheit hervorgetreten; in der Verwirrung, die eine solche Bewegung hätte hervorbringen müssen, würde es ihm nicht haben fehlen können, über die deutsche Krone zu verfügen und sie, wenn er nur wollte, selbst an sich zu nehmen«.

Zum Doppelerfolg des Doppeladlers gegen Türken und Franzosen hatte der Feldherr Prinz Eugen Entscheidendes beigetragen. Der Savoyer wußte, daß der Osmane und schon gar nicht der Franzose ihre Niederlagen nicht hinnehmen und über kurz oder lang versuchen würden, die Resultate von Ryswijk und Karlowitz zu revidieren. Um dies zu verhindern – durch Diplomatie oder durch deren Fortsetzung mit kriegerischen Mitteln – setzte er weiterhin auf die Allianz mit den Seemächten England und Holland, die das nötige Gewicht und genügend Geld besaßen, um außer ihren eigenen auch österreichische Truppen zu besolden.

Zu einer Revanche konnte der Sultan, der eine längere Frist zum Atemholen benötigte, nicht so rasch antreten, wohl aber König Ludwig XIV., der in sein siebtes Lebensjahrzehnt eingetreten war und nicht mehr viel Zeit vor sich sah, sein hochgestecktes Ziel, die Vorherrschaft in Europa, zu erreichen. Und es stellte sich heraus, daß der Krieg von 1688 bis 1697, in dem die europäische Allianz dem Franzosen entgegengetreten war, nur ein Vorspiel zu einem langen und erbitterten Ringen war: dem Spanischen Erbfolgekrieg von 1701 bis 1714, in dem die angestimmte Melodie »Hegemonie oder Gleichgewicht« fortissimo ertönte.

Die Kriegswolken waren kurz vor der Jahrhundertwende aufgezogen. Spanien, das sich über die Pyrenäenhalbinsel hinaus in Italien, den Niederlanden und in Lateinamerika ausdehnte, war immer noch ein Reich, in dem die Sonne nicht unterging, das aber von der Schicksalsfrage überschattet wurde: Wer würde nach dem Tod des zwar noch nicht vierzigjährigen, aber schwächlichen und stets kränklichen, kinderlos gebliebenen Königs Karl II., nach dem Erlöschen der spanischen Habsburger den Thron des Königreiches besteigen und sich zum Herrscher der immer noch respektablen Macht aufschwingen?

Drei Anwärter standen für die Erbfolge bereit: König Ludwig XIV. von Frankreich, der Sohn der ältesten Tochter

Philipps III. und der Gatte der ältesten Tochter Philipps IV. von Spanien. Kaiser Leopold I., das Haupt der österreichischen Habsburger, der Sohn der jüngsten Tochter Philipps III. und der Gatte der jüngsten Tochter Philipps IV. Und der Wittelsbacher Joseph Ferdinand, Kurprinz von Bayern, Philipps IV. Urenkel und Karls II. Enkel.

Der dynastische war mit dem politischen Aspekt verbunden, der den Ausschlag im Kraftfeld der Mächtekonstellation gab. Durch eine Vereinigung Spaniens mit Frankreich wäre Ludwig XIV. die Hegemonie in den Schoß gefallen. Eine Verbindung Spaniens mit Österreich hätte das Reich der Universalmonarchie Karls V. wieder erstehen lassen und Leopold I. zum neuen Universalkaiser erhoben. Weniger ins Gewicht wäre die Erbfolge des Kurprinzen von Bayern gefallen; der Habsburger wie der Bourbone hielten die Wittelsbacher nicht für eine ebenbürtige Dynastie und das Kurfürstentum Bayern nicht für eine gleichwertige Macht.

Wilhelm von Oranien, dem an der Balance of power gelegen war, suchte nach einem Ausgleich zwischen den Anwärtern. Im Jahre 1698 einigten sich England und Holland mit Frankreich – um »la tranquillité de l'Europe« zu bewahren – über eine Teilung des spanischen Erbes. Dem Kurprinzen von Bayern wurden Spanien, die Niederlande und die Kolonien zugesprochen, Philipp von Anjou, dem zweiten Enkel Ludwigs XIV., Neapel, Sizilien und die baskische Provinz Guipuzcoa, und Erzherzog Karl, dem zweiten Sohn Leopolds I., das Herzogtum Mailand.

Karl II., der sein Reich verschleudert sah, setzte den Wittelsbacher zum Universalerben ein. Doch der Kurprinz verstarb 1699, noch vor ihm. Die Seemächte versuchten sich wiederum als Vermittler und setzten auf einen neuen Teilungsvertrag: Philipp von Anjou sollte außer Neapel, Sizilien und Guipuzcoa auch Luxemburg und Mailand erhalten, Erzherzog Karl Spanien, die Niederlande und die Kolonien. Doch die Hauptaspiranten gaben sich damit nicht zufrieden: Ludwig XIV., der alles direkt für seinen Enkel und indirekt für sich haben wollte, und Leopold I., der als der in Österreich übrig gebliebene Habsburger das ganze Erbe des spanischen Habsburgers beanspruchte, verweigerten dem Teilungsvertrag ihre Zustimmung.

Prinz Eugen, der zu Beginn des Jahres 1700 in den Geheimen Rat berufen wurde und mit der Politik in nähere Berührung kam, hätte mehr Verständnis für den Anspruch seines Kaisers auf die spanische Gesamtmonarchie aufbringen können, wenn er energischer vorgebracht worden wäre. Doch keinerlei Vorkehrungen wurden getroffen, um ihn notfalls mit der Ultima ratio, der Heeresmacht, durchzusetzen, und die österreichische Außenpolitik verstand es nicht, das habsburgische Interesse mit Nachdruck zu vertreten.

Obwohl Karl II. sein großes Reich nicht ungern unter einer habsburgischen Krone erhalten gesehen hätte, ließen sich die Diplomaten Leopolds I. in Madrid von ihren französischen Kollegen überspielen. Am 2. Oktober 1700 setzte der sterbenskranke König von Spanien testamentarisch Philipp von Anjou zum Universalerben ein.

Der Knoten zu einem Konflikt war geschürzt. In Wien hätte man dies am liebsten verdrängt. Anstatt die Frist bis zum Ausbruch des Krieges für eine Aufrüstung zu nützen, ruhte man sich auf den errungenen Lorbeeren aus und wärmte sich an der aufgegangenen Großmachtsonne. Dazu neigte selbst Prinz Eugen. Nach fünfzehn Kriegsjahren hoffte er auf ein paar Friedensjahre, die er benützen wollte, sich in Wien standesgemäß einzurichten und sich in Österreichs Gesellschaft einzuleben.

Österreichs Stärken lernte Eugen schätzen und Österreichs Schwächen blieben ihm nicht verborgen. An der Wende vom 17. zum 18. Jahrhundert hatte das Land seiner Wahl eine Macht gewonnen, die in der Gegenwart zählte und in die Zukunft wies, dabei aber eine aus der Vergangenheit überkommene Verfassung behalten.

Die österreichischen Lande erstreckten sich zwischen Erzgebirge und Karpaten, Oder und Adria, Inn und Theiß, mit einem Vorfeld am Oberrhein, der Zitadelle der Alpen und mit der Donau als geographischer wie politischer und – für Prinz Eugens Operationen im Südosten – strategischer Achse.

Hinsichtlich der Bevölkerungszahl wurde Österreich mit seinen etwa neun Millionen Einwohnern von Frankreich mit 20 und Rußland mit 18 Millionen weit übertroffen, aber es ließ Spanien mit 6,5, England mit 6, Holland mit 1,9 und Preußen mit 1,8 Millionen Einwohnern hinter sich.

Das Haus Österreich hatte viele Etagen, in denen die verschiedensten Völkerschaften nebeneinander wohnten: Deutsche, Tschechen, Slowaken, Italiener, Slowenen, Magyaren, Kroaten, Serben und Rumänen. In einer Zeit, in der die Nationalität noch nicht als das höchste Glück angesehen wurde, gab es zwar Streit zwischen den Hausbewohnern, der sich in Ungarn sogar zum Aufruhr steigerte, aber der Zwist war weniger völkisch als gesellschaftlich und politisch motiviert. Eugen von Savoyen, der aus Frankreich nach Österreich gekommen war und zur internationalen Führungsschicht des übernationalen Reiches gehörte, sah in der ethnischen Mannigfaltigkeit eher einen Vorteil, jedoch in der Ländervielfalt einen Nachteil.

Denn die Monarchia Austriaca war keine einheitliche Monarchie, sondern eine Zusammenfassung von mehr oder weniger eigenständigen Bestandteilen unter den Kronen des Habsburgers, der nicht Kaiser von Österreich war, sondern König von Ungarn und König von Böhmen, Erzherzog von Österreich, Herzog der Steiermark, der Krain, von Kärnten und Schlesien, Markgraf von Mähren, Graf von Tirol und Herr über weitere größere und kleinere Territorien.

Diese Ansammlung von Kronen und Krönchen, ein Erbe des Mittelalters, war in einer neuen Zeit problematisch geworden, da Frankreich vormachte, wie ein Staat durch einen absolutistischen Herrscher und eine zentralistische Regierung politisch, wirtschaftlich und militärisch zu reüssieren vermochte. In Österreich, das ein Pluralbegriff blieb, konterkarierten die Stände der Länder das Verlangen des Kronenträgers, wie Ludwig XIV. ein unbeschränkter Herrscher zu werden, und retardierte der Regionalismus, der eher zum Partikularismus, in Ungarn sogar zum Seperatismus, als zum Föderalismus neigte, die Entwicklung zu einem modernen Staat.

Die österreichischen Verhältnisse machten dem Prinzen

Eugen viel zu schaffen. Der Militär hatte seine Mühe mit den verschiedenen, sich überschneidenden und gegenseitig hemmenden Zuständigkeiten der Behörden, die ihm nie genug Geld und Soldaten herbeischafften, jedoch im Frieden in seine Planungen und im Krieg in seine Operationen hineinredeten. Der Politiker sah mit wachsender Sorge, wie sein nicht einheitlich zu führendes und mit vereinter Kraft handelndes Österreich gegenüber modernen Mächten ins Hintertreffen zu geraten drohte. Eugen dachte dabei nicht nur an das große Frankreich, sondern auch an das noch kleine, aber sich zielstrebig emporarbeitende Preußen.

Nicht nur in der staatlichen, sondern auch in wirtschaftlicher Entwicklung blieb Österreich hinter anderen Mächten zurück. England und Holland waren durch eine glückliche Kombination von Initiative des Einzelnen und Einstehen für das Ganze wohlhabend geworden. Davon profitierten auch ihre Verbündeten, nicht zuletzt der Feldmarschall Eugen, der von den von österreichischen Potentaten und Magnaten als Händler und Krämer verschrieenen Engländern und Holländern die Geldmittel erwarten durfte, die ihm die eigenen Kassenverwalter aus Uneinsichtigkeit nicht geben wollten oder wegen Mißwirtschaft nicht geben konnten.

Frankreich hatte sich durch den Merkantilismus rasch entwickelt, durch jene dem Absolutismus entsprechende Wirtschaftsform, die durch staatliche Förderung und Reglementierung von Gewerbe und Handel mit einem gesteigerten Nationalprodukt das Steueraufkommen zu erhöhen suchte. Zollschranken wurden im Innern beseitigt und nach außen aufgerichtet, Importe erschwert und Exporte begünstigt, damit mehr Geld – und das hieß Gold und Silber – in die Kasse des Staates kam, der für die wachsenden Aufgaben, die er übernahm, immer mehr Mittel benötigte.

In Österreich gab es zwar Theoretiker, die auf die Vorteile des Merkantilismus für das Ärar verwiesen. Friedrich Wilhelm Höningk legte 1684 ein Wirtschaftsprogramm vor, von dessen Ausführung, einer rational angegangenen und rationell betriebenen Ausschöpfung der Ressourcen eines großen Reiches, er sich die Aufrichtung eines nicht nur wirtschaftlich, sondern auch politisch einheitlichen und gestärkten Österreichs versprach, das mit anderen Mächten gleichziehen, ja sie zu übertreffen vermöchte.

»Österreich über alles, wenn es nur will«, hatte Höningk seine Schrift genannt. Doch die Österreicher wollten nicht und brachten nur Unzureichendes zuwege. Der Bergbau – in erster Linie Erzgewinnung und Erzverarbeitung in den Alpenländern – trug etliches, aber nicht genügend ein. Manufakturen blieben rar. Diese Vorformen der Fabriken wurden hauptsächlich von Grundherrschaften primär zum eigenen Nutzen errichtet. Magnaten bezogen wachsende Einkünfte nicht nur von ihren bäuerlichen Untertanen, sondern auch aus Gewerbebetrieben und dem Warenhandel. Die wirtschaftliche Kraft des Feudaladels wie dessen politische Macht in den Ständen der Einzelländer und in den zentralen Behörden wurden dadurch gestärkt.

Die mit dem Vermögen gewachsene Geltung demonstrierte der Hochadel durch den Bau von Schlössern auf seinen Ländereien und von Stadtpalästen in Wien. In Frankreich hatte Ludwig XIV. die Aristokratie in Versailles kaserniert, domestiziert und etatisiert. In Wien verfügte Leopold I. über die Hofburg, deren verstaubte Altehrwürdigkeit wenig Anziehungskraft für Magnaten besaß, und die von einem zweitklassigen Architekten errichtete Sommerresidenz Favorita, die mit der Größe und Pracht so manches Adelspalastes nicht mithalten konnte.

Hocharistokraten hielten Hof mit einem Aufwand, der die Möglichkeiten des Monarchen überstieg, und veranstalteten rauschende Feste, die er sich kaum leisten konnte. Pläsir wurde nicht nur in Paris, sondern auch in Wien großgeschrieben, obgleich man dazu dort über mehr Mittel als hier verfügte. Österreich sei gleichzeitig zu arm und zu reich, bemerkte Eugen, und »deswegen herrscht auch bei uns mehr der verzehrende als der unternehmende Geist«.

Um selber »verzehren« zu können, mußte der Prinz von Savoyen einiges unternehmen. Außer einem bedeutenden Namen und seinem militärischen Genie hatte er nichts nach Österreich mitgebracht. Sein ökonomisches Talent wurde durch das Streben eines Mittellosen nach Grundbesitz und Barvermögen gefördert. Nachdem ihm beides durch Dienstbezüge und Gunsterweise zugefallen war, schuf er sich repräsentative Gebäude, in denen er sich standesgemäß einrichtete und mit österreichischen Standesherren von gleich zu gleich verkehren konnte.

Er ließ sich weitaus nicht mit jedem ein, schon gar nicht mit Alteingesessenen, die hochmütig auf den arrivierten zugezogenen Fremdling herabblickten, auch nicht mit hochmögenden Höflingen, die ihm Steine in den Weg legten, der nach ihrem Dafürhalten schon zu sehr in ihre Nähe geführt hatte.

Die Absichten des Prinzen zu vereiteln, fühlte sich in erster Linie Graf Heinrich Franz von Mansfeld berufen, der mehr durch sein Vermögen und seine Verbindungen als durch eigene Leistung Feldmarschall, Obristkämmerer und schließlich Hofkriegsratspräsident wurde. Einigen Rückhalt fand Eugen beim Grafen Franz Ulrich von Kinsky, dem leitenden Minister und ersten Berater Leopolds I., der aber bereits Anfang 1699 starb. Obristhofmeister Graf Ferdinand Bonaventura von Harrach, der selber zu träge war, um Abneigungen wie Zuneigungen zu pflegen, überließ das Vertrauten wie Mansfeld oder dem Obristkämmerer Graf Karl Ferdinand von Waldstein, der seine Unfähigkeit mit der Arroganz eines von Hause aus Begüterten und bei Hofe Protegierten kaschierte.

Diese Hofleute alten Schlages, die dem Newcomer Eugen nicht gewogen waren, hätten ihm das Leben verleiden können, wenn es nicht auch andere gegeben hätte, die wie er nach vorne blickten, als Tischgenossen angenehm und als Wegbegleiter förderlich waren. Um den neuen Reichshofvizekanzler Graf Dominik Andreas von Kaunitz, der sich als Diplomat an europäischen Höfen bewährt hatte und dessen Horizont weit über den Blick vom Stephansturm hinaus reichte, sammelten sich jüngere Leute, die wie der Prinz von Savoyen von Hofschranzen aufgerichtete Hindernisse um ihres wie Österreichs Fortkommen willen zu überwinden suchten.

Gleichaltrig und ähnlich gesinnt wie Eugen war Graf Gundaker von Starhemberg, der jüngere Halbbruder des Hofkriegsratspräsidenten Ernst Rüdiger von Starhemberg. Als einer der ganz wenigen Finanzexperten seines Standes wurde er 1698 Vizepräsident der Hofkammer und 1703 deren Präsident. Mit ihm sollte der im selben Jahr zum Hofkriegsratspräsidenten berufene Eugen innenpolitisch zusammenwirken. Sein außenpolitischer Partner wurde Graf Johann Wenzel Wratislaw von Mitrowitz, der 1695 in die österreichische Hofkanzlei kam und zu Beginn des 18. Jahrhunderts als Diplomat in London und in Den Haag die Allianz mit den Seemächten zustande brachte, die das A und O der Europapolitik des Prinzen von Savoyen war und blieb.

Die geknüpften Verbindungen galt es im gesellschaftlichen Verkehr zu festigen. Dies war nicht der geringste Grund, warum Eugen, kaum Feldmarschall mit entsprechenden Einkünften geworden, ein Stadtpalais haben wollte, mit dem er den erworbenen Status demonstrieren und in dem er Empfänge geben und Kontakte pflegen konnte.

Solange der Um- und Ausbau des in der Himmelpfortgasse erworbenen Hauses im Gange war, mußte sich Eugen von anderen einladen lassen. Der Sieger von Zenta fand so manche offene Tür in Wien, das die Friedensjahre am Ende des turbulenten Jahrhunderts in vollen Zügen genoß, als ahnte es, daß schon bald wieder ein Krieg die Freude trüben würde.

Noch vergnügten sich mutmaßliche Kriegspartner und Kriegsgegner miteinander. Ein großes Haus führte der französische Gesandte Louis Hector de Villars, der General gewesen war, Marschall werden sollte und dazwischen den Diplomaten spielte, der mit Finassieren und Kokettieren für Frankreich zu gewinnen suchte, was mit Marschieren und Attackieren gegenwärtig nicht zu erreichen war.

Im Türkenfeldzug von 1687 hatte der Marquis de Villars, der Max Emanuel von Bayern begleitete, den vierundzwanzigjährigen Prinzen Eugen zum erstenmal gesehen und erste, flüchtige Eindrücke gewonnen: Der Savoyer gelte als tapferer Mann, besitze mehr gesunden Menschenverstand als Geist, wolle ein guter Offizier werden, wozu er befähigt sei und es – voll Ehrgeiz und eifrig auf seinen Ruhm bedacht – auch werden könnte. Inzwischen hatte ihm der Feldherr Respekt abgenötigt

*Graf Johann Wenzel Wratislaw von Mitrowitz,
kaiserlicher Diplomat und Minister.
Gemälde von Johann Gottfried Auerbach.*

und ein gutes Dutzend Jahre später sollte er ihn auch als Friedensstifter schätzen lernen.

Zu den Empfängen des Gesandten Villars drängte sich tout Wien. Auch Prinz Eugen war gerne Gast, wobei er Diners mit ihren Tischgesprächen und Kartenpartien, zu denen man Geschick und Glück wie im Felde benötigte, den Soireen mit ihren Lustbarkeiten vorzog. An gesellschaftlichen Haupt- und Staatsaktionen nahm er mehr aus Pflichtempfinden als zum Vergnügen teil. Anläßlich der Visite des Zaren Peter fühlte er sich wohler als dessen Gast bei einem Diner, das der Russe im Königseggschen Gartenpalais gab, als auf dem von Leopold I. veranstalteten Kostümfest, wo er als Diener aufwarten mußte.

An der Hochzeit des ältesten Sohnes Leopolds I. und späteren Kaisers Joseph I. mit Prinzessin Amalia Wilhelmine von Braunschweig-Lüneburg nahm Eugen mit persönlicher Anteilnahme und patriotischer Genugtuung teil. Er schätzte den um fünfzehn Jahre jüngeren Thronfolger, der – wie er einer Bemerkung Villars zustimmte – wenig vom gravitätischen Ernst der Habsburger an sich hatte, auch wenn er, lebenslustig und temperamentvoll, ins Gegenteil zu verfallen schien. Der Savoyer versprach sich davon eher Positives und wünschte, daß der junge Herr frischen Wind in die Hofburg bringen, an den Perücken zausen und zielbewußt, wie er trotz aller Extravaganzen blieb, das auf der Stelle tretende Österreich zum Vormarsch bewegen würde.

Die Hoffnung schien mit Bräutigam und Braut am 24. Februar 1699 in Wien einzuziehen, durch drei Triumphbögen, von denen einer von Johann Lucas von Hildebrandt errichtet worden war, zur Augustinerkirche, in der die Ehe unter Orgelklang und Weihrauchwolken geschlossen wurde. Fünfhundert Kerzen brannten beim Hochzeitsmahl im Festsaal der Hofburg. Die Feierlichkeiten wurden am 28. Februar auf dem großen Burgplatz mit einer Serenade beendet; als Götter und Göttinnen, Tritonen und Nereiden verkleidete Sänger und Sängerinnen stimmten »Le triomphant Hyméné« an.

Alle hielten die Lobeshymne für eine angebrachte Würdigung. Joseph war nicht allein der Erbe der österreichischen

Länder, Böhmens und Ungarns, der künftige Herr im Hause Habsburg und der legitime dynastische Nachfolger. Bereits 1690 war er in der Reichsstadt Augsburg zum römisch-deutschen König gewählt und gekrönt, also noch zu Lebzeiten des römisch-deutschen Kaisers Leopolds I. zu dessen Nachfolger erkoren worden.

Weiterhin – wie seit dem Jahre 1452 – sollte ein Habsburger neben den Kronen seiner Hausländer die Krone des Heiligen Römischen Reiches Deutscher Nation tragen. Doch aus der Würde war zunehmend eine Bürde geworden, und der Glanz konnte das Elend immer weniger überstrahlen.

Das Wappenzeichen des Reiches – ursprünglich nicht dasjenige Österreichs – war der Doppeladler. Mit seinen zwei Köpfen, die in entgegengesetzte Richtungen gewendet waren, deutete er aber von Anfang an die Doppeldeutigkeit des Habsburgerreiches an, das mit dem römisch-deutschen Imperium emporgewachsen war und in ihm verwurzelt blieb, aber aus ihm zu einer eigenständigen Macht und einem neuzeitlichen Staatswesen herauswuchs.

Heilig, das erste Attribut des Heiligen Römischen Reiches, wurde in einer Zeit anachronistisch, da die Säkularisierung voranschritt, die Aufklärung mit dem »dunklen Mittelalter« auch das Heilige des »Sacrum Imperium« in Frage stellte. Auch Eugen, obwohl ihn Villars vornehmlich »wegen seiner aufrichtigen Frömmigkeit« schätzte, neigte dem Deismus zu, dem modernen Glauben, daß Gott zwar die Welt erschaffen habe, aber nicht mehr in die irdische Geschichte eingreife und die Civitas Dei den Menschen, ihrem Wollen und Wirken überantwortet habe.

Römisch, das zweite Attribut des Reiches, war abgenutzt. Der letzte Kaiser, den der Papst – und nicht in Rom, sondern in Bologna – gekrönt hatte, war 1530 Karl V. gewesen. Die Reformation lehnte den Primat des Bischofs von Rom ab und zweifelte die Allgemeingültigkeit des römischen Rechts an. Selbst die »Allerchristlichste Majestät«, Ludwig XIV., strebte eine von Rom unabhängige französische Nationalkirche an.

Leopold I. erinnerte sich gerne daran, daß Papst Silvester II. dem ersten christlichen König Ungarns, Stephan I., den Titel »Apostolische Majestät« verliehen hatte, daß Habsburg den Katholizismus gegen den Protestantismus verteidigt und er selber mit dem Segen des Papstes und dem Degen des Prinzen Eugen die moslemischen Türken zurückgeschlagen hatte. Aber sein Kirchenglaube, den er persönlich praktizierte und offiziell demonstrierte, ging nicht so weit, daß er dem Papst das überlassen wollte, was er für die Domäne des Kaisers hielt. Eugen, der mit dem Souverän des Kirchenstaates in Konflikt geraten sollte, stimmte hierin mit seinem Kaiser überein. Dessen Pietas Austriaca, die an der Pestsäule auf dem Wiener Graben zum Ausdruck kam, teilte er nicht ganz; der Feldherr betete lieber im Sattel als auf den Knien.

Mit der »Deutschen Nation«, die das Heilige Römische Reich übernommen hatte und fortführen sollte, konnte sich der Savoyer nicht identifizieren. Er war und blieb ein Europäer, der die Franzosen nicht deshalb bekämpfte, weil sie Erbfeinde der Deutschen, sondern weil die Bourbonen die Erbfeinde der Habsburger waren und weil das Königreich Frankreich die Hegemonie in einem Europa anstrebte, das er als Koalition von Staaten erhalten wollte, sich jedoch nicht als Union von Nationen vorstellen konnte.

Das Heilige Römische Reich Deutscher Nation war durch die Reformation gespalten, im Dreißigjährigen Krieg angeschlagen und von der Entwicklung zum modernen Staat, die sich in Mitteleuropa nicht im Reich, sondern in dessen Gliedern vollzog, überholt worden. Unter Eugens Büchern befand sich Samuel von Pufendorfs Werk »De statu Imperii Germanici« von 1667, in dem das Reich als »ein unregelmäßiges Gebilde und einem Monstrum ähnlich« bezeichnet wurde, »das im Laufe der Zeit durch den fahrlässigen Leichtsinn des Kaisers, durch den Ehrgeiz der Fürsten und die Unruhe der Geistlichen aus einem normalen Königreich in eine so wenig kunstgerechte Form umgewandelt worden ist«.

Immerhin erstreckte sich um 1700 das Reich mit 12 000 Quadratmeilen über Mitteleuropa und zählte über 20 Millionen Einwohner. Doch diese waren auf selbständige Herrschaftsgebiete unter selbstbewußten Fürsten verteilt, die – wie Pufendorf feststellte – »nach der unbeschränkten Libertät streben«, während »der Kaiser danach trachtet, die Herrschaft wieder an sich zu reißen«.

Letzteres war mehr Wunsch als Möglichkeit. Der Kaiser konnte zwar damit rechnen, daß die Kaiserkrone im Hause Habsburg bleiben würde, aber da er von den Kurfürsten gewählt wurde, mußte er in Wahlkapitulationen Zugeständnisse an Reichsstände machen, die es ihm zunehmend erschwerten, die Reichszügel wenn schon nicht zu straffen, so wenigstens in der Hand zu behalten.

Im Reichstag, der seit 1663 ständig in Regensburg tagte, genoß der vom Kaiser entsandte Prinzipalkommissar protokollarischen Vorrang, besaß jedoch wenig konkrete Kompetenzen. Die Gesandten der Reichsstände traten in drei Kollegien – der Kurfürsten, Fürsten und Reichsstädte – und seit 1648 noch in einem Corpus Catholicorum und einem Corpus Evangelicorum zusammen, die getrennt abstimmten und selten einer Meinung waren, sodaß die ohnehin beschränkten Befugnisse des Reichstages in Gesetzgebung und auswärtigen Angelegenheiten nur unzureichend dem Reichsganzen zustatten kamen.

Als Truppenmacht konnte die Reichsarmee kaum bezeichnet werden. Die Reichsstände, die sie aufzubringen und zu finanzieren hatten, waren immer schwerer zu bewegen, ihren Verpflichtungen nachzukommen. Immerhin kämpften Reichstruppen gegen die Türken mit. Die größeren Reichsmitglieder setzten ihre Kontingente freilich zunehmend für ihre Sonderinteressen ein. Der Westfälische Frieden, der den Dreißigjährigen Krieg zwischen deutschen Reichsständen und europäischen Mächten beendet hatte, erlaubte es jenen, Bündnisse mit diesen einzugehen. Auf dem Papier durften die Vereinbarungen zwar nicht gegen Kaiser und Reich gerichtet sein, aber in der Praxis mehrten sich Verstöße gegen diese Vertragsbestimmung.

So kam 1658 der erste »Rheinbund« deutscher Reichsstände unter Führung des geistlichen Kurfürsten von Mainz, des Reichserzkanzlers, mit Frankreich zustande. Friedrich Wil-

*August der Starke, Kurfürst von Sachsen und König von Polen.
Stich von Johann Martin Bernigeroth
nach einem Gemälde von Antoine Pesne.*

helm, der Große Kurfürst von Brandenburg, paktierte 1679 mit Ludwig XIV. gegen Kaiser und Reich, trat jedoch 1686 auf deren Seite und stellte ein Hilfskorps für den Türkenkrieg. Prinz Eugen lobte in seinem Bericht über den Sieg bei Zenta ausdrücklich die Tapferkeit der kurbrandenburgischen wie auch der kursächsischen Truppen.

Wie Brandenburg, das sich mit Schweden auseinandersetzte, verfolgte auch Sachsen eigene außenpolitische Interessen. Kurfürst Friedrich August der Starke ließ sich zum König von Polen wählen, arrangierte sich mit Rußland und gab dabei sein Engagement gegen die Türkei nicht auf. Kurfürst Max Emanuel von Bayern zeichnete sich mit seinen Truppen im Südosten aus, aber es war vorauszusehen, daß er im Konflikt um das spanische Erbe das wittelsbachische Hausinteresse über das römisch-deutsche Reichsinteresse stellen und sich nicht scheuen würde, zusammen mit dem wittelsbachischen Kurfürsten von Köln sich mit Frankreich gegen Österreich und den Kaiser zu wenden.

Der Westfälische Frieden hatte den Reichsständen die Superioritas territorialis, die Landeshoheit, eingeräumt und damit die Superiorität, die Überlegenheit und das Übergewicht des Kaisers im Heiligen Römischen Reich Deutscher Nation für immer beseitigt. Noch galt die Kaiserwürde als ein ideeller Wert, suchten geistliche Reichsstände wie Reichsstädte und Reichsritter beim kaiserlichen Schirmherrn Schutz vor der Säkularisierung und der Mediatisierung durch Landesfürsten und erwarteten von ihm die Bewahrung ihrer Reichsunmittelbarkeit. Weiterhin stand der Kaiser Institutionen vor, ohne sie freilich für die Reichsmacht und zum Nutzen seiner Hausmacht, die als einzige imperiale Potenz übrigblieb, gebührend einsetzen zu können.

Dem Kaiser unterstellt war die oberste Gerichtsbehörde des Reiches, der Reichshofrat in Wien, das offiziell als ständiges Hoflager des Kaisers und nicht als Hauptstadt des römisch-deutschen Reiches bezeichnet wurde. Doch die Kompetenzen des Concilium imperiale aulicum waren de jure und zunehmend auch de facto beschränkt. Außerdem gab es noch, seit

1693, im fernen Wetzlar unter reichsständischem Einfluß das Reichskammergericht.

In Wien lernte Prinz Eugen weniger die Reichsinstitution als einzelne Mitglieder dieses Organs kennen und schätzen.Reichshofvizekanzler Dominik Andreas von Kaunitz, ein Böhme, neigte im Zweifelsfall mehr zum Habsburger als dem Herrn Österreichs als zum Kaiser des Reiches. Friedrich Karl von Schönborn, der 1705 Reichshofvizekanzler wurde, ein Rheinländer und geistlicher Herr, war in dubio eher pro reo des Sacrum Imperium als der Monarchia Austriaca.

Selbst im Reichshofrat waren die Anliegen des Reiches mit den Angelegenheiten Österreichs immer schwieriger auf einen Nenner zu bringen. Zunehmend galt in Wien die Kaisermacht als ein Anhängsel der Hausmacht, sodaß das Streben Raum gewann, diese zu einer Großmacht aus eigenen Gnaden und mit eigener Souveränität zu erheben und dabei die wenigen noch gegebenen Vorteile der Reichsbindung auszunutzen.

Prinz Eugen von Savoyen, der in die Dienste des Habsburgers getreten war, fühlte sich von Anfang an als Paladin des österreichischen Monarchen und nicht als Gefolgsmann des römisch-deutschen Kaisers. Das »unregelmäßige Gebilde« (Pufendorf), als welches das Reich ihm erschien, stand dem Vernunftdenken und Ordnungssinn des Romanen entgegen. Die wachsenden Schwierigkeiten, die dem Feldherrn Reichsstände und Reichstag bereiteten, waren nicht dazu angetan, Verständnis für das »Monstrum« zu wecken.

Allerdings erschien ihm die Monarchia Austriaca in manchem als ein Abbild des Heiligen Römischen Reiches Deutscher Nation. Wenn ihm auch deren Übernationalität nicht ungelegen kam, so stieß er sich doch an deren regionaler und ständischer Struktur, die ihm kaum weniger zu schaffen machte als diejenige des römisch-deutschen Imperiums. Vom Zentralismus und Absolutismus Frankreichs hätte er sich einiges für Österreich gewünscht. Dies wäre, wie er meinte, nicht nur für die Heeresorganisation, um die er sich von Amts wegen zu kümmern hatte, sondern auch für das Staatswesen, an dessen Wohlergehen ihm gelegen war, nützlich gewesen.

So wurde der Feldherr, der Österreichs Feinde besiegte, auch Vorkämpfer eines österreichischen Gesamtstaates. »Eine Regierung mit aristokratischen und demokratischen Einschlägen, in der jeder Einzelne seine Sonderrechte und Gewohnheiten hat, bereitet der Ausübung der Herrschermacht die größten Schwierigkeiten«, konstatierte Eugen nach jahrzehntelangen Erfahrungen mit den österreichischen Verhältnissen und beschwor den Monarchen, »daß man so viel als möglich ein Totum aus Eurer Kais. und Kath. Majestät weitläufiger und herrlicher Monarchie mache."

Dies hätte er sich bereits an der Wende vom 17. zum 18. Jahrhundert gewünscht, als ein neuer und größerer Krieg drohte. Österreich war dafür nicht hinreichend gerüstet, weil notwendige Entscheidungen nicht nur durch die Saumseligkeit Leopolds I., sondern auch und vor allem durch die Unfügsamkeit der Stände verzögert wurden. Diese bestanden auf ihren Privilegien und steuerten nicht genügend Subsidien bei. Prinz Eugen hielt sich bereit, trotz innerer Widerstände und äußerer Widrigkeiten Österreichs Sache durchzufechten.

Sechstes Kapitel

Krieg um Spaniens Erbe

Der letzte spanische Habsburger, Karl II., starb am 1. November 1700 in Madrid. Die Todesnachricht schlug am 17. November in Wien wie ein Blitz ein, denn mit ihr kam die Gewißheit, daß als sein Universalerbe Philipp von Anjou, der Enkel Ludwigs XIV., die Nachfolge als König von Spanien antrat. Dies hatte der König von Frankreich bereits am 16. November seinem Hof und der Welt verkündet, und der spanische Gesandte, der seinem neuen Herrn gehuldigt hatte, erklärte in Anspielung auf die bourbonische Doppelherrschaft: »Es gibt keine Pyrenäen mehr.«

Die Betroffenheit in Wien wurde rascher, als man es in Österreich erwarten konnte, von der Entschlossenheit abgelöst, dieser Provokation entgegenzutreten. Leopold I., berichtete der französische Gesandte Villars, sei so erregt gewesen, daß er »auch wenn er nur über seine eigenen Truppen verfügen kann, er sie marschieren lassen wird«.

Den Erbanspruch des österreichischen Habsburgers gedachte er durchzusetzen und eine direkte oder auch nur indirekte Vergrößerung der französischen Macht durch die spanische Hinterlassenschaft nicht hinzunehmen. Prinz Eugen hielt sich für einen Krieg bereit; denn die spanischen Gebiete in Oberitalien und in den Niederlanden, von denen aus Österreich wie das römisch-deutsche Reich bedroht werden könnten, wollte er nicht Frankreich überlassen. Dann könnte man sich ja gleich, äußerte er, »unter die französische Oberherrschaft beugen, denn etwas Schlimmeres kann auch der übelste Krieg nicht bringen«.

Von einem Konflikt, den der Habsburger ganz allein gegen den noch mächtiger gewordenen Bourbonen durchzufechten hätte, versprach sich der Feldmarschall freilich keinen Sieg. Das österreichische Heer war in den Friedensjahren nach dem Türkenkrieg verkleinert und vernachlässigt worden. Geld war wie immer wenig vorhanden und eine einheitliche Kriegführung bei dem notorischen Durcheinander in den Wiener Hofstellen kaum zu erwarten.

Auf das Reich war nicht unbedingt zu zählen und auf die Reichsarmee kein Verlaß. Zwar wurde im Volk das Lied gesungen: »Genug, daß Frankreich will, / Daß Österreich in der Still / Soll blutig untergehen, / Damit der Teutsch, daß Gott erbarm, / Mit seinem Hut schön unterm Arm / Mög' vor dem König stehen.« Aber die Interessen der Reichsstände, primär der großen und mächtigen, stimmten mit denen des Reiches und erst mit denen Österreichs nur partiell überein.

Die unmittelbar bedrohten Reichsstände im Westen waren alarmiert. Joseph Clemens, der geistliche Kurfürst von Köln und Fürstbischof von Lüttich, glaubte an der Seite Frankreichs ungeschoren zu bleiben. Der Wittelsbacher schloß sich seinem Bruder Max Emanuel, dem Kurfürsten von Bayern an, der sich um seine spanischen Erbansprüche nicht nur vom Anjou, sondern auch vom Habsburger gebracht sah und sich mit Ludwig XIV. alliierte, der ihm ein erbliches Königsreich in den spanischen Niederlanden, in denen er Generalstatthalter war, in Aussicht stellte.

Der Große Kurfürst Friedrich Wilhelm von Brandenburg war 1686 von Frankreich zu Österreich übergeschwenkt und sein Nachfolger Kurfürst Friedrich III. dachte es dabei zu belassen, allerdings nicht umsonst. Der Hohenzoller wollte König werden und der Habsburger konzedierte ihm den Titel »König in Preußen«, eines außerhalb des Reichsgebietes liegenden brandenburgischen Territoriums. Am 18. Januar 1701 setzte er sich in Königsberg als Friedrich I. selber die Königskrone auf, nachdem er sich im Krontraktat vom November 1700 zur Unterstützung Leopolds I. verpflichtet hatte.

Prinz Eugen schätzte die Kampfkraft der brandenburgpreußischen Truppen, hielt jedoch die Erhebung des Hohenzollern zum König für eine Schwächung des Habsburgers. Die

Minister, die Leopold I. zur Zustimmung geraten hätten, gehörten gehängt, soll Eugen geäußert haben, der den Antagonismus zwischen Kaiser und König vorausgeahnt haben mag. Der Enkel Friedrichs I., Friedrich II., der den Dualismus zwischen Preußen und Österreich kriegerisch auszutragen suchte, tadelte seinerseits seinen Vorvorgänger, weil er, um sich die Königskrone zu verschaffen, »30 000 Untertanen opferte in den verschiedenen Kriegen des Kaisers«.

Der Kurfürst von Sachsen, August der Starke, war mit den Kaiserlichen gegen die Türken gezogen, hatte jedoch den Kriegsschauplatz verlassen, um sich zum König von Polen wählen zu lassen. Seitdem verfolgte er nicht nur als Reichsstand, sondern auch als europäischer Souverän eigene Ziele, die sich mit denen des Habsburgers gelegentlich, aber keineswegs immer deckten. In der spanischen Frage hielt er zunächst zu Frankreich und wandte sich dann Kaiser und Reich zu, von denen er sich Rückhalt angesichts des fast gleichzeitig mit dem Spanischen Erbfolgekrieg ausgebrochenen Nordischen Kriegs versprach.

Gegen Schweden, das seit dem Dreißigjährigen Krieg eine Großmacht war, hatten sich Sachsen-Polen, Rußland und Dänemark verbündet, um dessen Vormacht im Norden zu brechen und sich territorial zu bereichern. Peter der Große wollte die schwedischen Lande am Finnischen Meerbusen, August der Starke Livland und Estland gewinnen und Friedrich IV. von Dänemark Schleswig sowie den südlichen Teil der skandinavischen Halbinsel zurückgewinnen. Mit dem blutjungen Karl XII. von Schweden glaubten sie leichtes Spiel zu haben.

Der Gang der Ereignisse belehrte sie eines Besseren. Noch im Jahre 1700, kurz nachdem seine Gegner in den von ihnen beanspruchten Gebieten eingefallen waren, landete er auf Seeland und zwang die Dänen zum Frieden. Anschließend stellte er sich gegen die Russen und besiegte sie bei Narwa im Ingermanland, vertrieb in den nächsten Jahren August den Starken aus Polen und ließ 1704 an dessen Stelle seinen Günstling Stanislaus Leczyński zum König wählen. Dann bereitete er sich auf einen Einfall in das Kurfürstentum Sachsen vor.

Schon die ersten Schläge, die der Sachse vom Schweden einstecken mußte, hatten ihn, wenn schon nicht reichsfromm gemacht, so doch gelehrt, daß ihm das Reichshemd näher als der Polenrock war. Auch die anderen Reichsstände – mit Ausnahme Kurbayerns und Kurkölns – stellten sich, indes weniger aus Treue zum Habsburger denn aus Furcht vor dem Bourbonen, an die Seite Österreichs.

Ausschlaggebend waren nicht Argumente kaiserlicher Diplomaten und Konzessionen Leopolds I. gewesen, und schon gar nicht die österreichische Agitation, in deren Chor Prinz Eugen einstimmte: Das Haus Österreich führe den Krieg, um das Recht zu verteidigen, welches Gott selbst in die Welt gesetzt habe. »Das Selbstvertrauen, das eine so gerechte Sache wie die unsere gibt, die gemeinsame Gefahr und die unwürdige Behandlung von Kaiser und Reich durch Frankreich werden die Tatkraft des deutschen Volkes verdoppeln, und diese wird die Vorteile aufwiegen, die der Feind für sich hat.«

Bald schienen sich Vor- und Nachteile die Waage zu halten, und das war für die Reichsstände nicht das geringste Motiv, ihre verhältnismäßig bescheidenen Gewichte in die habsburgische Waagschale zu werfen, in der bereits größere Gewichte lagen, die einen Ausschlag zum Nachteil der Bourbonen erwarten ließen.

Am 7. September 1701 wurde die Haager Große Allianz von den Bevollmächtigten Englands, Hollands und Österreichs unterzeichnet. Vertragszweck war die Aufrechterhaltung des Gleichgewichtes der europäischen Mächte und damit »des Friedens und der allgemeinen Ruhe in ganz Europa«. Die zu diesem Zweck vereinbarten Vertragsziele sollten durch Verhandlungen mit Frankreich, wenn nötig mit Waffengewalt durchgesetzt werden. Im Kriegsfall sollten sich die Verbündeten »gegenseitig mit allen Kräften« unterstützen, bei »gegenseitigem offenen Gedankenaustausch über Führung der Operationen wie über alle anderen Dinge«.

Im Grundtenor stimmten die Motive der Bündnispartner überein, auch wenn sie unterschiedlichen Beweggründen entsprangen und im Endeffekt Mißtöne erzeugten. Wilhelm von

Oranien übernahm abermals die Führungsrolle gegen Frankreich, nicht aus einem abstrakten Europäismus, sondern wegen konkreter Interessen Englands und Hollands. Beide Staaten konnten es nicht dulden, daß französische Truppen im Namen des neuen Königs von Spanien, aber zum Vorteil des Königs von Frankreich, Festungen der spanischen Niederlande, des Glacis der republikanischen Niederlande wie des Vorfeldes der britischen Inseln, besetzt hatten. Überdies wollten die beiden Seemächte nicht eine durch Flotte und Kolonien Spaniens verstärkte Konkurrenz Frankreichs im Seehandel und in Übersee hinnehmen. Im Haager Allianzvertrag legten sie deshalb nicht nur Wert auf Artikel 5, der die Einrichtung einer Sicherheitszone als »Schutzwehr vulgo Barriere« vor den Grenzen Hollands verlangte, sondern auch auf Artikel 8: »Frankreich sind alle Rechte, auch hinsichtlich Schiffahrt und Handel, in Mittelamerika, dem Mittelmeer und allen anderen spanischen Ländern entzogen.«

Der Haager Pakt schrieb das Hauptinteresse Englands und Hollands fest und war gegen das Hauptanliegen des österreichischen Habsburgers gerichtet. Sein Anspruch auf das gesamte spanische Erbe wurde nicht anerkannt. Unter der Bedingung, daß die Kronen Spaniens und Frankreichs niemals vereinigt werden dürften, sollte der Bourbone, der als Philipp V. am 19. Februar 1701 in Madrid eingezogen war, das spanische Hauptland und die Kolonien behalten. Leopolds I. zweitem Sohn Karl wurden Mailand, Neapel, Sizilien und die Spanischen Niederlande zugesprochen.

Den in lateinischer Sprache verfaßten Vertrag unterzeichnete für England »Joannes Comes de Marlebourough Baro Churchil de Sandrige«. Bereits am 31. Mai 1701 war der einundfünfzigjährige General John Churchill, Baron of Sandridge, Earl of Marlborough, von König Wilhelm III. zum Oberbefehlshaber der sich in Holland sammelnden englischen Streitkräfte ernannt und mit weitgehenden Vollmachten für Verhandlungen ausgestattet worden. Im Haag, wo er sein Land auch als außerordentlicher Gesandter vertrat, machte im Mauritshuis, wo diniert und diskutiert wurde, der stattliche und ge-

*John Churchill Herzog von Marlborough,
englischer Feldherr und Staatsmann. Stich von Peter Gunst
nach einem Gemälde von Adrien van Werff.*

wandte Gentleman eine gute Figur, gewann Einfluß und wußte sich gegen die zu Unbeweglichkeit neigenden Holländer und die auf Unbedingtheit eingeschworenen Österreicher durchzusetzen.

Für Holland unterzeichneten nicht weniger als acht Bevollmächtigte. Dies entsprach dem Pluralismus der – wie die offizielle Bezeichnung lautete – Generalstaaten der Vereinigten Niederlande. Als Erster unter Gleichen tat sich der sechzigjährige Anthony Heinsius hervor. Der Anhänger und Freund Wilhelms von Oranien amtierte als Ratspensionär, wie der Staatssekretär von Holland und Westfriesland genannt wurde. Dank des Gewichtes dieser Provinz wie seiner Tatkraft wurde Heinsius der Leiter der Staatsgeschäfte der gesamten Republik und als einer der Führer der antifranzösischen Allianz eine Zentralfigur der europäischen Politik.

Für Österreich verhandelte und unterschrieb der zweiunddreißigjährige Graf Johann Wenzel Wratislaw von Mitrowitz. Einer alten böhmischen Familie entstammend, war der promovierte Jurist nach einer ausgedehnten Kavalierstour durch Europa, gefördert von seinem Onkel, dem kaiserlichen Minister Graf Franz Ulrich Kinsky, die Karriereleiter im österreichischen Staatsdienst hinaufgestiegen. Der Protégé erwies sich als ein fähiger Diplomat, dem bereits 1700, als die spanische Frage akut wurde, der wichtige Posten des Gesandten in England, dem präsumtiven Allianzpartner, und 1701 die Mission im Haag anvertraut worden war.

Seinen Verhandlungspartnern mochte er, unförmig dick, als Verkörperung des römisch-deutschen Imperiums erscheinen, aber er überraschte, ja überrumpelte sie mit einer Beweglichkeit, die man bei seiner ungeschlachten Erscheinung nicht erwartet hätte. Die überzogenen Forderungen Leopolds I. vermochte er bei den Bündnisverhandlungen nicht durchzusetzen. Dafür schien er sich auch nicht besonders engagiert zu haben, denn der Pragmatiker wußte, daß das Maximum, eine Teilung des spanischen Erbes, bei der der Habsburger nicht leer ausgehen würde, das Optimum für Österreich wäre, dem mehr als am fernen Spanien an einer Ausdehnung in Italien und an einer

Bereicherung durch die wohlhabenden Niederlande gelegen sein mußte.

Für den jetzigen Kriegsfall, der unvermeidlich schien, versprachen England und Holland die Aufstellung einer Truppenmacht von fast 150 000 Mann und die Aufbringung von Finanzmitteln, mit denen nicht nur Soldaten der Seemächte, sondern auch Österreichs und des Reichs besoldet werden könnten. Auf diese Bestimmung hatte Wratislaw als Vertreter eines stets am Rande des Staatsbankrotts stehenden Landes besonderen Wert gelegt. Es zahlte sich aus. Ohne Subsidien aus London und Amsterdam hätte Wien den Spanischen Erbfolgekrieg nicht so lange durchhalten können, und als die Geldquelle versiegte, trocknete er aus, ging er zu Ende.

Prinz Eugen wußte nur zu genau, daß ohne Geld für den Truppenführer das Genie des Feldherrn kaum etwas ausrichten konnte. Schon deshalb war er mit dem Haager Allianzvertrag zufrieden. Sein Land hatte militärmächtige und kapitalkräftige Bundesgenossen gewonnen, die ihm dabei helfen wollten, Mailand und Brüssel mit dem Schwert für Österreich zu gewinnen, was ihm wichtiger erschien, als Habsburgs Macht auf die Iberische Halbinsel oder gar bis nach Übersee auszudehnen. Denn: »Italien und Deutschland lassen sich miteinander regieren, nicht aber Deutschland und Spanien.«

Die Seemächte, in erster Linie England, wären die gegebenen Bundesgenossen Österreichs für die Abwehr des französischen Vormachtsstrebens und zur Bewahrung respektive Herstellung des »equilibrium in Europa« – in dieser Auffassung wurde Eugen von Wratislaw bestärkt, wenn nicht gar erst dazu gebracht, von dem Staatsmann, der das politische Alter ego des Feldherrn war und blieb. In ständiger Verbindung und weit gehender Übereinstimmung führte Eugen aus, was Wratislaw vertrat, und dieser plante seine Schachzüge in Abstimmung mit den Erfolgen jenes in den Feldzügen.

Als Dritter im Bunde stand Marlborough bereit, der Engländer, der als kongenialer Heerführer Eugens Kriegskamerad und als gleichgesinnter Verfechter der Balance of power ein politischer Partner des Savoyers wurde.

»Schon lange wollte ich mir die Ehre geben, Eurer Hoheit zu schreiben, aber die Hoffnung, Ihnen gute Nachrichten vom hiesigen Kriegsschauplatz senden zu können, hielt mich zurück«, begann der erste, am 4. September 1702 in seinem niederländischen Hauptquartier verfaßte Brief Marlboroughs an Eugen, dem noch so viele folgen sollten. »Der Sieg jedoch, den Eure Hoheit soeben über die Feinde davongetragen, gibt eine ausgezeichnete Gelegenheit, die ich nicht vorbeigehen lassen kann, ohne Sie zu beglückwünschen, was ich hiermit von ganzem Herzen tue. Es ist eine Reihenfolge großer Taten, die Eure Hoheit vollbracht haben, seit Sie in Italien sind, und die für die gemeinsame Sache so wertvoll gewesen sind.«

Mit Datum vom 3. Oktober 1702 antwortete Eugen aus seinem italienischen Hauptquartier Marlborough: Er fühle sich durch dessen Brief, »in dem Sie mir versichern, daß Sie selbst an den Angelegenheiten dieses Landes Interesse nehmen, desto mehr geehrt, als es seit langem mein Wunsch war, mit einem Mann bekannt zu werden, der mit solcher Würde das Kommando einer Armee bekleidet«. Er zweifle nicht, »daß der Feldzug in Ihrem Bereich so glücklich enden wird, wie er begonnen hat«.

Marlborough hatte erst 1702, Eugen bereits 1701 die Kampfhandlungen eröffnet, davon ausgehend: »Marschieren wir nur, dann werden wir auch Verbündete finden!« Am liebsten hätte er schon losgeschlagen, nachdem die Nachricht, daß der Anjou nach Spanien und Ludwig XIV. nach den Niederlanden und Oberitalien griff, in Wien eingetroffen war. Aber zunächst war die mühsame Mobilisierung einer hinreichenden Truppenmacht zu leisten.

Noch im November 1700 war Eugen von Savoyen zum Oberbefehlshaber in Italien ernannt worden, wo nicht nur der spanische Gouverneur in Mailand, sondern auch der savoyische Vetter in Turin und der Herzog von Mantua sich auf die Seite der Bourbonen stellten. Bereits im Winter rückten französische Truppen in Oberitalien ein.

Dem aus seiner Lethargie aufgerüttelten Leopold I. konnte es nun nicht schnell genug gehen. Im Gegenzug sollten sogleich österreichische Truppen in Marsch gesetzt werden, und er baute darauf, daß sein Feldmarschall, dem er das »Ober- und Hauptkommando« anvertraute, seine in Ungarn bewiesene »hochvernünftige und valorose Conduite noch fernerhin unausgesetzt bezeigen und erweisen« würde. Auf dem neuen Kriegsschauplatz schien dies Eugen leichter zu fallen als anderswo: »Ich fürchte keinen Krieg weniger als den in Italien, und als des Kaisers getreuer Diener wünsche ich, daß der heftigste Kampf dort ausgefochten werde. Denn ich bin der festen Überzeugung, daß Italien dasjenige Land ist, in welchem wir den Krieg mit größter Leichtigkeit führen und zu unserem Ruhm und Vorteil beenden können.«

Das war leichter gesagt als getan. Die dafür erforderlichen Truppen waren nicht so rasch und in erforderlicher Stärke zusammenzutrommeln, daß er noch vor Anbruch des Winters hätte losmarschieren, den Franzosen zuvorkommen und Mailand besetzen können. Nicht nur wegen »der an Ort und Enden nicht bestellt gewesenen Magazine«, sondern auch, »weil die Regimenter zu Fuß und Pferd nicht remontiert, weniger rekrutiert, noch auch die Artillerie im Stand und kein Fuhrwesen vorhanden«, sei dies nicht möglich gewesen, klagte Ende Januar 1701 der Oberbefehlshaber, der sich gezwungen sah, den Aufmarsch in Österreich und den Einmarsch in Italien auf das Frühjahr zu verschieben.

Erst Mitte Mai 1701 konnte Eugen von Wien aufbrechen. Der Gegner Frankreichs und dessen Gesandter Villars hatten sich nach dem Komment der »Honnêtes gens« voneinander verabschiedet. Höflingen, die darüber erstaunt waren, bedeutete der Franzose: »Soll ich Ihnen angeben, wo die wahren Feinde des Prinzen Eugen sich befinden? Sie sind hier in Wien.« So unrecht hatte er damit nicht. Der Hofkriegsratspräsident Graf Heinrich Franz von Mansfeld, der ihm bereits als Obristhofmarschall nicht gewogen war, konnte und sollte ihm als Chef der obersten Behörde für das gesamte Militärwesen manchen Schaden zufügen.

Es war immer dasselbe: Hofbehörden wie Landesstellen machten Schwierigkeiten. Die Tiroler Stände erlaubten erst nach langwierigen Verhandlungen den Durchmarsch und Aufmarsch der Truppen ihres Monarchen. Aus ihren Zeughäusern rückten sie erst nach energischen Vorhaltungen Eugens Geschütze und Munition heraus. Anfang Mai waren erst 22 000 Mann in Südtirol, der Ausfallstellung gegen Italien, zusammengezogen.

»Wir verlieren die Zeit und vielleicht damit sehr viel. Ich erwarte mit größtem Verlangen den Prinzen«, seufzte General Graf Guido von Starhemberg, der bis zum Eintreffen Eugens das Kommando führte. Am 20. Mai 1701 traf der Oberbefehlshaber im Hauptquartier Rovereto ein. Zuvor hatte er in Wien dem Habsburger seine Savoyen-Dragoner vorgeführt, an deren Spitze er in Italien zur Attacke galoppieren wollte, um die Verspätung aufzuholen, die Versäumnisse wettzumachen und den Feind mit der Bravour des Reiterführers und dem Genie des Feldherrn zu Paaren zu treiben.

Flügel bräuchte er, um mit seiner Armee nach Italien zu gelangen, schrieb Prinz Eugen an Leopold I. aus Rovereto. Der französische Marschall Nicolas de Catinat, der über 30 000 Mann zu Fuß und 9000 zu Pferd verfügte, versperrte die Wege aus dem Etschtal in Richtung Brescia und Bergamo. Sie freizukämpfen, hielt der österreichische Oberbefehlshaber angesichts des günstig postierten und zahlenmäßig überlegenen Gegners nicht für ratsam.

Ein südöstlicher Umweg in die oberitalienische Ebene über die Lessinischen Alpen, die – wie Einheimische warnten – seit Menschengedenken kein Wagen und kein Pferd mehr passiert habe, schien unmöglich zu sein. Eugen machte es möglich. Er zog durch das Valfredda, wo eine Quelle, aus der er trank, den Namen Fontana del Principe Eugenio erhielt, und wunderte sich schließlich selber, »daß durch diese so gefährlichen hohen und jähen Berge eine Armee mit Artillerie habe durchkommen können, wo vormals keine einzige Straße gewesen«.

Nach unsäglichen Strapazen hatte er bei Verona die Berge hinter sich gelassen und das Unternehmen seiner Alpenüberquerung wurde mit jener Hannibals verglichen. Es war ein

*Alpenübergang der Truppen Prinz Eugens 1701.
Kupferstich von L. Covens und C. Mortiers.*

militärisches wie ein politisches Wagnis gewesen, denn seine Marschroute führte durch das Gebiet der neutral gelegenen Republik Venedig, die freilich nicht die Macht hatte, ihm den Weg zu verlegen, und es beim Protest beließ.

Wie die Römer von Hannibal, so waren die Franzosen von Eugen überrascht worden. Catinat, der mit diesem Umgehungsmanöver nicht gerechnet hatte, war verwundert, ja bestürzt, als er die Österreicher an unerwarteter Stelle in der Ebene auftauchen sah. »Wir sind nun gezwungen, Sire, die Schritte abzuwarten, welche die Feinde machen wollen«, meldete er Ludwig XIV., der erbost entgegnete: »Ich hatte sie nach Italien entsandt, um einen jungen, unternehmenden Prinzen zu bekämpfen; er hat sich gegen alle Regeln der Kriegskunst benommen. Sie aber folgen ihm nun und lassen ihn machen, was er will.«

Nach den Regeln hätte Eugen den östlich des Gardasees verschanzten Catinat frontal angreifen sollen, aber er hielt sich nicht daran, erwies sich als ebenso unternehmend wie unberechenbar. Er hatte den Gegner getäuscht und ausmanövriert, durch seine Aktion die Initiative ergriffen, auf die Catinat nur noch reagieren konnte.

Der junge, bei seinen kühnen Unternehmungen mit kühler Überlegung vorgehende und sich über herkömmliche Normen hinwegsetzende Prinz hatte sich ein zweites Mal als Feldherr wie als Truppenführer bewährt. Mit seinen Infanteristen war er wie einer von ihnen durch Wildbäche gewatet und hatte Berghänge erklommen, mit seinen Kavalleristen war er vom Pferd gestiegen und hatte es hinter sich hergeführt. Er hatte seine Artilleristen angefeuert, als diese ihre Geschütze in die Bestandteile zerlegen und Rohre, Lafetten und Räder mit Stricken an Bergwänden hochhieven mußten. Die Generalität – die gegnerische wie die eigene – verblüffte er erneut mit seiner operativen Führungskunst. Er verstehe den Krieg ebenso als Fuchs wie als Löwe zu führen, mußte ein französischer Militär eingestehen, und beim Reichsfeldmarschall Ludwig Wilhelm von Baden siegte wieder einmal Bewunderung über Neidgefühle. »Meines Erachtens«, schrieb er am 7. August 1701 an Leopold I., »können Euer kaiserliche Majestät mit dem Kriege und der guten Conduite des Prinzen Eugenii und Ihrer sämtlichen Armee mehr als vergnügt sein!«

Am 9. Juli hatte Eugen das Gefecht bei Carpi gewonnen. Da die Venezianer die Brücken von Verona und Legnano blockierten, war er etschabwärts marschiert, wo er den Fluß und den Canale Bianco bei Badia Polinese überschritt. Wieder machte er, was er wollte und nicht, was Catinat erwartete. Statt in Fortsetzung seines Umgehungsmanövers zum Po zu marschieren, wandte er sich, um Verbindung mit dem Nachschub aus Tirol herzustellen, wieder etschaufwärts. Dabei stieß er auf dort sich sammelnde Einheiten des Gegners, die er angriff und zurückwarf. Eine Gewehrkugel, die ihn am Knie traf und zwischen Haut und Fleisch stecken blieb, entfernte er selbst.

Catinat, obwohl er doppelt so viele Soldaten hatte, wagte keinen Gegenstoß, zog sich nach Westen über den Mincio und den Oglio zurück. Eugen folgte ihm und kam mit jedem Schritt seinem Marschziel Mailand näher.

Ludwig XIV. ersetzte den glücklosen Catinat durch Marschall François de Neufville, Herzog von Villeroy, seinen Günstling, der sich bisher mehr auf dem Hofparkett als auf dem Schlachtfeld ausgezeichnet hatte. Initiative wurde von ihm verlangt, nicht nur vom Sonnenkönig, der es leid war, daß der von ihm verkannte und abgewiesene Prinz von Savoyen seinen Ruhmesglanz verdunkelte, sondern auch von dessen Vetter, Herzog Viktor Amadeus II. von Savoyen, der mit seinem Kontingent zu den Franzosen und Spaniern gestoßen war. Eugen sollte davon abgehalten werden, in die Lombardei und das Piemont zu marschieren.

Villeroy, der die in ihn gesetzten Erwartungen nicht enttäuschen wollte, ließ sich verleiten, am 1. September 1701 die Österreicher in ihren Verschanzungen zwischen Chiese und Oglio bei Chiari anzugreifen. Aber auch mit seiner Übermacht vermochte er nichts auszurichten. Es war nur ein Abwehrerfolg. Immerhin brach Villeroy die Offensive ab und zog sich hinter den Oglio zurück. Andererseits konnte Eugen, dem es an Truppen und Material mangelte, nicht an einen Angriff denken. Überdies brach die kalte Jahreszeit an, in der auch einem Feldherrn, der sich nicht unbedingt an überkommene Kriegsbräuche hielt, nichts weiter übrigblieb, als Winterquartiere aufzusuchen.

Eugen suchte nach Gegenden, in denen noch Häuser standen, die Scheuern und Ställe nicht leer waren, und fand sie im nördlichen Kirchenstaat, mit dem nicht unerwünschten Nebeneffekt, daß dessen Souverän, der den Franzosen zuneigte, geschädigt und verunsichert wurde. Der Papst beschwerte sich bei den Österreichern, ohne beim kirchengläubigen Kaiser und schon gar nicht beim weniger kirchenfrommen Prinzen Gehör zu finden.

Eugen benützte die Winterpause, um sich inneren Gegnern zuzuwenden, den Mißgünstigen, die seine Erfolge schmälerten, wie den Unfähigen, die ihm die erforderlichen Mittel für ein weiteres Vorgehen vorenthielten. Wie immer verliefen diese Unternehmungen in Wien ungünstiger als im Feld. Ein positives Echo fanden seine Waffentaten in England, denn Eugens Erfolge bekräftigten Wilhelm von Oraniens Entschluß, sich mit Leopold I. in der Haager Großen Allianz zu verbünden.

Der erste Anlauf hatte Eugen nicht in das spanische Mailand, geschweige denn in das savoyische Piemont geführt. In weiter Ferne blieb das spanische Neapel unerreichbar. Immerhin verfügte der Oberbefehlshaber in Italien am Anfang des zweiten Kriegsjahres 1702 über zehn Infanterie- und 13 Kavallerieregimenter, 58 Feldgeschütze, zwölf Kartaunen und vier Mörser, wozu noch sieben Bataillone und sechs Schwadronen eines deutschen Hilfskorps kamen. Diese Streitmacht war immer noch kleiner als diejenige der Alliierten, doch für Eugen groß genug, um den Feldzug zu eröffnen. Die zahlenmäßige Unterlegenheit gedachte er durch ein frühzeitiges, den Gegner in den Winterquartieren überraschendes Beginnen wettzumachen.

Dabei ging er mehr als Fuchs denn als Löwe gegen das Hauptquartier Villeroys in Cremona vor. Durch seinen Nachrichtendienst, den er als Hilfsmittel der Kriegführung pflegte, erhielt er aus der Stadt eine nützliche Information von dem

Pfarrer von Santa Maria Nuova, der wie so mancher Kleriker den Franzosen abgeneigt und den Österreichern zugetan war: Von seinem in der Nähe eines Tores gelegenen Pfarrhaus führte ein trockener, mannshoher Abzugskanal unter der Mauer ins Freie, durch den man unbemerkt aus der Festung herauskommen und in sie hineinkommen konnte.

In der Nacht vom 31. Januar auf den 1. Februar 1702 drangen vierhundert Österreicher in das im Schlaf liegende und sich in Sicherheit wiegende Cremona ein und öffneten die Porta Margherita für die unter Eugens Kommando angerückte Kavallerie und Infanterie. Auf der Piazza Grande wurde Marschall Villeroy, der in das Kastell zu gelangen suchte, gefangengenommen und abgeführt. Aber die erwartete Verstärkung kam nicht zur rechten Zeit, sodaß die inzwischen in Straßenkämpfe mit der überlegenen Besatzung verwickelten Eindringlinge am Abend das Unternehmen abbrechen und den Rückzug antreten mußten.

Der Handstreich, der Eugen 37 Offiziere und 763 Mann gekostet hatte, war mißglückt. Österreichern bot er dennoch Gelegenheit, Eugen zu preisen, und Parisern, über Villeroy zu spotten: Frankreich könne sich glücklich schätzen, daß es Cremona behalten und Villeroy verloren habe. Friedrich der Große lobte später den »mit aller erdenklichen Umsicht angelegten und mit großartigstem Schneid angepackten« Plan, der – wenn er nicht durch unvorhersehbare Zufälle vereitelt worden wäre – die Eroberung ganz Oberitaliens ermöglicht hätte. In Wiener Hofkreisen und Militärzirkeln sprach man wieder vom »Hasardeur« Eugen, der »Husarenritte« gesetzmäßigen Operationen vorzöge. Selbst die Gefangennahme Villeroys erwies sich als nachteilig. Der General wurde durch einen Feldherrn ersetzt, der seinem Vetter, dem Prinzen von Savoyen, Pari bieten konnte: Louis Joseph de Bourbon, Herzog von Vendôme, Sohn des Herzogs von Mercoeur und der Laura Mancini, einer Tante Eugens. Ludwig setzte auf seinen in vielen Feldzügen bewährten Marschall und die Verstärkungen, die er ihm mitgab. Aber auch Vendômes Talent und seine 60 000 Mann vermochten keine entscheidende Wendung herbeizuführen.

Eugen sah sich weniger durch Operationen des Feindes als durch Mißlichkeiten im eigenen Lager in die Defensive gedrängt. Mit der Kampfstärke wie mit der Kampfmoral seiner Truppe stand es nicht zum Besten, mangels Nachschub fehlten den Bataillonen die Hälfte ihres Sollbestandes, die Verpflegung ließ zunehmend zu wünschen übrig und ab März konnte kein Sold mehr ausbezahlt werden.

Kleinere Unternehmungen, die Eugen dennoch wagte, waren nicht immer vom Glück begünstigt. Eine Wiederholung des bei Cremona gelungenen Versuches, sich des feindlichen Oberbefehlshabers zu bemächtigen, scheiterte bei Rivalta, unweit der vom Feind gehaltenen Festung Mantua. Bei der Beschießung von Curtatone, mit der Vendôme den mißglückten Überfall beantwortete, wäre der beim Rasieren überraschte Eugen um ein Haar getroffen worden; über eine Leiter, da die Treppe des Hauses eingestürzt war, rettete er sich im Schlafrock ins Freie.

Im August 1702 rückte Vendôme, den der in Oberitalien eingetroffene König von Spanien angetrieben hatte, südlich des Po auf das österreichische Lager bei Sailetto vor. Eugen, der durch seinen Nachrichtendienst davon erfahren hatte, führte ihm alle verfügbaren Truppen in zwei Kolonnen entgegen, mit denen er den Feind – gegen die klassische Regel – in der Bewegung angriff. Die Schlacht bei Luzzara, die am 15. August vom frühen Morgen bis in die Nacht hinein hin- und herwogte, brachte keine eindeutige Entscheidung. Die Österreicher hatten das Schlachtfeld behauptet und den Entsatz des von ihnen eingeschlossenen Mantua verhindert. Deshalb sah sich Eugen als Sieger und wurde auch von Marlborough als solcher betrachtet und gerühmt: »Wir haben dasselbe Gefühl der Erleichterung und Erlösung wie Euer Hoheit angesichts der zahlenmäßigen Überlegenheit des Feindes«, hieß es in seinem Brief vom 4. September, und in Eugens Antwortschreiben vom 3. Oktober 1702: »Was die Angelegenheiten dieses Landes betrifft, verhindert die Überlegenheit des Feindes, aus dem jüngsten Treffen Vorteile zu ziehen.«

Der österreichische Oberbefehlshaber hatte von seinen in

die Schlacht bei Luzzara gezogenen 19000 Soldaten 15 Prozent verloren, 101 Offiziere und 1804 Mann an Verwundeten, 58 Offiziere und 732 Mann an Toten, darunter Feldmarschall Karl Franz Prinz von Commercy, den guten Freund und bewährten Kampfgefährten. Der Feind hatte von seinen 29000 Mann 17 bis 18 Prozent eingebüßt, sodaß seine Streitmacht weiterhin – wie Eugen an den Kaiser schrieb – »uns noch ein Merkliches überlegen« war.

Doch der Gegner war demoralisiert, weil er trotz seiner Überlegenheit nicht triumphiert hatte. Viktor Amadeus, der Vetter in Turin, begann sich zu der Einsicht durchzuringen, daß er mit Frankreich die falsche Seite gewählt hatte, und trat in Geheimverhandlungen mit Österreich ein, in dessen Lager er im Jahr darauf überwechselte. Inzwischen trat der Krieg in Italien auf der Stelle. Vendôme unternahm keine Offensive mehr, und Eugen wagte es nicht, aus der Defensive herauszutreten. Zu Husarenstücken war er immer aufgelegt. Im September streiften 230 seiner Reiter über Pavia bis Mailand, drangen in die Stadt ein, erzwangen eine Kontribution und kehrten ohne nennenswerte Verluste mit ansehnlicher Beute zurück.

Dann war es wieder Zeit, die Winterquartiere zu beziehen, in denen die Franzosen Besseres als die Österreicher erwartete. In seiner Truppe herrsche »Miseria und Elend«, lautete die beständige Klage der Schreiben Eugens, die er mit Kurier auf Kurier nach Wien schickte. Aber Verstärkung war nicht in Sicht, der Sold blieb aus, nicht einmal trockenes Brot war für alle vorhanden, ein Fähnrich verhungerte, Soldaten mußten »im bloßen Hemde« Dienst tun und »viele besitzen auch dieses nicht«. Er könne das nicht mehr länger ansehen und sei »gänzlich gesonnen zu quittieren«.

Dieses Druckmittel verfing nicht, denn so mancher in Wien wäre den »Hergelaufenen« nur zu gerne losgeworden. Seine Brandbriefe wurden in den Kanzleien ad acta gelegt, und er konnte noch von Glück sagen, daß er »alle zwei Monate eine »Antwort auf 8 bis 10 Briefe« erhielt, die jedoch »nichts von dem, was nötig ist«, ankündigten. Eine letzte Hoffnung setzte er auf den Beichtvater Leopolds I., den Jesuitenpater Engelbert

Bischoff, dem er schriftlich »Miseria und Elend« schilderte, in der Erwartung, daß dieser im Kaiser Reue über die Vernachlässigung und den Vorsatz einer besseren Betreuung der Armee erwecke. Doch der Kaiser erwies sich eher als ein verstockter Sünder denn als ein fürsorglicher Soldatenvater. Eugen kam zu dem Schluß, daß alles zusammenbrechen würde, »wenn nicht einer kommt, der bei Hof das Militär eifrig traktiert«.

Das konnte nur er selber sein. Er werde keinen neuen Feldzug beginnen, eröffnete er einem Vertrauensmann, bevor er »nicht vorher in Person zu Wien gewesen und selbst gesehen haben werde, was man dazu für Dispositionen und Anstalten vorgekehrt, wie stark und in was für Truppen die Armee bestehen, wie die Bezahlung verläßlich eingerichtet und wie sie geschehen solle, denn mit leeren Worten lasse ich mich keineswegs und um so weniger abspeisen, als es mir bereits über anderthalb Jahr her geschehen ist«.

Die Hofkriegsräte, vornehmlich der Präsident Graf Mansfeld, zeigten keine Lust, sich vom Prinzen Eugen, der nicht als Bittsteller, sondern als strenger Schuldeneintreiber auftreten würde, an den Perücken zausen zu lassen. Erst in den Weihnachtstagen 1702 erhielt Eugen eine positive Antwort auf sein bereits im Herbst eingereichtes Gesuch, nach Wien kommen zu dürfen. Am 27. Dezember brach er auf und kam in der Nacht vom 7. auf den 8. Januar 1703 an, nachdem er, wie er seinem Stellvertreter Graf Guido Starhemberg berichtete, auf der beschwerlichen Fahrt »beinahe zehnmal ertrunken« sei.

In Wien gab ihm der Hof zu verstehen, daß ihm das Wasser bis zum Hals gehe und er weit größere Sorgen als der Oberbefehlshaber in Italien habe, wo es wenn schon nicht gut, so doch auch nicht schlecht um des Kaisers Sache stehe.

Das Jahr 1702 hatte auch militärische Entscheidungen gebracht. Englische und holländische Kriegsschiffe vernichteten in der Bucht von Vigo die spanische Silberflotte. Am Oberrhein war die Festung Landau zurückerobert worden, wobei Eugens ältester Bruder, Graf Ludwig Thomas von Soissons, der wie er in österreichische Dienste übergegangen und Feldzeugmeister geworden war, durch eine französische Bombe den Tod gefunden hatte. In den Niederlanden und in dem mit Frankreich alliierten Kurfürstentum Köln wurden einige Erfolge vom Herzog von Marlborough erzielt, der nach dem Tode Wilhelms III. von Oranien am 19. März 1702 dessen antifranzösischen und proösterreichischen Kurs als rechte Hand der Königin Anna fortführte.

Aber in Süddeutschland braute sich Unheil zusammen. Max Emanuel von Bayern hatte als Reichsfürst durch sein Bündnis mit Ludwig XIV. Felonie begangen, die dem Kaiser schuldige Lehnstreue gebrochen und als Landesfürst damit begonnen, sein Territorium auf dessen Kosten auszuweiten. Im September 1702 bemächtigte er sich der strategisch wichtigen Reichsstadt Ulm und erwartete dort den französischen Marschall Villars, der den Gesandtenposten in Wien mit dem Feldherrnberuf vertauscht und mit seiner Armee den Oberrhein überschritten hatte.

Die Aussichten für 1703 waren für Österreich alles andere als rosig. Umso mehr wunderte sich der nach Wien gekommene Prinz Eugen, daß sich die Verantwortlichen lieber den Vergnügungen des Faschings hingaben als Anstalten zur Abwehr der Widrigkeiten zu treffen. »Ich kann sagen, was ich will, es ist wie wenn ich zu einer Mauer spräche«, klagte Eugen, der von Pontius zu Pilatus lief, um Beistand für seine italienische Armee und Verständnis für eine entschlossene Kriegführung zu finden. »Am Hofe gibt es nichts Neues; man denkt nur an Essen, Trinken und Spielen.« Der Kaiser höre ihm zu, verspreche Abhilfe, »aber nichts davon geschieht. Er glaubt genug getan zu haben, wenn er ein Billet schreibt. Im Kriegsrat weiß niemand Bescheid, die Hofkammer redet nichts als Lügen«, und Minister »sind der Meinung, was auch geschehen möge, man solle keinen Augenblick seiner schönen Zeit damit verlieren«.

Dabei geschah so manches, was sie aus der Untätigkeit hätte reißen und das Dahinwursteln hätte beenden müssen. Österreich wurde im Jahre 1703 nicht nur an seinen Außengrenzen, sondern auch in seinem Zentrum bedroht. In Ungarn breitete sich der von Frankreich geschürte und von Fürst Franz II.

Rákóczi geleitete Aufstand der Kuruzzen aus. Sie eroberten Oberungarn bis Preßburg, fielen blitzartig in Mähren, Niederösterreich und in der Steiermark ein, wobei sie sich eher wie Räuberbanden denn als Freiheitskämpfer aufführten. Jahrelang sollte der habsburgische König von Ungarn mit den Rebellen nicht fertig werden und Eugen von seinen ungarischen Gütern abgeschnitten sein, sodaß sein 1703 in der Verzagtheit gefaßter Wunsch sich als kaum durchführbar erwiesen hätte: »Ich wollte wirklich lieber für den Rest meiner Tage in einem ungarischen Nest schwarzes Brot essen als dieses Leben hier führen« – in einem Wien, in dem er eine »wahrhaft unvorstellbare Konfusion und Ungewißheit, Lug und Trug in allen Bereichen« an der Tagesordnung fand.

Alle Welt sehe die Franzosen und Bayern schon in Böhmen und Österreich, doch die Verantwortlichen in Wien, »wenn nicht Verräter, so doch die größten Esel, die ich in meinem Leben gesehen habe«, rafften sich nicht zu einer energischen Abwehr auf.

Schon griff Max Emanuel, nachdem er sich im Mai 1703 mit Villars bei Tuttlingen vereinigt hatte, nach den habsburgischen Erblanden, fiel in Tirol ein, nahm Kufstein, Rattenberg, Hall und Innsbruck, gelangte über den Brenner bis nach Sterzing. Eine Erhebung Tiroler Bauern zwang die bayerischen Eindringlinge zum Rückzug. »Wenn Sie wüßten, was es heißt, ein bewaffnetes Volk in den Bergen!« rief Max Emanuel aus, der an der Martinswand beinahe von der Kugel eines Gebirgsschützen getroffen worden wäre. Der Wittelsbacher mußte eine Erfahrung machen, die hundert Jahre später dem mit Napoleon I. verbündeten ersten König von Bayern, Maximilian I. Joseph, ebensowenig erspart blieb.

Die Bauern seien es gewesen, die Max Emanuel davongejagt hätten, bemerkte Eugen, der diese Schmach dem selbstgefälligen und hochmütigen Max Emanuel gönnte, auch wenn es ihm lieber gewesen wäre, daß dies regulären Truppen gelungen wäre. Doch deren Kommandanten in Tirol erwiesen sich als unfähig, und General Styrum verlor an der oberen Donau das Treffen bei Höchstädt, einem kleinen schwäbischen Ort, der ein Jahr später durch Eugens Schlachtensieg im Buch der Weltgeschichte verzeichnet werden sollte.

Noch ließen Führungsqualität wie Schlagkraft der Kaiserlichen sehr zu wünschen übrig. In seiner Erbitterung machte Eugen in erster Linie den Hofkriegsratspräsidenten Mansfeld, den er für hinterlistig, und den Hofkammerpräsidenten Salaburg, den er für unbedarft hielt, für die Notlage verantwortlich. Da er stets den Angriff der Verteidigung vorzog, ging er auch in Wien dazu über. Das Ziel, das er mit allen Mitteln erreichen wollte, war der Sturz der beiden maßgeblichen Minister.

»In den Händen dieser beiden Esel müssen ja der Kaiser, seine Monarchie und seine Armeen unausweichlich und rasch zugrunde gehen«, war immer wieder von ihm zu hören. Offene Ohren fand er beim Thronfolger Joseph: »Die ganze Ursache alles Unglücks und der Retardierung aller Sachen sind unsere zwei Herren Präsidenten, und solange diese bleiben, sehe ich kein Remedium; meine größte Arbeit jetzt ist, den Kaiser zu persuadieren, mit diesen eine Änderung zu machen.« Leopold I. wäre schwerlich zu überreden gewesen, wenn ihm nicht sein Beichtvater einiges eingeflüstert hätte. Eugen hatte sich hinter den Jesuiten Bischoff gesteckt, wohl wissend, daß dieser der einzige in der Hofburg war, durch den der stets zaghafte, aber geistlichem Zuspruch nicht unzugängliche Monarch zu einem Entschluß zu bringen wäre.

Der Taktiker Eugen verfolgte als strategisches Ziel, über den Sturz der Mißliebigen hinaus, seine Berufung zum Hofkriegsratspräsidenten. Er war zu der Überzeugung gelangt, daß er als Armeeführer kaum vorankäme, wenn er nicht in der Zentrale die Leitung des gesamten Militärwesens übernähme. Er wußte andere in ihrer Ansicht zu bestärken, daß er der richtige Mann am richtigen Platz wäre und sich Leopold in verhaltener, aber unmißverständlicher Weise zu empfehlen: »Daß ich aber mich mit einer solchen Freiheit erkühne«, versicherte er in seiner Eingabe vom 29. Mai 1703, »werden Euer Kaiserliche Majestät mir umsoweniger in Ungnaden aufnehmen, als mich hierzu allein diejenige Schuldigkeit antreibt, mit welcher Deroselben ich bis in meine Grube verbunden bin.«

Der stete Tropfen höhlte den Stein. Am 27. Juni 1703 wurde Graf Mansfeld unter Erhöhung seiner Bezüge in das Amt des Obristkämmerers abgeschoben und wenige Tage später Prinz Eugen zum Hofkriegsratspräsidenten berufen. Noch nicht Vierzig, war er an die Spitze der obersten Militärbehörde gelangt und in den Kreis der engsten Berater des Monarchen aufgenommen worden. Seine Förderer – und bei aller Bescheidenheit auch er selbst – hielten den atemberaubenden Aufstieg einer außergewöhnlichen Persönlichkeit für recht und billig, seine Neider, die mit jeder erreichten Sprosse zunahmen, führten dies auf Protektion zurück, und Spötter wunderten sich nicht, daß in einem Reich der Blinden ein Einäugiger König werden konnte.

Als Feldherr hatte er sich ausgezeichnet, würde er sich auch als Militärintendant bewähren? Der neue Hofkriegsratspräsident, der wußte, daß es zur Reinigung des Augiasstalles eines Herkules bedurft hätte, versuchte Erwartungen der englischen wie auch der österreichischen Kameraden zu dämpfen. »Ich kann Sie versichern, daß, wenn ich nicht selbst gegenwärtig wäre und alles mit Augen sähe, kein Mensch es mich glauben machen könnte«, wie schlecht es in Wien und um Österreich stünde, schrieb er seinem Stellvertreter Guido Starhemberg nach Italien. »Ich hege wenig Hoffnung, etwas ausrichten zu können. Ich kenne meine geringe Eignung für diesen Posten, aber ich konnte ihn nicht länger in schlechten Händen lassen.«

Konnte er denn »Himmel und Erde mouvieren«, um das Geld herbeizuschaffen, das zur Erfüllung seiner Aufgaben als Heeresorganisator wie als Armeeführer nötig gewesen wäre? Österreich stand vor dem Staatsbankrott, als der Oberkriegsfaktor Samuel Oppenheimer am 3. Mai 1703 das Zeitliche segnete und das Bankhaus des Hoffinanziers in Konkurs ging.

Er hoffte, daß mit englischen und holländischen Subsidien die größten Löcher gestopft würden und der gleichzeitig mit seiner Beförderung zum Präsidenten der Hofkammer und der Ministerialbancodeputation ernannte Graf Gundaker Thomas Starhemberg, dem der Ruf eines Finanzexperten vorausging, die Kasse einigermaßen in Ordnung bringen und Gelder für die

Kriegführung aufbringen könnte. Starhemberg packte tatkräftig eine Aufgabe an, die Eugen wie eine Sisyphusarbeit vorkam. Er beseitigte Mißstände in der Finanzverwaltung und gründete die Wiener Stadtbank, die den Staatskredit mit Privatkapital zu sanieren suchte. Aber er war kein Goldesel, der nach Belieben Gulden über Gulden zu liefern vermochte.

Wenn Sein oder Nichtsein Österreichs von der Beschaffung von nur 50 000 Gulden abhinge, würde man sie kaum aufbringen, klagte Eugen. »Ich sehe die Dinge in einem so verzweifelten Zustand, wie er vielleicht noch nie gewesen, seit das Erzhaus regiert«, appellierte der Hofkriegsratspräsident an Leopold I. »E.M. Länder, Fürsten und vornehme Herren, auch viele andere vermögende Familien sind noch nicht so erschöpft, daß man von ihnen keine Hilfe mehr beanspruchen dürfte, und ich kann es auch mit meinem Gewissen durchaus vereinen, daß der Klerus sich diesen Lasten nicht entziehen dürfe.«

Der fromme Kaiser zögerte, dem Ersten Stand materielle Mittel für dessen geistliche Aufgaben zu entziehen, verschloß sich jedoch nicht dem Argument Eugens, daß der Krieg um das spanische Erbe ein Kampf für das von Gott in die Welt gebrachte Recht sei und deshalb auch und gerade die Gottesfürchtigen zu diesem Kampf beizutragen hätten. Also wurde Kirchenvermögen besteuert und Kirchensilber beschlagnahmt, eine erste Einnahme von 600 000 Gulden war erzielt.

Eugen erschien dies nur als ein Tropfen auf einen heißen Stein. Allein die Heeresreform, die er sich vorgenommen hatte und auszuführen begann, hätte weit mehr Mittel erfordert. Zunächst galt es den Hofkriegsrat zu reorganisieren, frischen Wind in die Amtsstuben zu bringen und mit dem Aktenstaub den Schlendrian wegzublasen. Um die »alleinige Disposition in militaribus« zu erreichen, galt es die Mitsprache anderer Hofstellen zu unterbinden. Doch die Räte, Referendare und Sekretäre, die er übernehmen mußte, waren nicht, wie gewünscht, auf Trab zu bringen, und der Kompetenzwirrwarr der Hofbehörden konnte nicht auf einen Schlag gelöst werden.

Der Militärreformer erwirkte ein kaiserliches Patent: Für Ernennung und Beförderung von Offizieren sollten fortan

Talent und Leistung und nicht – wie bislang in vielen Fällen – Beziehung oder Stellenkauf ausschlaggebend sein. Den Offizieren, denen er selbst Vorbild sein wollte, redete er ins Gewissen: »Meine Herren, Ihr Leben ist nur dann gerechtfertigt, wenn Sie Vorbild sind, immer und bis zum letzten; dies aber auf so leichte und heitere Weise, daß niemand Ihnen einen Vorwurf daraus machen kann.« Was er sich vorgenommen, verlangte er auch von seinen Untergebenen. »So lange ich die Ehre habe, das Haupt des kaiserlichen Militärs zu sein, so lange soll wenigstens mit meinem Wissen eben so wenig, wie es bisher geschehen ist, irgendeinem, wer er auch sei, das mindeste Unrecht geschehen.«

Jeder hatte sich der Ehre bewußt zu werden, des Kaisers Rock tragen zu dürfen. Lange hatte es die unterschiedlichsten Röcke gegeben, langsam setzte sich eine einheitliche Uniformierung durch. Eugen führte für die Infanterie den perlgrauen Rock mit verschiedenfarbigen Aufschlägen für die einzelnen Regimenter ein. Der Offizier trug eine schwarz-gelbe, seidene Feldbinde.

Der Zauber der Montur vermochte nicht über die karge Bezahlung hinwegtäuschen. Eugen machte 1703 den Monarchen auf »die Armut der Offiziere« aufmerksam, »welche so groß ist, daß viel Bettler in der Welt sein werden, die kein so mühseliges Leben führen«. Fast keiner verfügte über die Mittel, um »sich bloß und allein ein einziges Pferd unter den Leib zu schaffen, zu geschweigen mit Mehrerem, der Necessität nach, sich in das Feld zu richten«.

Das alte Lied, daß der Offizier zu wenig Gage und der Soldat zu wenig, des öfteren gar keinen Sold bekam, wurde auch unter dem neuen Hofkriegsratspräsidenten weiter gesungen. So mancher Regimentsinhaber blieb auf den Stellenverkauf angewiesen, und für die Soldaten konnte nie genug Geld herbeigeschafft werden. Weiterhin mangelte es an Mitteln für Rekrutierung, Bewaffnung, Ausrüstung und Verpflegung, wie sie in einem Krieg, in dem an mehreren Fronten zu kämpfen war, erforderlich gewesen wären.

»Es braucht Zeit, eine Armee wieder in Stand zu bringen, an

deren Ruinierung man seit mehreren Jahren gearbeitet hat«, konstatierte Eugen, nachdem er sich monatelang ins Zeug gelegt hatte und kaum vom Fleck gekommen war. »Bei Euer Kaiserlichen Majestät Armada in Italien«, erklärte er Leopold I., stünden statt 54 000 nur 20 000 Mann, Offiziere ohne Equipage, Kavalleristen ohne Pferde, Infanteristen ohne Stiefel. Bei den kaiserlichen Regimentern im Reich, die seit Jahren keine Rekruten und Remonten mehr bekommen hätten, wäre von einem Soll von 42 500 Mann kaum die Hälfte vorhanden.

In dieser Situation, seufzte Eugen, »möchte ich es vorziehen, auf Galeeren zu sein, denn als Präsident des Hofkriegsrats oder auch als General zu dienen«. Eine Heeresreform war erst angelaufen, die Heeresorganisation blieb unzulänglich und die Truppenstärke unzureichend. Der Prinz, der in Wien nicht nur für die Verwaltung, sondern auch für die Verwendung der Armee zuständig geworden war, sah sich schon bald gefordert, als Feldherr die mehr einer Flotille als einer Armada gleichende kaiserliche Streitmacht dem Feinde entgegenzuführen, der donauabwärts gegen die Donaumonarchie im Anmarsch war.

Einen Postritt in das Reich hinaus müßte er nun unternehmen, um die für Österreich größte Gefahr abzuwenden, schwadronierte Eugen, wieder ganz Husar. Doch mit der Post ging es nicht so schnell und das Posthorn rief nicht so rasch die Truppen herbei, die er benötigt hätte, um den vereinigten Franzosen und Bayern siegesgewiß entgegenzutreten.

Der Feldherr war nicht ohne Operationsplan aufgebrochen. Er hatte begriffen, »daß, wenn wir allenthalben zur gleichen Zeit Vorsorge treffen wollen, man an keiner Stelle zur Abwehr imstande sein wird«. Mit den Kräften, die ihm zur Verfügung standen, konnte er nicht an allen Fronten zugleich eingreifen. Es galt, einen Schwerpunkt zu setzen, und zwar dort, wo Österreich unmittelbar bedroht war: in Süddeutschland. Die Niederwerfung des im französischen Lager stehenden Bayern sei »das primum objectum aller Operationen«.

An der oberen Donau hielten sich die vereinigten Franzosen und Bayern bereit, die Route einzuschlagen, die sie über das von Max Emanuel eroberte Passau und das damit geöffnete Einfallstor nach Oberösterreich und direkt nach Wien führen sollte. Eugen nahm sich vor, sie noch in Süddeutschland aufzuhalten und zurückzuschlagen – durch einen kombinierten Angriff der von ihm zusammengetrommelten und herangeführten Österreicher sowie der aus Südwestdeutschland herangezogenen Reichstruppen und der aus den Niederlanden herbeigerufenen englisch-holländischen Armee.

Das schwächste Glied in dem Plan, der den Feind mattsetzen sollte, war – wie immer – die Reichsarmee und – erst neuerdings – ihr Befehlshaber, der Reichsfeldmarschall Markgraf Ludwig Wilhelm von Baden. Dieser war nicht mehr der junge Draufgänger und der alte Habsburgerfreund. Sein Hauptanliegen galt der Verteidigung seines Stammlandes im besonderen und des Reiches im allgemeinen und nicht dem Schirm und Schutz der österreichischen Hausmacht des Kaisers. Deshalb hätte er sich lieber am Rhein eingegraben als sich an die Donau zu begeben.

Sein Vetter Eugen, der für die Großmacht Österreich ins Feld zog, sah politische wie militärische Schwierigkeiten mit dem Reichsfeldmarschall auf sich zukommen, der ihn nicht nur mit seinem »Primo Imperium, secundo Austria« aufbrachte, sondern ihm auch mit überkommenen Einwänden gegen einen Bewegungskrieg entgegentreten würde.

Auch auf die Engländer und Holländer war nicht von vorneherein zu zählen. Ihr Hauptinteresse galt der Eroberung der spanischen Niederlande, der Errichtung einer Barriere vor der niederländischen Republik und der Sicherung des festländischen Brückenkopfes der britischen Inseln. Der Oberkommandierende ihrer Truppen hatte kaum weniger Probleme mit dem Parlament in London und den Gremien der Generalstaaten als der Prinz von Savoyen mit Wiener Hofbehörden. Der Herzog von Marlborough tat sich insofern leichter, als ihm Königin Anna weitgehend freie Hand ließ, während Eugen von Leopold I. mehr gehemmt als gefördert wurde.

Eugens Plan des getrennten Anmarschierens und des vereinten Angreifens wurde durch einen Promoter unterstützt: dem

Freund und Helfer Wratislaw, der als österreichischer Gesandter in London alle diplomatischen Register zog, um ein militärisches Zusammenspiel der Alliierten, an deren Zusammenkommen in der Haager Großen Allianz er maßgeblich beteiligt gewesen war, zugunsten der Vorhaben Eugens zu erreichen.

Eine offene Tür fand Wratislaw bei Marlborough. Der Oberbefehlshaber der Landstreitkräfte der Seemächte rühmte Eugens Waffenerfolge und bewunderte das Feldherrngenie des Österreichers, und war kongenial genug, um dessen Operationsplan gutzuheißen und beizustimmen.

Marlborough setzte sich mit seiner Armee von Norden nach Süden in Marsch, Eugen begann seinen Postritt nach Westen im wahrsten Sinne des Wortes, denn er kam zunächst allein und ohne Heeresgefolge, doch mit dem Feldherrnstab in der Hand, der ihm in Wien wiederum anvertraut worden war. Am 2. Juni 1704 traf er in Ehingen bei Ulm im Hauptquartier des Reichsfeldmarschalls ein. Zwei Tage später war Marlborough in Ladenburg am Neckar angelangt. Wratislaw pendelte hin und her, um die Operationen zu koordinieren.

Die von Eugen befürchteten Schwierigkeiten ließen nicht auf sich warten. Ludwig Wilhelm von Baden verlangte, wenn er sich schon mit Teilen der Reichsarmee vom Rhein an die Donau bewegt hatte, dort auch den Oberbefehl zu übernehmen, der eigentlich seinem Vetter, dem Urheber des Unternehmens, zugedacht war. Eugen wie Wratislaw argwöhnten, daß dies für den Badener – er war Reichsfeldmarschall wie kaiserlicher Generalleutnant, besaß also den höchsten Dienstgrad – nicht allein eine Rangfrage bedeutete. Es war nicht auszuschließen, daß der »Reicher« das Sagen auch deswegen haben wollte, weil er seine Hoffnung, den Kurfürsten von Bayern doch noch als Reichsstand zurückzugewinnen, immer noch nicht aufgegeben hatte.

Da Ludwig Wilhelm auf seinem Willen bestand und Eugen vom Kaiser keine Unterstützung zu erwarten hatte, blieb dem Savoyer vorerst nichts anderes übrig, als nachzugeben und sich zum Oberrhein aufzumachen, wo er statt an der Donau den Oberbefehl übernehmen sollte. Dies war keine unwichtige Aufgabe, denn es galt einen französischen Vorstoß zu verhindern, der die östlich aufmarschierenden Alliierten in den Rücken getroffen hätte. Aber es war nicht das, was Eugen, der davon ausging, daß die Entscheidung an der Donau fallen müßte, gewollt hatte.

Auf dem Weg nach Westen traf Eugen am 10. Juni 1704 im schwäbischen Mundelsheim, unweit von Marbach, zum erstenmal mit Marlborough zusammen. Zwei Männer standen sich gegenüber, die sich als Feldherren nichts nachgaben und als Menschen so verschieden waren.

Marlborough war ganz der »Bel Anglais«, von dem Liselotte von der Pfalz schwärmte, sie habe nie einen schöneren Mann gesehen, und ganz Lord, der, von seiner Überlegenheit überzeugt, sich ein Understatement leistete, mit dem er sich von anderen, die mehr scheinen wollten, als sie waren, abzuheben gedachte: mit lässigem Auftreten, spöttischem Lächeln und Gesten, hinter deren Höflichkeit sich Hochmut verbarg. Auch auf glattem Parkett bewegte er sich sicher, als Staatsmann war er versiert und im Felde gab er sich als Gentlemangeneral. Bei allem, was er unternahm oder unterließ, blieb er ungeachtet der Vornehmheit auf seinen nicht zuletzt materiellen Vorteil bedacht.

Eugen war alles andere als ein Adonis, und er gab sich auch keinerlei Mühe, seine wenig ansehnliche Erscheinung mit einer sie hebenden Ausstaffierung zu kompensieren. Seine schlichten Uniformröcke waren mit Schnupftabakspuren bedeckt, er trug zweitklassige Perücken, und die schwarzen Bartstoppeln, denen auch eine häufigere Rasur nicht hätte Herr werden können, dunkelten seine Erscheinung ein.

Frauen, zu denen er sich ohnehin nicht hingezogen fühlte, fanden ihn wenig attraktiv. Liselotte von der Pfalz hatte sich über den häßlichen Jüngling mokiert, und für Sophie von Hannover, die ihn an der Seite des von ihm so vorteilhaft abstechenden Marlborough erblickte, war er alles andere als ein schöner Mann. Die Kurfürstin konnte jedoch nicht umhin, seinen Verstand und seine Manieren anzuerkennen, zu loben, daß er stets Ruhe bewahrte, nie sich erzürne und aufbrause.

Sophie hatte ihre Überraschung ausgedrückt, daß beide als Helden gefeierte Feldherren der Menschlichkeit nicht entbehrten. Das Prädikat eines »Honnête homme« kam freilich dem Savoyer mehr als dem Engländer zu. Prinz Eugen war das Dienen wichtiger als das Verdienen, auch wenn er zu den Lorbeeren, die ihm das Wesentliche waren, die damit verbundenen Dotationen nicht ungern einstrich.

Der Lord, der in manchem einem Warlord glich, war beim Einkassieren so großzügig, daß ihm später ein Strick daraus gedreht werden konnte. Er blieb indessen so weitherzig, daß er auch anderen etwas, wenn auch nicht so viel wie sich selber, zu gönnen bereit war. So war er gewillt, den Ruhm mit dem Prinzen zu teilen, dem selber Eifersucht und Mißgunst fremd waren, vor allem gegenüber einem Mann wie Marlborough, den er als Persönlichkeit schätzte und den er als Mitstreiter brauchte.

Das Einvernehmen hatte sich bereits angebahnt, als sie noch fern voneinander waren. Nun, da sie sich von Angesicht zu Angesicht gegenüberstanden, kam es zu einem Einklang zwischen dem österreichischen Pollux und dem englischen Kastor, die der Mit- und Nachwelt als Dioskuren, »wie zwei Körper mit einer Seele« erschienen. In Mundelsheim, bilanzierte Marlboroughs Nachfahre Winston Churchill, »begann jene glorreiche Waffenbrüderschaft, die weder Sieg noch Unbill zerstören konnten, vor der Eifersucht und Mißverständnisse ihre Macht verloren und für die es in der ganzen Kriegsgeschichte kein ähnliches Beispiel gibt«.

Zunächst stimmten sie darin überein, daß die Entscheidung an der Donau in einer großen Schlacht fallen müßte. In diese könnte man guten Mutes mit Marlboroughs Truppen ziehen, befand Eugen, als er dessen Kavallerie besichtigte. »Ich habe viel von der englischen Reiterei gehört; nun finde ich, daß sie die schönste und bestabgerichtetste ist, die ich je gesehen habe. Mit Geld, woran in England kein Mangel ist, kann man leicht guten Stoff für Uniformen sowie sonstiges Rüstzeug beschaffen, aber das, was mir aus den Blicken dieser wackeren Krieger entgegenblitzt, läßt sich nicht erkaufen und verbürgt den Sieg.«

Marlborough entgegnete: »Meine Truppen haben stets zur gemeinsamen Sache gestanden; doch die Anwesenheit Eurer Hoheit gibt ihnen jenen Feuergeist, den Sie mit Wohlgefallen in ihren Augen lesen.«

Die Höflichkeitsbezeigungen konnten nicht über einen Umstand hinwegtäuschen, auf den der mit seiner Skepsis nicht immer daneben liegende Leopold I. verwies: Die Erfahrung habe leider des öfteren gezeigt, »daß der Eigenwille der Kommandanten, der Unterschied der Nationen und des Interesses die sichere und fundierte Vornahme nicht nur fruchtlos, sondern auch sogar öfters übel anschlagen gemacht«.

Das Einvernehmen wurde schon jetzt durch den Dritten im Bunde beeinträchtigt: den Reichsfeldmarschall Ludwig Wilhelm von Baden. Das zeigte sich, als Eugen und Marlborough mit ihm am 13. Juni 1704 in Groß-Heppach, unweit von Stuttgart, im Gasthof zum Lamm zusammentrafen. Über die Teilung der Befehlsgewalt wurde man sich einig. Am Rhein sollte Eugen das Oberkommando, an der Donau Marlborough und Ludwig Wilhelm im täglichen Wechsel zufallen. Das verhieß wenig Ersprießliches; denn es war zu befürchten, daß sich der Badener und der Engländer in die Quere kommen würden. Andererseits konnte von Eugen nicht erwartet werden, daß er sich, auf eine Nebenbühne abgeschoben, vom Schauplatz des Geschehens fernhalten würde.

In Rastatt eingetroffen, fand Eugen Reichstruppen vor, die den im Elsaß zu einem Vorstoß über den Rhein angetretenen Franzosen weit unterlegen waren. Auch die Verstärkung durch das preußische Hilfskorps konnte daran nichts Wesentliches ändern, auch wenn es für den Prinzen von Savoyen schmeichelhaft war, daß dessen Kommandeur, Fürst Leopold von Anhalt-Dessau, erklärt hatte, daß er unter keinem anderen als unter dem Savoyer dienen wollte.

Zwanzigtausend Franzosen unter Marschall Camille de Tallard überschritten bei Straßburg den Rhein und marschierten über den Schwarzwald zur oberen Donau, um dem dort stehenden Kurfürsten von Bayern die erwartete Verstärkung zu bringen. Dies bot Eugen die Gelegenheit, mit seiner Hauptmacht den Franzosen zu folgen und damit auf den Hauptkriegsschauplatz zu gelangen.

Dort hatten sich Ludwig Wilhelm und Marlborough die Chance entgehen lassen, dem Kurfürsten noch vor Eintreffen Tallards zuzusetzen. Als sie endlich bei Donauwörth einen Angriff wagten, errangen sie am Schellenberg unter beträchtlichen Verlusten einen bescheidenen Erfolg, den sie nicht auszunützen verstanden. »Sie amüsierten sich damit«, kritisierte Eugen, »Rain zu belagern und einige Dörfer abzubrennen, statt, wie ich es ihnen klar genug vor Augen geführt habe, direkt auf die Feinde loszumarschieren.«

Es war höchste Zeit, daß der Hauptakteur die Bühne betrat und die Szene beherrschte. Am 1. August 1704 kam er, zur Überraschung von Feind wie Freund, bei Heidenheim aus den Kulissen und stand am 3. August bei Höchstädt an der Donau. Der badische Vetter hätte ihn am liebsten wieder zurückgeschickt, nahm es aber hin, daß er dablieb und sich anschickte, die Initiative zu ergreifen, während er, als Feldherr alten Schlages auf den Festungskrieg abonniert, zur Belagerung von Ingolstadt abrückte. Marlborough war dies ganz recht, denn nun konnte er sich Eugen zuwenden und mit ihm die Entscheidungsschlacht suchen.

Inzwischen hatten sich Tallard und Max Emanuel bei Augsburg vereinigt und waren in Richtung Dillingen an der Donau aufgebrochen und der vom Gegner gewünschten Schlacht entgegenmarschiert. Sie entbrannte am 13. August 1704 durch einen Überraschungsangriff Eugens und Marlboroughs auf die feindlichen Stellungen bei Höchstädt. Der Savoyer operierte mit dem rechten Flügel gegen Lutzingen, der Engländer mit dem linken Flügel gegen Blindheim mit dem gemeinsamen Ziel, den Feind zu umfassen und zu vernichten.

Das Kräfteverhältnis war ungefähr ausgeglichen. 56000 Franzosen und Bayern standen 52000 Kaiserlichen und Engländern gegenüber, die als Angreifer im Nachteil waren. Erst beim dritten Sturm konnte Eugens Infanterie Lutzingen nehmen und zur Umfassung ansetzen. Mehrere Angriffe Marlboroughs auf Blindheim wurden abgeschlagen, bis dessen

*Schlacht bei Höchstädt (Blenheim) am 13. August 1704:
Sieg Eugens und Marlboroughs über Franzosen und Bayern.
Gemälde von Jan van Huchtenburgh.*

Kavallerie die feindliche Reiterei in drei Attacken zersprengte und die Erstürmung des im Mittelabschnitt gelegenen Oberglauheim und die Kapitulation von Blindheim ermöglichte. Prinz Eugen fand seine positive Einschätzung der englischen Kavallerie bestätigt und stand nicht an, Marlboroughs entscheidenden Beitrag zum Sieg in seinem Bericht an den Kaiser hervorzuheben.

Der Sieg war teuer erkauft. Die Gewinner verloren über 12000 Mann, fast ein Viertel ihres Bestandes war tot oder verwundet. Beinahe wäre Eugen darunter gewesen. Er hatte sich in das Getümmel gestürzt, um seine zurückweichende Kavallerie aufzuhalten. Von einer Musketenkugel getroffen, bäumte sich sein Pferd und er stürzte zu Boden. Ein bayerischer Reiter holte schon zum Schlag aus, aber ein kaiserlicher Dragoner war schneller, erstach den Gegner und rettete seinen Feldherrn. Er habe seine eigene Person gar sehr exponiert, berichtete der preußische Oberst Friedrich Wilhelm von Grumbkow, und »ist dabei so weit gegangen, daß es fast ein Mirakel, wie er der Gefahr entgangen ist«.

Franzosen und Bayern verloren fast 30000 Mann an Toten, Verwundeten und Gefangenen, unter diesen Marschall Tallard. Die Sieger erbeuteten 181 Geschütze und Mörser, die Kriegskasse und die Feldapotheke, 5400 Proviantwagen und 34 Kutschen mit der weiblichen Begleitung der höheren Chargen, deren Einsatz – den Frauenfeind Eugen wunderte dies nicht – die Kräfte des Gegners eher geschwächt als gestärkt hatte.

Die Schlacht bei Höchstädt – oder Blenheim, wie sie die Engländer bezeichneten – »veränderte die politische Achse der Welt«, resümierte der Historiker Winston Churchill. »Bis zu jenem Augusttage mußten die Politiker aller Staaten die Möglichkeit ins Auge gefaßt haben, daß der Kurfürst von Bayern das Haus Habsburg als Träger der Kaiserkrone ablösen und München statt Wien die Rolle der Hauptstadt Mitteleuropas übernehmen würde. Aber dieser Fürst wäre selbst nur ein Planet im System des Sonnenkönigs. Spanien und Italien würden die ihnen vorgeschriebenen Bahnen um den Ursprung allen Lichtes ziehen.«

Prinz Eugen hätte diese hochstilisierte Bilanz des Nachfahren Marlboroughs kaum akzeptiert. Für den Feldherrn war ausschlaggebend, daß ihm der Sieg nicht in einer herkömmlichen Feldschlacht, sondern in einer Vernichtungsschlacht neuen Stiles gelungen war, so wie er sie angelegt und gemeinsam mit Marlborough durchgeführt hatte. Der österreichische Patriot war glücklich, daß er sein erstes Ziel, den Feind von einem Angriff auf Österreich abzuhalten, erreicht hatte, und seinem zweiten Ziel, dem Spanischen Erbfolgekrieg eine Wendung zum Schaden Frankreichs zu geben, nähergerückt war. Der Hofkriegsratspräsident mochte es bedauern, daß er seinen Erfolg weniger mit österreichischen Truppen, die nur ein Fünftel der Verbündeten ausmachten, sondern mit der Reichsarmee und dem englisch-holländischen Heer errungen hatte. Doch der Paladin des Habsburgers war zufrieden, daß er den wittelsbachischen Rivalen ausgeschaltet und das Kurfürstentum Max Emanuels, der mit den Franzosen geflüchtet war, dem Zugriff Leopolds I. ausgeliefert hatte.

Zu sehr gedachte er Bayern nicht zu schädigen, weil er Überläufer erwartete und sich einen früheren oder späteren Anschluß des Landes an Österreich erhoffte. »Vor Gott und der Welt protestiere ich, an dem Unglück Schuld zu haben, welches das Land und die armen unschuldigen Untertanen des Kurhauses treffen wird«, verwahrte sich Eugen gegen die Ausplünderung bayerischer Gebiete durch Marlboroughs Truppen. »Ich teile scharfe Befehle aus, daß das Land verschont bleibe und die Paläste der Edelleute und Häuser der Untertanen nicht beschädigt werden. Denn ich sehe vor allem auf genaue Kriegsdisziplin und auf die Vermeidung von Exzessen und anderer Ungebührlichkeiten. Besonders den Feldfrüchten darf kein Schaden zugefügt werden, so daß keine Ursache zu klagen ist und der Landmann ohne Störung mitten unter den Truppen seine Ernte einbringt und Wirtschaft, Handel und Wandel nicht gestört werden.«

Kurfürst Max Emanuel hatte bereits wenige Tage nach Höchstädt, bevor er sich nach Frankreich absetzte, die Regentschaft seiner im Lande verbliebenen Gemahlin Theresia Kunigunde, einer Tochter des Polenkönigs Johann III. Sobieski, übertragen, mit der zunächst ein Waffenstillstand und, am 7. November 1704, der Vertrag von Ilbesheim abgeschlossen wurde. Die bayerischen Truppen mußten entlassen, die Festungen übergeben und alles Kriegsgerät abgeliefert werden. Nur das Rentamt München blieb unter der unmittelbaren Herrschaft der Kurfürstin.

Leopold I. beauftragte seinen Hofkriegsratspräsidenten, den Vertrag durchzuführen. Eugen begab sich nach Landshut, wo er die Huldigung der bayerischen Stände entgegennahm und Militärkommandanten einsetzte. Als Statthalter wurde nicht der von Eugen vorgeschlagene Graf Wratislaw, sondern der dem Hof genehme Graf Löwenstein eingesetzt.

Der Sieger von Höchstädt wurde nicht mit der Anerkennung bedacht, die er verdient hätte. Seine Vorschläge zur Auswertung des großen Erfolges wurden nicht angenommen. Der Feldherr, der stets auf Offensive, auf Bewegung und Angriff bedacht blieb, wäre den Franzosen, denen die Flucht gelungen war, am liebsten auf den Fersen gefolgt, über den Rhein nach Frankreich hinein nachgesetzt. Dazu waren jedoch weder der Reichsfeldmarschall, der die Defensive vorzog, noch der Oberbefehlshaber des englisch-holländischen Heeres, der in die Niederlande zurückstrebte, zu gewinnen. In Wien übte man sich ohnehin lieber in Zurückhaltung. So konnte die große Schlacht den großen Krieg nicht einer baldigen Entscheidung näherbringen. Immerhin wurde das Reichsgebiet, einschließlich der Pfalz und anderer linksrheinischer Gebiete, vom Feind befreit.

Dieser Erfolg wurde von Deutschen und Engländern in erster Linie Eugen und Marlborough zugeschrieben. Eine Gedenkmünze zeigte auf der einen Seite ihre von Lorbeer umrankten Brustbilder, auf der anderen das Schlachtfeld von Höchstädt/Blenheim, über dem die Fama schwebte und mit der Trompete beider Einträchtigkeit verkündete.

Fortuna verhalf zu Fortune, zu Ansehen wie zu Vermögen. Marlborough bekam weit mehr davon, weil er geschickter im Nehmen und Königin Anna großzügiger im Geben war. Sie schenkte ihm die Domäne Woodstock und ließ ihm das prächtige Schloß Blenheim erbauen. Leopold I., der ihr nicht nachstehen und den Vermittler englischer Hilfsgelder günstig stimmen wollte, erhob Marlborough zum Reichsfürsten mit Sitz und Stimme im Reichstag, verlieh ihm das aus beschlagnahmten bayerischen Besitzungen im Schwäbischen gebildete Fürstentum Mindelheim.

Eugen wurde nicht so reichlich bedacht. Schon der Empfang, der dem heimkehrenden Sieger in Wien bereitet wurde, war nicht mit dem Marlboroughs in London zu vergleichen. Nicht nur die Königin, auch das Parlament und die Bevölkerung überhäuften Marlborough mit Danksagungen und Ehrenbezeigungen, während selbst ein so akribisch recherchierender Historiker wie Max Braubach über die Begrüßung Eugens an der Jahreswende 1704/1705 in Wien nichts Aufsehenerregendes zu ermitteln vermochte. Der Dank des Habsburgers, dem er die Erblande und die Kaiserkrone gesichert hatte, erschöpfte sich darin, daß er »danknehmenden Gemütes« das Palais in der Himmelpfortgasse zum »privilegierten adeligen Freihause« zu erklären und auf »ewige Zeiten« von jeder Besteuerung, Einquartierung oder sonstiger Belastung auszunehmen geruhte.

Als Honorar hatte der Honnête homme mit seinen bis zum Ende des Krieges auf etwa 100000 Gulden ansteigenden jährlichen Amtseinkünften und den – freilich durch den Aufstand in Ungarn beeinträchtigten – Gewinnen aus den dortigen Dotationen zufrieden zu sein. Dies sei mehr als genug für den Savoyer, der mit Nichts in den Taschen angekommen sei, befanden nicht nur seine Neider, sondern auch seine Gönner bei Hof.

Der Hauptgewinn stand den verbündeten Monarchen zu, welche die Gefahr abgewendet sahen, Territorien abgeben und als Satelliten um den Sonnenkönig kreisen zu müssen. Zu einem Gruppenbild waren sie auf einem zeitgenössischen Kupferstich versammelt. Ganz oben thronte die Königin von England, der mit der Erhaltung der Balance of power in Europa die Vermehrung ihrer Macht in Übersee geglückt zu sein schien. Ihr zur Seite, aber deutlich unter ihr, wie wenn der Abstand zwischen der Hauptsiegerin und den Mitsiegern demonstriert werden sollte, waren die Habsburger abgebildet: Kaiser Leopold I. mit dem Reichszepter, das er nur locker in den Händen hielt, und dem Reichsapfel, der ihm vom Knie zu rutschen drohte; der römische König Joseph I., der auf seine Stunde als Nachfolger in den Erblanden und im Wahlkaisertum wartete; und sein jüngerer Bruder Karl, der als Karl III. zum König von Spanien proklamiert worden war und sich anschickte, Philipp von Anjou das Königreich Spanien wegzunehmen. Im Zentrum stand der Reichsfeldmarschall Ludwig Wilhelm von Baden, während die eigentlichen Sieger des Jahres 1704, Eugen und Marlborough, an den linken Bildrand gedrängt waren.

Den »edlen Ritter« focht dies nicht an. Man dürfe niemals die Normen seines Handelns an privaten Interessen und am Lob oder Tadel der Menschen ausrichten, sagte er sich immer wieder vor und schärfte es sich aufs neue ein, daß es ihm Pflicht und Ehre geböten, einem Herrn zu dienen, der zur Herrschaft berufen war. Dies bedeutete ihm nicht eine Beschränkung, sondern eine Bereicherung der Persönlichkeit: »Wenn wir gehorchen, entsprechen wir am besten dem Willen Gottes, was die beste aller Freiheiten ist.«

Siebtes Kapitel

Fronten im Süden und Westen

Das Jahr 1705 zeigte, daß die Erwartung, die Franzosen seien bei Höchstädt derart geschlagen worden, daß sie sich nicht mehr erholen könnten, zu hochgespannt war. Der Mehrfrontenkrieg, den ihre Gegner zu führen hatten, war nur an einem Abschnitt, an Donau und Rhein, erfolgreich verlaufen. Andernorts wurde mit wachsendem Kriegsglück weitergekämpft.

Selbst dem Erzhaus fehlte es an Ruhe und Ordnung. Die aufständischen Magyaren, deren Niederwerfung Eugen als Hofkriegsratspräsident verfolgte, waren zwar von Feldmarschall Graf Siegbert von Heister bei Tyrnau geschlagen, aber nicht zum Aufgeben gezwungen worden. Folglich blieben österreichische Truppen in Ungarn gebunden und konnten an anderen Schauplätzen, wo sie dringend benötigt worden wären, nicht eingesetzt werden.

Um Wien wurde zum Schutz der Vorstädte vor den immer wieder auftauchenden Kuruzzen der Linienwall gezogen. Eugens Bemühungen, auf dem Verhandlungsweg eine Lösung zu erzielen, blieben erfolglos, und als die Rebellion auf Siebenbürgen übergriff, kam er zu dem Schluß, daß die Ungarn die Sprache der Gewalt fühlen müßten. Es sei höchste Zeit, meinte er im Juni 1705, »endlich die Schärfe zu ergreifen und nach dem Rigor der Waffen mit Feuer und Schwert wider diese treulosen und meineidigen Untertanen dergestalt zu verfahren, daß sie selbst zu Kreuze kriechen und um Gnade würden bitten müssen, ihre Nachkömmlinge aber allezeit die Gedächtnis vor Augen haben möchten, damit ihnen die Lust zu derlei Aufstand und Rebellion allerdings vergehen könnte«.

Der »edle Ritter« meinte andere Saiten aufziehen zu müssen, wenn dem Herrscher, dem er aus Überzeugung diente, der Gehorsam verweigert wurde. Wer gegen Gesetz und Ordnung verstieß, auch wenn sie aufgezwungen worden waren, lernte die harte Seite Eugens kennen – auch die Bayern.

Zunächst hatte er den nach Höchstädt unterworfenen Untertanen des geflüchteten und geächteten Kurfürsten Max Emanuel seine humanere Seite gezeigt. Den Studenten von Ingolstadt, »wenn sie sich friedlich aufführen«, sollte man »gerne ihre Privilegien genießen lassen. Daß die Bürger den Soldaten keinen guten Willen erzeigen, dazu sind sie nicht gehalten und ist deshalb über sie nicht zu beklagen.« Die österreichischen Truppen und Militärbehörden im Kurfürstentum wurden gewarnt: »Die Offiziere, auch die Feldmarschälle sollen keine freie Hand haben, noch in dem geringsten sich in die Geldsachen oder das Kontributionswesen zu mischen. Wenn ihnen zur Last falle, sich nur einen Heller mehr, als ihnen gebühre, angeeignet zu haben, so werde ich wissen, was zu tun sei.«

Eine korrekte Behandlung der Bayern wurde auch von ihm nicht durchgehalten. In einem Krieg stehend, der immer mehr Geld und Soldaten erforderte, ließ er Zwangseintreibungen und Zwangsrekrutierungen zu, wodurch Bauern und Bürger zu einer Volkserhebung getrieben wurden. Gegen diese Rebellion sei rigoros vorzugehen, ordnete Eugen an, und als der Aufstand in Sendling und bei Aidenbach blutig niedergeschlagen worden war, wies er den österreichischen Gouverneur an, gegen das »vagierende Zigeunergesindel« keine Barmherzigkeit zu zeigen, sondern es totzuschlagen und aufzuhängen.

Die Honnêteté verblaßte, wenn der österreichische Patriot die Anliegen seines Landes und der österreichische Feldherr die Belange seiner Armee gefährdet sah. Die Soldaten, die an der inneren Front eingesetzt waren, fehlten an den äußeren Fronten, in erster Linie in Italien, wo es für die Alliierten nicht zum Besten stand.

Der Übertritt des Herzogs von Savoyen aus dem französischen in das alliierte Lager hatte die Situation der Österreicher in Oberitalien nicht verbessert. Das exponierte Piemont, zu dessen Verteidigung viel zu wenig savoyische und kaiserliche Truppen verfügbar waren, wurde von einem an Streitkräften überlegenen Feind, der über einen erfahrenen Feldherrn, den Herzog von Vendôme, verfügte, zunehmend bedrängt. Der Prinz von Savoyen, der nach wie vor meinte, daß die Front in Italien für die österreichischen Interessen »das prinzipalste Stück ist, worauf man allen Effort ankehren muß«, richtete nach der Abwehr des Feindes an der Donau und der Zurückweisung der Franzosen aus dem Reichsgebiet sein Hauptaugenmerk wiederum auf den Kriegsschauplatz jenseits der Alpen. Wie immer fanden seine Rufe nach einer Verstärkung der dortigen Truppen nicht das erwünschte Echo.

Am liebsten wäre er auf der Stelle an der Spitze eines schlagkräftigen Heeres nach Italien aufgebrochen, um seinem Vetter aus der Bredouille zu helfen und für seinen Kaiser das spanische Mailand, auf das der Habsburger Erbansprüche erhob, zu gewinnen. Aber der Hofkriegsratspräsident stand wieder einmal vor der Klagemauer, wurde von Leopold I. nicht erhört und mußte sich mit den Wiener Zentralbehörden wie mit den für Mittelbewilligungen zuständigen Provinzstellen herumstreiten. »Unsere Herrn Landstände sind wunderlich geartet, sie schreien um Hilfe, wenn ihnen das Wasser in das Maul rinnt, und wünschen solche vom Hals, kaum als einen Augenblick dasselbige verschwunden«, machte er sich Luft, ohne den Druck loszuwerden. »Man schreibt und redet zwar alle Jahre von formidablen Ausrüstungen, und beim Auskehren findet man nichts als Nullen, ein jeder tut, was er will, und keiner tut zur Sache, wie es sein sollte.«

So lag es nun einmal in der menschlichen Natur, aber in Österreich war nicht wie im beneideten Frankreich eine starke Hand am Werk, die das Schlimmste verhütet und das Beste aus wenig Gutem gemacht hätte. Leopold I. gerierte sich als absolutistischer Monarch, ohne als ein solcher zu agieren; er saß auf dem Thron die Probleme aus, anstatt sie anzugehen; er wollte, wie sein Hofkriegsratspräsident klagte, zwar »Krieg führen, triumphieren und Krone und Zepter samt Land und Leute gewinnen«, aber zeigte »keinen Ernst, keinen Eifer, keine Sorge«, die zur Erreichung des Kriegszieles erforderlich gewesen wären.

»Das sind Contradictoria, die ich nicht mehr auseinanderklauben kann«, stöhnte Eugen und drohte wieder einmal mit seinem Rücktritt. Leopold war konsterniert, konzedierte einiges dem zum Oberbefehlshaber der italienischen Armee ernannten Prinzen, der endlich am 17. April 1705 nach Süden aufbrechen konnte.

Die Anstrengung, die mit dieser Entscheidung verbunden war, schien dem fünfundsechzigjährigen Kaiser, der siebenundvierzig Regierungsjahre auf dem Buckel hatte, so zugesetzt zu haben, daß er am selbigen 17. April eine Jagd in Laxenburg absagen mußte. Die Ärzte konstatierten Herzattacken und zunehmende Atemnot. Am 5. Mai 1705 ging Leopold I. aus einer Welt, die er immer weniger verstanden hatte, in die andere Welt hinüber, auf die er sich sein Leben lang vorbereitet hatte.

Auch der Prinz von Savoyen verneigte sich vor dem toten Leopold I., der den Emigranten in seinen Dienst genommen und ihm die Laufbahn zum Erfolg geöffnet hatte. Stärker als die Trauer um den Dahingeschiedenen war die Hoffnung auf den ihm Nachfolgenden: Joseph I., der den Reformern nahestand, so manche der Anliegen Eugens unterstützt hatte und mit dem Elan seiner siebenundzwanzig Jahre die Regierungsgeschäfte in Schwung zu bringen versprach. Erste Amtshandlungen entsprachen den Erwartungen: Die Organisation der Hofbehörden wurde gestrafft, die Befugnisse des Hofkriegsrats erweitert, Eugens Gegner Mansfeld entfernt und sein Freund Wratislaw zum böhmischen Kanzler und außenpolitischen Berater des Kaisers berufen. Der Prinz wurde in seinen Funktionen bestätigt und stieg im dreiunddreißig Personen zählenden Geheimen Rat an die sechste Stelle auf.

Er stehe treu und fest zu Joseph I., versicherte Eugen, werde stets darauf bedacht sein, »wie Ihro Kaiserlichen Majestät allerhöchster Dienst, Frommen und Nutzen auf ein oder andere Weise befördert und promoviert würden«. Indessen wies der Diener den Herrn darauf hin, »in was für einem gefährlichen Zustande Dieselben Dero Regierung nunmehr angetreten

Kaiser Joseph I.
Gemälde eines unbekannten Meisters.

haben«, weshalb schleunigst und energisch Maßnahmen zu ergreifen wären, »damit wiederum Dero wankende Krone und Zepter befestigt und endlich auch mit göttlichem Beistande noch Dero besitzende Erbrechte und sonstige befugte Ansprüche da und dort weiter ausgebreitet werden könnten«.

Dem Gefolgsmann blieb freilich die Erfahrung nicht erspart, daß auch der neue Kaiser in Österreich nur mit Wasser kochen konnte, mit den knappen Mitteln haushalten mußte, der Armee und ihrem Führer nicht zu geben vermochte, was diese von ihm erwarteten und er selbst nicht ungern gewährt hätte. Auch Joseph I. erkannte rasch das Mißverhältnis zwischen seinem absoluten Herrschaftsanspruch und den beschränkten Möglichkeiten einer entsprechenden Herrschaftsausübung.

Da er nicht der Mann war, der mit Widrigkeiten ringen wollte, kehrte er den Herrn anderweitig heraus. Den Sonnenkaiser, der er im Staate nicht sein konnte, suchte er in der Repräsentation darzustellen. Wie Ludwig XIV. hielt er sich nicht nur Mätressen, sondern wollte auch sein Versailles haben. Johann Bernhard Fischer von Erlach lieferte einen Entwurf, der einen Schloßkomplex auf dem später die Gloriette tragenden Hügel in Schönbrunn vorsah, wo Terrassen wie gigantische Stufen zu einem monumentalen Thron emporführten. Aber auch als Bauherr war Joseph I. nicht zu einem großen Wurf in der Lage.

Die Regierungsgeschäfte, die er nicht absolutistisch führen konnte, überließ er bald seiner Kamarilla. Eugen bekam es nun mit einer weiteren Hofclique zu tun, die zwar anders zusammengesetzt, aber nicht weniger rechthaberisch und herrschsüchtig wie die vorherige war und dem Fremden, als der er immer noch betrachtet wurde, die Erfüllung seiner Aufgaben erschwerte.

Das Haupt der Hofpartei war Karl Theodor von Salm. Der Fürst war Erzieher Josephs I. gewesen und suchte nun vieles, was er seinem Zögling nicht hatte beibringen können, als Obristhofmeister und »großer Direktor der ganzen Maschine« umzusetzen. Das hätte Eugen wie Wratislaw gefallen können, wenn Salm, der schon als General auf den Savoyer eifersüchtig gewesen war und in dessen außenpolitisch versiertem Mitspieler Wratislaw einen ihm überlegenen Konkurrenten sah, nicht einen Hebel nach dem anderen gegen sie in Bewegung gesetzt hätte.

Es war kaum anders als früher. Die Kabalen in Wien blockten Entschlüsse, zehrten an der Kraft und vernachlässigten die Streitkräfte, von denen im großen Krieg das Wohl und Wehe der Monarchie abhing. Der Oberbefehlshaber der italienischen Armee, der am 23. April 1705 in Rovereto eintraf, fand die Lage noch »weit ärger und miserabler«, als er befürchtet hatte.

Nach Italien, in sein Stammland, war Prinz Eugen von Savoyen gekommen, um seinen Vetter, den Herzog Viktor Amadeus II. von Savoyen, der in Piemont von den Franzosen eingekesselt war, zu entsetzen, wie es in der Militärsprache hieß, also von der Umzingelung zu befreien. Dazu schienen die Streitkräfte nicht auszureichen, die Eugen in Südtirol und im Gebiet des Gardasees vorfand. »Die Franzosen haben den Vorteil, daß sie die Städte und Pässe und Flüsse beherrschen«, bemerkte der englische Gesandte in Turin. »Aber ich denke, daß wir überlegen sind durch den Genius, die Tapferkeit und Fähigkeit des Prinzen Eugen.«

Es wurde viel, viel zu viel von ihm erwartet. Seine Ausgangsposition für einen Marsch nach Piemont war denkbar ungünstig. Sein gegnerischer Vetter Vendôme hielt die Auswege aus den Alpen in die Ebene mit überlegenen Kräften versperrt. Erneut verlangte Eugen seinen Infanteristen und Kavalleristen bei der Überquerung der Berge im Norden Brescias die Kondition von Gebirgstruppen ab und wußte wiederum den Feind zu täuschen und zu überraschen, als er unerwartet im Gebiet zwischen Oglio und Adda auftauchte und auf Mailand vorzurücken begann. Die Franzosen setzten sich in die gleiche Richtung ab, hielten jedoch an der Adda an und stellten sich bei Cassano mit 30 000 Mann den 29 000 Österreichern entgegen.

Da die Hilferufe aus Turin immer verzweifelter klangen, mußte Eugen den Durchbruch wagen und befahl am 16. August 1705 aus einer ungünstigen Position heraus den Angriff. Zwar gelang es, auf der Adda-Insel vor Cassano Fuß zu fassen, aber nicht alle Franzosen in den Fluß zu werfen und schon gar nicht, ihn zu überqueren und das andere Ufer zu nehmen. Eugen sah sich gezwungen, die Schlacht abzubrechen, nachdem er über 4000 Mann an Toten und Verwundeten verloren hatte. Er selbst hatte einen Streifschuß am Hals abbekommen, was ihm jedoch keinen Anlaß gab, »an dem kaiserlichen Dienst einen Moment zu versäumen«.

Enttäuscht von dem Mißerfolg, streute er sich und den Seinen Sand in die Augen. Er ließ Salut feuern und ein Tedeum singen, um dem Schlachtengott für den »gloriosen« Tag zu danken. Es fiel ihm schwer, sich einzugestehen, daß er verloren hatte. Den Marsch nach Westen konnte er nicht fortsetzen und dem bedrohten Herzog von Savoyen nicht die erwartete Hilfe bringen. Immerhin hielt er an der Adda Vendôme fest und entlastete damit den Vetter in Turin bis auf weiteres. »Es ist nicht zu beschreiben, was für ein großes Feuer, dergleichen ich noch niemals gesehen, beiderseits und ohne Aufhören gewesen«, suchte er sich vor dem Kaiser zu rechtfertigen, und gab ihm zu verstehen, daß die Niederlage bei Cassano nicht zuletzt auf die mangelnde Unterstützung seiner Armee durch die kaiserliche Regierung zurückzuführen war.

»Ich sollte Hals über Kopf zum Sukkurs der bedrohten Städte eilen. Wie ich das aber mit ausgehungerten Leuten, ohne Geld, ohne Brot, Fuhrwesen, Zelte und Artillerie durchführen soll, weiß ich nicht.« Das Lamento, das er vorher mezzoforte angestimmt hatte, erklang nun, nachdem eingetreten war, was er damit hätte vermeiden helfen wollen, fortissimo in seinem Appell an Joseph I.: »Die Not spricht für sich selbst. Die Armee gehört nicht mir, sondern Eurer Majestät. Sie ist der letzte Pfeiler, welcher Dero Monarchie, Krone und Zepter stützt. Verlieren sie ihn, so sind die Folgen leicht abzusehen. Ich aber werde vor Gott, Eurer Majestät und aller Welt entschuldigt sein, wenn alles auf einmal in Trümmer geht, so wie man es Tag um Tag erwarten und befürchten muß.«

An einen Vorstoß nach Piemont war mit einer Truppe, von der auf dem Marsch schon nach einer Stunde »die Hälfte vor Mattigkeit auf der Straße liegen« blieb, und in der fortgeschrittenen Jahreszeit nicht mehr zu denken. In der Gegend des Gardasees wurden Winterquartiere bezogen. Eugen benützte die Kampfpause, um in Wien bessere Voraussetzungen für den Feldzug im Jahre 1706 zu schaffen. Sein Waffenbruder Marlborough, der an der Mosel so wenig Fortune wie Eugen an der Adda gehabt hatte, war bereits vor ihm dagewesen. Eugen, der noch in Italien weilte, hatte ihm brieflich mitgeteilt, was er sich von seinem Besuch erwartete: »Das erste Bedürfnis, um den Krieg mit Kraft und Nachdruck zu führen, ist Geld. In Wien werden Sie sich überzeugen, daß ein Staat, in dessen Innerem der Bürgerkrieg wütet und der an den Grenzen zahlreiche Armeen unterhalten soll, die Geldmittel dazu nur mit äußerster Schwierigkeit aufbringt. Die Anleihe ist deshalb von erster Wichtigkeit.«

Joseph I. empfing Marlborough in der Schatzkammer, in der Pretiosen, aber keine Gulden lagen. Der reiche Verbündete ließ eine im Namen Englands und Hollands versprochene Anleihe von 250000 Pfund durch die Wiener Wechselhäuser mit 100000 Kronentalern bevorschussen. Überdies stellte Marlborough eine weitere Anleihe von 250000 Pfund in Aussicht, die ohne Bürgschaft des Parlaments aus Privatkapital aufgebracht werden sollte. Mit diesen Pfunden, meinte Eugen, müßte sich wuchern lassen. Aber das österreichische Budget war ein Faß ohne Boden, und die Kassenwarte vergeudeten, was nicht abfloß und versickerte, mit »vergeblichem Konferieren und Projektieren« anstelle es »ad effectum« zu bringen und – woran Eugen zunächst gelegen war – für seine unzulänglich bedachte Armee auszugeben.

Einiges konnte er erreichen. Sein im Osten Oberitaliens stehendes Heer wurde durch Miettruppen und Rekruten verstärkt. Graf Guido Starhemberg, der im Westen die an der Seite der savoyischen Truppen stehenden Österreicher kommandierte, wurde abgelöst. Der Feldmarschall hatte sich mit dem Herzog immer weniger verstanden und zwischen ihm und dem Prinzen war die Abneigung gewachsen. Eugen hatte Starhemberg üblen Humor vorgeworfen, den er freilich selber an den Tag legte. Nachdem Guido großspurig behauptet hatte, ihn könne nichts, aber auch nichts erschrecken, ließ Eugen während einer gemeinsamen Mahlzeit hinter dem Zelt eine Flattermine zünden, deren Explosion und fast noch mehr das Gelächter des Scherzboldes ihm einen nachhaltigen Schock versetzten.

Prinz Eugen entwarf den Kriegsplan für 1706 unter günstigeren Bedingungen als zuvor. Grundsätzlich glich er dem des Vorjahres, den auszuführen ihm nicht geglückt war: Vorstoß aus dem Winkel im Etschtal und Vormarsch in Richtung Piemont mit dem Ziel, den Herzog von Savoyen und die mit ihm eingeschlossenen Österreicher vor einer Strangulierung durch die Franzosen zu bewahren. Schließlich hielten die Vorbereitungen der Offensive Eugen lange, zu lange in Wien auf. Als er am 14. April in Rovereto ankam, war Vendôme bereits auf dem Vormarsch. Am 19. April griff er bei Calcinato, südlich des Gardasees, die dort stehende österreichische Einheit überraschend an und warf sie hinter den Mincio und weiter hinter die Etsch zurück.

Hatte Eugen seine Abreise aus Wien immer wieder verschoben, weil er an einem Versuch, den Fürsten Salm zu entmachten, beteiligt gewesen war? Für diese Vermutung spricht, daß der Hofkriegsratspräsident wie der Oberbefehlshaber der Italienarmee Gründe genug gehabt hätte, den »Großwesir«, der zwischen ihm und dem Herrscher stand, beseitigt zu sehen. Jedenfalls mißglückte das Vorhaben, und Salm benützte die Gelegenheit, Eugen vorzuwerfen, daß er länger in Wien geblieben sei, als ihm der Kaiser erlaubt hätte, und durch die verspätete Übernahme des Kommandos die Niederlage von Calcinato und deren betrüblichen Folgen zu verantworten habe.

»Diese Haltung und soviel andere, die man anderswo bemerkt«, schrieb Salm an Marlborough, »haben mich die Freiheit nehmen lassen, Seiner Kaiserlichen Majestät zu sagen, daß es dringend notwendig wäre, sich von seinen kommandierenden Generalen besser gehorchen zu lassen.« Marlborough blieb bei seiner Meinung, daß die Allianz – außer ihm selber – keinen besseren Feldherrn als den Prinzen von Savoyen finden könnte, und Joseph I. schloß sich dieser Auffassung an, als Eugen in Oberitalien einen beispiellosen Siegeszug begann.

Weder der politische Mißerfolg in Wien noch die militärische Schlappe bei Calcinato hatten die Selbstsicherheit des Prinzen angeschlagen und die Überlegenheit des Feldherrn beeinträchtigt. Er wollte und sollte es allen zeigen, daß er nicht nur der Altmeister von Zenta und Höchstädt war, sondern sich auch in Strategie und Taktik, in durchdachter Planung und wagemutiger Ausführung verbessert hatte, den Aufmarsch noch schneller, den Vormarsch noch zügiger, Umgehung und Umfassung des Gegners noch erfolgreicher zu vollziehen verstand.

Zwischen seiner Ausgangsstellung zwischen Gardasee und Etsch und der Route in Richtung Turin lagen nördlich des Po eine Reihe zu dieser Jahreszeit hochgehender und schwer zu überschreitender Nebenflüsse, hinter denen die überlegenen Franzosen Stellung beziehen und sein Vordringen aufhalten konnten. Deshalb beschloß Eugen, zuerst nach Südosten zu marschieren, die Etsch bei Badia, unweit von Rovigo, und den Po bei Polesella, nördlich von Ferrara, zu überschreiten und – den Gegner, der ihn dort nicht erwartete, täuschend und umgehend – auf dem rechten Ufer des Po, in einigem Abstand vom Strom, in Eilmärschen über Hunderte von Kilometern nach Turin zu gelangen.

Das mußte so schnell gehen, daß er nicht einmal die letzten Verstärkungen abwartete. Ende Juni 1706 hatte er immerhin 36000 Mann zu Fuß und 7000 zu Pferd zur Verfügung, darunter das preußische Korps unter Leopold von Anhalt-Dessau, das sich in früheren Feldzügen, namentlich in der Schlacht bei Höchstädt, Eugens Anerkennung verdient hatte. Am 6. Juli war die Etsch, am 17. Juli der Po, an dessen Südufer der Vormarsch in Richtung Piemont angetreten wurde, überschritten. Abgeschnitten vom Nachschub aus Tirol, fehlte es bald an Verpflegung. »Ich kann nicht daran denken, ein Stück Brot zu erhalten, da Modena, Mirandola, Carpi, Reggio und Guastalla hinter und neben mir liegen«, bemerkte Eugen am 30. Juli. Um dem Nahrungsmangel abzuhelfen und seinen Marschweg zu sichern, eroberte er Anfang August Carpi und Mitte des Monats Reggio.

An Parma und Piacenza vorbei ging es in der Sommerhitze weiter. Am 21. August legte die Kavallerie 38 und die Infanterie 30 Kilometer zurück, am 25. August war Voghera erreicht, und vier Tage später schlossen sich bei Carmagnola die beiden savoyischen Vettern in die Arme. Man stand in Piemont und Turin war nicht mehr weit. Der entscheidende Kampf mit den Franzosen, die am Nordufer des Po den Österreichern gefolgt und sich mit den Belagerern der Stadt vereinigt hatten, konnte beginnen.

Es war höchste Zeit, daß das seit Anfang Juni eingeschlossene Turin befreit wurde. Feldmarschall-Leutnant Graf Wirich Daun, der mit seinen Kaiserlichen zusammen mit den Savoyern die Festung verteidigte, ließ Eugen durch Schlupflöcher, die immer noch vorhanden waren, die Meldung zugehen, daß Nahrung und Munition ausgingen. Eugen teilte ihm mit, daß er »a tempo kommen und den Entsatz vornehmen könne« und bis dahin die Verteidiger »sich auf die äußerste Extremität zu defendieren und sich bis auf den letzten Mann« zu wehren hätten.

Im fernen Paris seufzte Liselotte von der Pfalz: »Gebe der liebe Gott, daß Turin vor der Ankunft des Prinzen Eugen genommen würde. Aber dieser Prinz ist so voll von Listen, daß ich mich immer vor ihm fürchte.« Die Bitte wurde nicht erhört und die mit Respekt gepaarte Besorgnis bestätigt. Prinz Eugen kam rechtzeitig an und siegte schon bald – weniger durch Kriegslist als durch Feldherrntalent. Zunächst mußte er sehen, wie der Gegner postiert war und wo er zu fassen wäre. Am 2. September ritt Eugen mit Viktor Amadeus auf einen Berg im Nordosten Turins, um die Lage zu erkunden und zu beurteilen. Die Armee war unter der neuen Führung des Herzogs von Orléans zu den vom Herzog La Feuillade kommandierten Belagerungstruppen gestoßen, sodaß der Feind über 30000 Infanteristen und 12000 Kavalleristen zählte, während die savoyischen Vettern über 25000 Fußsoldaten und 6600 Reiter verfügten.

Das Minus an Zahl war durch ein Plus an Taktik wettzumachen, was von Eugen zu erwarten war. Viktor Amadeus schien nicht so recht daran zu glauben. Jedenfalls legte er das Gelübde ab, auf dem 672 Meter hohen Berg, der ihnen als Feldherrnhügel gedient hatte, nach errungenem Sieg ein Gotteshaus errichten zu lassen. So entstand – zwischen 1717 und 1737 – der Dom »La Superga«, die Grabeskirche des Hauses Savoyen, in der auch das Herz Eugens bestattet wurde. »Mir scheint, diese Leute da sind schon halb geschlagen«, hatte Eugen seinem Vetter voller Siegeszuversicht bedeutet. Er schlug sie am 7. September 1706 durch seinen genial angelegten und von seinen Truppen konsequent ausgeführten Schlachtplan.

Wiederum operierte er anders, als es die Gegner nach den Regeln der konventionellen Kriegskunst erwarteten. Eugen schritt nicht aus der Richtung, aus der er anmarschiert war und wo ihn die Franzosen erwarteten, zum Frontalangriff, sondern umging die Franzosen, packte sie an ihrer schwächsten Stelle im Nordwesten und stieß ihnen in die Flanke und in den Rücken. In die Schlacht führte er seine Streitmacht nicht, wie in jener Zeit üblich, in zwei Treffen, mit der Kavallerie an den Flügeln, sondern mit Handgranaten werfenden Grenadieren als schlagkräftiger Sturmtruppe gegen die Verschanzungen des Feindes. Der Einbruch gelang der von Leopold von Anhalt-Dessau geführten Angriffsspitze. Den bedrängten Franzosen konnte über den Po hinweg keine Hilfe gebracht werden; schließlich wurden sie durch Attacken der bis dahin in Reserve gehaltenen Kavallerie vollends geschlagen.

Prinz Eugen hatte, wie von ihm gewohnt, in den vordersten Reihen mitgekämpft. Als die Franzosen in eine Lücke in seiner Schlachtordnung stießen und er an der Spitze des Regimentes Regal zum Gegenangriff überging, wäre er unter seinem gestürzten Pferd beinahe begraben worden. Er konnte sich befreien und, leicht lädiert, den Kampf wieder aufnehmen.

Die Entsatzschlacht von Turin hatte am 7. September 1706 eine Stunde vor Tagesanbruch begonnen. Schon am frühen Nachmittag konnten die beiden Savoyer in die befreite Stadt einziehen. Während die Verteidiger mit ihren letzten Patronen »Viktoria« schossen, wurde in der Kathedrale dem Schlachtengott gedankt und der Schlachtopfer gedacht: 3000 Tote und Verwundete bei den Siegern und fast 4000 auf der Seite der Verlierer. Die »unsterbliche Glorie«, die Eugen für sich und die

Seinen reklamierte, hatte ihren Preis gefordert, der dem Feldherrn jedoch nicht zu hoch erschien.

Kuriere wurden mit der Siegesnachricht ausgesandt: nach Wien, wo Joseph I. erfreut und Salm betroffen war; nach Berlin, um bei König Friedrich I. den entscheidenden Anteil der preußischen Truppen am Erfolg hervorzuheben; in die Niederlande, um den Vertretern der verbündeten Seemächte zu signalisieren, daß sie auch zu ihrem Nutzen an die Seite des Habsburgers getreten waren.

Frankreich müsse in Italien angegriffen werden, hatte Eugen zu Beginn des Feldzuges dem Herzog von Marlborough bedeutet. »Sie werden dies gewiß nicht einem blinden Eifer für das Wohl des Kaiserhauses oder das Interesse des Herzogs von Savoyen als des Hauptes meiner Familie zuschreiben, sondern darin meine ängstliche Sorgfalt für den Vorteil der Allianz und für die Unabhängigkeit von Europa erkennen.«

Inzwischen hatte der Engländer seinen Wert für die alliierte Sache erneut bewiesen, als er bereits am 23. März 1706 bei Ramillies in Brabant die Franzosen besiegt hatte. Nun erfüllte ihn Genugtuung, daß beide an ihren Fronten über Ludwig XIV. triumphiert hatten: Er im Norden und Eugen im Süden. Als Marlborough vom Erfolg bei Turin erfuhr, schrieb er seiner Frau Sarah, die am englischen Königshof das gemeinsame politische Interesse der Feldherrn vertrat: »Ich kann gar nicht sagen, was mir diese Nachricht für eine Freude bereitet hat. Denn ich achte den Prinzen Eugen nicht nur, sondern ich liebe ihn herzlich.«

Die Verbundenheit der Feldherren zeitigte für die Monarchen schöne Erfolge. Marlborough besetzte für Joseph I. einen Großteil der vom österreichischen Habsburger beanspruchten spanischen Niederlande und sicherte für Königin Anna Britanniens Vorfeld jenseits des Kanals. Prinz Eugen drängte die Franzosen aus Italien und bot den Engländern eine Gelegenheit, an den Küsten des Mittelmeeres, das sie als »ihr« Meer betrachteten, weiter Fuß zu fassen. Die Niederlage bei Turin nötigte den französischen Bourbonen zur Räumung Piemonts und den spanischen Bourbonen zur Preisgabe des »Stato di Milano«. Eugen besetzte die Lombardei und schloß Mailand ein. Dessen Tore öffneten sich ihm am 24. September 1706. Zwei Tage später ritt der Eroberer in die Stadt und genoß »die große Freude, das Frohlocken«, das ihm nicht allein der Adel, sondern auch das gemeine Volk »erwiesen hat und noch erweist«, weil sie »von der französischen Botmäßigkeit« befreit worden seien.

Sie gerieten von der einen in die andere. Eugen wurde zum Generalgouverneur des Herzogtums Mailand ernannt, pro forma vom habsburgischen König Karl III. von Spanien, zu dem es immer noch de jure gehörte, und de facto von Kaiser Joseph I., der nicht daran dachte, dieses strategisch wie wirtschaftlich wichtige Land jemals wieder herauszugeben, nicht einmal seinem Bruder Karl, falls dieser sich in Spanien behaupten und die Königskrone behalten sollte. Am 16. April 1707 zog der Generalgouverneur feierlich in Mailand ein. Eugen saß auf einem prächtig aufgezäumten Pferd, begleitet von österreichischen Generälen und lombardischen Adligen und angekündigt von Herolden in phantasievollen Trachten. An der Porta Romana verstreute er Erde und vergoß Wasser zum Zeichen der Besitznahme, stieg in eine sechsspännige Kutsche, die ihm zum Dom brachte, wo er vom Erzbischof als »Befreier vom Joch der Franzosen und Spanier« begrüßt wurde.

Eineinhalb Jahrhunderte – nur unterbrochen von der Herrschaft des napoleonischen Adlers – sollte Mailand unter den Fittichen des österreichischen Doppeladlers bleiben. Dieses Kapitel begann mit dem Generalgouverneur Eugen von Savoyen, der behauptete, daß der »Stato di Milano« niemals »besser, mit weniger Leidenschaft und Interesse regiert worden ist« als von ihm; denn »überall, wo ich kommandiere, bekümmere ich mich persönlich um Gutes und Böses und ich bin nicht der Mann, jeden nach seiner Phantasie handeln zu lassen«.

Indessen meinte so mancher Mailänder, er sei aus dem spanischen Regen in die österreichische Traufe gekommen. Das neue Amt trug Eugen jährlich 150 000 Gulden ein, die an Ort und Stelle aufzubringen waren, und noch mehr kassierte er für den Schatz des Kaisers. Mailand wurde umso mehr geschröpft, als dessen Gebiet und mit ihm die Zahl der Steuerpflichtigen verkleinert worden war. Der Herzog von Savoyen, der sich am liebsten die ganze Lombardei einverleibt hätte, erhielt immerhin Randgebiete, Alessandria und Mortara, womit sein Landhunger nicht gestillt war. Die Österreicher, die eine breitere Basis jenseits der Alpen suchten, hielten sich an Mantua schadlos, dessen Festung, worauf Eugen verwies, »der Schlüssel von ganz Welschland« sei und »ohne welches man niemals Meister von Italien« werden könnte.

Österreich wollte aus dem spanischen Erbe nicht nur Mailand, sondern auch Neapel haben, doch wie jenes war dieses nur mit Waffengewalt zu bekommen. Obwohl Eugen eine Machtausbreitung Österreichs in Italien anstrebte, hegte er militärische Bedenken gegen einen Feldzug in den tiefen Süden, den zu beginnen ihm bereits am 5. Januar 1707 befohlen worden war. Das Oberkommando des Expeditionskorps übertrug er dem Verteidiger von Turin, Feldzeugmeister Graf Daun, der endlich am 18. Mai mit vier Infanterie- und fünf Kavallerieregimentern den langen Marsch antreten konnte. Den Weg durch den Kirchenstaat hatte Eugen durch diplomatische Intervention geöffnet. Am 22. Juni wurde die neapolitanische Grenze, am 7. Juli ohne nennenswerten Widerstand die Hauptstadt erreicht. Französische Truppen standen nicht im Land, die spanischen Söldner legten keine Kampflust an den Tag und die Bevölkerung war es gewohnt, sich jeder Oberherrschaft zu beugen, wenn ihr darunter Spielraum für ein bescheidenes Leben blieb.

Das Bestreben Österreichs, sich auf der Apenninenhalbinsel auszubreiten, war auf Widerspruch seiner Alliierten gestoßen, wodurch die Unterschiede ihrer Interessen offenbar wurden. Der Herzog von Savoyen wollte den Habsburger nicht als »Meister von Italien«, doch als Verteidiger der Westgrenze Piemonts gegen Frankreich haben. Die Seemächte hätten Eugens Potenz und das österreichische Potential lieber an anderen Kriegsschauplätzen eingesetzt gesehen: die Holländer vor ihrer immer noch nicht gesicherten Haustür in den Niederlanden und die Engländer an der französischen Mittelmeerküste, die sie als Operationsbasis für ihre Flotte favorisierten. Der Habs-

burger Karl III., der sich in Katalonien festgesetzt hatte, erhoffte sich durch eine Offensive in Südfrankreich die Herstellung einer Landverbindung zwischen dem von den Alliierten beherrschten Oberitalien und dem Brückenkopf in Spanien.
Von einem Vorstoß in die Provence versprach sich Eugen nicht viel, doch er entzog sich ihm nicht, weil er die Engländer, deren Subsidien die Kriegsmaschine in Gang hielten, nicht verstimmen wollte. So kam er ihrer Forderung nach einem Angriff auf die Seefestung Toulon nach, auch deshalb, weil »dies das einzige Mittel sein wird, die Flotte in dem Mediterraneo zu haben, ohne welche sonst die Impresa von Neapel nicht vorgenommen werden könnte«. Das eine, die Eroberung Neapels, nicht zu unterlassen, und das andere, den Krieg nach Südfrankreich hineinzutragen – das war der Kompromiß, den Eugen anstrebte und der gefunden wurde. Dessen erster Teil glückte, doch der zweite mißglückte, was Eugen kaum gewundert haben dürfte.
Während die Franzosen nach der Niederlage bei Turin Oberitalien räumten, zählten Eugen und Viktor Amadeus die Häupter ihrer Truppen und konnten nicht so viele, wie nötig gewesen wären, zusammenbringen, weil das Korps für Neapel, die Besatzung in der Lombardei und die Verteidiger der Alpengrenzen Piemonts abzuziehen waren. Immerhin konnten sie für den Zug nach Südfrankreich fast 40000 Mann, Österreicher und Piemontesen, Preußen und Pfälzer, zusammentrommeln. Den Oberbefehl ließ sich der Herzog von Savoyen nicht nehmen, aber der Prinz von Savoyen stand neben ihm, um Fehler, die dem Vetter unterlaufen würden, so gut es ging zu korrigieren.
Anfang Juli 1707 gelangte die Hauptmacht über den Col di Tenda in die Grafschaft Nizza, an deren Küste eine englisch-holländische Flotte kreuzte. Am 11. Juli wurde der Var überschritten und die Route nach Toulon eingeschlagen. Weniger der nur schwache Widerstand der Franzosen, die an dieser Stelle keinen Angriff erwartet hatten, als die Erschöpfung der eigenen Truppe und Verzögerungen beim Nachschub verlangsamten den Vormarsch. Am 26. Juli stand man vor dem

von einem Befestigungswall geschützten Toulon, in dem inzwischen 20 000 Verteidiger zusammengezogen waren.

Die Belagerung begann, einige Forts wurden erstürmt, und die alliierten Kriegsschiffe feuerten unentwegt auf Hafen und Stadt. Aber die Seefestung erwies sich als eine kaum zu knackende Nuß, und schon rückten 30 000 Franzosen zum Entsatz heran.

Eugen sah die Gefahr, daß die Belagerer zwischen zwei Feuer geraten würden und ihnen der Rückweg abgeschnitten werden könnte. Im Osten waren Antibes, Villefranche und Monaco in französischer Hand geblieben. Seine Bedenken wurden zunächst im Kriegsrat nicht geteilt; vor allem die englische Admiralität, »ob sie schon den Krieg zu Land nicht versteht«, bestand auf der Eroberung des Haupthafens der französischen Mittelmeerflotte, »ungeachtet die pure Unmöglichkeit dessen klar vor Augen liegt«. Weniger die Warnungen Eugens als die treffenden Argumente der französischen Waffen veranlaßten schließlich die Alliierten, in der Nacht vom 21. zum 22. August 1707 den Rückmarsch anzutreten. Eine Woche später war man fast unbehelligt wieder am Var angekommen und verließ den Boden Frankreichs, auf dem man nicht reüssiert hatte.

Die Alliierten waren mit einem blauen Auge davongekommen. Aber die Erfolglosigkeit nagte am Selbstbewußtsein des erfolgverwöhnten Eugen, und Viktor Amadeus, der den Sacro egoismo nicht nur politisch, sondern auch persönlich pflegte, schob alle Schuld auf seinen Vetter, obgleich er selber und nicht dieser den Oberbefehl innegehabt hatte. Auch daß ihm Eugen die savoyische Festung Susa zurückeroberte, vermochte seinen Groll gegen den Vetter nicht zu dämpfen, der Mailand, das er selbst gerne gehabt hätte, im Namen des habsburgischen Königs von Spanien und zum Nutzen des habsburgischen Kaisers in Wien als Generalgouverneur verwaltete.

Allzu viele Energien investierte Eugen nicht in dieses Amt. Er verließ sich auf den Zivilverwalter Ercole Giuseppe Marchese di Prié, auf den er in Mailand und später in den Niederlanden baute. Ihn selber erwarteten andere Aufgaben, für die er besser geeignet und für die er auch vorgesehen war. Nicht ernst nahm er ein Angebot aus Rußland. Im Nordischen Krieg mit Schweden durch den Ausfall seiner Verbündeten Dänemark und Sachsen ins Hintertreffen geraten, sah es sich anderweitig nach Unterstützung um. Glaubte Zar Peter sie bei Eugen von Savoyen, dem Feldherrn der Großen Allianz, die ihm zur Rückendeckung willkommen gewesen wäre, finden zu können? Jedenfalls bot er ihm die Krone Polens an. Eugen meinte zwar, daß »es gegen die Natur ist, eine Krone auszuschlagen«, aber die Annahme dieses Diadems von des Zaren zweifelhafter und der Polen wankelmütiger Gnade wäre ihm widernatürlich vorgekommen; er lehnte ab.

Auch den Oberbefehl über die Streitkräfte Karls III. in Spanien wollte er nicht übernehmen, obwohl er damit der Sache Habsburgs hätte dienen können. Aber er besaß genug Scharfsinn, um die Aussichtslosigkeit eines Waffengangs des habsburgischen Gegenkönigs gegen den bourbonischen König Philipp V. zu erkennen. Nur vorübergehend hatte es so ausgesehen, als könnte Karl im Kampf um den Hauptteil des spanischen Erbes, das spanische Mutterland, die Oberhand gewinnen. König Dom Pedro II. von Portugal war an seine Seite getreten, die Engländer hatten Gibraltar – freilich für sich und nicht für ihn – erobert, der Habsburger war Herr von Valencia, Katalonien und Aragon geworden, und im Jahre 1706 konnte sogar ein englisch-portugiesisches Heer die Hauptstadt Madrid besetzen. Dann wendete sich das Blatt. Der französische Marschall Herzog von Berwick siegte 1707 bei Almansa, Madrid mußte geräumt werden und die südlichen Provinzen kündigten Karl III., der in die Nordostecke Spaniens und in seine provisorische Hauptstadt Barcelona zurückgeworfen wurde, die Gefolgschaft.

»Wir hoffen, Prinz Eugen werde den Oberbefehl in Spanien übernehmen. Diesem ihrem Lieblingshelden folgen die Deutschen überallhin nach«, erklärte Marlborough im englischen Parlament, dem mehr an Spanien als an Italien gelegen war. Aber der Savoyer wollte nicht eine Kriegsbühne betreten, auf der ihm eine undankbare Rolle zugedacht und kein Beifall zu erwarten war. Seine militärischen Bedenken wurden durch die

Überlegung verstärkt, daß selbst ein Erfolg, die Eroberung ganz Spaniens, seinem Kaiser wenig einbringen würde, weil – wie es sein politischer Ratgeber Wratislaw ausdrückte – Italien und Deutschland sich miteinander regieren ließen, nicht aber Deutschland und Spanien.

Auf der Apenninenhalbinsel hatte Eugen seine Mission für Habsburg erfüllt, aber das Gebiet des römisch-deutschen Reiches blieb im Westen von Frankreich bedroht. Dort war Eugen nun gefordert. Am 21. Februar 1707 wurde er vom Reichstag in Regensburg einstimmig – an Stelle des verstorbenen Markgrafen Ludwig Wilhelm von Baden – zum katholischen Reichsfeldmarschall gewählt. Es gab noch, der Parität im Reiche wegen, einen protestantischen Reichsfeldmarschall, den Markgrafen Christian Ernst von Brandenburg-Bayreuth. Weil er enttäuschte, wurde er noch im selben Jahr durch den Kurfürsten Georg Ludwig von Hannover ersetzt, dessen Bedeutung mehr im Politischen als im Militärischen lag. Vom bewährten Feldherrn Eugen versprachen sich die Reichsstände die Erfüllung der ihm auferlegten Pflicht, »das Heilige Römische Reich zu bedecken und vor allen feindlichen Gewalttätigkeiten zu bewahren«.

Solche wurden weiterhin am Rhein erwartet, obschon dort, seit der Vertreibung der Franzosen aus Südwestdeutschland nach ihrer Niederlage bei Höchstädt, die Hauptgefahr gebannt war. Eine Defensive an dieser Front erschien Eugen weiterhin möglich, eine Offensive über den Rhein und die Vogesen hinweg in Richtung Paris indes nicht ratsam. Das Hauptkriegsziel war und blieb, Frankreich einen entscheidenden Schlag zu versetzen, damit es ein für allemal die Lust verlöre, seine Nachbarn anzugreifen.

Die Achillesferse Ludwigs XIV. lag im Norden. In den Niederlanden konnte Eugen Frankreich treffen, damit Gefahren vom Rhein abwenden und als Generalleutnant – Joseph I. hatte ihn am 2. Mai 1708 zum Generalissimus aller seiner Truppen bestellt – spezifische österreichische Interessen wahrnehmen. Denn der Anspruch des Habsburgers auf die spanischen Niederlande war immer noch nicht gesichert und – im Frühjahr

1708 – aufs neue gefährdet. Die Franzosen hatten unter Vendôme einen Gegenangriff unternommen und die Alliierten unter Marlborough zurückgedrängt. Schon waren die Festungen Gent und Brügge gefallen, es war höchste Zeit, daß Prinz Eugen die Kriegsbühne betrat.

Der Feldzugsplan für 1708 wurde in Hannover besprochen, der Hauptstadt des Kurfürstentums, das als Scharnier zwischen den Anliegen des Reiches, Englands und Österreichs galt. Kurfürst Georg Ludwig war der Sohn Sophies, einer Enkelin König Jakobs I. von England. Ihr und ihren protestantischen Nachkommen war durch die Sukzessionsakte von 1701 die Thronfolge in Großbritannien und Irland für den Fall zugesichert worden, daß Königin Anna ohne Leibeserben bliebe. Sie und Sophie starben 1714, sodaß Kurfürst Georg Ludwig, der in diesem Jahr als Georg I. zum König ausgerufen und gekrönt wurde, England und Hannover in Personalunion verband.

Noch herrschte Georg Ludwig nur in seinem Stammland. Von Leopold I. erhielt er 1692 die neunte Kurwürde als Belohnung für die dem Kaiser und dem Reich geleisteten Kriegsdienste gegen Franzosen und Türken sowie gegen das Versprechen, in Treue fest zum Hause Habsburg zu stehen. Dazu erhielt er erneut Gelegenheit, als er zum protestantischen Reichsfeldmarschall an der Seite des katholischen Reichsfeldmarschalls Prinz Eugen berufen wurde.

Ende April 1708 kamen Georg Ludwig, Marlborough und Eugen in Hannover zusammen, um die Operationen der Großen Allianz zu koordinieren. Die beiden Feldherren waren sich bereits einig geworden. Der Kurfürst jedoch, der auf seinen hohen Rang pochte, sperrte sich zunächst gegen Vorschläge des Engländers und des Savoyers, weil es ihn verdroß, daß der Sachverstand der niedriger Geborenen die Amtsgnade des Hochgeborenen übertraf. Seine Mutter, Kurfürstin Sophie, ließ sich von den Schnupftabakflecken auf Eugens Rock nicht davon abhalten, die Qualitäten des Mannes, der in diesem Rock steckte, zu erkennen und zu schätzen.

Schließlich stimmte der Kurfürst dem Plan seiner Gäste zu,

der die Aufstellung von drei Armeen vorsah: am Oberrhein unter Georg Ludwig, an der Mosel unter Eugen und in den Niederlanden unter Marlborough. Die beiden Feldherren suchten die Entscheidung in den Niederlanden, und der Hannoveraner hielt die Front, an der er kommandierte, für die wichtigere und wollte dort mit Hilfe Eugens und dessen Moselarmee zu Ruhm und Ehren gelangen. Wieder einmal erwies sich der Savoyer nicht nur als Meister der Taktik, sondern auch als Meister der Finten. Da er davon ausgehen konnte, daß die Abwehrfront am Rhein gefestigt war, dachte er nicht an ein Zusammenwirken seiner Armee mit jener Georg Ludwigs, sondern plante, sie Marlborough auf dem Hauptkriegsschauplatz zuzuführen, wie es die beiden abgesprochen, aber dem Kurfürsten verschwiegen hatten. Der Hannoveraner wurde in seinem Glauben bestärkt, daß er auf den Savoyer zählen könnte, und erst im letzten Moment von Eugen unterrichtet, daß er sich gezwungen sähe, dem von der französischen Offensive bedrängten Marlborough zu Hilfe zu eilen.

»Wir hielten es nicht für rätlich«, erklärte Marlborough, »Seiner Kurfürstlichen Durchlaucht die Absicht der Vereinigung unserer beiden Armeen zu eröffnen, so daß, wenn es dazu kommt, er sehr entrüstet sein wird; aber da der Erfolg des Feldzugs davon abhängt, konnten wir nichts anderes tun.« Der Getäuschte war in erster Linie über den katholischen Reichsfeldmarschall empört. Er sei von ihm geprellt worden, beschwerte er sich beim Kaiser, die Verabredung in Hannover sei nur Spiegelfechterei gewesen, an eine Unternehmung an der Mosel sei von Eugen nie ernstlich gedacht worden.

Den Prinzen von Savoyen focht dies nicht an, auch wenn ihm bewußt war, daß er sich den Hannoveraner zum Feind gemacht hatte. Er hielt es mit dem Florentiner Machiavelli, wenn er nicht anders als mit fragwürdigen Mitteln zu einem Erfolg für die von ihm für richtig gehaltene Sache gelangen konnte. Der Kurfürst wäre kaum für die Aufstellung der hauptsächlich aus Reichstruppen zusammengesetzten Moselarmee zu haben gewesen, wenn ihm Eugen seine Absicht eröffnet hätte, sie mit jener Marlboroughs zu vereinigen, damit sie an der Front, an der eine Entscheidung herbeizuführen war, vereint die Franzosen schlagen könnten.

In Süddeutschland war 1704 der Herzog von Marlborough dem Prinzen von Savoyen zu Hilfe gekommen, nun revanchierte Eugen sich. Am 29. Juni 1708 setzte er seine 15 000 Mann von Koblenz in Richtung Maastricht in Marsch, ritt mit Husaren dem Gros voraus und war am 6. Juli in Marlboroughs Hauptquartier zu Assche, westlich von Brüssel, zur Stelle. Der Engländer schien nicht mehr der alte zu sein. Herzattacken und Magenkoliken machten ihm zu schaffen, und das Vordringen der Franzosen, das er nicht aufzuhalten vermocht hatte, schien ihn entmutigt zu haben. In seiner Niedergeschlagenheit könne ihm nichts mehr Trost gewähren als die Gegenwart des Freundes, eröffnete Marlborough dem Prinzen Eugen und ging mit ihm daran, den Feind zurückzuschlagen.

Gemeinsam wurde beschlossen, die zwischen Gent und den Verbündeten stehenden Franzosen unter Marschall Vendôme und dem Herzog von Burgund schon in den nächsten Tagen nicht frontal, sondern nach Umgehung in der rechten Flanke anzugreifen. Dies geschah am 11. Juli 1708 bei Oudenaarde in Ostflandern mit vollem Erfolg. Es bestand kein Zweifel darüber, wer die Verlierer waren: Marschall Vendôme und der Herzog von Burgund, der älteste Enkel Ludwigs XIV., des Hauptverlierers. Wer aber war der Sieger? Gegner Marlboroughs in England sprachen Eugen den Ruhm von Oudenaarde zu. Joseph I. verglich seinen Generalissimus in einem Dankschreiben mit Julius Caesar, dessen »ankommen, sehen und obsiegen« sich Eugen zu eigen gemacht habe. Aber zu einer »unsterblichen Glorii« hatte ihm Marlboroughs Armee verholfen, denn seine eigene war noch nicht zur Stelle gewesen.

Indessen berichtete der holländische Felddeputierte Goslinga, der die Interessen seines Landes im Hauptquartier vertrat, der durch seine Krankheit behinderte Engländer sei während der Schlacht nicht in der Lage gewesen, klare Befehle zu geben, weswegen er und seine Kollegen an den Österreicher mit der Bitte, das Kommando zu übernehmen, herangetreten seien. Eugen habe sich zunächst gesträubt, schließlich eingewilligt, seinen Hut gezogen, sein Pferd angespornt und sich an die Spitze der Angreifer gesetzt.

In Paris verglich Liselotte von der Pfalz Eugen mit einem Eckstein, der wieder einmal auf den Gegner gefallen und ihn zermalmt habe. Ein Augenzeuge, der bei Oudenaarde in Gefangenschaft geratene Herzog von Biron, erzählte, Generäle und Offiziere hätten »im Detail« weit mehr auf den österreichischen Feldherrn als auf ihren englischen Oberbefehlshaber gehört und ihm in größerem Maße Vertrauen und Respekt entgegengebracht, wodurch aber die grundsätzliche und erstaunliche Übereinstimmung zwischen Marlborough und Eugen nicht beeinträchtigt worden sei. Fest steht, daß der Plan des zum Sieg führenden Umfassungsangriffes von beiden beschlossen worden war, auch wenn ihn Eugen wegen der Indisposition Marlboroughs im wesentlichen allein durchführte. »Der Prinz und ich werden niemals in der Frage des Anteils an Ruhm und Lorbeer Meinungsverschiedenheiten haben«, sagte Marlborough, und Eugen lag es fern, die Glorie des Waffenbruders zu schmälern. Er dachte wie der Medailleur, der auf einer Gedenkmünze für Oudenaarde die beiden als Dioskurenpaar siegend über das Schlachtfeld reiten ließ.

Wie Kastor und Pollux verfolgten sie gemeinsam die geschlagenen Franzosen, aber die Frage, wie weit man dabei gehen sollte, beantworteten die »Brüder« in unterschiedlicher Weise. Marlborough, der mit wachsender Gesundung seinen Schwung wiederfand, wollte direkt, zwischen den französischen Festungen hindurch, auf das nicht allzu ferne Paris losmarschieren. Eugen gedachte zuerst – nun auch auf seine inzwischen eingetroffene Moselarmee gestützt – die festen Plätze an der Nordgrenze Frankreichs einzunehmen. Der Meister des Bewegungskrieges überraschte Freund wie Feind mit seinem Entschluß, wie ein Feldherr alten Schlages einen Festungskrieg zu führen. Es stellte sich heraus, daß er damit seinem Ansehen geschadet und der gemeinsamen Sache nicht genützt hatte.

Die Holländer, stets auf Defensive bedacht, stimmten Eugen zu, und dem zur Offensive bereiten Marlborough blieb nichts anderes übrig, als nachzugeben. »Wir müssen in dieser Weigerung der Alliierten, Marlboroughs Plan einer Invasion Frankreichs an diesem entscheidenden Punkte zu akzeptieren, einen der Kardinalpunkte des Krieges sehen«, bemerkte sein Biograph Winston Churchill. Auch wenn Ludwig XIV. die ihm von den Verbündeten »zugefügten Wunden und Demütigungen ertragen hatte, stand er doch unmittelbar vor dem Zusammenbruch«. Anstatt diesen zu beschleunigen, indem man den Krieg nach Frankreich mit der Aussicht hineintrug, den Frieden in Paris zu diktieren, verbiß man sich in die Schlüsselfestung Lille, die von dem großen Festungsbauer Vauban zu einem für unüberwindlich gehaltenen Bollwerk ausgebaut worden war und von 15 000 Franzosen verteidigt wurde. Je länger die Belagerung dauerte, desto mehr schien es Eugen aufgegangen zu sein, daß es ein Fehler gewesen war, seinen Kopf gegen Marlborough durchgesetzt zu haben. Durch waghalsige persönliche Einsätze schien er wettmachen zu wollen, was er an strategischem Wagemut hatte vermissen lassen.

Die Festung Lille, die er im August 1708 eingeschlossen hatte, war im Oktober immer noch nicht gefallen, und das Heranrücken einer französischen Armee drohte die Belagerer zwischen zwei Feuer geraten zu lassen. »Im Festungskrieg«, kommentierte Eugens Biograph Max Braubach, »hat anscheinend der große Stratege und Schlachtensieger nicht die gleiche Wendigkeit und Anpassung gezeigt wie im freien Felde.« Marlborough, der ihn nicht im Stich lassen wollte, setzte sich Richtung Lille in Bewegung, ohne rechte Hoffnung, daß die Unternehmung einen glücklichen Abschluß finden würde. »Der Prinz allein mit seiner Kaltblütigkeit schien sich nicht viel Sorge zu machen«, bemerkte der holländische Felddeputierte Goslinga. »Die Lage und die Nöte, in denen wir uns schließlich befanden, bewiesen nur zu sehr, daß der Prinz zu viel Mut oder zu viel Gleichgültigkeit besaß.«

Jedenfalls besaß er die Ausdauer, die Sache, die er nun einmal angefangen hatte, zu einem Ende zu bringen. Erst am 23. Oktober ergab sich die Stadt Lille und noch später, am 9. Dezember 1708, die Zitadelle. Ein Einfallstor nach Frankreich war geöffnet, aber die fortgeschrittene Jahreszeit verbot einen Einmarsch, den sich Eugen ohnehin versagen zu müssen meinte. Der Feldzug 1709, der erst im Juli in den Niederlanden begann, richtete sich zuerst gegen die französische Festung Tournai, die im Rücken wie in der Flanke der alliierten Armee lag. Die Stadt fiel nach drei Wochen, die Zitadelle am 3. September. Nun konnten sich Eugen und Marlborough, die wiederum gemeinsam operierten, der französischen Armee unter Villars zuwenden, die in der Nähe von Mons bei Malplaquet Stellung bezogen hatte. Der Engländer stieß zuerst auf sie, wartete jedoch das Eintreffen des Savoyers zu einem gemeinsamen Angriff ab.

Am 11. September 1709 entbrannte die Schlacht, in die Eugen auf dem rechten Flügel die Kaiserlichen, Reichstruppen, Dänen und Sachsen, und Marlborough auf dem linken Flügel die Engländer, Holländer, Hannoveraner und Preußen führte. Die Verbündeten rannten mehrmals frontal gegen die im Walde verschanzten Franzosen an, die sich schließlich in voller Ordnung auf ein vorbereitetes Lager bei Valenciennes zurückzogen. Die Alliierten behaupteten das Schlachtfeld und erklärten sich zu Siegern, waren aber nicht in der Lage, den Gegner zu verfolgen und den Triumph sicherzustellen.

Malplaquet war die letzte große und für die Verbündeten verlustreichste Schlacht des Spanischen Erbfolgekrieges, die größte Schlacht des 18. Jahrhunderts. Eugen hatte geahnt, daß im Jahre 1709, in dem beide Seiten endlich eine Entscheidung herbeiführen wollten, ein »schärferes und blutigeres Treffen« als »den ganzen Krieg hindurch« bevorstünde. Doch die Härte und die Opfer des Ringens bei Malplaquet hatte er nicht erwartet. 90000 Alliierte waren gegen 80000 Franzosen angestürmt. Auf der Seite der Franzosen hatten zwölf spätere Marschälle gestanden, auf jener der Alliierten zwei künftige Könige: der preußische Kronprinz und spätere Soldatenkönig Friedrich Wilhelm I. und Erbprinz Friedrich von Hessen-Kassel, nachmaliger König von Schweden.

Villars war schwer, Eugen leicht verwundet worden und Marlborough wieder in Depression verfallen. Die Verbündeten hatten 25000 Mann, fast ein Drittel ihrer Armee, an Toten und

Verwundeten eingebüßt, die Franzosen nach eigenen – wohl untertriebenen – Angaben 11 000 Mann. Als Eugen am Tage danach an den schier endlosen Reihen der Gefallenen vorüberritt, mochte er an Pyrrhus, den König von Epirus, gedacht haben, der nach seinem verlustreichen Sieg bei Ausculum in Apulien ausgerufen haben soll: »Noch ein solcher Sieg, und ich bin verloren!«

»L'ultimo pensiero è la pace«, hatte ein venezianischer Diplomat von Eugen behauptet, und er selber schien nach seinem Pyrrhussieg an diese Ultima ratio gedacht zu haben. »Man hat dabei große Verluste gehabt, und ich glaube, daß man den Frieden haben könnte, wenn man wollte«, schrieb er nach Malplaquet dem Hofkanzler, Graf Philipp Ludwig von Sinzendorf, der jedoch am Kriegskurs festhielt, den Eugen mit eingeschlagen hatte und den er nun, indessen nicht ohne weitestgehendes Entgegenkommen des Gegners, baldmöglichst beenden wollte.

Achtes Kapitel

Lorbeer und Olivenzweig

Eine halbe Sonne war auf einer nach Malplaquet geprägten Gedenkmedaille zu sehen, doch unklar blieb, ob sie für Frankreich untergehen oder für Österreich aufgehen würde. Für beide hätte die Friedenssonne im Jahre 1709 scheinen können. Wenn es nicht dazu kam, der Krieg weiterging und der Blutzoll von Malplaquet zu entrichten war, so lag das auch am Generalleutnant des Habsburgers, dem Prinzen Eugen von Savoyen.

Der Sonnenkönig, der wie Helios als Sonnengott vierspännig dem Zenit seiner Macht über Frankreich und Europa entgegengefahren war, begann dessen Sohn Phaeton zu gleichen, der sich die Führung des Sonnenwagens anmaßte, aber die Zügel nicht in der Hand behalten konnte, sodaß die Rosse aus der Bahn brachen und in die Tiefe stürzten. Die unaufhörlichen Kriegszüge, die Ludwig XIV. führte, hatten sein großes und reiches Land an den Rand des Ruins gebracht. »Ganz Frankreich ist ein einziges Hospital ohne Versorgung«, warf Fénelon, der Erzbischof von Cambrai, dem Monarchen vor. Vauban, der hinter seinen Grenzfestungen das Königreich verfallen sah, wies ihn darauf hin, daß die unteren Klassen »wegen der Kriegsanforderungen und der Besteuerung ihrer Ersparnisse in Lumpen und zerfallenden Hütten« lebten, während die Äcker brachlägen, weil ihre Söhne im Felde stünden. Zur Verteidigung der Nordgrenze waren mit einer letzten Kraftanstrengung 80 000 Mann unter dem Lilienbanner zusammengetrommelt worden. Doch die Heimatfront schien im strengen Winter 1708 auf 1709 zusammenzubrechen. »Gärten gingen ein und das ausgesäte Getreide verdarb«, erinnerte sich der Herzog von Saint-Simon. »Man kann sich die allgemeine Verzweiflung angesichts des allgemeinen Ruins nicht vorstellen.« Hungernde rüttelten an den Gittern von Versailles, und in Paris ging das Volk auf die Straße.

Im Jahre 1708 war die Schlacht bei Oudenaarde verlorengegangen und die Grenzbastion Lille in Feindeshand gefallen. In Italien wurde allein Sizilien gehalten, in Spanien hatte der Bourbone Philipp V. immer noch nicht den Habsburger Karl III. verdrängt, und die spanischen Niederlande waren weitgehend von den Alliierten besetzt. Ludwig XIV. mußte erkennen, daß er mit seinem Griff nach dem spanischen Erbe den Bogen überspannt hatte. Als der Traum von einem Bourbonenreich, in dem die Sonne nicht unterging, mehr und mehr entschwand, versuchte er wenigstens etwas davon festzuhalten. Im Frühling 1709 sandte er einen ersten Friedensboten, den Diplomaten Rouillé, zu den Holländern, die am ehesten geneigt schienen, einen Krieg zu beenden, in den sie schon viel zu viel Geld gesteckt hatten.

Prinz Eugen, der sich im Januar 1709 vom Hauptquartier in den Niederlanden in die Wiener Kanzlei des Hofkriegsratspräsidenten begeben hatte, mußte sich auf ein französisches Friedensangebot einstellen. Seine grundsätzliche Haltung hatte er noch Im Haag gegenüber Marlborough bekräftigt: Wenn er Kaiser oder König wäre, würde er alles bis aufs Hemd hingeben, um durch Niederwerfung des Monstrums Frankreich die Gefahr zu bannen, von ihm verschlungen zu werden.

In der Hofburg beratschlagte die Geheime Konferenz, deren ständiges Mitglied Eugen war, wie auf die französischen Friedensfühler zu reagieren sei. Weit davon entfernt, sich mit den Eroberungen in Italien und in den Niederlanden zu begnügen, bestand man für das Erzhaus auf dem gesamten spanischen Erbe und setzte sich über die Bedenken hinweg, daß die Seemächte, die ein bourbonisches Großreich nicht duldeten, ein habsburgisches Großreich kaum hinnehmen würden. Der Appetit der Österreicher war nicht zu zügeln; obendrein verlangten sie von Frankreich die Rückgabe von Straßburg, des Elsaß wie der Bistümer Metz, Toul und Verdun an das römisch-deutsche Reich. Selbst wer davon ausgegangen wäre, daß man in Verhandlungen möglichst viel verlangen sollte, um nicht ganz leer auszugehen, hätte sich eingestehen müssen, daß derartige Maximalforderungen nicht allein bei den Franzosen, sondern auch bei den Engländern und Holländern auf Ablehnung stoßen würden.

Die Geheimen Räte schienen das Motto in die Tat umsetzen zu wollen, das Kaiser Friedrich III. auf einem am Riesentor der Stephanskirche angebrachten Mammutknochen hatte aufmalen lassen: »A.E.I.O.U. – Austria Est Imperare Orbi Universo – Österreichs Sendung ist's, dem Erdkreis zu gebieten«. Joseph I., der den österreichischen Sonnenkaiser spielte, schien den französischen Sonnenkönig - das imposantere Versailles ausgenommen - mit einem größeren und mächtigeren Reich übertrumpfen zu wollen.

Prinz Eugen strebte auf dem Schlachtfeld die Vernichtung des Gegners an, konnte sich aber den Umständen anpassen und beharrte nicht um jeden Preis auf diesem Ziel. Würde er sich am Konferenztisch ähnlich verhalten, statt eines Totalsieges sich mit einem Teilerfolg zufrieden geben? Vom Hofkanzler Sinzendorf, der wie Generalleutnant Prinz Eugen den Kaiser bei den bevorstehenden Friedensverhandlungen Im Haag vertreten sollte, war dies kaum anzunehmen. Der englische Bevollmächtigte Marlborough erwartete jedoch von seinem Mitstreiter Eugen auch weiterhin nüchternes Kalkül und Augenmaß.

Mit dem schweren Gepäck der in Wien auferlegten Bedingungen brach der Prinz nach Den Haag auf. Er ging davon aus, »daß Frankreich den Krieg auf keine Weise mehr ausstehen« würde und deshalb von ihm vieles verlangt und auch erlangt werden könnte, falls »man beisammen halten und sich untereinander wohl verstehen möchte«. Gleichwohl hatte er in der Vergangenheit erfahren, daß die Alliierten nicht einmal im Krieg in gegenseitigem Einvernehmen gehandelt hatten, und er mußte befürchten, daß ihre Verhandlungen über einen Frieden nicht auf einen Nenner, schon gar nicht auf den österreichischen, zu bringen wären.

Wenn er Seite an Seite mit Marlborough in die Verhandlungen eintreten und einem gemeinsamen Ziel entgegenschreiten wollte, mußte er von den Wiener Maximalforderungen abgehen. Mit Wratislaw war er ohnehin der Meinung, daß Spanien kein Segen, Italien aber ein Gewinn für Österreich wäre. An sein Wahlvaterland und nicht an das römisch-deutsche Reich dachte Eugen wie immer zuerst; dennoch wünschte sich der Reichsfeldmarschall im Westen eine Reichsbarriere an den Vogesen.

»Ich kenne die Leute, mit denen wir es zu tun haben«, erklärte der Savoyer. »Die Erfahrung der Vergangenheit läßt deutlich erkennen, wie wenig man den Versprechungen Frankreichs trauen kann und daß das Kaiserhaus keinen ärgeren Feind hat als die Bourbonen.« Auch wenn Frankreich durch einen Friedensvertrag empfindlich geschwächt würde, wäre zu bedenken, »daß es binnen weniger Jahre ohne Zweifel sich erholen und von neuem beginnen wird, seine Nachbarn zu quälen«.

Doch »alle oder doch die meisten seiner Gegner« seien von der Furcht befallen, Frankreich, das sich durch seine Eroberungssucht »in eine so schlimme Lage so wie jetzt versetzt« habe, »zu tief zu erniedrigen«, befand er während der Haager Friedensverhandlungen. Vor allem wollten England und Holland das verbündete Österreich nicht zu sehr erhöhen, sondern ein Gleichgewicht der Mächte herstellen.

Ludwig XIV. war nolens volens bereit, auf das Übergewicht zu verzichten, das er durch die Masse des spanischen Erbes bekommen hätte. Er wollte für sich und seinen Enkel ganz auf Spanien verzichten und für Philipp von Anjou lediglich Neapel und Sizilien behalten. Dieses Angebot verlockte die Engländer, die primär an die Balance of power dachten, und die Holländer, die in den von den Franzosen befreiten Niederlanden eine Barriere vor ihrer Grenze zu errichten gedachten.

Doch Habsburg begnügte sich nicht mit vier Fingern, der Herrschaft Karls III. über das spanische Hauptland, die Niederlande und die Überseegebiete, was Frankreich zuzugestehen bereit schien. Joseph I. wollte die ganze Hand ergreifen, das Territorium seines Bruders sichern, für sich Mailand und Neapel behalten und Sizilien erwerben. Das Pochen auf den

Wahlspruch des Habsburgerkaisers Ferdinand I. »Fiat justitia, pereat mundus – Gerechtigkeit muß sein, und sollte die Welt darüber zugrunde gehen«, erboste den Feind, verstimmte den Freund und ließ Eugen, auch wenn er ihn gesucht hätte, keinen Spielraum bei den Verhandlungen Im Haag.

Die Schwierigkeiten begannen bereits auf der Hinreise. Der harte Winter hatte die Straßen mit Schnee und Eis bedeckt und der Frühling sie so »gebrochen und impraktikabel gemacht«, daß Eugen von Köln nur mit dem Rheinschiff weiterkam. Am 7. April 1709 war er in der holländischen Hauptstadt, wo er zuerst beim Ratspensionär Heinsius dagegen protestierte, daß der französische Unterhändler Rouillé empfangen und angehört worden war. Der Kaiser, ließ er den Holländer wissen, werde lieber den Krieg bis auf den letzten Mann fortsetzen als sich vom spanischen Erbe auch nur ein Jota abhandeln lassen.

Zwei Tage später traf Marlborough ein, den Eugen sogleich für ein gemeinsames Vorgehen zu gewinnen suchte und dabei mehr persönliches als sachliches Entgegenkommen fand. Die Holländer irritierten ihn mit der Forderung, in die von ihren Truppen zu besetzende Barrierezone nicht nur die wichtigsten niederländischen und nordfranzösischen Festungen, sondern sogar die auf Reichsgebiet liegenden Orte Lüttich und Bonn einzubeziehen. Während die Alliierten sich auf keine Verhandlungsposition einigen konnten, trat im Mai der französische Außenminister Marquis de Torcy zwischen sie und legte das Friedensangebot Ludwigs XIV. auf den Tisch. Das Feilschen begann, wobei Eugen auf seinen Instruktionen bestand und alle als Kavaliere die Grenzen der Höflichkeit nicht überschreiten wollten.

Auf dem Haager Kongreß wurde nicht nur laviert und finassiert, sondern auch diniert und stark gezecht. Besonders behaglich fühlte sich der an Feldquartiere und Biwakkost gewöhnte Eugen dabei nicht. Einem Engländer erschien er im einfachen grauen Rock und mit dunkler Perücke, »die nicht zu den besten ihrer Art gehörte«, als ein Außenseiter der illustren Diplomatengesellschaft. Schon war er nahe daran, durch seine persönliche Verschlossenheit wie die ihm von Wien auferlegte

*Anthony Heinsius, holländischer Ratspensionär.
Stich von Hendrik Pothoven nach einem Gemälde
von G. van der Eikhout.*

Unnachgiebigkeit sich am Konferenztisch selbst auszumanövrieren. Dabei war Torcy weit entgegengekommen. Doch das Elsaß, außer der geschleiften Festung Straßburg, wollte er nicht herausgeben; falls man darauf bestehe, müßte er sofort abreisen. Heinsius, dem am meisten an einem baldigen Frieden gelegen war, bewog den Franzosen zum Bleiben und zu der Zusage, die von den Alliierten schriftlich zu formulierenden Bedingungen seinem König in Versailles zur Entscheidung vorzulegen.

Beim Entwurf des Vorfriedensvertrages gab es zuerst unter den Verbündeten und dann mit den Franzosen, wie Eugen berichtete, »über alle und jede Punkte viel Redens und Gegenredens«. Am 27. Mai kam ein Papier zustande, das eine Bestimmung enthielt, die ahnen ließ, daß es Papier bleiben würde: Falls Philipp von Anjou nicht binnen zwei Monaten alle spanischen Gebiete aufgäbe, sollte ihn die französische Armee vertreiben helfen. Seinen Enkel aus Spanien hinauszuwerfen, sei zuviel verlangt, fand Ludwig XIV. »Zwingt man mich zum Kampf, dann werde ich lieber gegen meine Feinde als gegen meine Nachkommen antreten.« Diese Begründung erhielt den Beifall der französischen Nation, die sich noch einmal um ihren König scharte.

In Versailles wurde der Haager Vorfriedensvertrag verworfen. Wien lehnte ihn in einzelnen Punkten ab. Eugen hatte in seinem Bericht an den Kaiser zwar hervorgehoben, daß dem Erzhaus »die völlige spanische Monarchie, so wie Karl II. sie besessen, unzertrennt« zugewiesen worden sei, und durchblicken lassen, daß man die Nichtrückgabe des ganzen Elsaß an das Reich bei allem Bedauern verschmerzen könne. Aber in Wien warf der »Reicher« Salm, der aus einem westdeutschen Geschlecht stammte, dem »Österreicher« Eugen vor, die Interessen der Hausmacht des Kaisers über die Anliegen des römisch-deutschen Imperiums gestellt zu haben.

Die Aufregung war umsonst, denn Frankreich wollte lieber weiterkämpfen, als dem »mit frevlem Übermut« – wovon nicht nur Franzosen sprachen – an Ludwig XIV. gestellten Ansinnen, gegen einen Bourbonen an der Seite der gemeinsamen Gegner zu Felde zu ziehen, nachzukommen. Die alliierten Propositionen »sind zu barbarisch; es ist besser verderben und sterben als solche eingehen«, fand Liselotte von der Pfalz und beschuldigte in erster Linie den in Frankreich geborenen Eugen von Savoyen, »den Frieden verhindert zu haben«. Die Feldherren hätten den Krieg fortsetzen wollen, behauptete Voltaire, denn »der Prinz fand darin seinen Ruhm und seine Rache«, und sein Kompagnon Marlborough »Glanz und Reichtum, die er in gleicher Weise liebte«.

Eugen schrieb Torcy, er sei »sehr betroffen«, daß die Haager Friedensprojekte »von seiner Allerchristlichsten Majestät nicht gebilligt worden sind. Die Fortsetzung eines so blutigen Krieges wird noch viel unschuldiges Blut kosten.« Hatte er nicht begriffen, daß er selber beim Überspannen des Bogens mitgewirkt und damit weitere Kriegsgreuel heraufbeschworen hatte? Erst als es zu spät war, schien er den Fehler eingesehen zu haben: Man hätte den ominösen Artikel 37, der Ludwig XIV. ein Eingreifen gegen den Enkel zumutete, aus dem Entwurf des Vorfriedensvertrages herausnehmen sollen; denn in vier Campagnen werde man nicht das gewinnen, wozu man mit einem Federstrich und ohne Vergießung eines Tropfen Blutes hätte gelangen können.

Was die Feder versäumt, sollte das Schwert wettmachen. Auf das Scheitern der Friedensverhandlungen folgte noch im Jahre 1709 ein neuer Feldzug mit Malplaquet, der blutigsten Schlacht des Krieges und des ganzen Jahrhunderts. Als Eugen über die mit Toten bedeckte Walstatt ritt, mochte er den am Verhandlungstisch begangenen Fehler bereut und Marlborough zugestimmt haben, daß die Franzosen »jetzt den Frieden haben sollten, den sie wünschen«.

Aber die Franzosen hatten am Krieg wieder Gefallen gefunden, nachdem es ihnen gelungen war, bei Malplaquet eine alliierte Übermacht hinzuhalten und ihre letzte große Armee mit weit geringeren Verlusten als der Gegner geordnet zurückzuführen und für neue Einsätze bereitzuhalten. Was war denn von den Verbündeten im Jahre 1709 schon erreicht worden? In den Niederlanden hatten sie zwar ein Schlachtfeld behauptet, aber keine Entscheidung erzielt. In Spanien hatte Philipp V. die Oberhand über Karl III. behalten. Sizilien blieb für die Österreicher unerreichbar, und am Rhein lag man sich weiterhin gegenüber.

Während sich der Widerstand der Franzosen versteifte, begann die Eintracht der Alliierten zu bröckeln. In Holland und England nahmen die unsicheren Kantonisten zu, die lieber heute als morgen die Fahnen im Stich gelassen hätten. Eugen suchte sie aufzuhalten und stand sich dabei im Wege. Nachdem sein Gegner Salm in Wien zurückgetreten war und er mit Wratislaw die Regierungshebel in die Hand bekam, hätte er eine vernünftige Friedenspolitik, wie sie Holland und England von Österreich erwarteten, in Bewegung setzen können. Statt dessen schlug er einen harten Kurs ein, der von den Interessen der Verbündeten abwich. Eugen war nicht von seiner Meinung abzubringen, daß Ludwig XIV. erst dann, wenn man ihn militärisch in die Knie gezwungen hätte, sich herbeilassen würde, »einen solchen Frieden herzustellen, damit man dermaleinst vor Frankreich rechtschaffen sicher sein könnte«.

Mit einem Siegfrieden vor Augen traf Eugen im November 1709 wieder Im Haag ein. Dort mußte er feststellen, daß Holländer und Engländer einen Verhandlungsfrieden anstrebten. Schon waren sie hinsichtlich der Barriere in den Niederlanden zu einer Übereinkunft gekommen, die dem habsburgischen Interesse, über diesen Teil des spanischen Erbes ohne Beeinträchtigung zu gebieten, zuwiderlief.

In Wien, wo Eugen den Winter verbrachte, ging man mit gemischten Gefühlen in das Jahr 1710. Einerseits wurde beklagt, daß Holländer und Engländer in der Barrierefrage den Österreichern in den Rücken gefallen waren, andererseits begrüßt, daß beide angesichts der von Ludwig XIV. in der Schwebe gehaltenen Friedensfrage bereit zu sein schienen, gegenüber Frankreich wieder eine härtere Gangart einzuschlagen. Als bei den in Gertruidenberg fortgesetzten Verhandlungen die Franzosen davon unbeeindruckt blieben und sogar Im Haag gemachte Zugeständnisse zurücknahmen, zeigten die Holländer wiederum Nachgiebigkeit, und der weiterhin für Habsburgs

Belange eintretende Marlborough stieß in London auf wachsenden Widerspruch.

Es war höchste Zeit, daß Eugen wieder in den Niederlanden erschien. Noch in Wien sorgte er für Kriegsrüstungen, und in Berlin, wo er Station machte, gelang es ihm – gegen eine Erhöhung der jährlichen Subsidien von 30000 auf 100000 Taler – König Friedrich I. vom Abzug seiner Kontingente aus den alliierten Armeen abzuhalten. Am 11. April 1710 war Eugen wieder Im Haag, zu spät für Friedensfortschritte und rechtzeitig zu einem neuen Feldzug. Als er erkannt hatte, daß »sich die Friedens-Negoziationen fast völlig zerschlagen« hatten, begab er sich mit Marlborough ins Feldquartier, in der Erwartung, daß »unsere Sachen in Waffen jetzt besser als keinmal stehen«. Aber so gut war es diesmal nicht für sie bestellt.

Wieder wurde kein Bewegungskrieg unternommen, abermals begann ein Festungskrieg, der eigentlich nicht Eugens Metier war. So blieben die Erfolge bescheiden. Douai wurde belagert und mit einem Verlust von 8000 Mann, darunter 2000 Gefallenen, eingenommen. Die Eroberung der Festung Béthune kostete 3000 Mann an Toten und Verwundeten. Saint-Venant fiel verhältnismäßig rasch, aber um Aire wurde mit den Belagerten erbittert gekämpft und im eigenen Lager heftig gestritten. Englische, holländische und auch deutsche Generäle wollten nicht länger für die wenigen Lorbeeren, welche die Einnahme relativ unbedeutender Festungen eintrug, immer mehr Soldaten opfern.

Eugen geriet umso mehr in Zorn, als er sich eingestehen mußte, daß er sich auf zweitrangige, keineswegs kriegsentscheidende Unternehmungen eingelassen hatte, wobei die Verluste der Alliierten die der Franzosen noch überstiegen. Endlich konnte Aire genommen werden, aber 6000 Mann waren ausgefallen. »Wenn die Saison für uns günstiger gewesen wäre, würden wir nicht hier Schluß machen«, schrieb Eugen, kleinmütig und kleinlaut geworden, am 27. Oktober 1710 nach Wien, »aber die Truppen haben zu sehr gelitten, um an neuen Einsatz zu denken, und so werden wir sie in die Winterquartiere schicken.«

Zwei entscheidende Fehler, ein militärischer und ein politischer, waren von den Alliierten – und nicht zuletzt von Eugen – in den letzten Jahren begangen worden: der militärische, nach dem Erfolg bei Oudenaarde nicht nach Frankreich hineinzumarschieren, sondern sich in dessen Festungsring zu verbeißen, und der politische, angesichts einer unbefriedigenden Kriegslage das französische Friedensangebot an überzogenen Forderungen scheitern zu lassen. Der Spanische Erbfolgekrieg war an einem Wendepunkt angelangt; von nun an sollte es für Österreich nur noch Rückschritte geben.

Die Bändigung des bourbonischen Rosses erschien umso unwahrscheinlicher, als einer der Dioskuren auszufallen drohte. Marlborough wurde in Londoner Palastintrigen und Parteienkämpfe verwickelt, die ihn zunehmend behinderten und schließlich zu Fall brachten. Seine Gemahlin Sarah und mit ihr der Gemahl fielen bei Königin Anna in Ungnade, und die Tories, die das kontinentale Engagement der Whigs und damit den militärischen Einsatz Marlboroughs mißbilligten, gewannen an Einfluß.

Eugen unternahm etliches, um den Kameraden zu stützen, weil er einen besseren nicht finden konnte und weil ohne die von Marlborough geführten Truppen die Front in den Niederlanden empfindlich geschwächt, vielleicht zusammengebrochen, und ohne die von ihm vermittelten Hilfsgelder die österreichische Kriegsmaschine ins Stottern, wenn nicht gar zum Stillstand gekommen wäre. Nachdem Marlboroughs Hauptstütze in England, seine Frau Sarah, aus dem Hofdienst entlassen worden war, erklärte er am 29. Januar 1711 den Rücktritt von allen seinen Ämtern. Eugen beschwor ihn, diesen Schritt rückgängig zu machen und um der gemeinsamen Sache willen auf dem Posten zu bleiben. Joseph I. verwendete sich für den loyalen Verbündeten des Habsburgers und bewährten Feldherrn der Alliierten. Am 8. Februar 1711 ernannte Königin Anna den Herzog von Marlborough – »als Mann der Notwendigkeit, nicht des Vertrauens« – erneut zum kommandierenden General in den Niederlanden. Aber es war abzusehen, daß seine Laufbahn zu Ende ginge, wenn die »Notwendigkeit«

keine Unterstützung mehr finden würde. Europa drohe nun von England Gefahr, befürchtete Eugen.

Doch diese war nicht die einzige, die er 1711, im elften Jahr des Spanischen Erbfolgekrieges, heraufziehen sah. König Karl XII. von Schweden hatte in seinen Krieg gegen Rußland die Türkei, den Erzfeind Habsburgs im Osten, hineingezogen. Könnte nach einem Erfolg gegen den Zaren der Sultan nicht gegen den Kaiser weitermarschieren, angestachelt von seinem alten Bundesgenossen Frankreich, der neuen Mut gefaßt hatte, und unterstützt von den Ungarn, die zwar zu Boden geworfen waren, aber bei einer türkischen Invasion wieder auferstehen könnten? In den Niederlanden verausgabten sich die Alliierten im Festungskrieg und in Spanien stand Karl III. mit dem Rücken an der Pyrenäenwand. »Man könne nicht verhehlen«, erklärte am 22. Februar 1711 Eugen dem Kaiser, »daß das Erzhaus schwerlich jemals in so mißlichen und gefährlichen Umständen als dermalen begriffen gewesen.« Doch das schlimmste Unheil drohte nicht von den Feinden ringsum, sondern von dem Tod, der am 17. April 1711 Joseph I. ereilte und dem Spanischen Erbfolgekrieg die entscheidende, für Habsburg ungünstige Wendung gab.

Von Joseph I. wollte sich Eugen am 16. April 1711, bevor er wieder an die Front ging, in der Hofburg verabschieden. Weil der Kaiser befürchtete, der Feldherr könnte sich an seinen Pocken anstecken, wurde er nicht vorgelassen. Am Tag darauf, kaum hatte Eugen Wien verlassen, erlag der zweiunddreißigjährige Joseph jener Krankheit, die Maria Theresia »den Erbfeind der kaiserlichen Familie« nannte.

Die Todesnachricht erfuhr der Prinz von Savoyen in Sankt Veit bei Linz durch einen Kurier, der mit der Botschaft auf dem Wege zum Kurfürsten von Mainz, dem Erzkanzler des Reiches, war. »Sie wissen besser als jeder andere, welchen Herrn wir verloren haben«, schrieb Eugen an Sinzendorf, und an Wratislaw, der ebenfalls zum engeren Kreis um Joseph I. gehört hatte: »Mein Kummer wird immer größer, denn ich liebte diesen Fürsten wirklich.«

Die Wertschätzung beruhte auf Gegenseitigkeit. Er wünsche sich noch viele Gelegenheiten, hatte der Kaiser seinem Generalleutnant versichert, »allem, was Sie angeht, meine unveränderliche und vetterliche Lieb und Affektion zeigen zu können«. Joseph I. hätte keinen besseren Verfechter der Sache Habsburgs finden können, und Eugen hatte einen Monarchen gefunden, der zugänglicher als dessen Vorgänger und aufgeschlossener gegenüber den Erfordernissen der Zeit war, was nicht nur seinem jugendlichen Drang, sondern auch einer aus Überlegung gewonnenen Einsicht zugeschrieben wurde. Zumindest hatte es dieser Habsburger verstanden, als Minister fähige und loyale Männer zu berufen, zum Beispiel Wratislaw, der ihm nachrief: »Er hat sich auf mein Tun und Lassen in allem verlassen, auch ist er, um frei zu reden, eher als ein Freund denn als ein Herr mit mir umgegangen.« Eugen sprach von einem Schlag für diejenigen, »welche die Ehre hatten ihm zu dienen, besonders jedoch für mich, der ich stets mich ihm ganz besonders verbunden gefühlt hatte«. Leopold I. sei zu ihm wie ein Vater, Joseph I. wie ein Bruder gewesen, resümierte der Prinz von Savoyen, der es nun mit einem Kaiser zu tun bekam, dem er mehr Respekt als Sympathie für die Person entgegenbringen sollte.

Da Joseph keinen männlichen Nachkommen hatte, erbte sein in Spanien die beanspruchte Königskrone verteidigender Bruder Karl das Haus Habsburg, jedoch nicht die römisch-deutsche Kaiserkrone, die nur durch Wahl der Kurfürsten zu erlangen war. So ließ denn auch der Reichsfeldmarschall Eugen von Savoyen die kaiserlichen Truppen im Reich zunächst nur auf »Ihre katholische, auch zu Hungarn und Böhmen königliche Majestät, Erzherzog von Österreich« einschwören. Für den noch in Barcelona weilenden neuen Herrscher übernahm in Wien die Witwe Leopolds und Mutter Josephs und Karls, Eleonore Magdalena, die Regentschaft. Zur Seite stand ihr ein Beirat von sechs amtierenden Ministern, darunter Wratislaw, Sinzendorf und Prinz Eugen. Sie schickten Karl 600 000 Gulden als Reisegeld, mit dem Ersuchen, so rasch wie möglich die Herrschaft in Österreich anzutreten und sich zum Kaiser wählen zu lassen.

Kaiser Karl VI. Stich von Gustav Adolf Müller nach einem Gemälde von Johann Gottfried Auerbach.

Um ihm den Weg nach Frankfurt am Main, dem Wahl- und Krönungsort, zu ebnen, wurde Prinz Eugen ins Reich entsandt. In Wien befürchtete man, Ludwig XIV. könnte versuchen, einen anderen Kaiserkandidaten, etwa den König von Preußen, ins Spiel zu bringen. Ein solches Vorhaben zu vereiteln, schien kein anderer besser geeignet zu sein als der Reichsfeldmarschall, der sich die Achtung nicht nur der katholischen, sondern auch der evangelischen Reichsstände verdient hatte. Erste Station machte er in Mainz, wo der geistliche Kurfürst und Reichserzkanzler »voller guten Willens und Neigung« für eine baldige Wahl Karls war, die ihm als Selbstverständlichkeit erschien; denn seit 1452 waren nur Habsburger Kaiser geworden. Eugen fuhr nach Bruchsal weiter, wo er mit der Übernahme des Kommandos über die Reichsarmee demonstrierte, daß Österreich nicht nur die ideelle Würde, sondern auch die reale Macht im Reiche zustand.

Auf dem Rhein, den es gegen Frankreich zu verteidigen galt, gelangte Habsburgs Emissär nach Ehrenbreitstein, wo er den geistlichen Kurfürsten von Trier, den Sohn des Türkenbesiegers Karl von Lothringen und Vetter des verstorbenen wie des präsumtiven Kaisers, »zur Beförderung des allerhöchsten Erzhauses über die Maßen disponiert« fand. Bonn und Köln, die Städte des geächteten und geflohenen wittelsbachischen Kurfürsten links liegen lassend, kam Eugen nach Düsseldorf, wo ihm Kurfürst Johann Wilhelm von Pfalz-Neuburg, der Onkel seines alten und neuen Herrn, sich für eine baldige Kaiserwahl seines Neffen einzusetzen versprach.

In der »Pfaffengasse des Heiligen Römischen Reiches Deutscher Nation« hatte Eugen, wie kaum anders zu erwarten, offene Türen gefunden. Im Haag, wo er am 5. Mai 1711 eintraf, fand er eine aus den Fugen gehende Allianz vor. Engländer und Holländer, die dafür gekämpft hatten, daß die Bäume der Bourbonen nicht in den Himmel wuchsen, zeigten wenig Bereitschaft, für ein unter dem Habsburger Karl vereinigtes Österreich und Spanien einzutreten, sich mit einem Großreich abzufinden, in dem wie in jenem Karls V. die Sonne nicht unterginge und unter ihr nicht reichlich Platz für andere Staaten bliebe.

Der Tod Josephs I., der nur in Österreich regierte, der mehr de jure als de facto über das römisch-deutsche Reich herrschte und sich wohl mit einem Teil des spanischen Erbes hätte begnügen müssen, sei ein schwerer Schlag für die Angelegenheiten in Europa gewesen, schrieb Eugen an Marlborough. In der Tat sahen Engländer wie Holländer die Balance auf power gefährdet, wenn Karl, dessen Stellung in Spanien sie verteidigt hatten, ohne diese aufzugeben die Herrschaft in Österreich anträte.

Es sei heute anders als zu »Lebzeiten Caroli Quinti«, suchte Eugen den Vertretern der Verbündeten Im Haag zu erklären. Deshalb würde eine Vereinigung Österreichs, Spaniens und des römisch-deutschen Reiches in Habsburgs Hand keineswegs das Gleichgewicht Europas stören, vielmehr das Übergewicht Frankreichs ausgleichen, den Aggressor von zwei Seiten umfassen und in Schach halten, ergo eine friedliche Zukunft garantieren. Er selbst schien von diesen Argumenten, die er pflichtschuldigst vortrug, nicht ganz überzeugt gewesen zu sein, denn er begann daran zu zweifeln, ob angesichts der Erschöpfung nach einem so langen Krieg und der Schwierigkeiten Karls III. in Spanien »die Behauptung selbigen Kontinents mit Beibehaltung der italienischen österreichischen Landen wird zu erlangen sein«.

Nicht einmal der Gewinn der spanischen Niederlande schien sicher zu sein. Auf diesem Hauptkriegsschauplatz stand es immer noch unentschieden, und es sah nicht so aus, als ob die kampfmüde alliierte Mannschaft noch den Sieg erstreiten könnte. Zwar meldete sich Marlborough wieder zur Stelle, aber mit seinen gestutzten Fittichen war von ihm kein Adlerflug mehr zu erwarten. Eugen konnte ihm nicht beistehen. Er kam nur kurz in dessen Hauptqartier, um gemeinsamer Siege zu gedenken, die nun schon Geschichte waren und keine Fortsetzung finden sollten. Der Reichsfeldmarschall wurde zum Schutze des Reiches am Rhein und zur Sicherung der Kaiserwahl am Main abberufen.

Marlborough mußte allein den Feldzug von 1711 in den Niederlanden eröffnen. Er belagerte und eroberte Bouchain, und dabei sollte es sein Bewenden haben. Eugen blieb mit ihm in brieflicher Verbindung, begleitete die Operationen mit ermunterndem Rat und berichtete ihm am 24. August, daß die Reichsvikare, die bis zur Neuwahl des Kaisers sich der Reichsangelegenheiten anzunehmen hatten, samt dem Reichserzkanzler danach trachteten, »das Interregnum zu verlängern«.

Als »kaiserlose, schreckliche Zeit« erwies sich das Interregnum weniger für das Reich und schon gar nicht für dessen Verbündete, sondern einzig und allein für Habsburg. Für die Reise von Barcelona nach Frankfurt am Main erhielt Karl III. von Spanien, der Karl VI. im römisch-deutschen Reich werden wollte, kein Schiff von den Engländern zur Verfügung gestellt. Die sich von der Großen Allianz lösenden Alliierten wollten ihn als Karte im bereits begonnenen Verhandlungspoker mit den Franzosen in der Hand behalten. Erst als sich in den geheimen Unterhandlungen zwischen London und Versailles ein Einvernehmen abzeichnete und die Engländer die Anwesenheit Karls III. in dem von ihm beanspruchten Spanien nicht länger als Druckmittel gegen Frankreich benötigten, durfte er am 27. September 1711 – fast ein halbes Jahr nach dem Tode Josephs I. – in Barcelona an Bord eines englischen Schiffes gehen.

»Blenheim« war sein Name, und es war kaum ein Zufall, daß die Engländer gerade dieses Schiff und kein anderes ausgewählt hatten. Damit sollte wohl daran erinnert werden, daß sie, die Hauptsieger der Schlacht von 1704, die Hauptträger des elfjährigen Ringens gewesen waren, und auf die sich daraus ergebende Berechtigung verwiesen werden, als Hauptmatador des Krieges auch der Hauptmatador des Friedens zu werden. Jedenfalls hatten sich die Engländer hinter dem Rücken des Habsburgers mit den Franzosen zusammengesetzt und am 8. Oktober 1711 in London einen Vorfriedensvertrag unterzeichnet. Britannia dachte an sich selbst zuerst, verlangte und erhielt das spanische Gibraltar und das spanische Menorca sowie von Frankreich in Kanada Neufundland, das Gebiet der Hudson Bay und die Zusage einer Schleifung der Festung Dünkirchen. Die Bourbonen kamen nicht zu kurz: Philipp von Anjou wurden Spanien und die Kolonien zugesprochen. Über die spanischen Nebenlande in Italien und im heutigen Belgien sollte ein Friedenskongreß in einer holländischen Stadt befinden.

Als Karl III. am 12. Oktober 1711 bei Genua die »Blenheim« verließ, glich er einem König ohne Land. Als Karl VI. am selben Tag in Frankfurt am Main von den Kurfürsten einstimmig zum Kaiser gewählt wurde, stand er einem Reich vor, das für alle seine Kriegsopfer Straßburg und das Elsaß nicht zurückbekam.

Als der König von Ungarn und Böhmen und Erzherzog von Österreich am 20. November 1711 in Innsbruck ankam, war zwar durch den Frieden von Szatmár der Krieg mit den aufständischen Ungarn beendet, die Herrschaft über die Erblande gesichert. Aber Spanien war abzuschreiben und ein Wechsel für den Erwerb von Mailand, Neapel, Sizilien und die Niederlande nicht ausgestellt. Das Habsburg Zustehende mit Waffengewalt zu nehmen, sah sich Österreich mit einer Staatsschuld von 60,5 Millionen Gulden und ohne englische Hilfsgelder, die ohnehin immer spärlicher eingegangen waren, nicht mehr in der Lage.

»Das Vorgehen der Engländer«, kritisierte Prinz Eugen ihr Bemühen um einen Separatfrieden, »ist noch ungewöhnlicher als das der Franzosen, die kein Unrecht tun, wenn sie die günstige Lage ausnützen. Die anderen aber sind wirklich des Galgens würdig.« Dieses harte Urteil wurde später vom Engländer Winston Churchill unterstrichen: »Nichts in der Geschichte zivilisierter Völker hat diesen schwarzen Verrat übertroffen.«

Im Jahre 1711, als die Briten nicht zum ersten und nicht zum letzten Mal nach der Devise »right or wrong, my country« verfuhren, mußten die Österreicher versuchen, das Beste aus einer unguten Sache zu machen. Als Eugen am 23. November 1711 in Innsbruck dem neuen Kaiser aufwartete, fragte er sich, ob das mit diesem Habsburger zu bewerkstelligen wäre. Der sechsundzwanzigjährige Karl VI. ließ nichts von jenem jugendlichen Elan verspüren, den Eugen an Joseph I. geschätzt hatte. Das einzig Markante im Gesicht war die üppige Unterlippe, die er als habsburgisches Markenzeichen geerbt hatte. In der spanischen Hoftracht, die er als König angelegt hatte und als Beweis der nicht aufgegebenen Anwartschaft auf den Thron

Spaniens nie mehr ablegte, trat Karl VI. wie Karl V. auf, ohne die spanische Hoffart durch burgundische Nonchalance erträglicher zu machen, sodaß er eher Philipp II. glich, der es sich schuldig zu sein glaubte, die Majestät in Unnahbarkeit und Unerbittlichkeit demonstrieren zu müssen.

Unter dem spanischen Hofmantel – und das gewahrte Eugen bald – steckte ein Mensch, dessen Gemütszustand der schwarzen Farbe des Gewandes angemessen war. Karl besaß eine schwarzgallige Melancholie, neigte zu Schwermut und Mutlosigkeit, vor allem in einem Augenblick, da er seine Herrschaft im Hause Habsburg mit düsteren Aussichten antrat. Die Notwendigkeit, sich den Problemen zu stellen, sah er ein, aber die erforderlichen Entscheidungen fielen ihm so schwer, daß er sie sich nicht ungern von anderen abnehmen ließ, wenn sie ihn in dem Glauben ließen, er hätte sie selber getroffen.

Einen Feldherrn und Minister wie den Prinzen Eugen vorzufinden, kam ihm sehr gelegen. Noch aus Barcelona hatte er ihm geschrieben, wie sehr er es schätze, daß »Eure Liebden allzeit so große Lieb und Treu für meine Person und Dienst gezeigt haben«, sodaß er hoffe, »daß Sie nun, wo ich es mehr als nie vonnöten habe und mich völlig auf Sie beruhe, mehr als nie diesen Eifer gegen mich werden spüren und sich meinen Dienst bestens werden angelegen sein lassen«. Die Höflichkeit der Kanzleisprache täuschte Eugen nicht darüber hinweg, daß es in der Vergangenheit Verstimmungen gegeben hatte und für die Zukunft weitere zu erwarten waren. Karl konnte es ihm nicht vergessen, daß er sich geweigert hatte, das Oberkommando in Spanien zu übernehmen. Auch wenn sie nun an einem Strange zogen, so waren ihre Temperamente doch zu verschieden, um eine reibungslose Zusammenarbeit zu ermöglichen.

In Innsbruck ließ sie sich nicht schlecht an. »Prince Eugène votiert gut, laconisch«, meinte der Habsburger, und der Savoyer konstatierte mit Befriedigung, daß der Monarch auf seinen nicht gerade bescheiden gestellten Antrag hin nicht nur ihn, sondern auch seine Kollegen Wratislaw und Sinzendorf in ihren Ämtern bestätigte. Eugen verbuchte einen Erfolg über die von Karl aus Spanien mitgebrachte Kamarilla, die darauf spekuliert hatte, die Regierung zu bilden. Doch die Erfahrung blieb ihm nicht erspart, daß diese grauen Eminenzen, die stets um den Kaiser scharwenzelten, diesen gegen ihn und seine Mitstreiter einzunehmen vermochten. Bis auf weiteres brauchte Karl den Hofkriegsratspräsidenten Eugen, den er bat, auf seine »Truppen acht zu haben, daß sie in guten Stand gesetzt werden, denn in Erhaltung des Militaris mein und der Lande einziger Nutzen und Heil steht«. Der Generalleutnant Eugen sollte mit einer solchen Streitmacht dem Habsburger erhalten, was noch zu halten war, und der Feldherr, der Seite an Seite mit englischen Truppen militärische Erfolge errungen hatte, sollte nun als diplomatischer Emissär in London den zur Desertion bereiten Alliierten bewegen, bei der Fahne zu bleiben, die man gemeinsam entrollt und in den Kampf getragen hatte.

In Innsbruck trennten sich ihre Wege. Karl begab sich zur Kaiserkrönung nach Frankfurt, Wratislaw mußte in Wien nach dem Rechten sehen und Eugen reiste in Richtung England ab. Er wußte, daß er einen schweren Gang antrat. Als Soldat war er es gewohnt, Knoten mit einem Schwertstreich zu durchhauen. Als Diplomat hatte er nicht die Erfahrung und das Geschick, ihn geduldig aufzuknüpfen. Selbst wenn er sie besessen hätte, wäre es ihm kaum gelungen, den Knäuel zu entwirren. Zwei Aufgaben sollte und wollte er lösen, die der Quadratur des Kreises glichen: einerseits das abdriftende England wieder auf Allianzkurs zu bringen, und andererseits seinen Gefährten Marlborough, mit dem er Siege errungen hatte und weitere Siege anvisierte, davor zu bewahren, von den Tories aus dem Bündnis gedrängt zu werden.

Der Freund hatte um Hilfe gerufen: Nur noch Eugen vermöchte ihm aus der mißlichen Lage, in der er in London steckte, herauszuhelfen, ihn vor Entlassung und noch Schlimmerem zu bewahren. Marlborough verschwieg, daß er aus eigenem Verschulden in Schwierigkeiten geraten war, aus denen ihn keiner mehr, auch nicht sein Waffenbruder, heraushauen konnte. Denn Marlborough hatte von öffentlichen Geldern mehr in seine Tasche gesteckt, als es in diesen Zeiten und zumal in einem Lande, in dem materielle Güter besonders im Kurs standen, den

Gepflogenheiten entsprach. Vielleicht hätte man sich darüber nicht weiter aufgeregt, wenn der Feldherr, der immer noch zur Großen Allianz hielt, den an die Regierung gelangten Konservativen, die dabei waren, das Bündnis zu verlassen, nicht im Wege gewesen wäre. Da ihm Königin Anna ihre schützende Hand entzogen hatte, mußte er mit einer Anklage wegen Unterschlagung rechnen. Ein Armeelieferant hatte ausgesagt, daß Marlborough vom Sold der Hilfstruppen stets zweieinhalb Prozent abgezogen habe, für sich allein, wie ihm vorgeworfen wurde, zur Finanzierung eines Geheimdienstes, wie er sich vor dem vom Parlament eingesetzten Untersuchungsausschuß verteidigte. Den Verdacht, er habe sein immenses Vermögen nicht nur rechtmäßig erworben, vermochte er nicht zu zerstreuen. Sein ordentliches Einkommen betrug jährlich mehr als 55 000 Pfund. Demgegenüber waren die 63 619 Pfund (664 851 Gulden), die der Unterhausausschuß als Unterschlagungssumme in einem Zeitraum von zehn Jahren errechnete, eher ein geringfügiger Betrag. Doch der nicht nur ehrgeizige, sondern auch habgierige Marlborough schien der Meinung gewesen zu sein, daß auch »Kleinvieh Mist« mache. Über dessen Anhäufung sollte er stolpern.

Auch Prinz Eugen, der arm wie eine Kirchenmaus nach Österreich gekommen war, hatte durch seine Verdienste im Krieg und bei Hofe mit Gehältern sowie Schenkungen von Kapital und Grundbesitz ein Vermögen erlangt, das freilich deutlich hinter jenem Marlboroughs zurückblieb. Neidgefühle schien er nicht gekannt zu haben, doch mag er sich vorgenommen haben, in Wien ein Schloß zu bauen, das neben Blenheim Palace bestehen könnte. Im Moment hatte er nichts anderes im Sinn, als nach London zu eilen, um dem in Bedrängnis geratenen Freund beizustehen. Wie sehr der Weg nach England mit Schwierigkeiten gepflastert war, merkte er bereits Im Haag, wo Eugen am 17. Dezember 1711 anlangte. Im Hauptquartier der Allianz, in dem bisher Feldzüge geplant worden waren, fand er Engländer wie Holländer mit der Vorbereitung des nach Utrecht einberufenen Friedenskongresses beschäftigt, der bereits am 12. Januar 1712 eröffnet werden sollte. Treibende Kraft war Lord Strafford, und auch Ratspensionär Heinsius war kein Bremser mehr.

Der Engländer suchte Eugen von der Fahrt nach London abzuhalten: Die Opposition würde sich seiner in der Auseinandersetzung mit dem Ministerium bedienen und »nichts würde seiner Sendung bei der Regierung und dem Volk größeren Nachteil bringen, als wenn er sich mit den Whigs oder mit der Familie des Herzogs von Marlborough und deren Freunden in Ränke einließe«. Deshalb, so Strafford, wäre es besser, wenn der Prinz »die Gegenstände, über welche er unterhandeln wolle«, jetzt schon Im Haag zur Sprache brächte. »Sie wollen den Prinzen nicht hier haben«, meldete der österreichische Vertreter in London. Strafford suchte Eugen weiszumachen, daß es zu Protestdemonstrationen der den Frieden herbeisehnenden Londoner gegen den auf Fortsetzung des Krieges bedachten Österreicher kommen könnte. Er befürchtete jedoch, daß Prinz Eugen, der in England nahezu volkstümliche Beliebtheit genoß, mit Sympathiekundgebungen empfangen würde. Die Tories waren zwar weit davon entfernt, des Volkes Stimme für Gottes Stimme zu halten, aber sie erwarteten nachteilige Einflüsse auf das Parlament, das ihre Friedenspolitik zu billigen hatte.

Gegen den Savoyer, dessen Schwertführung auch und gerade in England Beifall gefunden hatte, der nicht von heute auf morgen zum Abebben zu bringen war, bestellte die Regierungspartei als Federführer einer anti-österreichischen Propaganda den aus Irland stammenden Schriftsteller Jonathan Swift. Von den Whigs, die dem Pfarrer kein Bistum verschafft hatten, ging er zu den Tories über, die den gefürchtetsten Pamphletisten jener Zeit gegen ihre inneren wie äußeren Gegner einsetzten. Eugen wolle in England als österreichischer Falke die britischen Tauben verscheuchen, behauptete Swift. »Die große Neigung dieses Prinzen geht beständig auf Krieg, ohne daß er sich um die Ursachen oder Folgen desselben kümmerte, und darauf, sich selbst an der Spitze einer Armee zu sehen, wo er auch allein eine bedeutende Figur machen kann.« Dieser Savoyer sei ein Condottiere aus dem Lande Machiavellis. »Er ist von Natur nicht ganz von einem Anstrich derjenigen Grausamkeit befreit, deren man die Italiener zuweilen beschuldigt; und da er unter den Waffen aufgewachsen ist, so hat er dabei die Empfindungen von Mitleid und Reue so weit ausgelöscht, daß er imstande ist, das Leben von tausend Menschen einer Caprice von Ruhm oder Rache aufzuopfern.«

Swift scheute nicht davor zurück, den Savoyer eines Mordkomplotts gegen den Schatzkanzler Robert Harley, Earl of Oxford, zu beschuldigen, weil dieser kein Geld mehr in das »Kriegsfaß ohne Boden« stecken wollte. Dabei machte Eugen nicht einmal von den ihm von der Wiener Hofkammer mitgegebenen Schecks zur Bestechung der Parlamentsmitglieder Gebrauch. Der Diener des Hauses Habsburg ging nach London, um die Engländer am Portepee der Bündnistreue zu fassen, und – das war das persönliche Anliegen des Honnête homme – seinen Kameraden Marlborough im Unglück nicht im Stich zu lassen. »Sie irren sich«, erklärte Eugen dem als Mittelsmann fungierenden Schotten Drummond, »wenn Sie argwöhnen, daß der Zweck meiner Reise ist, das Verfahren des britischen Ministeriums im geringsten zu beirren. Mein Befehl lautet, das frühere Einverständnis mit Ihrer Regierung herzustellen. Aber andererseits sehen Sie wohl ein, daß ich einen Freund, dem ich zur Zeit seines Glanzes und Glückes Hochschätzung bezeigte, nun in seinem Mißgeschicke, seinen Trübsalen und Widerwärtigkeiten nicht vernachlässigen darf. So etwas ist mit meiner Denkungsweise und meinen Begriffen von Ehre unverträglich.«

Beides paßte isolationistischen Insulanern nicht ins Konzept. Staatssekretär Henri Saint-John wies aus London Strafford Im Haag an, Eugen kein Schiff für die Überfahrt zur Verfügung zu stellen; denn es sei höchste Zeit, »daß dem ausländischen Einfluß in britischen Räten ein Ende gemacht wird«. Als der Befehl eintraf, war Eugen bereits – am 8. Januar 1712 – in Rotterdam an Bord einer Jacht gegangen, mit der er »wegen stürmischen, konträren und ungestümen Windes« über eine Woche brauchte, bis er am 16. Januar die Themse nach London hinaufsegeln konnte. In Greenwich und am Tower waren, da sich die Nachricht seiner Ankunft wie ein Lauffeuer verbreitet hatte, so viele

Menschen versammelt, daß er sich sorgte, ein zu herzlicher Empfang durch das Volk könnte seine Mission bei der Regierung gefährden. Erst nach Einbruch der Dunkelheit betrat er in Whitehall, wo er nicht erwartet wurde, englischen Boden.

Nun war er in dem Land, das ihm zwar nicht als Kanaan des Parlamentarismus, aber als das Eldorado erschien, mit dessen Geld er den Krieg gegen Ludwig XIV. geführt hatte und weiterzuführen gedachte, und mit dessen Macht er am liebsten das Gleichgewicht der Kräfte in Europa jetzt und immerdar gesichert hätte. Hatte er es verdrängt, daß es der von ihm zu vertretende Anspruch seines Kaisers auf möglichst das ganze spanische Erbe war, der nun die englische Regierung um die Balance of power fürchten ließ und sie veranlaßte, einen Ausgleich mit Frankreich gegebenenfalls auch ohne Österreich zu suchen? Man müßte an Eugens Verstand zweifeln, wenn er dies nicht eingesehen hätte, obwohl er es sich freilich nicht anmerken lassen durfte, daß er seine politische Sendung von vornherein für gescheitert hielt.

Der politische Partner war nicht umzustimmen und der persönliche Freund nicht zu retten. Bereits am 31. Dezember 1711 hatte Königin Anna den Herzog von Marlborough aller seiner Ämter enthoben. An seiner Stelle wurde der Herzog von Ormonde zum Oberbefehlshaber in den Niederlanden ernannt und sein Vorgänger wegen Unterschlagung angeklagt. Es war ein trauriges Wiedersehen, als Eugen und Marlborough noch am Abend des 16. Januar 1712 im Leicester House, der Residenz des Vertreters Österreichs, zusammenkamen. Mit Tränen in den Augen gingen sie nach einer Stunde auseinander, wohl wissend, daß es für sie nie mehr ein Höchstädt, Oudenaarde und Malplaquet geben würde. Am nächsten Tag waren protokollarische Pflichten zu absolvieren. Staatssekretär Saint-John kam für eine Viertelstunde zu Eugen, um das kaiserliche Beglaubigungsschreiben entgegenzunehmen, und am Spätnachmittag holte er ihn zur Audienz bei Königin Anna ab. Sie dauerte nur wenige Minuten. Als Eugen politische Fragen anzuschneiden suchte, verwies ihn die Monarchin an ihre Minister, die es jedoch höflich, aber bestimmt ablehnten, in London An-

*Prinz Eugen von Savoyen.
Gemälde von Godfrey Kneller.*

gelegenheiten zu besprechen, die auf dem bevorstehenden Friedenskongreß in Utrecht behandelt werden sollten.

Die Festlichkeiten, mit denen sie den Gast abzulenken suchten, bereiteten ihm mehr Unbehagen als Vergnügen. Er mußte sich sorgfältiger kleiden, als er es gewohnt, und sich öfter verneigen, als ihm angenehm war, mehr essen und trinken, als er vertrug, und immer gute Miene zu dem Spiel machen, das mit ihm getrieben wurde. Tanzen konnte und wollte er nicht. Als ihn Lady Portland dazu aufforderte, entfuhr ihm die Entschuldigung, daß er sich nur auf den Husarentanz verstehe, womit er die Dame verblüffte und seinen Kritikern, die ihm vorwarfen, den Krieg nicht auf Feldherrnweise, sondern nach Husarenart zu führen, recht zu geben schien. Bei den Ladies, mit denen er sich nicht echauffierte, reüssierte er ebensowenig wie bei den Ministern, mit denen er sich mündlich und – da sie ihm nicht genug zuhörten – schriftlich viel Mühe gab. Die Londoner Damen, bemerkte Lady Strafford, seien pikiert gewesen, daß er so wenig Notiz von ihnen nahm. Königin Anna wußte sich seiner politischen Avancen zu erwehren und fertigte ihn mit einem mit Diamanten besetzten Degen im Wert von 4500 Pfund ab.

Gentlemen teilten nicht Jonathan Swifts Ansicht, einen Menschen von gerade noch erträglicher Häßlichkeit vor sich zu haben, hielten es eher mit dem Schriftsteller Richard Steele, der an ihm eine angenehme Figur und ein freilich mehr wachsames als strahlendes Auge wahrnahm, oder mit Bischof Gilbert Burnet: »Er hat eine ganz ungezwungene Bescheidenheit an sich und kann die Ehrerbietung kaum vertragen, die ihm jedermann erweist.« Viele Londoner brachten ihm eine mit Hochachtung gepaarte Neugier entgegen. Im Leicester House drängten sich so viele Besucher, daß der Boden Risse bekam. Seine Kutsche blieb mitunter in den Ansammlungen von Menschen stecken, die den Kriegshelden zu Gesicht bekommen wollten. Ein dreifaches Hoch scholl ihm entgegen, als er in die Oper kam, und sein Begleiter Marlborough versicherte ihm, dies sei eine Ehrung, die ebenso viel bedeute »wie sonst eine Geschützsalve oder ein Ehrensalut«.

Die Ehre gebühre seinem Freunde ebenso sehr wie ihm, meinte Eugen und brachte dies auch in Gegenwart von Tories, die an Marlborough kein gutes Haar mehr ließen, unbeirrt zum Ausdruck. Er schätze sich glücklich, den größten Heerführer der Welt in seinem Hause empfangen zu dürfen, begrüßte der Schatzkanzler den zum Essen geladenen Prinzen. »Wenn dem so ist, dann verdanke ich es nur Eurer Lordschaft«, erwiderte Eugen, darauf anspielend, daß er den nicht eingeladenen Marlborough für einen mindest ebenso großen Feldherrn hielt. Zwei Monate lang bemühte sich der Prinz von Savoyen vergebens, dem Herzog von Marlborough Gerechtigkeit widerfahren zu lassen und bei der englischen Regierung für die Anliegen Kaiser Karls VI. Verständnis zu finden, sie also von einem Sonderfrieden mit König Ludwig XIV. abzuhalten.

Zum politischen Fehlschlag seiner Mission kam ein Todesfall in der Familie. Während seines Aufenthaltes in London starb am 7. März 1712 sein Neffe Eugen, der ihn begleitet hatte, an den Pocken. Der Sohn seines 1702 als österreichischer Soldat gefallenen Bruders Ludwig Thomas war nicht einmal 20 Jahre alt geworden. Der vorletzte seiner Neffen wurde in der Familiengruft des Herzogs von Ormonde in der Westminster Abbey beigesetzt.

Die Grabeskirche englischer Monarchen und Aristokraten schien die Auferstehungskirche eines großbritannischen Nationalismus zu werden, der ohne Rücksicht auf europäische Belange ausschließlich eigene Interessen verfolgte. Schon sah Eugen eine Umkehr der Bündnisse voraus, eine Allianz zwischen England und den bourbonischen Gegnern im Erbfolgekrieg, Frankreich und Spanien, mit dem Nahziel, »das Commercium«, den Welthandel, »mit völliger Ausschließung der Holländer in drei Teile zu zerteilen«, und dem Fernziel, auch die spanischen und französischen Konkurrenten auszuschalten.

Eugen sei mitschuldig am Mißerfolg in London gewesen, weil er zu einseitig Partei für die Whigs ergriffen und damit die Tories vor den Kopf gestoßen habe, wurde ihm nachgesagt. Im Strom der englischen Politik, der unaufhaltsam einem Sonderfrieden mit Frankreich entgegenfloß, hatte er sich an den Strohhalm geklammert, durch eine Rückenstärkung der Opposition die gegenwärtige Regierung daran hindern zu können, »ganz Europa zu sacrifizieren«. Schließlich wurde ihm bewußt, daß die Tories nicht davon abzubringen waren und die Whigs ihnen vielleicht insgeheim zustimmten, daß England keinen Universalkaiser Karl VI. dulden konnte und deswegen mit Ludwig XIV., der von einem Universalkönigtum Abstand genommen zu haben schien, einen Ausgleich suchen mußte. So war Eugen nur die Möglichkeit geblieben, durch Treuebekenntnisse zu Marlborough sich als »Honnête homme« zu erweisen, der er stets sein und bleiben wollte. Mit dieser – der einzigen – Genugtuung kehrte er Ende März in die Niederlande zurück, wo er den Krieg gegen Frankreich unter erschwerten Bedingungen weiterzuführen hatte.

In Utrecht waren am 29. Januar 1712 die Friedensverhandlungen zwischen den Bevollmächtigten Englands, Hollands und Frankreichs eröffnet worden. Am 9. Februar trat unter Sinzendorf eine österreichische Delegation hinzu. Ihre Instruktionen enthielten immer noch Maximalforderungen Karls VI., mit denen nichts auszurichten und das Auseinandergehen der Alliierten nur zu beschleunigen war. Prinz Eugen, der in London erfahren hatte, daß die weiterhin zu hoch spielenden Österreicher das nicht wenige verspielen könnten, das ihnen von den Engländern als Entschädigung zugedacht worden war, meinte Mitte April in Utrecht nach dem Rechten sehen zu müssen.

Was er sah und hörte, gab ihm wieder Hoffnung. Die Verhandlungen waren ins Stocken geraten, weil die Gefahr einer habsburgischen Universalmonarchie wiederum von der Furcht vor einer bourbonischen Universalmonarchie verdrängt worden zu sein schien. Durch den Tod aller nächsten Thronerben Ludwigs XIV. war die Anwartschaft auf einen zweijährigen Urenkel übergegangen, der so kränklich war, daß mit einem baldigen Ableben gerechnet wurde. In diesem Fall wäre Philipp von Anjou an der Reihe gewesen, und die Vereinigung von Frankreich und Spanien hätte erneut gedroht. Der Hoffnungsschimmer für Habsburg schwand, als Philipp V. von Spanien auf die Erbfolge in Frankreich für sich und seine Nachkommen verzichtete und damit eine Union der beiden Länder ausgeschlossen wurde.

Inzwischen hatte Eugen den Feldzug in den Niederlanden wiedereröffnet. Die Holländer waren nur noch mit halbem Herzen dabei und die Engländer standen Gewehr bei Fuß. Mit solchen Alliierten war den Franzosen kein entscheidender Schlag zu versetzen, mit dem Eugen im letzten Moment dem Krieg eine für Österreich günstige Wendung zu geben hoffte. Immerhin eroberte er am 4. Juli 1712 Le Quesnoy und schritt am 17. Juli zur Belagerung von Landrecies, in der Erwartung, den französischen Festungsring vollends aufzubrechen. Am selben Tag jedoch vereinbarten England und Frankreich einen Waffenstillstand. Auch wenn sich die Preußen, Hannoveraner, Sachsen und Dänen dem Oberkommando des Herzogs von Ormonde entzogen und zu den Kaiserlichen stießen, so war dies doch nach dem politischen der militärische Wendepunkt des Krieges. Um die Holländer noch in seinem Lager zu halten, mußte ihnen Eugen Zugeständnisse machen, die seinen Absichten zuwiderliefen und eine Niederlage heraufbeschworen. Die Felddeputierten der Generalstaaten bestanden darauf, das Hauptdepot in Marchiennes, neun Stunden Marsch von Landrecies entfernt, zu belassen, sodaß er seine Truppen weit auseinanderziehen mußte. Marschall Villars ergriff die Chance, ging aus der Defensive in die Offensive über, griff am 24. Juli den mit 11000 Holländern unter General Albemarle besetzten Scheldebrückenkopf Denain mit überlegener Macht an und errang einen vollständigen Sieg.

Eugen war zur Unterstützung Albemarles heranmarschiert, kam jedoch zu spät, um die empfindliche Niederlage abzuwenden. Aber er stellte sich vor Albemarle, dem alle Schuld zugeschoben wurde. »Ich würde glauben, dem Charakter des Honnête homme etwas zu vergeben, wenn ich nicht die Wahrheit darlegen würde«, schrieb er dem Ratspensionär Heinsius; »er hat in dieser Affäre alles getan, was ein kluger, tapferer und vorsichtiger General tun kann, und wenn die Truppen alle ihre Pflichten getan hätten, so wäre die Sache nicht so weit gekommen.« Da jedoch diese schon nach der ersten Salve das Weite gesucht hätten, »so ist kein General der Welt, der solches zu remedieren vermögend wäre«. Prinz Eugen konnte die nach der Niederlage von Denain sich absetzenden Generalstaaten nicht zurückhalten. »Es ist sicher«, bilanzierte er, »daß wenn wir mit Festigkeit gehandelt hätten, wir diese stolzen Franzosen und ihre neuen Freunde zittern hätten machen können, denn den schlechten Erfolg dieses Feldzuges darf man nicht der Affäre von Denain zuschreiben, sondern diesem Geist der Furcht und Unschlüssigkeit der Holländer, ihrer Felddeputierten und Generale.«

Die Franzosen jubelten vor Freude. Liselotte von der Pfalz hörte mit Genugtuung, »daß der häßliche Prince Eugène«, der »alle Leute toll mit seiner Raserei gegen den Frieden« mache, »wieder ein wenig Ärger hat«. Marschall Villars erweiterte seinen Erfolg zu einer Serie, holte sich Douai, Le Quesnoy und Bouchain zurück, marschierte weiter vor und führte den Sieg im Tornister mit. Denain, meinte Napoleon Bonaparte, sei die Rettung Frankreichs gewesen. Er überschätzte, wie fast alle Franzosen, die Bedeutung dieser Schlacht, die mehr ein Gefecht gewesen war. Gerettet wurde Frankreich durch bisherige Gegner. Die Grande Nation und Louis le Grand vermochten sich wegen des Ausscherens Englands und des in seinem Fahrwasser segelnden Hollands aus der Großen Allianz aus der Gefahrenzone herauszumanövrieren. Die politische Aktion der Alliierten war nicht mehr durch militärische Taten zugunsten des Kaisers rückgängig zu machen.

Selbst Teilerfolge zur Verbesserung der Verhandlungssituation waren ohne die von den Seemächten gestellten beziehungsweise besoldeten Truppen kaum mehr möglich. Der österreichischen Kriegskasse fehlten die englischen und holländischen Zuschüsse, ohne die bisherige Unternehmungen erschwert worden wären und nun erfolgversprechende Operationen kaum mehr durchzuführen waren.

Mit dieser bitteren Erkenntnis kam Eugen am 9. Dezember 1712 nach Wien zurück. Er fand einen Kaiser vor, der immer noch seinem spanischen Traum nachhing, sich an die Hoffnung klammerte, durch Verhandlungen »das meinem Erzhause zustoßende Unglück, wo nicht gänzlich abwenden, doch mildern zu können«. Indessen lag der Staatsmann, der bei solchen Unterhandlungen die Kunst des Möglichen beherrscht hätte, im Sterben. Wratislaw, von österreichischer Staatsräson geleitet, hatte bis zuletzt habsburgischen Großreichsemotionen entgegengewirkt: Wenn man Spanien abschriebe, könnten mit Hilfe der Seemächte, denen daran gelegen sei, »daß wir uns als gute Freunde trennen«, Italien und die Niederlande als eine für Österreich sich auszahlende Bereicherung verbucht werden. Wer alles wolle, bekäme schließlich nichts – zu dieser Einsicht seines politischen Gefährten Wratislaw war Eugen gelangt. Zur Durchsetzung überzogener Forderungen verfügte er nicht mehr über die militärische Ultima ratio. Die Angliederung italienischer Gebiete und der Niederlande hielt der Verfechter des österreichischen Staatsinteresses für einen größeren Gewinn der Casa d'Austria als das ferne Spanien und die noch ferneren Kolonien.

Der bewegliche Geist Wratislaws steckte in einem schwerfälligen Körper, in einer »tres grosse masse de corps«, wie es ein Diplomat umschrieb. Noch nicht Dreiundvierzig, erlag er am 21. Dezember 1712 der Wassersucht. Karl VI. trug es seinem Obersten Böhmischen Kanzler nach, daß er als außenpolitischer Berater auf einen baldigen Friedensschluß zu Bedingungen, die dem Habsburger widerstrebten, gedrängt hatte. Prinz Eugen hatte einen persönlichen Freund, den politischen Mentor und eine verläßliche Stütze am Hof verloren. Nun war er allein. Die Politik hatte ihm Marlborough und der Tod Wratislaw genommen; der eine fehlte ihm, um den Krieg zu gewinnen, und der andere, um den Frieden zu erlangen. Die Gefahr bestand, daß Karl VI. nur noch auf die spanische Kamarilla hörte, die ihn, den weiterhin nach der spanischen Königskrone verlangte, zu einer Verlängerung des Erbfolgekrieges drängten. Aber wo, warf Eugen ein, könnte er noch geführt werden? Nicht in Spanien, wo die in Katalonien als Regentin verbliebene Kaiserin auf verlorenem Posten stand. Nicht in Italien, weil Viktor Amadeus von Savoyen nicht mehr mitzog. Nicht in den Niederlanden, wo die Engländer abgezogen waren und die

Holländer nicht mehr antraten. Bliebe nur die Rheinfront, an der ein Reich zu verteidigen wäre, dessen Stände die damit verbundenen Anstrengungen scheuten. Also müsse Österreich versuchen, durch Verhandlungen zu retten, was noch zu retten sei, erklärte Eugen, mit Zustimmung anderer Minister, dem Kaiser. Am letzten Tag des für ihn so unglücklich verlaufenen Jahres 1712 setzte Karl VI. ein »placet in toto« unter das Gutachten.

Infelix Austria hinkte wieder einmal hinter den Ereignissen her. Engländer und Franzosen, die sich längst aufeinander zu bewegt und die noch eine Zeitlang widerstrebenden Holländer mitgezogen hatten, gelangten am 11. April 1713 zu einem förmlichen Friedensschluß – ohne Österreich, das zwar Schritt für Schritt entgegengekommen, doch immer wieder ein Stück weit zurückgewichen und im Zuge dieser Springprozession nicht rechtzeitig zur Stelle gewesen war.

In Utrecht wurden mehrere Friedensverträge unterzeichnet. In jenem zwischen den Hauptkontrahenten Frankreich und England erkannte Ludwig XIV. die protestantische Thronfolge in Großbritannien an, trat an dieses in Nordamerika das Gebiet an der Hudson Bay, Neuschottland und Neufundland ab, schleifte Dünkirchen und versicherte in Artikel 6: »Da aber dieser fürchterliche Krieg deshalb entbrannt ist, weil die europäischen Mächte nicht dulden wollen, daß die Krone Spaniens mit der eines anderen Reiches auf dem nämlichen Haupte vereinigt sei, so geloben die Mitglieder der bourbonischen Dynastie, daß die Kronen von Spanien und Frankreich nie auf einem und dem nämlichen Haupte der bourbonischen Dynastie vereinigt werden sollten.«

Im Friedensvertrag zwischen Frankreich und Holland wurden diesem in den für Österreich vorgesehenen spanischen Niederlanden das Recht auf Besetzung einer Reihe von festen Plätzen an der Grenze zu Frankreich eingeräumt. Im Utrechter Traktat zwischen Frankreich und Preußen erlangte der Hohenzoller die Anerkennung des Königstitels sowie des Besitzes von Neuchâtel und erhielt Obergeldern an der Maas. Frankreich verzichtete im Vertrag mit Portugal auf seine Ansprüche am

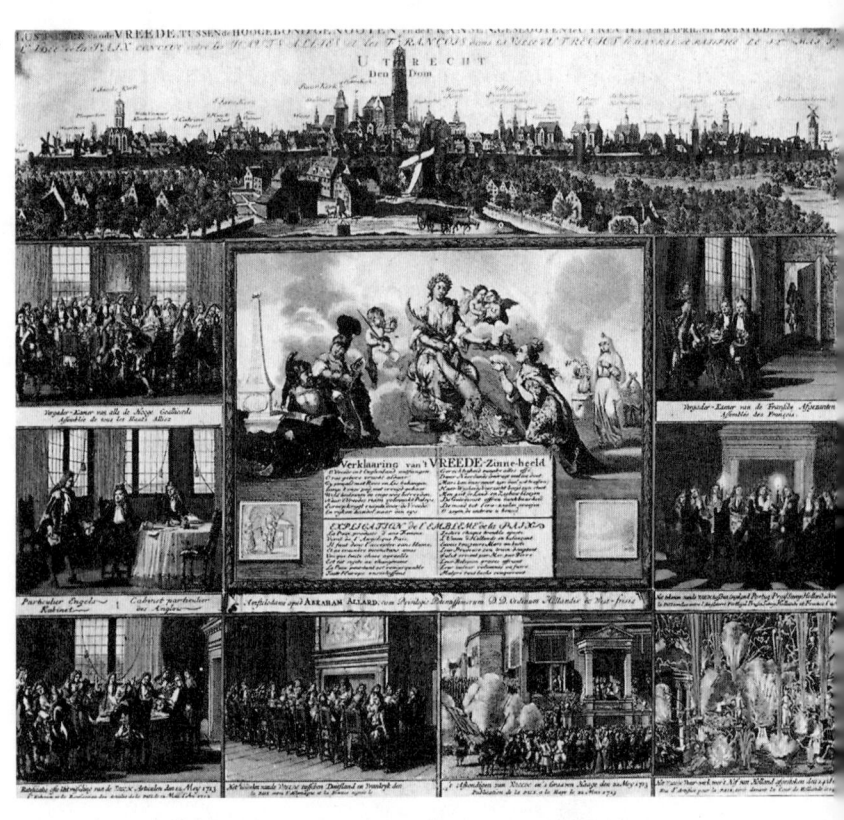

Der Friede von Utrecht 1713.
Aufgestochene Radierung von Abraham Allard.

Amazonas, und in jenem mit Savoyen bestätigte es Viktor Amadeus als König des ihm von Spanien abgetretenen Sizilien.

Spanien, das samt seinen Kolonien endgültig dem Bourbonen Philipp V. zugesprochen wurde, schloß am 13. Juli 1713 Friedensverträge mit England, das Gibraltar, Menorca und kommerzielle Vorteile, so das Monopol des Handels mit Neger-Sklaven in Spanisch-Amerika, erhielt, sowie mit Savoyen, dessen Dynastie die spanische Königskrone in Aussicht gestellt wurde, falls Philipp V. ohne Nachkommen stürbe. Europäische Staaten schlossen Einzelverträge mit dem gemeinsamen Ziel, das in Artikel 6 des Traktats zwischen England und Frankreich zum erstenmal offiziell markiert wurde: die »Balance of Europe«. England, das diesen Begriff vornehmlich formulierte und seit Wilhelm III. von Oranien in erster Linie praktizierte, ging aus dem Spanischen Erbfolgekrieg als Hauptsieger hervor.

Karl VI., der spanische Exprätendent, sah sich als Hauptverlierer, aber die Großmacht Österreich war als Mitsieger aus dem Kampf um das spanische Erbe hervorgegangen. Das verdankte Wien nicht seiner Politik des leeren Stuhls, sondern den Utrechter Friedensmachern, die auf die Balance of power bedacht blieben und deshalb auch die abwesende Macht nicht leer ausgehen ließen und für sie die spanischen Nebenlande Mailand, Neapel, Sardinien und die Niederlande, das spätere Belgien, vorsahen. Das war nicht wenig, aber dem Habsburger genügte es nicht, und sein Paladin Eugen, der sich eine reichere Friedensernte versprochen hatte, glaubte um die Früchte seiner Siege von den abtrünnigen Verbündeten betrogen worden zu sein. Seinem Unmut machte er in heftigen Anschuldigungen Luft. Die Seemächte hätten Frankreich, das man gemeinsam zu Boden geworfen hatte, wieder auf die Beine geholfen, und ihrem Alliierten Österreich einen Schlag nach dem anderen versetzt, eine Provinz nach der anderen abgesprochen. Was die englischen Unterhändler »mit ihren Saufbrüdern und Huren nachts aufgesetzt und worüber sie im Schlaf noch träumten, das werde am folgenden Tag expediert und zur Durchführung gestellt, wobei sie den Kaiser wohl für einen Jungen ansähen, der ein halbes Faß nach Hause bringe, um ein Bild zu gebrauchen, und aus der Königin ein Schattenbild oder eine hölzerne Puppe machten«.

Seine Wut ließ er am holländischen Gesandten Hamel Bruynincx aus. Auf dessen Regierung war er besonders schlecht zu sprechen, weil er bis zuletzt gehofft hatte, sie würde ihren Bundesgenossen nicht so schmählich wie die Engländer im Stich lassen. Vielleicht wurde er auch deshalb, ganz gegen seine Art, so ausfallend, weil ihm der holländische Diplomat Gottes Segen für den bevorstehenden Feldzug wünschte, den er nun mit demoralisierten Truppen, geleerter Kasse und unzuverlässigen Reichsständen – den einzigen Verbündeten, die Österreich geblieben waren – zu führen hatte. Denn der Habsburger wollte den Krieg gegen Frankreich fortsetzen, ohne sich über das Cui bono weitere Gedanken zu machen. Wenn er Ja zu Utrecht gesagt hätte, wären ihm Mailand, Neapel, Sardinien und die Niederlande in den Schoß gefallen. Wozu wollte er dann weiterkämpfen? Spanien blieb unerreichbar, Sizilien war schon vergeben – wozu sollte er dann das Wagnis auf sich nehmen, einem Frankreich, das den Rücken frei bekommen hatte, Auge in Auge gegenüberzutreten? Der Habsburger, wurde erklärt, habe sich auf seine Pflichten als römisch-deutscher Kaiser besonnen, zu denen nicht nur die Verteidigung der Rheinlande, sondern auch die Wiedergewinnung des Elsaß gezählt wurden.

Und Prinz Eugen? Sollte es ihn, der ein »Österreicher« und kein »Reicher« war, auf einmal gedrängt haben, für Reichsfürsten, die sich zwar weiterhin von Frankreich bedroht sahen, aber für eine tatkräftige Abwehr der Gefahr weniger denn je zu haben waren, ein riskantes Unterfangen zu wagen? Im Jahre 1713 war ihm der Olivenzweig des Friedens wichtiger als der Lorbeer des Krieges geworden. Doch der Soldat gehorchte wie immer dem Befehl seines Kaisers und eröffnete den Feldzug, den er – worüber er sich im klaren sein mußte – nicht gewinnen konnte. Der Reichsfeldmarschall bezog am 23. Mai 1713 sein Hauptquartier in Schloß Mühlburg bei Karlsruhe und begann seine Truppen zu mustern. Aus den Niederlanden waren die Kaiserlichen zur Reichsarmee gestoßen, deren Kriegsstärke und Kampflust noch mehr als bisher zu wünschen übrig ließen. Immerhin hatte er zunächst 49 000 und schließlich 66 000 Mann zusammengebracht, die den 130 000 Franzosen weit unterlegen blieben.

Marschall Villars, der aus den Niederlanden in das Elsaß marschiert war, begann die Operationen mit der Belagerung der Festung Landau, die er am 20. August einnahm. Vom linken stieß er auf das rechte Rheinufer vor und umschloß Freiburg im Breisgau. Eugen ritt zur Erkundung vor und mußte erkennen, daß an einen Entsatz nicht zu denken war. Am 1. November besetzten die Franzosen die Stadt; nur im unteren Schloß hielten sich noch bis zum 20. November 1500 Soldaten.

Ohne Geld und Truppen sei kein Krieg zu führen, bemerkte Eugen, der sich zu seinem 50. Geburtstag am 18. Oktober 1713 beides gewünscht hätte, um ihn mit einem militärischen Erfolg zu feiern. So blieb ihm nur die Hoffnung, »daß der Feind bei so später Saison nichts weiter unternehmen und mithin auch die Campagne enden« werde – und darüber hinaus die Erwartung, daß nun endlich ein Frieden eintreten würde, den man schon früher ohne weitere Opfer für Kaiser und Reich und ohne Beschädigung seines Ansehens als Feldherr hätte haben können.

Die Zeit für eine Pazifikation war reif und der Krieger als Friedensunterhändler gefragt. Der fünfundsiebzigjährige König Ludwig XIV., der in Utrecht vieles, mehr als von ihm erwartet worden war, erlangt hatte, wollte Schluß mit dem nun zwölfjährigen Krieg machen, der die Kräfte seines Staates wie seiner Person ausgezehrt hatte. Karl VI. sah sich in Wien mit der Pest konfrontiert, die bis Februar 1714 8644 Tote forderte; die Bußpredigten der Geistlichkeit, die er sich anhören mußte, veranlaßten ihn nicht nur zu dem Gelübde, eine große Kirche zu bauen, wenn der »schwarze Tod« die Stadt verließe, sondern auch zu dem Entschluß, dem Blutvergießen im Felde ein Ende zu machen.

Man müsse im Winter an den Frieden mit Frankreich denken, hatte Karl VI. an Eugen geschrieben und ihm am 10. November 1713 die Vollmacht für Friedensverhandlungen erteilt. Nichts konnte dem Feldherrn, der an die Grenzen seiner militärischen Wirksamkeit gestoßen war, gelegener kommen: »Wenn ich die gegenwärtigen Zeitläufte, die innere Beschaffenheit des Reiches, das große Übergewicht der feindlichen Macht, den geringen Eifer der allmächtigen Reichsstände beobachte und bedenke, daß all dies Frankreich bei der Fortsetzung des Krieges Vorschub leisten wird, so glaube ich, wenn man mit einigermaßen günstigen Bedingungen aus dem Kriege hervorgehen kann, daß es ratsamer ist, Frieden zu schließen, als sich einem ungewissen Ausgang und schwer vorherzusehenden Begebenheiten auszusetzen.«

In Wien wie in Versailles war man zu der staatsmännischen Weisheit gekommen, daß Militärs, die den Krieg geführt hatten, sich nun, da er sich totlief, um den Frieden zu kümmern hätten. Mit Villars, der seine Vollmacht bereits am 24. August erhalten hatte, traf sich Eugen am 26. November 1713 im badischen Rastatt. Die Feldherren, die in den letzten Jahren gegeneinander gekämpft hatten, sollten durch ihre Pourparlers dafür sorgen, daß die Degen womöglich für immer, zumindest aber bis zum nächsten Mal, in den Scheiden verblieben.

Das Schloß zu Rastatt, der Verhandlungsort, erinnerte den Österreicher an die Glorie der Türkenkriege und den Franzosen an die Ausstrahlung des Sonnenkönigs. Ludwig Wilhelm von Baden hatte es nach dem Vorbild von Versailles erbauen lassen. Auf der großen Treppe umarmten sich Villars und Eugen unter dem Geschmetter der Trompeten, die nun nicht mehr zum Kampf, sondern zum Frieden riefen. Zwei Kavaliere, die auch im Krieg die Ritterlichkeit nicht vergessen hatten, gingen als Honnêtes gens daran, »weit entfernt von allen Finessen«, wie Eugen sagte, »in einer engen persön-lichen Verbindung«, wie Villars betonte, dem Frieden näher zu kommen. Ohne taktisches Geschick, das beide in den Feldzügen bewiesen hatten, konnten sie auch am Verhandlungstisch nicht reüssieren. Bei Villars, der sich als Gesandter bewährt hatte, wurde dies vorausgesetzt, nicht unbedingt bei Eugen, von dem der Verhandlungspartner annahm, sein Charakter kenne keine Verstellung. Es zeigte sich, daß der Savoyer die Kunst der Diplomatie nicht minder beherrschte als die Kunst der Kriegführung.

Zwei Fechter standen sich gegenüber, die nach höflicher Begrüßung keine Finte scheuten, um den Gegner zu treffen. Da sie beide ebenbürtige Kontrahenten waren, sah es lange nach einem Unentschieden aus. Schließlich gewann Eugen durch größere Gewandtheit und Ausdauer die Oberhand. In den Pausen benahmen sie sich wie gute alte Bekannte, die sich die Zeit bis zum nächsten Rencontre angenehm vertrieben. Sie wohnten unter einem Dach, Eugen im rechten, Villars im linken Schloßflügel. Sie luden sich gegenseitig zum Essen ein und verbrachten die Abende gemeinsam, spielten bis Mitternacht Piquet oder Brelan.

Am Konferenztisch, an dem es mehr auf das Geschick als auf das Glück ankam, wo man sich eher wie Schachspieler gegenübersaß, stand es lange Remis. Villars, der rasch zu einem Erfolg zu kommen suchte und deswegen schnell die Geduld verlor, verpatzte manchen Einsatz, während Eugen kaltes Blut und klaren Kopf bewahrte und Zug um Zug seinem Ziel näherkam. Der Franzose forderte Sicherungen der »natürlichen Grenze« seines Landes am Rhein auf Kosten des Reiches, die der Österreicher mit dem Hinweis versagte, daß – wie die Geschichte zeige – weniger Frankreich als Deutschland vor Aggressionen zu schützen sei. Überdies verlangte Villars die Herausgabe Mantuas, das Österreich als Bollwerk seiner Herrschaft in Norditalien wie als Ausfallstellung zu einer weiteren Ausdehnung auf der Apenninenhalbinsel nicht entbehren konnte. Gegen die von ihrem französischen Bundesgenossen erstrebte Wiedereinsetzung der Kurfürsten von Bayern und Köln sträubte sich Eugen, weil er die Wittelsbacher, die den Kaiser verraten hatten, nicht aus der Reichsacht gelöst sehen wollte, und er darauf spekulierte, Österreich um Bayern zu vergrößern. Die Wortgefechte wurden zwar nach dem Komment, aber mit zunehmender Verbissenheit geführt. »Nach vielen Streit- und Widerreden« konnte, zur Genugtuung Eugens, im Januar 1714 ein Vertragsentwurf formuliert werden. Vom Kaiser in Wien wurde er, mit einem Lob für den Unterhändler, im Großen und Ganzen gebilligt, vom König in Versailles, mit einem Tadel für Villars, rundweg verworfen.

Eugen griff zu einem Druckmittel, mit dem er, wenn die Verhandlungen ins Stocken geraten waren, immer wieder gedroht, es jedoch nicht eingesetzt hatte. Nun aber, angesichts der Unverfrorenheit Ludwigs XIV. und der Betroffenheit Villars, schreckte er nicht davor zurück. Am 6. Februar 1714 verließ er Rastatt und ließ ein Ultimatum zurück. Auf eine Antwort wartete er in Stuttgart, nicht ohne Unruhe, denn in einer Fortsetzung des Krieges, den erfolgversprechend zu führen Kaiser und Reich nicht mehr in der Lage waren, sah er keine Alternative zum Frieden, selbst wenn dieser nur durch ein – freilich nicht zu weitgehendes – Entgegenkommen an den Gegner zu erreichen wäre. Am Morgen des 23. Februar erschien in Eugens Stuttgarter Wartestellung der Marquis de Contades, der ihm die Antwort seines Königs auf das Ultimatum überbrachte. Schon daß ihm der Franzose nachgereist war, erschien dem Prinzen als ein gutes Anzeichen, und als er dessen Ausführungen vernahm, wurde ihm bewußt, daß der Feldherr auch als Diplomat gesiegt hatte. Ludwig XIV. gab in allen wesentlichen Streitfragen nach, ließ einen nach österreichischen Vorstellungen revidierten Vertragsentwurf vorlegen.

Eugen kehrte nach Rastatt zurück und setzte sich wieder mit Villars zusammen. Mit dem Datum des 6. März 1714 unterzeichneten am Tag darauf Prinz Eugen von Savoyen und der Herzog von Villars im Namen ihrer Monarchen den Frieden von Rastatt. An den Hauptpunkten des Utrechter Vertragswerkes war nicht mehr zu rütteln gewesen: Spanien samt Kolonien war für den Habsburger verloren, der die noch für ihn einstehenden Katalonier im Stich lassen mußte. Die Niederlande, Mailand, Mantua, Neapel und Sardinien waren ein beträchtlicher Zugewinn für Österreich, aber das Reich mußte seine Hoffnungen auf Rückgabe Straßburgs und des Elsaß begraben. Immerhin verzichtete Frankreich auf seine rechtsrheinischen Brückenköpfe Alt-Breisach, Freiburg im Breisgau und Kehl, behielt aber das rheinpfälzische Landau. Die wittelsbachischen Kurfürsten von Bayern und Köln wurden in ihre Länder und Würden wieder eingesetzt, bekamen jedoch keine Wiedergutmachung der Kriegsschäden.

Protokollarisch hatte Frankreich einen Erfolg erzielt. Im Unterschied zu früheren Verträgen war dieser nicht in lateinischer, sondern in französischer Sprache abgefaßt. Ein Separatartikel bestimmte zwar, daß dies kein Präzedenzfall werden dürfe, aber die Franzosen hielten sich nicht daran, und Französisch, das bereits die internationale Sprache im höfischen und kulturellen Bereich geworden war, blieb die Lingua franca im diplomatischen Verkehr.

Alles in allem konnte der Habsburger, wie ihm sein Unterhändler versicherte, mit dem Resultat von Rastatt zufrieden sein, das ihm »ungeachtet der feindlichen großen Übermacht und Abtrünnigkeit fast aller Ihrer Alliierten« vorteilhafte Friedensbedingungen gebracht habe. Die Geheime Konferenz stimmte dem Vertrag zu und stellte fest, daß er »mit solcher Vorsichtigkeit und so genauer Befolgung der kaiserlichen Befehle von dem Prinzen gemacht worden, daß ihm hierfür billig alles Lob gebühre«. Als der Friedensmacher als Friedensbringer nach Wien zurückkehrte, kam ihm in der Hofburg Karl VI. »von Dero Retraite bis in die Ratsstube entgegen«, umarmte und küßte ihn.

In Rastatt war der Friede zwischen dem Bourbonen für Frankreich und dem Habsburger für Österreich geschlossen worden. Der Friedensschluß zwischen dem Königreich Frankreich und dem römisch-deutschen Reich stand noch aus. Der Reichstag, der wegen einer Seuche von Regensburg nach Augsburg ausgewichen war, zeigte sich ohne weiteres bereit, dem Kaiser die Verhandlungsführung zuzugestehen. Mit dem katholischen Reichsfeldmarschall Eugen von Savoyen als erstem Bevollmächtigten war er von vornherein einverstanden. Wie die Dinge lagen, konnte der nach dem Kurort Baden im Schweizer Kanton Aargau einberufene Friedenskongreß dem Anspruch von Reichsständen, in der internationalen Politik mitzubestimmen, nur in der Theorie nachkommen. In der Praxis ging es lediglich darum, dem Vertrag von Rastatt das Reichssiegel anzufügen oder – wie der österreichische Hofkanzler Sinzendorf meinte – jenen vom Französischen ins Lateinische zu übersetzen.

Den mangelnden Verhandlungsspielraum suchten die sich in der zweiten Maihälfte 1714 in Baden versammelnden Reichsdelegierten mit langatmiger Beratschlagung auszufüllen. Erst Anfang September erschienen Eugen und Villars, um den Schlußpunkt hinter ihre in Rastatt getroffenen Vereinbarungen zu setzen. Die Unterzeichnung des Friedens von Baden fand am 7. September 1714 im Tagsatzungssaal des Stadthauses statt. Der erste Artikel bestimmte: »Der Rastatter Frieden wird als bindend anerkannt. Die folgenden Artikel entsprechen dem Frieden von Rastatt.«

Der Spanische Erfolgekrieg, in dem der Feldherr Eugen eine Hauptrolle gespielt hatte, war nach dreizehn Jahren unter maßgeblicher Mitwirkung des Staatsmannes Eugen beendet worden. Den Krieg hatte er nicht als Selbstzweck, sondern zur Erringung des Friedens geführt. Darin unterschied er sich von Napoleon Bonaparte, der ohne Krieg nicht leben konnte und einmal feststellte, er habe ein jährliches Einkommen von 300000 Mann. Mit der Kriegführung hatte Prinz Eugen ein anderes Friedensziel als König Ludwig XIV. verfolgt. Der Bourbone strebte nach der Hegemonie Frankreichs über Europa, der Savoyer kämpfte auf dem Schlachtfeld für die Verhinderung dieser Vorherrschaft und stritt am Verhandlungstisch für ein friedenssicherndes Gleichgewicht der Mächte, in dem Österreich kein Übergewicht, aber Gleichgewichtigkeit besitzen sollte.

An eine Verewigung des Friedens dachte der Abbé Charles-Irénée Castel de Saint-Pierre, der die französische Delegation nach Utrecht begleitet und dort die Problematik von Friedensschlüssen zwischen ehrgeizigen Fürsten und machthungrigen Staaten erkannt hatte. Mit einer mechanisch hergestellten und aufrechterhaltenen Balance of power, die immer wieder gestört werden könnte, sei es nicht getan, meinte der Abbé und verlangte in seinem »Projet pour rendre la paix perpétuelle en Europe« einen europäischen Staatenbund mit internationalen Institutionen und übernationaler Zielsetzung. Der deutsche Philosoph Gottfried Wilhelm Leibniz, dem der Franzose seinen Plan vorlegte, gab zu bedenken, »daß ein unheilvolles Schicksal sich immer zwischen den Menschen und die Erreichung seines Glückes stellt«. Dies beträfe auch Völker und Staaten, die ihr Schicksal selbst in die Hände nähmen und immer wieder an seinem Lehrsatz von der besten aller Welten rüttelten. Am Ende des 18. Jahrhunderts, das mit einem schrecklichen Krieg und einem verheißungsvollen Frieden begann, resümierte der deutsche Philosoph Immanuel Kant, daß »die bisher fälschlich so genannten Friedensschlüsse« eigentlich nur »Waffenstillstände« gewesen seien.

Der englische Philosoph Thomas Hobbes war davon ausgegangen, daß der Mensch von Natur aus kein »animal sociale«, sondern »einer dem anderen Wolf« sei – »Homo homini lupus«. Optimisten hofften, daß in einer Staatsverfassung und darüber hinaus in einer Europakonstitution die Selbstsucht der Individuen wie der Sacro egoismo der Nationen zum Segen für alle aufgehoben werden könnte. Pessimisten befürchteten, daß die Wölfe immer wieder übereinander herfallen würden, und Realisten erwarteten, daß sie, wenn Gehege errichtet würden, die sie davon zurückhielten, Ruhe und Frieden wenn schon nicht für alle, so doch für geraume Zeit zu bewahren seien.

Prinz Eugen gab sich als Pessimist keinen Illusionen über das Wesen der Menschen und der Staaten hin. In den Kriegen, die er als Feldherr zu führen hatte, war ihm die Wolfsnatur bei Feind wie Freund nicht unbekannt geblieben, hatte er sich eingestehen müssen, daß selbst ein »edler Ritter« sie nicht immer zu bändigen vermochte. Der Friedensmacher, als der er sich in Rastatt und Baden bewährt hatte, war Realist genug, um zu erkennen, daß eine Austarierung der Machtgewichte lediglich ein Vorbeugungsmittel und keineswegs ein Allheilmittel gegen das Streben der Mächte wäre, sich Vorteile zum Nachteil anderer zu verschaffen. »Doch ist Fried' auch zuweilen, Vertrauen ist nimmer zum Frieden«, hatte der römische Dichter Ovid geklagt. Der österreichische Feldherr hatte auf englischen Geschützen die Parole »Arma Pacis Fulcra – Die Waffen sind die Stützen des Friedens« gelesen, und der Hofkriegsratspräsident hielt sich an den Spruch: »Si vis pacem, para bellum – Wer den Frieden will, muß zum Kriege rüsten.«

Dabei hätte Eugen im Alter von über 50 Jahren sich nicht ungern auf den errungenen Lorbeeren und erworbenen Olivenzweigen ausgeruht. Sein Ruhm hätte ihm genügen, und das Vermögen, das ihm zugewachsen war, eine Muße mit Würde erlauben können: »Mit zehntausend Gulden Einkünften kann ich ruhig und ohne in irgendeine Verlegenheit zu geraten, meine Tage beenden, denn ich besitze einen ausreichenden Vorrat an guten Büchern, um mich nicht zu langweilen.« Kriegszüge wie Friedensgeschäfte hatten ihn nicht davon abgehalten, sich um den Ausbau seines Palais in der Wiener Himmelpfortgasse und der Vorbereitung eines Tusculums, eines Landsitzes vor den Toren der Stadt zu kümmern. Zwischen Türkenkrieg und Erbfolgekrieg hatte er Grundstücke am Rennweg gekauft. So manchem Bericht an den Hofkanzler fügte er das Postscriptum an: »Ich lege Ihnen meinen Garten ans Herz« oder »Ich bitte Sie, kümmern Sie sich um die Arbeiten in meinem Garten.« Zurück in Wien, begann er unterhalb des angelegten Gartens mit dem Bau des Unteren Belvedere. Eine schöne Aussicht auf eine friedvolle Zukunft verschaffte ihm sein Belvedere vorerst nicht. Kaum hatte er sich in der Heimat einzurichten begonnen, mußte er schon wieder hinaus an die Front.

Neuntes Kapitel

Auf dem Gipfel

Die astronomische Maschine, die in Eugens Bibliothek im Stadtpalais stand, zeigte die Bewegung der Gestirne nach dem kopernikanischen System. Wenn sie der Hausherr betrachtete, wird er auch an die Konstellationen und Kreisbahnen der europäischen Mächte gedacht haben. Seit der Beendigung des Spanischen Erbfolgekrieges bewegten sie sich nicht mehr um die Sonne Frankreich. Der Sonnenkönig Ludwig XIV. starb am 1. September 1715 mit Siebenundsiebzig, 72 Jahre nach seiner Thronbesteigung und 54 Jahre nach Antritt seiner Alleinherrschaft. Er hatte viel zu lange regiert, sein Land aufwärts zum Zenit der Macht und abwärts an den Rand des Ruins geführt, die Bevölkerungszahl von 20 auf 18 Millionen vermindert und den Staatshaushalt um achtzehn Jahresbudgets überzogen. »Ahme mich nicht nach in meiner Vorliebe für das Bauen und für den Krieg, versuche im Gegenteil, mit Deinen Nachbarn Frieden zu halten«, sagte er auf dem Sterbebett seinem fünfjährigen Urenkel, der als einziger Thronerbe übrig geblieben war und – nach der Regentschaft des Herzogs Philipp von Orléans, des Sohnes der Liselotte von der Pfalz – 1723 als König Ludwig XV. auf den Thron kam.

Als die sterbliche Hülle Ludwigs XIV. in die Gruft von Saint-Denis überführt wurde, sah Voltaire am Wege »kleine Zelte, wo das Volk trank, sang und lachte«. Der Polizeikommissar Pierre Narbonne berichtete: »Viele Menschen freuten sich über den Tod dieses Fürsten, und überall hörte man Geigen spielen.« War dies das Finale des Grand Siècle und die Ouvertüre für eine Ära, in der Frankreich eine Friedensrolle übernehmen würde? Eugen von Savoyen, der es Ludwig XIV. nie verzieh, daß er ihn von sich gestoßen hatte, neigte noch zu dessen Lebzeiten, nach den Friedensschlüssen von Rastatt und Baden dazu, Frankreichs Aggressionen zu vergessen und ein Einvernehmen zwischen Wien und Versailles zu suchen.

Der geborene Franzose war der französischen Kultur verbunden geblieben und ging nun daran, zerrissene politische Fäden zusammenzuknüpfen. Immer noch verbittert über den Bündnisverrat der Engländer und Holländer, sah er sich nach einem Koalitionspartner um, den Österreich sowohl in der Konfrontation der Mächte im Krieg als auch im Spiel der Mächte im Frieden nicht entbehren konnte. Marschall Villars hatte in Rastatt den Eindruck gewonnen, daß der Savoyer die Erbfeindschaft zwischen Habsburgern und Bourbonen nicht für unabwendbar hielt, und war in Baden in seiner Auffassung bestärkt worden, daß er einer Allianz mit Frankreich nicht abgeneigt wäre. Selbst Ludwig XIV. schien in seinen letzten Tagen an eine Verständigung mit Karl VI. zu denken. Jedenfalls hielt er Villars dazu an, »mit dem Prinzen Eugen die Wege zu verabreden, um zu jener vollkommenen Union zwischen dem König und dem Kaiser zu gelangen«, die den Frieden aufrechtzuerhalten vermöge. Hinter dieser Anweisung verbarg sich die Absicht, in der neuen Runde des Mächtespiels die österreichische Karte in die Hand zu bekommen, um mit ihr gegen England aufzutrumpfen, das als Sieger aus dem Spanischen Erbfolgekrieg hervorgegangen war.

»Noch niemals hatte es eine Lage gegeben, in der die Absichten des Königs und die Interessen des Kaisers so miteinander übereinstimmen wie zur Zeit«, hieß es in der Instruktion Ludwigs XIV. für seinen Gesandten du Luc, der in Wien sondieren sollte, ob und wie sie zu einem Ausgleich geführt werden könnten: Die Befürchtung des Bourbonen, daß nach dem Tode der Königin Anna am 12. August 1714 die Kriegspartei der Whigs wieder Einfluß bekäme, und die Besorgnis des Habsburgers, daß mit der Personalunion zwischen England und Hannover unter ihrem Nachfolger Georg I. Österreichs protestantische Rivalen im römisch-deutschen Reich die Vormacht gewännen.

Versailles winkte mit einer Entente, die für Frankreich wie

Österreich zweckmäßig erschien, wenn auch kaum Zugeständnisse zu erwarten waren. In Wien ließ man sich nicht ohne weiteres aus der Reserve locken. Die Ressentiments gegen den Erbfeind saßen so tief, daß selbst der Groll über den treulosen Partner England nicht dazu verhalf, sie von heute auf morgen zu überwinden. Die Diplomatie, die sich nicht von Emotionen leiten lassen durfte, mußte sich alle Optionen offenhalten. Frankreich konnte als Gegengewicht gegen das zu mächtig gewordene England-Hannover dienen, und dieses als Gegengewicht gegen ein wieder machtlüstern werdendes Frankreich eingesetzt werden. Unter allen Umständen war zu verhindern, daß England und Frankreich, die in Utrecht einen Friedensvertrag ohne Österreich geschlossen hatten, zu einem Friedensbündnis gegen Österreich fänden.

Prinz Eugen, der in der Außenpolitik ein gewichtiges Wort mitzusprechen hatte, beherrschte das diplomatische Metier bereits so gut, daß er alle Chancen auszuloten und alle Risiken einzukalkulieren verstand. Den Draht nach England ließ er schon deshalb nicht abreißen, weil mit der Rückkehr der Whigs die Rehabilitierung seines Freundes und Partners Marlborough bevorstand. Andererseits hielt ihn die Abneigung gegen die Bourbonen nicht davon ab, den von Frankreich gemachten Avancen entgegenzukommen und die Möglichkeiten eines Einvernehmens zu prüfen. Dabei bediente sich Eugen, der sich als Feldherr auf das Auskundschaften gegnerischer Positionen verstanden hatte, als Außenpolitiker auch der Mittel der Geheimdiplomatie, in der er es zur Meisterschaft bringen sollte.

Mit Johann Christoph von Pendterriedter wurde ein Geschäftsträger nach Paris entsandt, der als Sekretär der Friedensverhandlungen in Rastatt und Baden die französische Seite kennengelernt hatte. Von seinem diplomatischen Geschick wurde erwartet, daß er mit dem Regenten Philipp von Orléans zurechtkommen werde, der die Hegemonialpolitik Ludwigs XIV. ad acta gelegt und ein neues Kapitel im französisch-österreichischen Schicksalsbuch aufgeschlagen zu haben schien. Der amtliche Draht genügte dem Savoyer nicht. Unter dem Vorwand, er müsse dort Fachärzte aufsuchen, schickte er seinen Vertrauten

Georg Wilhelm von Hohendorff nach Frankreich. Der in den österreichischen Militärdienst getretene Preuße war vielseitig verwendbar, hatte sich als Generaladjutant, Büchereinkäufer und nicht zuletzt als Geheimagent Eugens bewährt. Im Dezember 1715 traf er in Paris ein, wo er bald feststellte, daß der Regent mehr Aufmerksamkeit intimen Soupers in seinem Palais Royal als geheimen Pourparlers über die Außenpolitik schenkte.

Pendterriedter hörte nur Unverbindliches über die Wünschbarkeit einer Entente. Hohendorff glaubte indessen wahrgenommen zu haben, daß ein französischer Vorschlag anstünde: Wenn der Habsburger endgültig auf Spanien verzichtete und damit Philipp V. die allerletzte Hoffnung auf Rechte im französischen Mutterland nähme, würde der auf eine Thronfolge in Frankreich spekulierende Philipp von Orléans den immer noch nicht aufgegebenen Aspirationen Spaniens in Italien entgegenwirken und Österreich freie Hand auf der Apenninenhalbinsel lassen. Das wäre für Wien nicht uninteressant gewesen. Da noch kein Friedensvertrag mit Madrid geschlossen worden war, dauerte der Kriegszustand mit dem spanischen Bourbonen an, so daß dem Habsburger die in Utrecht und Rastatt zugesprochenen spanischen Nebenlande noch nicht ganz sicher waren.

Eine Verständigung mit dem Regenten in Paris war weder auf offiziellem noch auf inoffiziellem Wege möglich. Die französische Karte erwies sich als kein Trumpf im österreichischen Spiel; man mußte wohl oder übel wieder auf die englische Karte setzen.

Das Verhältnis zu den Seemächten war zuletzt durch die Barrierefrage getrübt worden. Eugen klagte über die »harte, veränderliche und unanständige Manier«, in der die Holländer auf ihrem Festungsgürtel in den Habsburg zugeschlagenen Niederlanden bestanden, und ärgerte sich über die Engländer, die deren überzogene Forderungen unterstützten. Ohne eine Einigung konnte Österreich die von einer englisch-holländischen Kommission verwalteten Niederlande nicht in Besitz nehmen, so daß es sich genötigt sah, am 15. November 1715 den Barrierevertrag mit Holland abzuschließen. In Namur, Tournai, Menin, Furnes, Warneton, Ypern und Fort Knokke sollten die Barrierefestungen ausschließlich mit Holländern, in Dendermonde gemeinschaftlich mit Österreichern besetzt werden. Zum Unterhalt dieser Plätze hatte Wien mit 500 000 Talern jährlich beizutragen. Diese Einschränkung der Souveränität im späteren Belgien und die Einbuße für den österreichischen Staatshaushalt schmerzten, vor allem den Prinzen Eugen, der am 25. Juni 1716 zum »Leutnant, Gouverneur und Generalkapitän« der Niederlande ernannt wurde. Sein Trostpflaster war, daß nun Barrieren auf dem Wege zu einer Wiederverständigung mit Holland und vor allem mit England beseitigt waren. Sein Wunschpartner war und blieb Großbritannien, dem er sich sogleich zuwandte, als sich der französische Zweckpartner versagte.

Die englische Monarchie und die holländische Republik waren Österreich im Spanischen Erbfolgekrieg bei der Wiederherstellung des von Frankreich gefährdeten Gleichgewichtes der Mächte beigestanden. Nun hielten sie sich bereit, einer neuen Störung der auf der Balance of power beruhenden Friedensordnung entgegenzutreten. Sie drohte nun von Spanien auszugehen. Philipp V. verwand nicht den Verlust der Nebenlande und der spanischen Vorherrschaft in Italien, und seine Gemahlin Elisabeth Farnese von Parma verlangte für ihre Kinder Fürstentümer auf der Apenninenhalbinsel. Das wollten die Seemächte nicht dulden, und Österreich konnte ihre Seemacht bei der Verteidigung der neugewonnenen Gebiete, vor allem Neapels und Sardiniens, nicht entbehren.

Bereits im November 1714 hatte London eine Wiederannäherung versucht. In Wien erschien Lord James Stanhope, der neue Staatssekretär, der in Spanien für König Karl III. gekämpft hatte und von Kaiser Karl VI. als Persona grata empfangen wurde. Der Prinz sah in Stanhope einen General, der wie er in die Außenpolitik abkommandiert worden war und auf diesem Felde zu avancieren begann. Noch stand die Barrierefrage einer Verständigung im Wege, und Eugen hatte auch das französische Eisen im Feuer. Als sich dieses abkühlte, ging er daran, das englische, von dem er sich ohnehin mehr erwartete, zu schmieden. Nachdem England im Februar 1716 seine Allianz mit Holland erneuert hatte, wurde im Juli dieses Jahres ein Defensivbündnis zwischen Österreich und England vereinbart. Prinz Eugen hatte versichert, daß dem Kaiser – und auch ihm – nichts mehr am Herzen liege, als stets in engster Verbindung mit dem König von England zu sein. Als diese wiederhergestellt war, hatte er auch nichts mehr dagegen, daß im November 1716 das von ihm vergebens umworbene Frankreich mit England ein Bündnis einging, das im Januar 1717 durch den Beitritt Hollands zur Tripelallianz erweitert wurde, der im August 1718 Österreich als Vierter im Bunde hinzutreten sollte.

Zunächst galt es, das in Italien aggressiv werdende Spanien in seine Schranken zu weisen. Dazu mußten Österreich alle Bundesgenossen willkommen sein, auch wenn diese vom Habsburger verlangten, seine spanischen Träume endgültig aufzugeben. Das fiel ihm nicht leicht, doch dies war der Preis, den er dafür zu zahlen hatte, daß er sich mit freiem Rücken im Westen und Süden den im Norden latent und im Südosten akut drohenden Gefahren zuwenden konnte.

Im Norden ging der Nordische Krieg mit dem Niedergang der Großmacht Schweden und dem Aufstieg der Großmacht Rußland zu Ende. Prinz Eugen wußte, daß Zar Peter, den sie den Großen nannten, sich nicht mit diesem Prädikat zufrieden geben würde, sondern – dessen Bedeutung entsprechend – nach ständiger Vergrößerung seines Reiches streben würde, und er ahnte, daß davon in erster Linie Österreich betroffen werden würde. Als der Nordische Krieg noch andauerte, äußerte er bereits Besorgnis über das Vordringen Rußlands, das es aufzuhalten gelte, und Mißtrauen gegen Preußen, das sich mit dem Zaren gegen Kaiser und Reich zusammentun könnte. Von allen deutschen Fürsten sei der Hohenzoller derjenige, »den man am meisten in die Schranken zu bringen trachten müsse«.

Rußland sei nicht allein an der Ostsee, sondern vor allem in Südosteuropa zu fürchten, bemerkte Eugen. Dort, wohin es den Russen drängte, hatte Österreich die Türken zurückgeworfen, Österreichs Territorium erweitert und seine Machtstellung vergrößert. Der Osmane, der sich geschlagen geben mußte, aber sich mit seiner Niederlage nicht abfinden wollte, sann auf Revanche. Die günstige Gelegenheit, dem im Spanischen Erbfolgekrieg stehenden Habsburger in den Rücken zu fallen, hatte er nicht wahrnehmen können, weil seine Kräfte erschöpft waren und er Zeit zum Atemholen brauchte. Nun schlug er zur Unzeit los, in einem Moment, da Prinz Eugen als Feldherr mit dem König von Frankreich, dem alten Alliierten des Sultans, fertig geworden war und als Außenpolitiker sein Land im Westen abgesichert hatte. Der Sieger von Zenta stand bereit, die Türken wiederum zu schlagen und seinen Lorbeeren weitere hinzuzufügen.

Den Abgesandten des Sultans, Ibrahim Aga, empfing Prinz Eugen am 13. Mai 1715 in seinem Wiener Stadtpalais, das als ein Regierungssitz und, neben der Hofburg, als ein Schauplatz für Haupt- und Staatsaktionen diente. Im großen Saal saß der Hofkriegsratspräsident in einem roten Rock auf einem roten Sessel unter einem roten Baldachin, und die Komplimente, die er mit dem türkischen Aga austauschte, schienen nicht auf ein bevorstehendes Blutvergießen in einem weiteren Krieg zwischen den Erzfeinden hinzudeuten.

Sultan Achmed III. und sein Großwesir Damad Ali hatten im Dezember 1714 Venedig den Krieg erklärt. Die Signoria von San Marco galt als das schwächste Glied in der abendländischen Abwehrfront, die 1684 durch die vom habsburgischen Kaiser, dem König von Polen und der Republik Venedig vereinbarte und vom Papst in Rom abgesegnete Heilige Liga zustande gekommen war. Im Juni 1715 griffen die Türken das venezianische Morea an und eroberten in hundert Tagen den Peloponnes des alten Griechenlands. Der Sultan hatte den mit den Mitgliedern der Heiligen Liga 1699 geschlossenen Frieden von Karlowitz gebrochen. Der Kaiser war gefordert, dem Bündnispartner beizustehen, sah sich jedoch nicht in der Lage, einen Türkenkrieg zu beginnen. In dem eben beendeten Spanischen Erbfolgekrieg war das Habsburgerreich derart zur

*Das Winterpalais des Prinzen Eugen in der Wiener
Himmelpfortgasse bei Ankunft des türkischen Agas
und seines Gefolges im Jahre 1711.
Kupferstich von J. A. Delsenbach.*

Ader gelassen worden, daß es für einen weiteren Waffengang zu schwach war. So war man in Wien geneigt, den Versicherungen des Aga zu glauben, daß seinem Herrn lediglich daran gelegen sei, die venezianischen Stacheln in seinem Gebietskörper zu entfernen, der Sultan sich jedoch mit den vom Prinzen Eugen vorgenommenen territorialen Amputationen abgefunden habe.

Der Osmane werfe immer noch begehrliche Blicke zum Stephansturm, auf dem der Halbmond durch Kreuz und Adler ersetzt worden war, und habe den Verlust Ungarns keineswegs verschmerzt, meinte Eugen. Auch wenn er gerne noch möglichst lange den hart genug erkämpften Frieden genossen hätte, so war ihm doch bewußt, daß er schon bald wieder den Feldherrnstab ergreifen und ins Feld ziehen müßte. Bereits im Februar 1715 – zwei Monate nach der Kriegserklärung der Türkei an Venedig und drei Monate vor dem Eintreffen des zur Beschwichtigung der Österreicher nach Wien entsandten Ibrahim Aga – hatte der Hofkriegsratspräsident seinem Kaiser dargelegt, daß er im Falle einer der Kriegserklärung folgenden Kriegshandlung »weder wegen der ihm aus dem Foedere Sacro zukommenden Verbindlichkeit noch ex ratione status« darum herumkommen werde, an die Seite des angegriffenen Venedigs zu treten.

Eugen betonte zum wiederholten Mal: Der alte Grundsatz »Pacta sunt servanda – Verträge müssen erfüllt werden« gelte für einen Honnête homme wie für einen ehrenwerten Staat. Dessen modernes Grundgesetz sei die Staatsräson geworden, die sich nicht immer, doch unter den gegebenen Umständen mit der Vertragstreue decke. Denn der Türke sei und bleibe nicht nur der Feind des christlichen Abendlandes, sondern auch der Gegner des Habsburgerreiches, der ständig auf Revanche für die ihm zugefügten Niederlagen sinne und die Revision der ihm aufgezwungenen Grenzen anstrebe. Also bliebe Österreich keine andere Wahl, als die von der Heiligen Liga verlangte Verpflichtung zu erfüllen und sich der »ex ratione status« ergebenden Notwendigkeit zu stellen. Es gelte, Österreich nicht nur defensiv, sondern auch offensiv zu verteidigen, seine Sicherheit durch ein erweitertes Glacis zu gewährleisten und seine Macht durch Ausdehnung im Südosten zu vergrößern.

An ein sofortiges Losschlagen war nicht zu denken. Nach der Beendigung des Krieges im Westen war abgerüstet worden. Nun mußten für die Aufrüstung neue Geldquellen erschlossen werden. Der Papst gab außer seinem Segen 400000 Gulden und dazu 100000 Gulden auf den Zehnten in Mailand und Neapel sowie den Kirchenzehnten in den Erblanden auf drei Jahre. Das war schon etwas, aber noch lange nicht genug; der Hofkriegsratspräsident hielt 20 Millionen Gulden für erforderlich.

Die außenpolitische Unterstützung durch Rom schlug mehr zu Buche. Clemens XI. verschaffte Karl VI. vom König von Spanien und dem Regenten in Frankreich für die Dauer des Türkenkrieges eine Garantie für die Sicherheit der österreichischen Besitzungen in Italien. Eigene diplomatische Aktionen, England und Holland wenn schon nicht zum Mitmachen, so doch zum Stillhalten zu bewegen, waren noch im Gange, wurden durch den Barrierevertrag von 1715 und den österreichisch-englischen Defensivvertrag von 1716 zu einem Abschluß gebracht. Inzwischen war der Hofkriegsratspräsident, der sich zugleich als Außenpolitiker und Schatzmeister betätigen mußte, eifrig bemüht, sein Heer auf Kriegsfuß zu setzen. Schließlich hatte er in Ungarn eine Hauptarmee von 80000 Mann beisammen, zu denen die in Siebenbürgen und an der Grenze zu Bosnien stehenden 40000 Mann zu zählen waren. Die Sicherung des Nachschubs sollte eine Donauflotille übernehmen; von den vorgesehenen zwölf Fregatten waren im Juni 1716 sechs einsatzbereit.

Das letzte Wort, bevor die Geschütze zu sprechen begannen, hatten die Diplomaten. Im April 1716 erneuerte Österreich sein Bündnis mit Venedig und der Kaiser suchte den Sultan zum Einlenken zu bewegen. Der österreichische Resident in Istanbul, Anselm Franz von Fleischmann, erhielt zur Weiterleitung an den Großwesir einen Brief Eugens, in dem ultimativ die Räumung Moreas und damit die Wiederherstellung des Friedens von Karlowitz gefordert wurde. Als eine Antwort nicht erfolgte, meinte Eugen, nun bleibe nichts anderes übrig, »als daß die Armee sobald möglich formiert und in dem Namen des Allerhöchsten der Feldzug eröffnet werde«. Die Machtstaatsräson wurde in Kreuzzugsstimmung artikuliert. Auch der Großwesir, der in einem Brief an den Hofkriegsratspräsidenten den Krieg formell erklärte, berief sich auf seinen Gott, mit dessen Hilfe der Sultan die Ungläubigen glorreich besiegen werde.

Eugen hatte diesen Krieg nicht gesucht, aber ihn als eine Gelegenheit angenommen, für Österreich noch mehr Grandeur und für dessen Feldherrn noch mehr Gloire zu gewinnen. Dem Generalleutnant des Kaisers kam der Oberbefehl zu, und nicht nur Karl VI., sondern auch die Offiziere und Soldaten erwarteten, daß sie der erprobte Feldherr erneut zum Siege führen würde. »Nach Belgrad!« lautete seine Parole, nach der sein Operationsplan angelegt war. Dessen zügige Ausführung hinderte, wie immer, ein zu langsames Anlaufen der österreichischen Kriegsmaschine, die mit zu wenig Geld geschmiert war und ohne rechten Schwung betrieben wurde. Als der Oberbefehlshaber am 9. Juni 1716 im Hauptquartier in Futak, westlich von Peterwardein, eintraf, mußte er feststellen, daß einige Regimenter und die meisten Feldgeschütze noch nicht zur Stelle waren. Auch blieb die Donauflotille aus, die den Nachschub sichern und den Übergang über die Save auf dem Vormarsch nach Belgrad decken sollte.

So blieb Eugen nichts anderes übrig, als die Initiative vorerst dem Gegner zu überlassen. Die sich bei Belgrad versammelnden Türken, über 100000 Mann, überschritten die Save und marschierten am rechten Donauufer aufwärts in Richtung Peterwardein, wo Eugen seine Armee zusammenzog. Ein erstes Gefecht zeigte, mit welchem Feind man es zu tun hatte. Ein zur Aufklärung entsandtes Kavalleriekorps wagte sich bei Karlowitz zu weit vor und verlor 700 Reiter, darunter den Feldmarschall-Leutnant Graf Seyfried Breuner, den die Türken an eine Eiche fesselten und zu Tode quälten. Am 4. August 1716 erschien das türkische Heer vor der befestigten Stellung der Österreicher bei Peterwardein, umschloß sie im Halbkreis und begann sich zu verschanzen. Eugen, wieder ganz der Alte, entschloß sich zu einem Überraschungsangriff. Im Morgennebel des 5. August ließ er seine Truppen antreten und gegen 7 Uhr zum Angriff blasen. Nicht alles verlief nach Plan. Aber Eugen, der immer dort war, wo es brannte, feuerte die ins Wanken geratene Infanterie zum Sturm an und setzte die Kavallerie zum entscheidenden Stoß in die linke Flanke des Feindes ein. Das Zurückweichen der Türken endete in der Flucht. Großwesir Damad Ali war tödlich verwundet worden. In seinem Zelt schrieb Eugen die Meldung an den Kaiser, daß um die Mittagszeit dieses 5. August 1716 die Türken »totaliter geschlagen« waren.

Der Sieg bei Peterwardein habe den Österreichern den Weg nach Belgrad geöffnet, wurde in Wien angenommen. Prinz Eugen erwies sich jedoch nicht, wie ihm nachgesagt wurde, als der Husar, der ohne lange zu fackeln dem Gegner nachgesetzt wäre. Seine Truppen waren erschöpft, der Gegner nicht empfindlich geschwächt, die starke Festung Belgrad wurde von einer überlegenen Streitmacht verteidigt, ein Übergang über Save und Donau war noch zu gefährlich und ohne genügend Schiffe und Brückenmaterial nicht möglich. Aufgeschoben hieß aber nicht aufgehoben. Das Ziel blieb Belgrad, das Eugen – nach gründlicher Vorbereitung – im nächsten Jahr zu erobern sich vornahm. Die für den Feldzug 1716 verbleibenden Monate benützte er dazu, die Türken vollends aus Ungarn zu vertreiben. Noch saßen sie im Banat und hielten die Schlüsselfestung Temesvar. Dorthin werde er sich wenden, eröffnete Eugen dem Kaiser; denn er finde »die Wegnehmung von Temesvar, welche mit Gottes Hilfe zu hoffen steht, zu den künftigen Winterquartieren, Ziehung der Kontribution aus der Walachei, Bedeckung der Theiß und Oberungarn, auch Kommunikation mit Siebenbürgen« und nicht zuletzt für die künftige Operation gegen Belgrad sehr nützlich.

In der Augusthitze marschierte er gen Temesvar. Am 1. September begann die Belagerung, am 14. Oktober wurde die Festung nach 164 Jahren türkischer Herrschaft eingenommen. Eugen begegnete einem Türken, der sich vom grausamen Großwesir Damad Ali angenehm abhob. Der Festungskommandant

Maria als Patronin der Österreicher im Kampf gegen die Türken. Bild zum Dank für die Siege Eugens bei Temesvar (1716) und Belgrad (1717) im Benediktinerstift Seitenstetten.

Mustapha Pascha, der sich ergeben hatte, schenkte dem Sieger ein Rassepferd. Eugen revanchierte sich mit der Gewährung freien Abzugs für die Besatzung, ließ sogar die ungarischen Rebellen, die mit den Türken gekämpft hatten, mitziehen. »Die Canaille kann hingehen, wohin sie will.«

Der Feldzug von 1716 war glücklich beendet, das Banat befreit, ganz Ungarn zurückerobert, und der Feldherr hatte seinen Ruhm vermehrt. Auf der Rückreise nach Wien wurden ihm im Dom zu Raab Ehrengaben des Papstes überreicht, wie sie seit dem Spätmittelalter katholischen Herrschern und Fürsten verliehen wurden, die sich um den Schutz des Glaubens und die Förderung der Kirche besonders verdient gemacht hatten. Prinz Eugen von Savoyen erhielt ein geweihtes Prunkschwert von eineinhalb Meter Länge und einen violetten, mit Hermelin gefütterten, mit Perlen bestickten Hut, auf dem die Taube des Heiligen Geistes abgebildet war. Der päpstliche Oberst Oratio Rasponi überbrachte mit den Ehrengaben und dem Breve Clemens' XI. ein Handschreiben Karls VI. Der Kaiser hatte ihm bereits sein Porträt mit der Bemerkung übersandt, »damit Sie desto öfters an mich denken und allzeit dadurch versichert sein mögen meiner unveränderlichen Liebe, Anerkennung und Hochschätzung für dero Person«. Nun bekräftigte er diese Belobigung in seinem Glückwunsch zur päpstlichen Auszeichnung und fügte hinzu: »Au reste möchte ich wohl meinen lieben Prinzen mit dem schönen Kappl sehen und im geheimen ein wenig lachen, da ich Euer Liebden Humor in solchen Funktionen kenne.«

Der Geehrte bedankte sich beim Papst für das Schwert und den Hut, doch mit der seltsamen Kopfbedeckung hat er sich wohl kaum im Spiegel betrachtet. Eher mit Besorgnis als mit Genugtuung mag er sich einen Kalender auf das Jahr 1717 angesehen haben. Das Blatt verwies auf das Unglück, von dem das Haus Habsburg im verflossenen Jahr betroffen worden war: Am 4. November hatte ihm der Tod den am 13. April 1716 geborenen Kronprinzen Leopold entrissen; der einunddreißigjährige Karl VI. stand ohne Leibeserben da. Die bange Frage, wer das Reich einst übernehmen sollte, überschattete

»die Herrliche Victoria bei Peterwardein« und »die Eroberung von Temesvar«, wovon Szenen auf dem Blatt zu sehen waren. »Der unbeständigen Zeit Freud- und Leid-Wechsel, aber auch Beständigen Hoffnungs-Trost« zeigte das Kalenderblatt an und weckte Zuversicht auf einen Triumph der Freude über das Leid im neuen Jahr.

Für Eugen begann es mit den Vorbereitungen für einen neuen Feldzug, für den er Verstärkung benötigte. Von Venedig war nicht viel zu erwarten. Korfu war zwar tapfer verteidigt worden, aber es wäre wahrscheinlich gefallen, wenn die Türken nicht von ihm abgelassen hätten, weil sie alle ihre Truppen an die Balkanfront warfen. Ihr Abzug wurde von der venezianischen Flotte nicht verhindert, nicht einmal gestört. Immerhin war die Gefahr eines Übergreifens des Krieges auf die italienischen Besitzungen Österreichs abgewendet. Der Dritte im Bunde der Heiligen Liga, der König von Polen, stand weiterhin abseits. Der russische Zar, der offene Rechnungen mit dem Sultan hatte, blieb Gewehr bei Fuß. Das erschien Wien eher als ein Vorteil; denn eine weitere Ausdehnung seiner Macht nach Südwesten sei nicht zuletzt wegen seines christlich-orthodoxen Anhangs auf dem Balkan »gar zu bedenklich«.

So blieben nur die Stände des Heiligen Römischen Reiches Deutscher Nation, deren Begeisterung, mit den Ungläubigen zu kämpfen, längst erloschen war, und die immer weniger gewillt waren, dem Kaiser beizustehen und dessen Hausmacht zu verstärken. Außerdem dauerte der Nordische Krieg an, der Kräfte der Norddeutschen band. Der Reichstag bewilligte zwar eine finanzielle Beihilfe, aber mit dem Bezahlen ließ er sich Zeit. Überraschend bot Kurfürst Max Emanuel von Bayern, dem Österreich so übel mitgespielt hatte, 6000 Soldaten an. Preußen stießen diesmal nicht zu den Österreichern, aber wiederum Mietregimenter von kleineren Reichsmitgliedern. Im Großen und Ganzen blieb Österreich auf sich allein gestellt. Eugen brachte erneut eine Feldarmee von 80000 Mann zusammen, wozu noch Truppen aus dem Banat und aus Siebenbürgen kamen, sodaß er mit rund 100000 Mann rechnete. Die Donauflotille zählte außer 50 Booten zehn mit leichten Geschützen bestücke Kriegsschiffe, und auch Brückenmaterial samt Ingenieuren war für die Flußübergänge bei Belgrad bereitgestellt.

Um den glücklich begonnenen Kampf »gegen die Feinde des christlichen Namens mit allen Kräften fortzusetzen«, brach der Generalissimus Eugen am 15. Mai 1717 zum Kriegsschauplatz auf. Er nahm die Nachricht mit, daß zwei Tage vorher dem Kaiserpaar eine Tochter, Maria Theresia, geschenkt worden war, und ein Kruzifix, das ihm Karl VI. mitgegeben hatte. Mit einem Donauschiff fuhr er nach Ofen, wo er zur Messe ging und ein neues Provianthaus besichtigte. Da er mit privaten Heereslieferanten wenig gute Erfahrungen gemacht hatte, war dem Hofkriegsrat das gesamte Verpflegungswesen übergeben worden. Täglich mußten 120000 Brotportionen von der knapp 1000 Mann zählenden »Bäckereikompagnie« geliefert werden. Der »Feldproviants-Fuhrwesensstab« bestand aus über 2000 Personen. Für die Armeepferde waren täglich 45000 Haferportionen bereitzustellen.

Im Hauptquartier von Futak drängten sich nicht weniger als 42 fürstliche Persönlichkeiten aus halb Europa, die Eugen weniger als Schlachtenbummler denn als Zeugen und Künder des Sieges, dessen er sich sicher glaubte, willkommen waren. Einen Generalplan für die Einnahme der Festung Belgrad, der Einfallspforte der Türken nach Ungarn, hatte Eugen mitgebracht. Im Detail änderte er ihn nach der Erkundung vor Ort und nach der Anhörung des Generals der Kavallerie, Florimund Mercy, der als Militärbefehlshaber im Banat einschlägige Erfahrungen gesammelt hatte und nützliche Hinweise gab. So wurde der Hauptangriff auf Belgrad nicht, wie zunächst vorgesehen, von Westen her, nach dem Übergang über die Save, sondern von Osten her, nach dem Übergang über die Donau, vorgetragen. Um »dem Kaiser wied'rum kriegen / Stadt und Festung Belgerad« – wie es im Prinz-Eugen-Lied heißt – ließ Eugenius bei Pancsova »schlagen eine Brucken, / Daß man kunnt' hinüberrucken / Mit d'r Armee wohl für die Stadt«. Das Hauptheer setzte am 15. Juni zunächst mit Booten und am folgenden Tag auf einer Pontonbrücke vom linken auf das rechte Ufer der Donau über und rückte gegen Belgrad vor. Die Überraschung der Türken, die Eugen an anderer Stelle erwartet hatten, war geglückt. Kurz darauf war die auf der Halbinsel zwischen Donau und Save gelegene Festung an der Landfront eingeschlossen.

Vor 29 Jahren, 1688, hatte Eugen als Feldmarschall-Leutnant zum erstenmal vor Belgrad gestanden und war bei der Erstürmung der Festung schwer verwundet worden. Nun hatte er als Oberbefehlshaber das 1690 wieder an die Türken verlorengegangene Bollwerk zurückzuerobern. Bevor es genommen werden konnte, mußte es belagert werden. Dabei hatten sich die Österreicher gegen zwei Seiten abzusichern: einerseits gegen die Ausfälle der auf 30000 Mann geschätzten, unter dem Befehl des tüchtigen Seraskiers Mustapha stehenden Besatzung, und andererseits gegen das Heranziehen eines Entsatzheeres. Eugen löste diese Doppelaufgabe nicht gemäß der zeitgenössischen Doktrin, die vorsah, dem zur Befreiung der Belagerten anmarschierenden Türkenheer ein »Observationskorps« entgegenzuschicken, das den Feind aufhalten oder, wenn er zu übermächtig wäre, den Belagerern wenigstens Zeit zur Aufhebung der Umschließung verschaffen sollte. Eugen entschied sich anders. Da er seine Kräfte nicht zu teilen wagte, sicherte er den Belagerungsring nach innen, gegen die Festung, durch eine »Contravallationslinie«, und nach außen, gegen das Entsatzheer, durch eine »Circumvallationslinie«. Der Vorteil war, daß er seine Truppe zusammenhalten konnte, und der Nachteil, daß er zwischen zwei Feuer geraten könnte.

Letzteres, worauf das Prinz-Eugen-Lied anspielte, schien zu drohen. Denn es »kam ein Spion bei Sturm und Regen, / Schwur's dem Prinzen und zeigt's ihm an, / Daß die Türken furagieren, / So viel als man kunnt' verspüren, / An die dreimalhunderttausend Mann«. So viele waren es zwar nicht, aber immer noch genug, um im österreichischen Lager alle Alarmglocken läuten zu lassen. Mit 200000 Mann zog Großwesir Halil Pascha heran, näherte sich Ende Juli dem tapfer verteidigten Belgrad und verschanzte sich gegenüber dem Lager Eugens, der sich nun selber belagert sah und Gefahr lief, zwischen zwei Fronten erdrückt zu werden. Der Großwesir glaubte den

Feind zwischen den Bastionen Belgrads, den Fluten der Donau und Save und seiner befestigten Stellung in der Falle zu haben und schien es abwarten zu wollen, bis dieser, von hinten wie von vorne beschossen, durch Hunger und Krankheit zermürbt, sich auf Gnade oder Ungnade ergäbe. Sollte er das nicht tun, könnte er, dezimiert und demoralisiert wie er wäre, in einer Kesselschlacht vernichtet werden. Aber sein Gegner – es war eben Eugenius, der geniale Feldherr – machte dem Türken einen Strich durch die Rechnung.

Vergebens hatten die österreichischen Generäle die Absichten ihres Generalissimus in dessen Antlitz, das dem einer Sphinx glich, abzulesen versucht. Endlich – am 15. August – rief er sie in sein Zelt, aber nicht, um einen Kriegsrat zu halten, sondern um den von ihm allein gefaßten Entschluß bekannt zu geben und sie zu instruieren, »wie man sollt' die Truppen führen / Und den Feind recht greifen an«. Der Feldherr befahl den Angriff auf das türkische Entsatzherr, der allein aus der Klemme herauszuführen vermöchte, für den frühen Morgen des nächsten Tages. Kurz und bündig erklärte er, wie zur Schlacht anzutreten und wie sie durchzuführen sei. Die Offiziere hätten ihre Befehle »ohne Geschrei und Ungeduld« zu geben; durch eiserne Disziplin müßte die zahlenmäßige Überlegenheit des Gegners ausgeglichen werden; niemand dürfe »auch nur um ein Handbreit von dem ihm angewiesenen Posten abweichen«; die Türken sollten durch unaufhörliches Infanteriefeuer in die Deckung gezwungen und durch die »Angriffskolonnen in fest geschlossenen Reihen« zurückgeworfen werden. »Entweder«, lautete Eugens Schlußwort, »werde ich mich Belgrads oder die Türken werden sich meiner bemächtigen.«

Eine Schlacht stand bevor, in der es nicht, wie so oft, um einen mehr oder weniger glänzenden Sieg oder um eine mehr oder weniger schmerzliche Niederlage ging, sondern um Sein oder Nichtsein. Wie sie am 16. August 1717 begann und verlief, davon wußte das Lied zu singen:

Bei der Parole tät' er befehlen,
Daß man sollt' die Zwölfe zählen
Bei der Uhr um Mitternacht:
Da sollt' all's zu Pferd aufsitzen,
Mit dem Feinde zu scharmützen,
Was zum Streit nur hätte Kraft.

Alles saß auch gleich zu Pferde,
Jeder griff nach seinem Schwerte,
Ganz still ruckt' man aus der Schanz':
Die Musketier', wie auch die Reiter,
Täten alle tapfer streiten:
Es war fürwahr ein schöner Tanz!

Ihr Konstabler auf der Schanze,
Spielet auf zu diesem Tanze
Mit Kartaunen, groß und klein,
Mit den großen und den kleinen,
Auf die Türken, auf die Heiden,
Daß sie laufen all' davon.

Ganz so einfach und schon gar nicht so poetisch wie im Lied verlief die Schlacht natürlich nicht. Etwa 10 000 Mann blieben vor der Festung liegen. 24 Kavallerieregimenter mit 180 Eskadronen, 52 Infanteriebataillone und 53 Grenadierkompanien, rund 60 000 Mann waren aus den Verschanzungen möglichst unbemerkt an den Feind heranzuführen, das Fußvolk im Zentrum, in zwei Treffen hintereinander, die Reiterei an den Flügeln. Die Dunkelheit und der Morgennebel verschleierten den Aufmarsch, aber auch die genauen Positionen des Feindes. Als zur Rechten Kavallerie unvermutet auf eine vorgeschobene Stellung der Türken stieß, entbrannte die Schlacht, die Eugen eigentlich zur Linken, wo er den Schwerpunkt des Feindes annahm, beginnen lassen wollte. Bei anhaltendem Nebel ging die Übersicht verloren, löste sich die Schlachtordnung in Einzelgefechte auf. Am rechten Flügel wurde um jeden Fußbreit Boden gerungen, am linken Flügel kam man nicht voran, und im Zentrum der österreichischen Front entstand eine Lücke, durch die die türkische Reiterei eindrang, um den Angreifern in die Flanken zu fallen. In diesem kritischen Moment ging für Eugen die Sonne von Belgrad auf, gegen 8 Uhr zerriß der Nebel und mit der Übersicht gewann Eugen die Entschlußkraft zurück. Er dirigierte das zweite Treffen in das bedrohte Zentrum, der Feind wurde zurückgeworfen und dem linken Flügel genügend Luft zur Erstürmung der türkischen Schlüsselstellung auf der Bajdinahöhe verschafft.

Der Feldherr hatte seine Anordnungen getroffen, zur Ausführung stürzte sich der Troupier in die Schlacht und »tät als wie ein Löwe fechten«. Weiß-blaue Löwen vom bayerischen Regiment »Kurprinz« stürmten ohne Befehl gegen die mit Artillerie bestückte Hauptschanze vor. »Nichts vermochte mehr unsere Soldaten zurückzuhalten«, berichtete ihr Kommandeur La Colonie, »jeder kletterte mit Mut unter dem Feuer und den Würfen hinan und keine Gefahr achtend stürzten sie endlich mit solcher Schnelligkeit in das Innere der Schanze, daß die Türken sich erschrocken zur Flucht wandten.« Andere Regimenter stießen nach und nahmen die letzten türkischen Befestigungen. Gegen zehn Uhr vormittags des 16. August 1717 war die Schlacht bei Belgrad geschlagen, hatte Eugen seinen größten und letzten Triumph errungen.

Gott der Allmächtige habe den gerechten kaiserlichen Waffen einen »vollkommenen Sieg gegen den Erbfeind mit Eroberung der völligen Artillerie, des ganzen Lagers und Kanzlei verliehen«, meldete Eugen nach Wien. Ganz vollkommen war er freilich nicht. Der Großwesir konnte sich mit dem Großteil seiner Truppen zurückziehen, und der Prinz sah sich nicht in der Lage, ihnen nachzusetzen. Er hielt es nicht für ratsam, berichtete er dem Kaiser, den abziehenden Feind zu verfolgen, »umsomehr, als der Abgang der leichten Kavallerie, die Situation des Terrains und der abgematteten Pferde und vor allem die unglaublich große Anzahl der flüchtigen Armee nicht den rechten Anlaß dazu gaben«.

Zeitgenossen kritisierten, daß Eugen das heranziehende Entsatzheer nicht in der Bewegung gestellt, sondern ihm Zeit zur

*Reiterporträt des Prinzen Eugen.
Johann Gottfried Auerbach zugeschrieben.*

Verschanzung gelassen hatte, und daß er, endlich zum Angriff entschlossen, den mit mindestens so viel Fortune wie Genie errungenen Sieg nicht zur Verfolgung der Geschlagenen ausnützte. Bei allem, allerdings mit Neid gemischtem Respekt vor dem begabteren und erfolgreicheren Vorgänger hat später der österreichische Generalissimus Erzherzog Karl die Schlacht von Belgrad nicht als beispielhaft empfunden. Gerade weil sie den Regeln der methodischen Kriegskunst zuwiderlief, hielt sie Friedrich der Große, der selber ein Meister der Schlachten war, für das Musterbeispiel des Triumphes eines Feldherrn, der nicht an Dogmen klebte, sondern aus eigener Eingebung und selbständigem Entschluß handelte.

Eugen brachte das Kunststück fertig, eine doppelte Bedrohung in einen doppelten Sieg zu verwandeln, das weit überlegene Entsatzheer so zu schlagen, daß es eine neue Attacke unterließ, und die starke Besatzung der Festung Belgrad nicht nur während der Schlacht in Schach zu halten, sondern auch zur Einsicht zu bringen, daß weiterer Widerstand zwecklos wäre. Sie kapitulierte bereits am 18. August, und Eugen bilanzierte: Wenn Belgrad, das zweihundert Jahre lang – mit der kurzen Unterbrechung von 1688 bis 1690 – in türkischer Hand gewesen war, unter dem Doppeladler »rechtschaffen fortifiziert und also erbaut wird, daß dem Feinde die Lust zum Angriff und die Hoffnung zu einer Bemeisterung benommen wird«, würde dadurch nicht nur dem österreichischen Handel ein beträchtlicher Nutzen, sondern »dem ganzen Königreich Ungarn und sämtlichen Erbländern, ja der Christenheit selbst, eine beständige Vormauer verschafft«.

Das war teuer genug erkauft. Die Österreicher zählten vor Belgrad 2000 Tote und über 3000 Verwundete; darunter 17 Generäle, 26 Stabsoffiziere und 287 Oberoffiziere. Eugen hatte nur einen Schuß in den Arm abbekommen.

Die Türken beklagten an die 10000 Tote und Verwundete. Die Besatzung von Belgrad – noch etwa 20000 Mann – erhielt freien Abzug. Eugen war bemüht, daß die in der Schlacht gefangenen rund 5000 Türken nicht allzu schlecht behandelt wurden. »Denn die Drangsale des Krieges«, meinte er, »haben ihre Grenzen, und die Gesetze der Menschlichkeit sollten niemals außer Acht gelassen werden.« Doch seine Soldaten waren schwerlich davon zu überzeugen, daß auch Türken Menschen seien und demgemäß zu behandeln wären. So mancher seiner Krieger, der bei Peterwardein die hingemetzelten christlichen Gefangenen gesehen hatte, war nicht gewillt, den Heiden Pardon zu geben. Immerhin scheint es 1717 in der Schlacht von Belgrad nicht zu solchen Exzessen wie bei dessen Erstürmung 1688 durch die Truppen des Kurfürsten Max Emanuel gekommen zu sein. »Der erbitterte Soldat«, hieß es damals im offiziellen Kriegsbericht, hat »von der Besatzung und dem übrigen Gesindlein nicht einen Mann übriggelassen.«

Es war nicht leicht, gerade in einem Krieg, der als Glaubenskampf hingestellt und mit noch größerer Roheit als ein Staatenkrieg geführt wurde, der »edle Ritter« zu bleiben, als der »Prinz Eugenius« im Lied besungen wurde. Von einem einfachen, wahrscheinlich bayerischen Soldaten angestimmt, wurde es in Österreich und ganz Deutschland gesungen und verkündete den Ruhm des Siegers von Belgrad fort und fort.

Im Feldlager von Semlin, unweit von Belgrad, erhielt Prinz Eugen am 10. September 1717 ein Schreiben des Seraskiers Mustapha, der die Festung übergeben und sich nach Nisch zurückgezogen hatte. Dem »Höchsten Minister des Kaisers der Römer«, dem »großmächtigsten, ehrwürdigsten und liebwertesten Prinzen von Savoyen« wurde mit einem Bukett der blumigen Sprache des Orients die Friedensbereitschaft des Sultans offeriert. Er sei geneigt, entgegnete Eugen, auf das türkische Angebot einzugehen, wenn es ehrlich gemeint und ein vernünftiger Vergleich zu finden sei. Der Kaiser, dem er sogleich Meldung machte, ermächtigte den Prinzen, Verhandlungen aufzunehmen. Der Feldherr wurde wieder als Friedensmacher eingesetzt und ging auch diese Aufgabe tatkräftig und zielstrebig an.

Die Bereitschaft zum Frieden im Osten wurde durch eine Bedrohung im Westen gestärkt. König Philipp V. von Spanien griff 1717 nach dem österreichisch gewordenen Sardinien und 1718 nach dem savoyisch gewordenen Sizilien. Diese Störung der nach dem Spanischen Erbfolgekrieg geschaffenen Friedensordnung veranlaßten England, Holland und selbst das bourbonische Frankreich, sich gegen das bourbonische Spanien zusammenzuschließen und Österreich als Vierten im Bunde vorzusehen.

Der Vorteil einer Absicherung im Westen war mit einem Nachteil bei der Friedenssuche im Osten verbunden. Denn Eugen, der sich von direkten Verhandlungen mit der Türkei bessere Bedingungen für Österreich versprach, mußte eine Vermittlung der Engländer und Holländer hinnehmen, die ihre eigenen Interessen vertraten, und es sogar erleben, daß der französische Gesandte in Istanbul in einer Reprise des bourbonisch-osmanischen Zusammenspiels einen Friedensschluß zu verhindern, zumindest zu verzögern suchte. Aus seinem Pariser Exil eilte der ungarische Rebellenführer Franz Rákóczy in die Türkei, um für eine Fortsetzung des Krieges zu werben und neue Hoffnung auf eine Vertreibung der Österreicher aus Ungarn zu schöpfen. Eugen stellte bei ersten Sondierungen fest, daß die vom Seraskier Mustapha angekündigte Bereitschaft des Sultans, daß »das beiderseitige Blutvergießen eingestellt und die Ruhe der bedrängten, armen Untertanen wiedererlangt wird«, nachgelassen hatte, jedenfalls die türkischen Forderungen in eine für Österreich unannehmbare Höhe geschraubt wurden. Das eben eingenommene Belgrad sollte zurückgegeben werden.

Die Geheime Konferenz in Wien, die unter dem Vorsitz des zurückgekehrten Prinzen von Savoyen tagte, sah am 30. Januar 1718 den Frieden noch in weiter Ferne liegen und traf daher Vorbereitungen für einen neuen Feldzug. Indessen erschien Eugen »ein honorabler und rechtschaffener Frieden« immer noch als das Beste. Wenige Tage später akzeptierten die Konferenzminister den Plan eines Friedenskongresses unter der Bedingung, daß die Gebiete, die mit den Waffen genommen worden waren, nicht durch einen Federstrich wieder verlorengehen dürften. Der bisherige Gesandte in Polen, Feldzeugmeister Graf Virmond, und der Hofkriegsrat Talman, der als österreichischer Vertreter in Istanbul einschlägige Erfahrungen gesammelt hatte, wurden zu Kongreßbotschaftern ernannt. Zur Bestreitung der Kongreßkosten wurden 150000 Gulden angefordert, von denen eine erkleckliche Summe »zur Gewinnung einiger Türken und andurch erlangender füglichen Entdeckung ihres verborgenen Vorhabens«, also als Bestechungsgeld vorgesehen war. Die Fäden der Verhandlungen hielt der Prinz von Savoyen in der Hand, dem Kaiser Karl VI. – »indem völlig mich auf seinen Eifer und experienz beruhe, zu operieren oder einen Stillstand zu machen, wie er es am besten für meinen Dienst finden werde« – die Vollmacht für einen Friedensschluß oder die Kriegsfortsetzung erteilt hatte. Eugen begab sich von Wien nach Belgrad, das nicht weit entfernt von dem an der Mündung der Morava in die Donau gelegenen Passarowitz lag, wo am 5. Juni 1718 der Friedenskongreß eröffnet wurde.

Sozusagen im Niemandsland zwischen Krieg und Frieden war ein Zeltlager errichtet worden, in dem die Unterhändler – die Österreicher Virmond und Talman sowie die Türken Ibrahim Aga und Mehmed Aga – und die Vermittler – der Engländer Robert Sutton und der Holländer Jakob Colyer – untergebracht wurden. In der Mitte erhob sich ein großes Zelt für die Beratungen der Delegationen. Die österreichischen Kongreßbotschafter erhielten von Eugen, der auch als Friedensstifter Augenmaß bewahrte, die Anweisung, sich nicht mit »überflüssigen oder gar zu harten Begehren« über »die Billigkeit aufzuhalten«. Grundsätzlich sei auf der Behauptung des durch die Eroberung zu Beanspruchenden zu bestehen, aber »wegen etwas mehr oder weniger offenen Landes« dürfe man es nicht zum Bruch kommen lassen.

Bei einem Zusammentreffen mit Virmond und Talman am 15. Juni an der Donaubrücke bei Kubin, auf halbem Wege zwischen Belgrad und Passarowitz, gab er genaue Instruktionen: »Auf Grund des gegenwärtigen Besitzstandes«, des als Verhandlungsgrundlage angenommenen Prinzips, sollte nichts vom Gebiet der Moldau, das nicht besetzt war, doch von der Walachei das okkupierte Land gefordert werden. Auch in Serbien dürfe nichts verlangt werden, was nicht wie Belgrad und der Nordteil bereits in kaiserlicher Hand sei. Selbstverständlich müßte das Banat habsburgisch bleiben. Nach Eugens Anweisung und ständig von ihm gedrängt, trieben die österreichischen Kongreßbotschafter die Verhandlungen in Passarowitz voran, räumten türkische Einwände aus dem Weg und konnten sich im Großen und Ganzen durchsetzen. Am 21. Juli 1718 abendländischer und 22. Chaban 1130 morgenländischer Zeitrechnung wurde der Frieden von Passarowitz unterzeichnet. Österreich bekam den Besitz des Banat mit Temesvar, des bisher türkischen Teiles Syrmiens, Belgrads und Nordserbiens, der westlichen Walachei und eines Grenzstreifens im nördlichen Bosnien bestätigt. Die Dauer des Friedens wurde nach türkischer Zeitrechnung auf 24 Mondjahre zu 354 oder 355 Tagen festgesetzt.

In dem kurz darauf zwischen der Türkei und Venedig abgeschlossenen Vertrag verlor die Signoria von San Marco Morea (Peloponnes) sowie Kandia (Kreta) und behielt Korfu, die Ionischen Inseln und Dalmatien. Am 27. Juli wurde ein Handelsvertrag zwischen Österreich und der Türkei unterzeichnet, der den Untertanen des Kaisers im Reiche des Sultans Freiheit des Handels und der Schiffahrt im Mittelmehr und auf der Donau zugestand. Zum Gedenken an den glänzendsten Sieg, den Prinz Eugen errungen, und an den vorteilhaftesten Frieden, den Österreich mit der Türkei geschlossen hatte, wurden Gedenkmedaillen geprägt. Eine zeigte den Feldherrn in antikem Kriegsgewand vor Belgrad, wo er nach Caesars Devise »Ich kam, sah und siegte« gehandelt hatte. Eine andere zeigte Eugen als Friedensbringer von Passarowitz, der dem über türkischen Beutestücken thronenden Karl VI., dem »Imperator semper Augustus«, die größte Ausdehnung seines Reiches verschafft hatte.

Der Kaiser herrschte in der Idealität über das Heilige Römische Reich Deutscher Nation und regierte in der Realität über eine Hausmacht, die zur Großmacht geworden war. Das habsburgische Imperium umfaßte – außer den deutschen und böhmischen Erblanden mit Schlesien sowie den vorderösterreichischen Besitzungen in Schwaben und im Breisgau – im Norden die Niederlande, im Osten Ungarn, Kroatien, Slawonien, Siebenbürgen und das Banat, reichte dort bis nach Serbien und

*Der Friede von Passarowitz 1718.
Aufgestochene Radierung aus der Kupferstich-
sammlung des Prinzen Eugen.*

Bosnien und umfaßte im Süden Mailand und Mantua, Neapel und das bald gegen Sardinien eingetauschte Sizilien.

Das Erzhaus Österreich war ein Herrschaftsgebäude, das aus zahlreichen und verschiedenartigen Teilen bestand, die nicht unter einem einheitlichen Dach, einer einzigen Krone zusammengefaßt waren. Karl VI. besaß außer der Kaiserkrone des römisch-deutschen Reiches einige Erzherzogshüte und die Königskronen von Böhmen und Ungarn. Um diese weiter zu tragen und vererben zu können, wollte er dafür sorgen, daß die Teile im Ganzen zusammenblieben und das Ganze vererbt werden konnte – auch, da ihm kein Sohn beschieden war, in weiblicher Thronfolge. Bereits 1713 hatte Karl VI. die Pragmatische Sanktion erlassen, die mehr als ein »Pactum Mutuae Successionis« war. Alle seine Besitzungen wurden als »indivisibiliter ac inseperabiliter«, als unteilbar und untrennbar, die Habsburgermonarchie zu einem »Totum« erklärt. Bei der Verkündung dieses Reichsgrundgesetzes am 19. April 1713 in der Geheimen Ratsstube der Hofburg war Prinz Eugen dabeigewesen. Der österreichische Patriot und moderne Etatist hätte am liebsten dem »Ganzen« eine zentralistische Verfassung gegeben, damit das Zusammengefügte straffer zusammengehalten und einheitlicher regiert werden könnte. Es wäre notwendig, forderte Eugen, »daß man so viel als möglich ein Totum aus Eurer Kais. und Kath. Majestät weitläufiger und herrlicher Monarchie mache«. So viel war nicht möglich, denn dieses Österreich war und blieb die Bündelung einer Vielfalt, ein Reich, dessen Glieder nicht in eine Einheitsform gegossen und dessen Völker nicht über einen Kamm geschert werden konnten.

Die Einheit in der Vielheit ließ Karl VI. sinnbildlich unter der Kuppel der Karlskirche, der Reichskirche in seiner Reichshauptstadt, zusammenfassen. Der Grundstein wurde 1715 gelegt, als Österreich vergrößert aus dem Spanischen Erbfolgekrieg hervorgegangen war. Mit dem Bau begann Johann Bernhard Fischer von Erlach 1716, als Prinz Eugen daranging, das Reich nach Südosten zu erweitern. Im Reichsstil des Barock, dem noch einmal eine Synthese von Universalem und Individuellem gelang, entstand die Karlskirche, die der katholischen

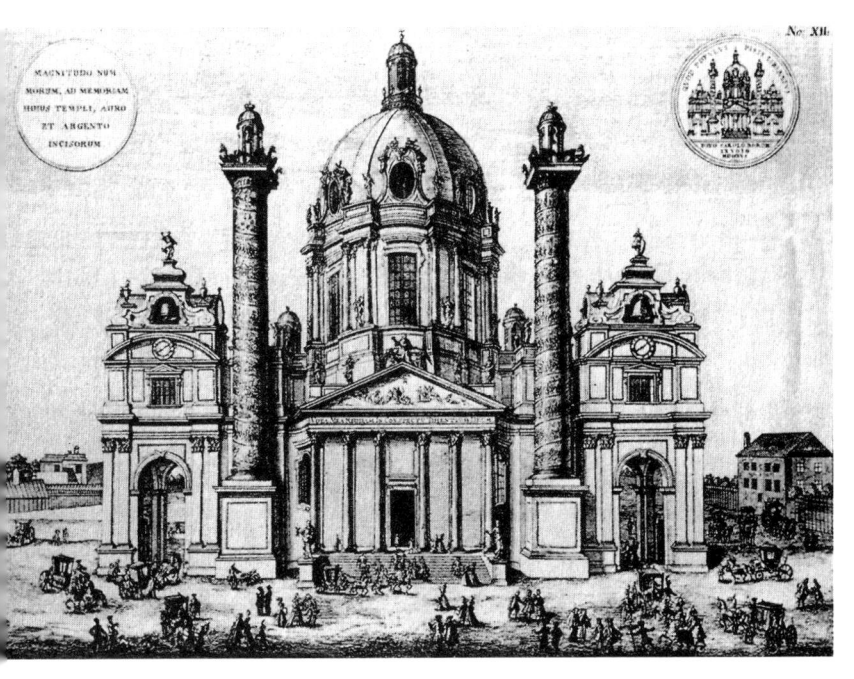

*Die Karlskirche in Wien.
Prospekt (aufgestochene Radierung).*

Majestät Karl VI. gewidmet und dem Heiligen Carlo Borromeo, einem Vorkämpfer der Kirchenreform, geweiht wurde. Zum Bau hatten alle habsburgischen Länder ihre Beiträge zu leisten. Der Baumeister trug Stilelemente des antiken Imperiums zusammen: einen griechischen Tempelgiebel, korinthische Kapitelle sowie Säulen à la Trajan, Triumphzeichen des Imperators, auf dem Kaiseradler nisten. Über das Ganze wurde, wie über die Peterskirche in Rom, eine Kuppel gewölbt, die wie eine Monstranz über dem Reich und seiner Metropole ausgesetzt war.

Die barocke Krone, die Karl VI. dem Erreichten aufsetzte, konnte Prinz Eugen, der dazu Entscheidendes beigetragen hatte, von seinem schönen Garten aus sehen. Nachdem er während des großen Krieges um das spanische Erbe sein Stadtpalais in der Himmelpfortgasse erneuert und gleich nach dem Friedensschluß mit dem Bau des Unteren Belvedere begonnen hatte, war sein von Johann Lucas von Hildebrandt errichteter Sommersitz gerade rechtzeitig fertig geworden, um dem Sieger von Belgrad ein angemessenes Friedenslager zu bieten. Schon dachte er daran, den Gartenhügel, seine Gloriette, mit einem großartigen Schloß, dem Oberen Belvedere, zu krönen, um der Stadt und dem Reich zu demonstrieren, daß er den Gipfel des Ruhms erreicht hatte.

»Prinz Eugen«, berichtete der französische Gesandte aus Wien, »spielt hier die Hauptrolle.« Als Generalleutnant war er Oberbefehlshaber des Heeres, als Hofkriegsratspräsident leitete er das gesamte Militärwesen, als Minister der Geheimen Konferenz, der er oft vorsaß, wirkte er vor allem bei außenpolitischen Entscheidungen maßgeblich mit, und als Generalgouverneur der Niederlande waltete er über eine der wichtigsten und reichsten Provinzen der Monarchie. Der savoyische Cadet, der jüngere Sproß einer Nebenlinie, wurde als der einflußreichste Paladin seines habsburgischen Herrn und als der Premier der Regierung in Wien angesehen. Nicht nur in Österreich pries man die Erfolge des Feldherrn und die Leistungen des Staatsmannes. Medaillen mit seinem Bild wurden geprägt, Portraits gemalt und gestochen, populäre Schriften wie das sechsteilige

Werk »Des Großen Feldherrns Eugenii ... Heldenthaten« weit verbreitet. Der aus Schlesien stammende Dichter Johann Christian Günther feierte den Prinzen Eugen:

> Nur drauf, du Kern der deutschen Treu,
> Nur drauf, du Kraft aus Hermanns Hüften,
> Beweise, wer dein Ahnherr sei.

Mit Hermann dem Cherusker, der die Römer aus Germanien verjagt hatte, verglich der Dichter den Prinzen von Savoyen, der die Franzosen vom hohen Roß geholt hatte. Bereits durch die Taten Eugens und nicht erst durch jene Friedrichs des Großen, wie Goethe meinte, wurde die deutsche Poesie beflügelt. Der Franzose, der Österreicher geworden war, erschien als ein deutscher Held, der über die französischen wie türkischen Erbfeinde triumphiert, als Kämpfer für Deutschlands Ehre, obwohl er für Österreichs Größe – wie dann Friedrich für diejenige Preußens – gestritten und gesiegt hatte.

Als der »edle Ritter« wurde der Prinz überall dort gerühmt, wo die Tugenden eines Chevalier, Tapferkeit, Treue und Selbstzucht noch galten, im Volk, in dem das Eugen-Lied gesungen wurde, und von Adeligen, die den Savoyer – wie Friedrich Karl von Schönborn, der Reichsvizekanzler und Fürstbischof von Bamberg und Würzburg – als »Sire des Honnêtes gens« verehrten. Vor dem »Miles Christi«, der das Abendland gegen die Mohammedaner verteidigt hatte, verneigten sich Katholiken wie Protestanten. Der Reichstag, in dem die Reichsstände beider Konfessionen vertreten waren, geizte nicht mit Anerkennung, der Papst in Rom weihte ihm Ehrengaben, und der italienische Geistliche und Gelehrte Lodovico Antonio Muratori widmete dem aus italienischem Geschlecht stammenden Österreicher, der Geschichte gemacht hatte, einen Band seine Sammlung von Geschichtsquellen »Rerum italicarum scriptores«.

In England war der Mitstreiter Marlboroughs mehr als dieser selbst angesehen. »The Life and Military Actions of his Royal Highness Prince Eugene of Savoy« hieß die bedeutendste der zahlreichen Schriften. Verfasser war Richard Steele, der

Herausgeber der moralischen Wochenschriften »The Tatler« und »The Spectator«, der die ritterlichen Tugenden seines Helden, dieses »Man of Modesty and Merit«, als vorbildlich auch für den Bürgerstand hinstellte. Das Urteil in Frankreich, dem der Savoyer den Rücken gekehrt und gegen das er seine Waffen erhoben hatte, schwankte zwischen patriotisch bedingter Abneigung und kaum verhehlter menschlicher Hochachtung. Türken, die ihn insgeheim verflucht haben mochten, bezeugten ihm öffentlich ihren Respekt. Im September 1719 machte ihm ein Sondergesandter des Sultans in Wien seine Aufwartung, sparte nicht mit Komplimenten und schenkte ihm zwei Rassepferde mit roten Damastsätteln und vergoldeten Silbersteigbügeln.

Rasch und hoch war er aufgestiegen, vom Volontär zum ersten Militär und wichtigsten Minister des Habsburgers. Aber auch bei dieser in schwindelnde Höhe führenden Karriere behielt er eine von Natur gegebene Reserviertheit und den Gleichmut eines gegen alle Wechselfälle gewappneten Soldaten. Lebensklug neigte er zum Understatement eines ersten Dieners, der bei seinem Herrn nicht den Eindruck erwecken durfte, daß er ihm zwar nicht von Geburt gleich, aber an Begabung überlegen sei, und der seine Mitdiener, die ihm seine Vorzugsstellung neideten, nicht noch mehr gegen sich aufbringen wollte. »Zu großer Erfolg ist ein zweischneidig Schwert«, erkannte der Savoyerprinz, der für seine Gegner in Wien zu hoch, viel zu hoch aufgestiegen war. Deshalb bemühte er sich, von der erreichten Position möglichst wenig Aufhebens zu machen, sich bescheiden zu geben und schlicht aufzutreten. »Aber ich halte ihn gerade in dieser Einfachheit für stolzer als jeden anderen«, bemerkte der französische Gesandte du Luc, und seinem Kollegen Mandat blieb der Stolz nicht verborgen, mit dem Eugen seinen Ruhm zu wahren suchte und zugleich jeder Kritik am Frieden, den er als sein Werk betrachte, entgegentrat. Auch wenn er sich einfach kleidete, mit wenigen Dienern umgab und nicht in Prunkkarossen fuhr, so war er sich doch des Wertes seiner Person und seiner Leistung bewußt und ging daran, dem einen Ausdruck zu verleihen, der die von ihm gesuchte Untertreibung in eine Übertreibung verkehrte, die zwar die Bewunderer bestaunten, aber die Mißgünstigen erboste.

»Das Bauen ist nur, um schöne Monumente zu hinterlassen, zum ewigen Gedächtnis«, erklärte Fürst Karl Eusebius von Liechtenstein, dessen Geschlecht sich Paläste in Wien und vor den Toren der Stadt schuf, deren Pracht die Bedeutung der Bauherren übertraf. Es verwundert kaum, daß Eugen bei aller sich auferlegten persönlichen Zurückhaltung in Versuchung geriet, sich Baudenkmäler zu schaffen und zurückzulassen, die seiner historischen Größe entsprachen. So begnügte er sich nicht mit der Erweiterung seines Stadtpalais und der Errichtung des Unteren Belvedere, sondern begann auf dem Belvederehügel über der Kaiserstadt ein Schloß zu errichten, das die kaiserlichen Residenzen in den Schatten stellte: die zwar altehrwürdige und geschichtsbefrachtete, aber altmodische und unkomfortable Hofburg und erst recht den Sommersitz, die Favorita auf der Wieden, die der zeitgenössische Chronist Johann Basilius Küchelbecker, der die Bauten Eugens nicht genug zu rühmen wußte, »von keiner sonderlichen Magnifizenz« und »ohne alle Pracht und Kostbarkeit« fand.

Bald konstatierte der französische Staatsphilosoph Montesquieu in Wien, er freue sich, »endlich ein Land kennenzulernen, in dem die Untertanen weit prächtiger wohnen als ihr Herr«. Der Aufklärer dachte dabei in erster Linie an die Residenzen des von ihm geschätzten Savoyers. Der »heimliche Kaiser«, wie ihn Freunde wie Gegner zu nennen begannen, wohnte unbestritten besser als der gekrönte Kaiser, dem dies zu mißfallen begann, sodaß nachteilige Folgen für seinen Generalleutnant und Konferenzminister nicht ausblieben.

War sich Eugen bewußt, daß er die Peripetie seiner Laufbahn erreicht hatte? Mit dem griechischen Wort für Umschwung wurde im klassischen Drama der Gipfelpunkt und zugleich der Wendepunkt im Schicksal des Helden bezeichnet. Geschick und Glück hatten ihn auf eine Höhe geführt, von der es, nach verdienter Rast, wieder abwärts ging.

Zehntes Kapitel

Kabalen und Krisen

Der Kaiser schätzte den Prinzen, weil er des Feldherrn zur Abwehr der äußeren Gefahren und zur Mehrung seiner Macht bedurfte. Als der Diener seine Schuldigkeit getan hatte, nahm der Dank des Hauses Habsburg ab, und die Sorge Karls VI. wuchs, daß ihm im Savoyer ein Wallenstein erwachsen könnte. Albrecht von Wallenstein, der kaiserliche Heerführer im Dreißigjährigen Krieg, griff nach seinem militärischen Erfolg und dem damit verbundenen materiellen Gewinn nach politischer Macht. Sein Ehrgeiz schien nicht einmal vor dem Thron seines Herrn Halt zu machen; jedenfalls schien er die böhmische Königskrone zu begehren. Kaiser Ferdinand II. setzte Wallenstein ab, weil »er eine Konspiration anzuspinnen sich angemaßt, Uns und Unser hochlöbliches Haus von Unserem Erbkönigreich, Land und Leuten zu vertreiben«, und ließ seinen Feldherrn, der bereits Herzog von Friedland und von Sagan geworden war, als Hochverräter umbringen.

Ferdinands Angst vor Wallenstein mag nicht unberechtigt gewesen sein. Karls Sorge, der Savoyer könnte ein zweiter Friedländer werden, war aus objektiven Gründen, die in der gewandelten Zeit lagen, wie aus subjektiven Gründen, die in Eugens Wesen und Wollen zu finden waren, völlig unangebracht. Condottieri hatten keine Chance mehr in einer Epoche, in der ein Staat, selbst das der Entwicklung hinterher hinkende Österreich, so organisiert war, daß für militärische Abenteurer, die sich mit dem Schwert ein Zepter zu erstreiten suchten, kein Spielraum mehr blieb. Allerdings hatte die neue Zeit einen Konkurrenten des legitimen Herrschertums hervorgebracht: den Premier à la Richelieu, der zwar im Namen und zum Nutzen des Monarchen von Gottes Gnaden amtierte, dabei aber so viel Macht aus eigenen Gnaden anhäufte und ausübte, daß er der Primus im Staat wurde.

Österreich war noch eine absolute Monarchie, in welcher der Herrscher nicht nur herrschte, sondern auch regierte. In der Geheimen Konferenz, einem kollegialen Gremium, beratschlagten die Leiter der Hofämter als Konferenzminister, oft unter Vorsitz des Prinzen Eugen, der aber nicht de jure der Präsident und schon gar nicht ein Premier war. Diese Rolle fiel ihm zuweilen de facto zu, aber gesucht hat er sie nicht, und ihre Wahrnehmung fand ihre Grenzen an der Allgewalt des Monarchen wie an seiner persönlichen Dienstauffassung. Auch wenn er sich an den Schranken, die ihm gesetzt waren und die er sich selber gesetzt hatte, zunehmend wund rieb, so wich er doch keinen Finger breit von seinem kategorischen Imperativ ab, daß er seine Pflicht und Schuldigkeit in Unterordnung und nicht in Anmaßung zu erfüllen habe. Ein Richelieu und erst recht ein Wallenstein konnte und wollte der Prinz von Savoyen nicht werden. Als »heimlicher Kaiser« empfand er sich nicht, doch gegen die Bezeichnung »Atlas der österreichischen Monarchie« hätte er wohl keine Einwände gehabt. Er kannte die Geschichte des Titanensohnes, der von Zeus gezwungen worden war, auf dem Haupt und den Händen den Himmel zu tragen. Eugen hatte freiwillig die Aufgabe übernommen, das Habsburgerreich zu heben und zu stützen, und in dem »Dienst an sich« fand er die Genugtuung, der Sache genützt und sich Verdienste erworben zu haben.

Diese Selbsteinschätzung, die der stolze Savoyer mehr und mehr auf eine Weise zum Ausdruck brachte, die die sich selbst auferlegten Beschränkungen überschritt, beunruhigten Karl VI. Der Kaiser, der noch im Sterben auf der ihm gebührenden Reverenz bestand, bei der Letzten Ölung monierte, daß nur zwei und nicht die ihm zustehenden vier Kerzen brannten, begann sich vor der Glorie Eugens in seinem Glanz und von dessen Kompetenz in seiner Herrscherbefugnis beeinträchtigt zu fühlen. Dieser Habsburger, der sich seines eigenen Urteils nie sicher war, hörte immer mehr auf Neider und Rivalen des Prinzen, die das Menetekel eines neuen Wallensteins an die Wand malten.

Bereits 1701 hatte Eugens Intimfeind Mansfeld gewarnt: Das Haus Österreich habe seit den Erfahrungen mit dem Friedländer als Staatsmaxime festgesetzt, »den Degen und den Beutel nicht mehr Einem in die Hände zu legen«. Auch deshalb, und nicht nur wegen Finanzknappheit, hatte man dem Feldherrn die Kriegsfinanzierung erschwert und dem Hofkriegsratspräsidenten Mittel zur Heeresorganisation vorenthalten. Nachdem er Kriege gewonnen, den Frieden gesichert und die Statur eines Staatsmannes bekommen hatte, hielten es seine Widersacher erst recht für angezeigt, das Schreckgespenst Wallenstein durch die Hofburg geistern zu lassen.

Eine spanische Partei hatte damals gegen den Friedländer gewühlt und machte nun dem Savoyer zu schaffen. Kaiser Karl VI., der sich noch immer König Karl III. von Spanien nannte, hatte aus seinem verlorenen, aber nicht aufgegebenen Königreich etliche Anhänger nach Wien mitgebracht, die im Spanischen Rat die Geschäfte der an Österreich gefallenen spanischen Nebenlande in Italien führten. Seine Mitglieder waren weit höher als die anderen kaiserlichen Räte bezahlt und standen dem Monarchen, der ihre Vorlagen mit »Yo el Rey« unterschrieb, viel näher als die meisten österreichischen Minister und Beamten. Am allernächsten stand ihm Graf Michael Johann von Althann, ein »Deutscher«, der als »Spanier« galt und Karls Favorit wurde, weil er sein treuester Trabant in Spanien und – wie es hieß – Althanns Gemahlin seine Mätresse gewesen war.

Zur spanischen Partei gehörten Folch de Cardona, Erzbischof von Valencia, der vom Anjou zum Habsburger übergelaufen war, Rocco Stella, ein Süditaliener, der Karl III. die Erhebung in den Grafenstand verdankte, und der Marqués Ramon de Rialp, der in Katalonien als Staatssekretär bis zuletzt die habsburgische Fahne hochgehalten hatte. Sie waren mit nach Wien gekommen, wo sie sich nicht im Exil, sondern in Wartestellung für eine Rückkehr nach Spanien fühlten, und sich, bis sie dort wieder in Ämter, Würden und Vermögen eingesetzt würden, als Verwalter von Mailand, Neapel, Sardinien und dann Sizilien schadlos zu halten gedachten. Ihr Gegensatz zu den »deutschen« Ministern hatte persönliche wie sachliche Gründe. Sie wollten alle bekämpfen, die dem Herrscher und damit der Macht wie dem Trog zu nahe kamen. In erster Linie stand ihnen der Prinz von Savoyen wegen seiner notorischen Unbestechlichkeit im Wege. »Ich glaube, es ist bekannt, daß ich nichts verlange, was mir nicht rechtens zukommt, und ich dulde nicht, daß mir derlei auch nur angeboten wird«, konnte Eugen in einer Selbsteinschätzung feststellen und sich damit von den »Spaniern« abheben. Der Marqués de Rialp vergab Ämter in den italienischen Landen an die Meistbietenden und verschaffte seiner geistlichen Verwandtschaft fette Pfründen.

Politisch kam ihm Eugen in die Quere, weil er ein Engagement in Spanien als unvereinbar mit der österreichischen Staatsräson hielt. Bereits im Spanischen Erbfolgekrieg hatte er vor einer Verzettelung der militärischen Kräfte gewarnt. Als Philipp V. im Jahre 1717 an die achttausend Spanier auf dem österreichisch gewordenen Sardinien landen ließ und eine Invasion Neapels zu drohen schien, war Eugen im Türkenkrieg gebunden. Nach dessen Beendigung hätte ihn der Kaiser gerne in Italien eingesetzt. Der Hofkriegsratspräsident sträubte sich, über eine Verstärkung der Defensivkräfte hinaus ein Heer gegen Süden in Marsch zu setzen, der Feldherr wollte keinen Krieg auf der Apenninenhalbinsel beginnen und schon gar nicht das Oberkommando übernehmen. Ein Zusammenstoß zwischen dem Spanischen Rat, der den Kaiser hinter sich wußte, und dem Prinzen Eugen, der sich den Forderungen entzog, kündete sich an. Wenn er dabei nicht stürzen sollte, gedachte ihn die Kamarilla durch Kabalen zu Fall zu bringen.

Nicht im Lager des Feindes, sondern in Wien befänden sich Eugens erbittertste Gegner, bemerkte Marschall Villars. Er kenne seine Feinde genau und könnte ihnen auch schaden, meinte der Gesandte du Luc, aber er täte es nicht, weshalb jene ihm diese »Gefühle eines großen Herzens« als ängstliche Vorsicht auslegten oder gar als Unfähigkeit hinstellten, das gegen ihn gesponnene Intrigennetz zu zerreißen. Zweifellos zeigte er Blößen, die es den Ränkeschmieden erleichterten, Keile zwischen ihn und seinen Kaiser zu treiben. Eugen gab sich kaum Mühe, andere durch freundliches Entgegenkommen und schmeichelnde Redensarten für sich einzunehmen, stieß sie eher durch sein verschlossenes Wesen und sein zurückhaltendes Auftreten ab, wobei er es in Kauf nahm, daß ihm dies als Hochmut und Hochgestochenheit ausgelegt wurde. Im Krieg entwarf er als Feldherr den allgemeinen Plan und kümmerte sich als Truppenführer im Detail um die Ausführung. Im Frieden neigte er dazu, die Geschäfte weitgehend Subalternen zu überlassen, obgleich er Bürokraten nicht viel zutraute und so manches ihrer Resultate, das er selber für unbefriedigend hielt, ihm persönlich angekreidet wurde. »In einem Wort« bemerkte der englische Gesandte Saint-Saphorin, der den Savoyer kannte, »das ist auf Grund seiner großen Fähigkeiten einer der ersten Männer Europas, aber in kleinen Dingen zeigt er viele Schwächen.«

Für die wachsende Zahl seiner Gegner bot er Angriffsflächen, die er noch durch eine Eigenschaft, die er für eine Stärke hielt, verbreitern half. So wortkarg und kurz angebunden er im allgemeinen war, so nahm er doch in Angelegenheiten, die er für besonders wichtig hielt, kein Blatt vor den Mund. Da er, wie er erklärte, in all seinem Tun und Lassen »nichts als die Billigkeit und meine Pflicht vor Augen habe, mich hierin weder durch Freund- noch Feindschaft ableiten zu lassen fähig bin«, so hielt er es für angebracht, daß er »von jeder Sache und Person nach meinem Wissen und Gewissen also urteile, wie sie sich mir in Wirklichkeit darstellt«, und das Richtige mit offenen, ja offensiven Worten auszusprechen. Damit lief er Gefahr, auch seinen Kaiser vor den Kopf zu stoßen und der Kamarilla Gelegenheiten für Gegenaktionen zu bieten. Karl VI. war geneigt – auch wenn es ihm zunehmend schwerer fiel – die Präpotenz des Prinzen hinzunehmen, solange er mit Erfolgen für Kaiser und Reich aufwartete, zuletzt noch mit der Eroberung Belgrads und dem Friedenschluß von Passarowitz. Sollte jedoch die Erfolgsserie abreißen, war damit zu rechnen, daß Karl VI. wieder voll und ganz den Herrn hervorkehren, auf Distanz zu seinem Diener gehen und auf jene hören würde, die ihm einflüsterten, daß dieser sich schon viel zu viel herausgenommen habe und in seine Schranken zu weisen sei.

Dazu kam es im Jahre 1719. Der von Spanien begonnene Krieg hatte von Sardinien, das Österreich verloren ging, auf Sizilien übergegriffen, das als Königreich dem Herzog von Savoyen überantwortet worden war. Wien, das eine Ausdehnung der Invasion auf das österreichische Neapel befürchtete, entsandte Truppen, aber viel zu wenige, was am Kaiserhof dem Hofkriegsratspräsidenten ebenso verübelt wurde wie die Weigerung des Generalissimus, den Oberbefehl in Italien zu übernehmen. Die Generäle, die dort eingesetzt waren, hatten kein Fortune, weil sie eben Eugens Auffassung bestätigten: Gute Subalterne, die »höhere Befehle ordnungsgemäß und geschickt auszuführen verstehen, erzielen nur selten Erfolge, wenn sie das Kommando innehaben«.

Während die englische Flotte jene der spanischen Friedensstörer im August 1718 an der Südspitze Siziliens besiegte, blieb den österreichischen Truppen, die zu Lande die Friedensordnung von Utrecht und Rastatt wiederherstellen sollten, ein Sieg versagt. Als sie im Herbst 1718 auf die Insel übersetzten, die weitgehend in spanische Hände gefallen war, kamen sie über Milazzo nicht hinaus, und auch einem weiteren Landungsunternehmen im Frühjahr 1719 blieb ein entscheidender Erfolg versagt. »Dem bereits wider Vermuten länger anhaltenden Krieg«, verlangte Eugen in Wien, wäre »so schleunig als möglich ein erwünschtes Ende zu machen«. Dies besorgten nicht die Militärs, sondern die Diplomaten der Quadrupelallianz, die von England, Frankreich, Holland und Österreich zur Aufrechterhaltung des Gleichgewichtes der Mächte in Europa gegründet worden war und dieses nach der Gefährdung durch Spanien wieder ins Lot brachte. Der Aggressor fügte sich in die Balance of power ein, verzichtete auf Sardinien, das von ihm ganz, und auf Sizilien, das von ihm teilweise besetzt worden war. Sardinien, das nach dem Spanischen Erbfolgekrieg Österreich zugesprochen worden war, wurde an den Herzog von Savoyen abgegeben, der sich fortan König von Sardinien nannte. Im Tausch überließ er Sizilien dem Habsburger. Karl VI. hatte ein gutes Geschäft gemacht, denn er bekam einen zwar nicht viel größeren, aber weit reicheren Teil Italiens. Doch der Preis, den er dafür zu zahlen hatte, dünkte ihm und seinem Spanischen Rat zu hoch: der endgültige Verzicht auf die spanische Krone.

Prinz Eugen war nicht glücklich, daß das österreichische Heer zum erstenmal, seit er dessen Leitung und Verwaltung übernommen hatte, aus einem Krieg ohne Lorbeeren hervorgegangen war. Der Kaiser und dessen Kamarilla führten den Mißerfolg auf das mangelnde Engagement des Militärs und das Desinteresse des Politikers Eugen für die spanischen und italienischen Anliegen des Erzhauses zurück. Der Prinz bestärkte sie in dieser Auffassung, als er in einem Vortrag erklärte, daß Sizilien ein zweifelhafter Gewinn sei: »Gegen Orient sowohl als gegen Okzident offen, mithin völlig exponiert«, von den Erblanden viel zu weit entfernt, sei die Insel kaum zu defendieren und nicht in das anvisierte »Totum«, ein modernes Staatsganzes, zu integrieren. Mitglieder der spanischen Partei, die ihrem Betrautsein mit italienischen Angelegenheiten amtlichen Einfluß und private Bereicherung verdankten, hielten die Zeit für gekommen, den lästigen Prinzen aus dem Weg zu schaffen. Schon lange hatten sie den Dolch im Mantel getragen, nun sollte er Eugen nach Art südländischer Verschwörer in den Rücken gestoßen werden – ein Dolch aus Papier, nicht aus Stahl.

Graf Althann, der allein am Ohr des Monarchen bleiben wollte, drückte beide Augen zu, denn er konnte die Methode der Verdrängung des Rivalen nicht unbedingt billigen. Nicht so zimperlich war der savoyische Gesandte Marchese Carron di San Tommaso. Sein Herr, Viktor Amadeus II., der eine der Nichten des Kaisers, etwaiger Erbansprüche wegen, für seinen Sohn Karl Emanuel gewinnen wollte und das Scheitern des Heiratsprojektes den Umtrieben des Prinzen von Savoyen zuschrieb, gedachte dies seinem Vetter heimzuzahlen. In vorauseilender Beflissenheit schloß sich sein Gesandter in Wien den Verschwörern an.

Im August 1719, als sich Eugen gerade in seinem Garten vor der Stadt erging, näherte sich ihm ein fremder Lakai, Diener des kaiserlichen Kammerherrn und Reichshofrates Graf Johann Friedrich Nimptsch, eines Schwagers Althanns, sprach ihn an und bat um Gehör für eine wichtige Mitteilung. Am nächsten Morgen zur Audienz vorgelassen, berichtete er von Vorkommnissen, die von dunklen Machenschaften handelnden Theaterstücken entnommen zu sein schienen. Sein Herr, Graf Nimptsch, der selten zur Feder zu greifen pflege, schreibe plötzlich Brief auf Brief, erhalte versiegelte Pakete, empfange heimlich einen italienischen Abate und schleiche sich, in einen schwarzen Mantel gehüllt, nach Einbruch der Dunkelheit aus dem Haus. Diese Räuberpistole wollte ihm der Prinz nicht ohne weiteres abnehmen; er verlangte Beweise, die ihm der Lakai – ob nun aus patriotischer Anhänglichkeit oder in Erwartung einer Belohnung – in den nächsten Tagen brachte.

Aus Briefen, die er aus dem Kabinett des Grafen Nimptsch entwendet hatte, war ersichtlich, daß ein geheimer Anschlag gegen den Hofkriegsratspräsidenten im Gange war. Der Abate Tedeschi hatte dem Grafen Nimptsch angebliche Hinweise auf eine Konspiration des Prinzen Eugen mit dem Kardinal Alberoni geliefert, der als Staatsminister Philipps V. die spanische Aggression gegen Österreichs Besitzungen in Italien betrieb. Außerdem habe Eugen den savoyischen Heiratsplan deshalb scheitern lassen, weil er eine Kaisernichte dem Bayern zugedacht habe, um bei einem etwaigen Erbfall den Wittelsbacher und mit ihm sich selbst in Österreich zur Herrschaft zu bringen.

Eugen erkannte sofort, wer hinter dieser nicht allein gegen ihn, sondern auch gegen andere »deutsche« Minister gerichteten Intrige steckte: die spanische Partei, wahrscheinlich ihr Haupt Althann, jedenfalls dessen Schwager Nimptsch, der bei Hofe mit den von Tedeschi zusammengetragenen Anschuldigungen nicht hinter dem Berg hielt. Nun wurde Eugen klar, warum in letzter Zeit so manche seiner Eingaben vom Kaiser nicht aufgegriffen, ja abgelehnt worden war. Personalvorschläge kamen nicht zum Zuge, in Angelegenheiten des Hofkriegsrates wurde hineingeredet. In seiner Verärgerung war er schon drauf und dran gewesen, den Bettel hinzuwerfen, seine Ämter niederzulegen. »Die Beredsamkeit ist nicht sein größtes Talent«, berichtete Saint-Saphorin über ein Gespräch mit Eugen, »aber die Entrüstung verlieh sie ihm in einem solchen Maße, wie ich es in meinem Leben noch nicht gehört habe, wobei sich als Schluß ergab, daß es sich durchaus mit seinem Ruhm vereinbare, wenn er sich zurückziehe und hier nicht mehr sich Beleidigungen und Verdruß aussetzte.«

Die Opposition, die seine Stellung untergraben hatte, setzte nun, da er nicht selber ging, zu seinem Sturz an. Sie stieß auf seinen entschiedenen Widerstand. Nachdem er durch den Diener des Grafen Nimptsch von den Ränken der spanischen Partei erfahren hatte, dachte er nicht mehr daran, dem Gegner den Gefallen eines Rücktritts zu tun. Jetzt war er wieder ganz der alte Soldat, der dem Feind entgegentrat und im Angriff die beste Verteidigung erblickte.

Der Prinz sprach beim Kaiser vor, legte ihm die Beweise des Komplotts auf den Tisch und erklärte, daß er seine Geschäfte als Konferenzminister und Hofkriegsratspräsident ruhen lassen und erst wieder ausüben werde, wenn ihm volle Genugtuung geleistet worden sei. Karl VI. sah sich einem Dilemma gegenüber. Entweder hielt er zu seiner Kamarilla und ließ den von ihr Beschuldigten fallen, oder er stand zu Eugen, der ihm ferner gerückt war, und distanzierte sich von seiner nächsten Umgebung. Am liebsten hätte er sich um eine Entscheidung gedrückt. Schließlich beschloß er, den Prinzen zu entlasten. Das Material, das gegen die Verschwörer sprach, war stichhaltig und der Monarch unangenehm berührt, daß er zu lange auf die Einflüsterungen gehört und sie sich nicht sofort verbeten hatte. Dem Kaiser blieb nichts anderes übrig, als Tedeschi und Nimptsch, die sich zu weit aus der Fronde gegen Eugen hervorgewagt hatten, zu belangen. Eine Sonderkommission wurde gebildet, die die Intrige aufdeckte und die Intriganten verurteilte. Der dubiose Abate Tedeschi wurde als Hauptschuldiger an den Pranger gestellt, mit dreißig Rutenstreichen auf den entblößten Rücken bestraft und auf einem Schandkarren außer Landes gebracht. Graf Nimptsch verlor seine Stellungen als Kammerherr und Reichshofrat und erhielt zwei Jahre Festungshaft.

Die Hintermänner wurden nicht zur Verantwortung gezogen. Graf Althann blieb nicht nur von der Untersuchung unbelastet, sondern wurde mit Gnadenbeweisen überhäuft. Der savoyische Gesandte San Tommaso versteckte sich hinter seiner Immunität, wurde jedoch bald abberufen. Der Kaiser verzieh es dem Prinzen nicht, daß er seinen Anhang kompromittiert und ihn selber in Verlegenheit gebracht hatte. Karl VI. bemühte sich, gegenüber Eugen eine huldvolle Miene aufzusetzen, was ihm schwer genug fiel; denn er hatte sich vorgenommen, künftig noch mehr als bisher vor dem Savoyer auf der Hut zu sein, ihn nie mehr zu nahe an sich heranzulassen und weiterhin Rückhalt bei der spanischen Partei zu suchen.

Die Spanier – und Italiener – waren gegen Eugen als den Primus der »deutschen« Minister vorgegangen. Auf seine bisherigen Partner konnte er sich immer weniger verlassen. Sinzendorf stellte sich, wie immer, auf die Seite der Sieger, und dazu vermochte er Eugen nicht mehr zu zählen. Gundaker Starhemberg hatte die Leitung der Hofkammer abgeben müssen und zog sich, angewidert von Wiener Hofusancen, in eine Art innere Emigration zurück. In diese Richtung tendierte auch Eugen. Er wußte genau, daß er nur einen halben Sieg errungen hatte und daß die halbe Niederlage schwerer wog. Ohne die volle Unterstützung des Monarchen konnte er seine Vorstellungen über eine Heeresreorganisation nicht mehr durchsetzen. Da ihn Karl VI. nicht mehr als ersten außenpolitischen Ratgeber anhörte, waren Mißtöne im europäischen Mächtekonzert, auf dessen Harmonie Eugen bedacht gewesen war, immer lauter und deutlicher zu vernehmen.

Wenn der Kaiser dazu neigen sollte, sich den Grundsätzen seines deutschen Ministeriums, in dem Eugen eine dominierende Rolle spielte, in der Außenpolitik »ebenso zu entziehen, wie er es bereits im Innern tut, wird weder ich noch ein anderer, mag er auch hundertmal geschickter sein, etwas Gutes mehr hier bewirken«, berichtete der englische Gesandte Saint-Saphorin nach London. Fast verübelte er es dem Prinzen von Savoyen, daß er nichts unternommen hatte, um ein Richelieu zu werden und aus Karl VI. einen Ludwig XIII. zu machen. Dazu war der Herr, der sich als Diener verdingt hatte und es dabei bewenden ließ, nie willens und wäre nun, selbst wenn er es auf einmal gewollt hätte, dazu kaum mehr in der Lage gewesen.

Sein Einfluß war gesunken, sein Mut erschöpft und seine Gesundheit angeschlagen. Saint-Saphorin konstatierte im Frühjahr 1720, daß der erst 57jährige Eugen in den letzten beiden Jahren erschreckend gealtert sei.

Dabei war der Savoyer noch nicht am Tiefpunkt seiner Machtstellung wie seiner körperlichen und seelischen Verfassung angelangt. In den folgenden Jahren ging es weiter abwärts. Wiederum lagen die Ursachen in den Folgen des Spanischen Erbfolgekrieges – diesmal nicht in Italien, sondern in den Niederlanden, einem anderen vordem spanischen Gebiet, das Eugen für Österreich gewonnen hatte und zu dessen »Leutnant, Gouverneur und Generalkapitän« er vom Kaiser ernannt worden war.

Ein Danaergeschenk hatte Österreich mit den Niederlanden erhalten. Wie die Griechen, die unter dem Oberbefehl des Königs der Danaer standen, den Trojanern das unheilbringende hölzerne Pferd hinterlassen hatten, so war den Habsburgern von Engländern und Holländern dieses spanische Gebiet zugeschoben worden. Sie gingen davon aus, daß diese vor ihren Ländern gelegene Pufferzone im Besitze des mit Frankreich in Erbfeindschaft liegenden Österreich nicht in die Hände des Bourbonen fallen könnte.

Bereits von Graf Wratislaw, dem hellsten Kopf der österreichischen Außenpolitik, war an die alte Spruchweisheit erinnert worden, daß man die Danaer zu fürchten habe, zumal wenn sie Geschenke brächten. Die Wacht an Frankreichs Nordgrenze für die Seemächte zu halten, hätte er gerne dem Habsburger erspart; denn der Gewinn erschien ihm geringer als der Aufwand zu werden. Die Niederlande waren vom Vorbesitzer ausgesogen und in den andauernden Kriegen verheert worden. Der Nachbesitzer mußte die im Barrierevertrag mit Holland auferlegten finanziellen Belastungen und Einschränkungen seiner Hoheitsgewalt über die Niederlande hinnehmen. Doch Wratislaw, der das Einvernehmen mit den Seemächten für das Alpha und Omega der österreichischen Außenpolitik hielt, hatte die weniger erfreulichen Resultate der Großen Allianz mitgetragen, und auch Prinz Eugen, der in seinen Spuren folgte, mußte sich damit abfinden. Immerhin brachte er in den Friedensvertrag von Rastatt die Bestimmung ein, daß Frankreich einen späteren Tausch der Niederlande gegen Bayern anerkennen würde. Damit hätte Österreichs Großmachtstellung in Europa konsolidiert, seine Position im römisch-deutschen Reich stabilisiert und die problematische Provinz der Niederlande abgestoßen werden können.

Der Generalissimus wußte, daß die Niederlande – ähnlich wie die Insel Sizilien – in ihrer exponierten Lage schwerlich zu verteidigen wären, und der Generalgouverneur war nicht davon angetan, ein Land zu verwalten, das nicht nur geographisch von den habsburgischen Erblanden allzu weit entfernt lag. Die Niederlande waren kein zusammenhängendes Territorium und kein einheitlich organisiertes Staatswesen. Sie bestanden aus dem Herzogtum Brabant, der Herrschaft Mecheln, den Grafschaften Flandern, Namur und Hennegau sowie – durch das Fürstbistum Lüttich getrennt – den Herzogtümern Luxemburg und Limburg. Alle diese Gemeinwesen hielten an ihren Sonderverfassungen fest, die Stände pochten auf ihre alten Rechte, der Adel auf seine Privilegien und das in den Städten – vor allem in Brüssel und Antwerpen – herangewachsene Bürgertum auf seine politische Bedeutung, die es beim wirtschaftlichen und gesellschaftlichen Aufstieg gewonnen hatte.

Ein »Totum«, wie es aus dem aus Staatsräson zum Unitarismus und Zentralismus neigenden Eugen vorschwebte, war in den Niederlanden noch weniger als in den österreichischen Erblanden in Sicht. Andererseits blieb der Prinz von Savoyen den aus dem Zeitalter des Feudalismus überkommenen Rechten des Adels und der Stände nicht nur privat verbunden, sondern auch amtlich verpflichtet; denn diese waren vom Kaiser bei Übernahme der Herrschaft beschworen worden. Der Widerstreit zwischen den Vorstellungen des Generalgouverneurs von einer modernen Staatsverwaltung und den überlieferten und zu respektierenden Zuständen war vorgegeben, und dieser Dualismus erwies sich als unlösbar. War er deshalb, um sich in der Sache zu blamieren und als Person zu desavouieren, mit der

Statthalterschaft betraut worden? Dieser Verdacht mag in Eugen aufgestiegen sein. Seinen Gegnern in Wien wäre es zuzutrauen gewesen, daß sie ihn bloßstellen, wenigstens aber zwischen ihn und den Kaiser einen Keil treiben wollten.

Vielleicht war dies für Eugen der Grund, als Generalgouverneur der Niederlande nicht in Brüssel, sondern von Wien aus zu amtieren. Die damit verbundene Arbeit nahm er auf sich. Der Militär drang in Zivilmaterien ein, beschäftigte sich mit innenpolitischen Problemen, denen er in Österreich nach Möglichkeit aus dem Weg ging, und widmete sich wirtschaftlichen Fragen mit erprobtem ökonomischen Sinn. Er hielt sich an den Erfahrungssatz: »Was nicht in den Akten steht, befindet sich auch nicht auf der Welt«, und ließ in den nicht einmal zehn Jahren von 1716 bis 1724, in denen er Generalgouverneur war, einen Aktenberg anhäufen, der ihm den Überblick über die Aufgaben versperrte. Seine Tätigkeit übte er, mit Hilfe der Kanzlisten, zuerst in Feldquartieren und dann in seinen Wiener Residenzen aus, wobei ihm der Flandrische Rat in der Reichshauptstadt zur Hand ging. Wenn sie zunehmend einer Sisyphusarbeit glich, dann nicht zuletzt deshalb, weil der Generalgouverneur sich zum Administrieren auch nicht vorübergehend nach Brüssel verfügte, sich nicht einmal zu einer Inspektionsreise aufraffte und die Probleme der Niederlande, die er nur von den Kriegsjahren her kannte, in der Friedenszeit nie in Augenschein nahm. Das Festkleben an Wien vermochte das in die Brüche gehende Einvernehmen mit dem Kaiser nicht zu kitten und das Fernbleiben von Brüssel die dortigen Verhältnisse für Österreich nicht zu verbessern.

»Das ist hier ein Chaos, wo es weder Verständigung noch Respekt gibt und allein Ihre Gegenwart der Unzufriedenheit steuern kann«, lautete einer der Hilferufe aus den Niederlanden, auf die er immer nur die Antwort fand, daß ihm, der im Hauptamt Hofkriegsratspräsident und Konferenzminister sei, »die Bedeutung der politischen Geschäfte« in Wien keinen Besuch in Brüssel erlaube. So stand seine Nebentätigkeit als Generalgouverneur unter keinem guten Stern. Auch wenn er sich aus der Ferne noch eingehender mit den niederländischen

Angelegenheiten befaßt hätte und nicht dazu übergegangen wäre, sie immer mehr seinen Sekretären zu überlassen, hätte das kaum eine Wendung zum Besseren gebracht. Verschlimmert wurde die von Anfang an verfahrene Sache durch seinen in Brüssel amtierenden Stellvertreter, bei dessen Bestellung er keine glückliche Hand bewiesen hatte.

Ercole Giuseppe Turinetti, Marchese di Prié war Italiener, was ihn Eugenio sympathisch machte, und beherrschte als Savoyer das Französische, die Amtssprache in den Niederlanden. Als Gesandter des Herzogs Viktor Amadeus II. in Wien hatte er das Bündnis mit Österreich vermittelt und dem Prinzen, was dieser ihm nie vergaß, zu einem ersten Oberkommando, und zwar in Italien, verholfen. In kaiserliche Dienste getreten, hatte sich Prié als Diplomat bewährt, aber als bevollmächtigter Minister in den Niederlanden wäre ein versierter Administrator, der er nicht war und auch nicht wurde, die bessere Wahl gewesen. Die Niederländer, die den Italiener von vorneherein nicht mochten, nannten ihn bald »Marquis de Pillé«, also einen »Ausplünderer«, der sie nicht nur zum Nutzen Österreichs, sondern auch zu seinem eigenen Vorteil ausgeraubt habe.

Was er für das Haus Habsburg tat, konnte der Generalgouverneur, mit dessen Rückendeckung Prié schaltete und waltete, nicht mißbilligen. War es ihm schließlich nicht gelungen – wie Eugen den Widersachern des Ministers in Brüssel und Wien entgegenhielt – in den Niederlanden 18 000 kaiserliche Soldaten zu unterhalten, die sich aus dem Barrierevertrag ergebenden Zahlungen an Holland zu leisten, »die Zinsen der ungeheuren Schuld, mit welcher das Land belastet ist«, regelmäßig zu zahlen, ja sogar einen Teil der Schuldsumme abzutragen? Dabei mochte Eugen, der selber keinen einzigen Gulden für sich abzweigte, darüber hinweggesehen haben, daß wohl nicht wenige Dukaten an den Fingern Priés kleben blieben. Der Hauptfehler Priés, der auch seinem Protektor Eugen angekreidet wurde, lag im Unverständnis der Mentalität der Niederländer und der Unfähigkeit, deren politische Forderungen durch Entgegenkommen zu entschärfen. Priés Hauptverdienst, und damit auch seines Vorgesetzten Eugen, bestand in der Förderung von Handel und Gewerbe, die mithalf, aus der heruntergewirtschafteten Provinz ein aufblühendes Land zu machen.

Vorteilhafte Voraussetzungen wurden genutzt. Das Land war dicht besiedelt, die Landwirtschaft von der Natur begünstigt, das Bürgertum verfügte über unternehmerischen Geist und nicht unbeträchtliches Kapital, eine Industrie entwickelte sich und der Warenverkehr wurde durch die Lage zwischen Frankreich, Deutschland und Holland sowie durch die für den Seehandel geeignete Küstenlage gefördert. Die Schelde war von den Holländern gesperrt worden, sodaß Antwerpen als Überseehafen ausfiel. An seiner Stelle wurde Ostende ausgebaut. Von dort aus stachen Schiffe nach Afrika, Indien und China in See, darunter »L'Empereur Charles III«, dessen Namensgebung an den dem Überseehandel aufgeschlossenen, zum Kaiser aufgestiegenen König von Spanien erinnerte; »La Flandre Impériale«, was auf die Zugehörigkeit der Niederlande zu dem mehr als Spanien versprechenden Österreich hinwies; »La Prince Eugène«, womit eine Aufforderung zur staatlichen Unterstützung der privaten Schiffahrt durch den Generalgouverneur verbunden war.

Dazu wolle er alles tun, was in seiner Macht stünde und Österreich nütze, versicherte Eugen, der sich der Zweischneidigkeit der Seehandelspolitik bewußt blieb. Einerseits hob sie den Wohlstand und damit das Steueraufkommen wie die Zolleinnahmen, andererseits beschwor sie Konflikte mit den etablierten Seemächten England und Holland herauf, die Eugen weniger als Konkurrenten denn als Bündnispartner ansah. Die Bedeutung des Außenhandels für das merkantilistische Wirtschaftssystem verkannte er nicht, aber als Staatsmann, der er war, wollte er nicht mit vollen Segeln auf Konfrontationskurs mit den Engländern und Holländern gehen, deren Handelsgewinne den Krieg gegen Frankreich mitfinanziert hatten und deren Machtgewicht für die Stabilität der Friedensordnung unentbehrlich war. »Das Völkerrecht, das die Holländer so oft gegen Spanien und Portugal für sich in Anspruch nahmen, ist immer noch dasselbe«, wies Eugen Kritik aus Holland zurück. Auch Österreich habe ein Recht auf freie Seefahrt und freien

Seehandel. Anders sah für ihn die Sache aus, wenn nicht Privatleute Privathandel, sondern Staatsbehörden Staatshandel betrieben.

Mit Skepsis verfolgte er das Vorhaben Karls VI. und dessen spanischer Umgebung, eine Seehandelsgesellschaft zu gründen. Im Dezember 1722 wurde das Statut der »Kaiserlichen und Königlichen Indischen Kompanie, errichtet in den österreichischen Niederlanden unter dem Schutz des heiligen Karl« verkündet. Die »Ostendekompanie« erhielt für dreißig Jahre das Monopol des Handels nach Indien und Afrika. Noch immer sei er der Ansicht, bemerkte Eugen im Oktober 1723, »daß es in jeder Hinsicht zweckmäßiger gewesen wäre, den Handel durch die Privaten fortführen zu lassen, als eine Kompanie zu errichten, welche die Wirkungen hervorbringen wird, die ich im voraus zu schildern nicht ermangelt habe. Meinerseits ist das geschehen, was ich für den Dienst des Kaisers ansehen mußte. Da derselbe jedoch einer anderen Meinung war, und auf seinen Befehl die Kompanie ins Leben gerufen wurde, so ist nichts anders zu tun, als dasjenige, worauf der Kaiser sich eingelassen, mit allen möglichen Mitteln zu unterstützen.« Der Diener befolgte auch Befehle seines Herrn, die er nicht billigte. Die finanziellen Gewinne für das kaiserliche Ärar – sechs Prozent der bei Warenverkäufen erzielten Summen – hielten sich in Grenzen, und die politischen Folgen überschritten das erträgliche Maß. Die Seemächte England und Holland eröffneten einen Handelskrieg und verständigten sich mit Spanien, das für einige Zeit Frankreich als Hauptgegner Österreichs abgelöst hatte. Eugen stieß seine Ostende-Aktien, die er für 60 000 Gulden erworben hatte, mit einem Gewinn von 41 145 Gulden ab.

Die Einkünfte des Generalgouverneurs der Niederlande schätzte ein bayerischer Diplomat, dessen Kurfürst Max Emanuel immer noch der längst verlorenen Statthalterschaft nachtrauerte, auf 100 000 Taler jährlich, rund zwei Drittel seiner Gesamteinnahmen. Eugen vermehrte sein Vermögen, verlor jedoch an Ansehen. Die Probleme, die ihm aufgebürdet worden waren, konnte auch der Savoyer, von dem man bisher nur Erfolge gesehen hatte und auch weiterhin erwartete, nicht lösen.

Eine absolutistische Herrschaft, wie sie der Kaiser beanspruchte, Eugen im Großen und Ganzen billigte und sein Stellvertreter Prié in Brüssel auszuführen sich bemühte, war gegen einen eigenmächtigen Adel und ein selbstbewußtes Bürgertum schwerlich durchzusetzen. Politische Repression und finanzieller Druck lösten Widerstreben, Aufbegehren und Aufruhr aus.

Das Bürgertum, die Vorhut der neuen Zeit, bildete die Speerspitze gegen den monarchischen Absolutismus. Die Stadt Brüssel verweigerte die Bezahlung rückständiger Steuern. In Antwerpen gingen Arbeiter, die Lohn und Brot gefährdet sahen, auf die Straße. In Brüssel, wo der Steuerstreit zu einem Verfassungskonflikt eskalierte, brachen im Mai und Juli 1718 Unruhen aus, die weiter schwelten und im folgenden Jahr aufflammten. Eugen wies Prié an, gegen »diesen unverschämten und kühnen Pöbel, der keine Rücksicht verdient und jedes Zeichen der Milde verachtet«, gewaltsam vorzugehen. »Man muß sich der Truppen mit noch größerem Nachdruck bedienen, wenn der Dienst des Kaisers und die Ehre seiner Regierung es erheischen. Unsere Meinung ist nicht, die wohlgesinnten Untertanen zu unterdrücken oder ihnen Unrecht zu tun, sondern sie zu schützen und sicher zu stellen gegen die Frechheit Übelwollender.«

Exempel sollten statuiert werden. An die vierzig Leute wurden verhaftet, sechs auf der Grand' Place ausgepeitscht und verbannt, fünf Zunftvorstehern der Prozeß gemacht. Franz Agneessens, ein entschiedener Verteidiger der Privilegien der Bürgerschaft, wurde zum Tod verurteilt und am 19. September 1719 vor dem Brüsseler Rathaus enthauptet. Trotz eines Verbots ließ der Pfarrer von La Chapelle den als Märtyrer des alten guten Rechts gefeierten Agneessens in seiner Kirche bestatten.

Im fernen Wien kannte Eugen so wenig Gnade für den Brüsseler Zunftmeister wie seinerzeit für die bayerischen Bauern. Wer sich gegen die Staatsgewalt erhob, der sollte hart bestraft werden: Er hielt die Anwendung der Folter für angebracht, wenn bei Deliquenten der Verdacht bestehe, daß sie nicht allein gehandelt hätten und ihnen Namen von Mittätern entrissen werden könnten. Der Prinz, der dem Feudalismus entstammte und die Monarchie um fast jeden Preis zu bewahren suchte, wollte »die Extravaganzen der Bürger« unterdrücken, die »nach ihrer Natur zur Neuerung und Bewegung geneigt sind«, wie Prié meinte.

Doch die Hauptgefahr drohte in den Niederlanden nicht von den Stadtbürgern, sondern vom Feudaladel, der mehr zurück als nach vorne blickte. Eugen hätte seine Standesgenossen lieber mit Samthandschuhen angefaßt, aber Prié zeigte ihnen – mehr aus Unsicherheit als aus Entschlossenheit – die eiserne Faust, wollte sie ohne Rücksicht auf ererbte Privilegien und ständische Mitwirkungsrechte dem Staatsabsolutismus unterwerfen. So scheute Prié nicht davor zurück, gegen einen Exponenten der Adelsopposition vorzugehen, der ihn herausgefordert hatte. Graf Johann Philipp Eugen von Merode-Westerloo war aus spanischen in österreichische Dienste übergetreten und hatte es zum Feldmarschall und Hauptmann der kaiserlichen Trabantengarde gebracht. Der Magnat widersetzte sich Amtshandlungen einer staatlichen Kommission im Bereich seiner Grundherrschaft. Prié rief die Gerichte an, die der Graf für unzuständig erklärte. Der Generalgouverneur billigte die Maßnahme seines Stellvertreters, da Attentate gegen die Staatsautorität nachdrückliche Demonstrationen der Staatsgewalt erforderten, und setzte sich für die Vollstreckung des gegen Merode-Westerloo gefällten Gerichtsurteils ein: Verhaftung seiner Person und Beschlagnahme seines Besitzes. Der Graf wurde in Wien vorstellig, dort unter Hausarrest gestellt, ging jedoch aus einem Verfahren unbeschädigt hervor: Güter und Würden wurden ihm belassen, die Erlaubnis zur Rückkehr in die Niederlande erteilt.

Das war ein Affront gegen Prié wie gegen Eugen, eine Ermutigung der Adelsfronde und eine Kränkung des Generalgouverneurs, der sich noch mehr als sein Stellvertreter betroffen fühlte. Die spanische Partei hatte wieder einmal zugeschlagen. Merode-Westerloo war der Schwager ihres Hauptes Althann, des Günstlings Karls VI. Auf die Kritik Merode-Westerloos an der Strategie des Savoyers im zweiten Türkenkrieg wurde in diesen Kreisen auch dann noch verwiesen, als sie durch die Siege bei Peterwardein und Belgrad widerlegt worden war. Seine Memoiren, in denen er kein gutes Haar am »edlen Ritter« ließ, wurden eine Fundgrube für alle Übelwollenden.

Den Hauptschlag gegen Prié, mit dem in erster Linie Eugen getroffen werden sollte, führte ein Franzose, der die Fahne des Bourbonen mit jener des Habsburgers vertauscht hatte: Comte Claude-Alexandre de Bonneval. Zwölf Jahre jünger als der Savoyer, hatte er unter ihm in Feldzügen gegen Frankreich gedient, war zum Feldmarschall-Leutnant aufgestiegen und zeichnete sich im zweiten Türkenkrieg in einer Weise aus, die ihn dem französischen Dichter Jean-Baptiste Rousseau als neuen Achill erscheinen ließ. Eine Achillesferse besaß er. Sein schwacher Punkt war ein in Abenteuerlust übergehender Tatenhunger, der im Krieg, aber nicht im Frieden zu stillen war. Er suchte ein Ventil und fand es in den Niederlanden. In Wien galt er lange als Kamerad und Vertrauter Eugens, aber er brachte sich bald um diesen Ruf. Der ehrsüchtige Bonneval fühlte sich nicht genügend gewürdigt und machte dafür den Savoyer verantwortlich, der es keinem anderen zu gönnen schien, so hoch zu kommen wie er selbst. Nachdem seine Bewerbungen um Gouverneursposten auf Sizilien und in Ungarn gescheitert waren, verfaßte er ein Spottlied auf Mitarbeiter Eugens, womit er den Sack schlug, aber den Esel meinte. Als das Lied in Wien einen auf den Urheber zurückfallenden Widerhall fand, setzte sich Bonneval Ende 1723 zu seinem in den Niederlanden stationierten Regiment ab, um dort den Konflikt mit Eugen durch eine Konfrontation mit dessen Stellvertreter Prié fortzusetzen.

In Brüssel reihte sich Bonneval in die Adelsfronde ein, tat sich bald mit tückischen Angriffen gegen den bevollmächtigten Minister hervor und scheute auch vor Verunglimpfungen der Madame Prié nicht zurück. Auf den groben Klotz setzte Prié einen groben Keil, ließ Bonneval festnehmen und von fünfzig Dragonern in die Zitadelle von Antwerpen bringen. Aus der Festungshaft schickte er Briefe nach Wien, in denen er nicht nur die Absetzung des Stellvertreters, sondern auch eine Maßregelung des Generalgouverneurs verlangte. Selbst Gegner Eugens in Wien, die ihm zu gerne einen Dämpfer versetzt hätten, wollten die Überheblichkeiten Bonnevals nicht länger hinnehmen. Der Frondeur wurde auf dem Spielberg bei Brünn im Staatsgefängnis inhaftiert, aller seiner Würden entkleidet und ihm – nach seiner Entlassung – der weitere Aufenthalt in Österreich verleidet. Sein abenteuerliches Leben beendete Bonneval in der Türkei, wo er, zum Islam übergetreten, als Achmet Pascha sich mit den neuen Herren nicht weniger heftig als mit den alten anlegte.

Karl VI. ließ seinen »cher prince« wissen, daß er Bonneval vor allem wegen dessen Ungehorsams gegen den Hofkriegsratspräsidenten und Unbotmäßigkeit gegen den Generalgouverneur bestraft habe. Die Genugtuung, die Eugen darüber empfand, hielt sich in Grenzen. Der Lateiner kannte das Sprichwort: »Audacter calumniare, semper aliquid haeret – Verleumde nur keck, etwas bleibt immer hängen«, und der Savoyer hatte nicht das erste Mal erfahren, wie zutreffend es war. Zwar blieb das meiste an Prié, aber auch etliches an ihm als dessen Vorgesetzten hängen. Der Stellvertreter hatte sich in seiner Amtsführung zu viele Fehler geleistet, die sein in Wien verbliebener Vorgesetzter nicht alle zu korrigieren vermochte. So konnte sich Eugen nicht dem Vorwurf entziehen, einen falschen Mann am falschen Platz eingesetzt und zu wenig unternommen zu haben, die unausbleiblichen Gravamina wenn schon nicht abzustellen, so doch abzumildern. Die niederländische Opposition fand im Flandrischen Rat in Wien Verbündete, die darauf lauerten, nicht nur den Vize, sondern auch den Chef loszuwerden.

Die Kabale nahm ihren Lauf. Eine Kommission kam – ohne Mitwirkung Eugens – zu dem Schluß, daß ein Wechsel in der Regierung der Niederlande vonnöten sei. Sie wollte nicht nur den Mantel, den Stellvertreter, sondern zuvörderst den Herzog, den Amtsinhaber, fallen sehen. Am 16. November 1724 reichte der Generalgouverneur seinen Rücktritt ein, der am 6. Dezember offiziell bestätigt wurde. »Als ich merkte«, so Eugen, »daß es kein Mittel mehr gab, die Geschäfte noch mit Ehre in dem Stande zu führen, in den man sie durch alle diese schlechten Kabalen gebracht hat, und daß keine Hoffnung mehr war, den Hof zu der notwendigen Abhilfe zu bringen, habe ich mich entschieden, das Gouvernement in die Hände des Kaisers zurückzulegen.« Den entlassenen Marchese di Prié, zu dem er bei aller internen Kritik in der Öffentlichkeit gestanden hatte, ihn aber schließlich fallen lassen mußte, versuchte er zu trösten: »Ich zweifle nicht, daß Sie den Schlag, der Sie trifft, mit jener Seelengröße und jener Ergebung ertragen werden, welche eines Mannes von Ihrer Begabung und von Ihren Verdiensten würdig sind.« Zugleich forderte er Prié dringend auf, in einem erschöpfenden Bericht an den Kaiser sich selber und damit auch seinen Vorgesetzten zu rechtfertigen. Seine Rehabilitierung erlebte Prié, der wenige Tage nach Einreichung der Verteidigungsschrift im Januar 1726 starb, nicht mehr. Seiner Witwe wurden 200 000 Gulden mit der Begründung ausgezahlt, daß der Kaiser zur Erkenntnis des Eifers und der Treue des Verblichenen gelangt sei.

Der zurückgetretene Generalgouverneur, der überzeugt war, daß er »in allen meinen Handlungen nur der Beste des Dienstes und den Vorteil des mir von Seiner Majestät anvertrauten Landes« vor Augen gehabt habe, erhielt diese Auffassung durch einen Gnadenerweis des Kaisers bestätigt. Eugen von Savoyen wurde zum Generalvikar der habsburgischen Lande in Italien ernannt. Politisch war dieser Posten unbedeutend, doch die mit ihm verbundenen Einkünfte – 140 000 Gulden jährlich – entschädigten ihn wenigstens teilweise für die entgangenen Bezüge aus dem niederländischen Amt.

Die Sinekure war ihm willkommen, ein Sanssouci besaß er bereits im Unteren Belvedere, und schon war sein Repräsentationsschloß, das Obere Belvedere, fertiggestellt. Da er nun die Sechzig überschritten hatte, seinen Einfluß bei Hof geschmälert sah, es für einen Hofkriegsratspräsidenten wenig und für den Generalissimus gar nichts zu tun gab, nahm er sich vor, im »Kriegs- und Siegeslager des unvergleichlichen Helden unserer Zeiten«, wie sein Belvedere genannt wurde, auszuruhen.

Elftes Kapitel

Herkules und Apoll

Der Feldherr war ein Bauherr geworden, aber das Belvedere blieb auch im barocken Zivil eine soldatische Erscheinung. Das Obere Schloß gleicht einem auf dem Feldherrnhügel aufgeschlagenen, mit Trophäen ausstaffierten Prunkzelt des Generalissimus. Wie Gardisten sehen die uniform zugeschnittenen Bäume im Garten aus, die Bassins blinken wie Medaillen, die Buketts ähneln Ordenssternen, und Ordensbändern die Wege. Das »Kriegs- und Siegeslager« des Prinzen Eugen, mit dem er sich dekorierte, wurde zum Friedenslager eines Barockfürsten, der sich im Spiegel seines in Pracht gefaßten Prestiges selbstgefällig betrachtete und von den Zeitgenossen wie Nachfahren so gebührend, wie er es für angemessen hielt, bewundert wurde.

Bevor er nach Belgrad zum größten Sieg aufbrach, prüfte er den Bauplan des Oberen Schlosses, das sein vollkommener, weil ein unbestrittener und fortdauernder Triumph werden sollte. Der Savoyer sei »zu aller Magnifizenz portiert« und könne damit Unerhörtes schaffen, schrieb der in Wien amtierende Reichsvizekanzler Friedrich Karl von Schönborn seinem Onkel, Reichserzkanzler Lothar Franz von Schönborn, nach Mainz, der antwortete: »Des Prinzen Eugen Gebäude in diesem Garten« müsse ja »ganz was Besonderes«, und zwar etwas werden, was die Welt noch nie gesehen habe, »und hat dieser Herr recht, da er ohnedem keine Erben von sich hat, sich diese Ver-gnügungen in seinem Leben zu geben. Glücklich dahero derjenige, der ohne besondere Beschwernis seines Beutels dergleichen tun kann.«

Voraussetzung für eine Selbstbestätigung und Selbstverherrlichung in Stein und Stuck waren die erforderlichen Gelder. Seine jährlichen Einkünfte beliefen sich schließlich auf rund

400 000 Gulden. Ein höherer Beamter, der als gutsituiert galt, kam auf 400 bis 500 Gulden im Jahr. Der aus Frankreich geflohene Habenichts war einer der Großen und Reichen Österreichs geworden. Warum sollte er dies nicht, wie in seiner Zeit üblich, in »vornehmem Gebäu« demonstrieren, in einer Gesellschaft, in der man umso mehr galt, je aufwendiger man repräsentierte, und in einem Wien, in dem die Aristokraten miteinander wetteiferten, der Hauptstadt der neuen Großmacht durch ein großartiges Aussehen das ihr zukommende Ansehen zu verschaffen?

Die Liechtensteins, Schwarzenbergs und andere Magnaten faßten die Kaiserstadt, die sich vor dem Ansturm der Türken nicht mehr hinter mittelalterliche Mauern ducken mußte, in einen prächtigen Barockrahmen. Warum sollte sich daran nicht auch, ja in erster Linie der Türkensieger beteiligen, der allen Sicherheit und sich selber – kraft eigener Leistung und nicht in Nutznießung von Ererbtem – sich so viele Mittel verschafft hatte, daß er mit dem einheimischen Hochadel mithalten, mehr noch, ihn übertreffen konnte? Von seinem Gartenhügel – den Namen Belvedere erhielt er erst in der Zeit Maria Theresias – schaute er auf Paläste anderer herab, die von Hause aus auf großem Fuß lebten und sich nicht wie der Emporstrebende auf Zehenspitzen stellen mußten und es nicht so sehr, wie der Emporgekommene, nötig hatten, das Erreichte entsprechend kundzutun.

An die Mißgunst schien er nicht gedacht zu haben. Oder gab sie ihm gar einen Auftrieb, es allen zu zeigen, wie hoch er gekommen war, sich über sie erhoben und unter sich gelassen hatte? Jedenfalls sollte sein Oberes Schloß prachtvoller werden als die Favorita Kaiser Karls VI., und es ihm gelingen, was Kaiser Joseph I. in Schönbrunn mißlungen war: auf einen beherrschenden Hügel ein Schloß zu setzen.

Dachte er auch an Versailles? König Ludwig XIV. von Frankreich, der ihn fortgeekelt hatte, gab mit seinem Schloß das Beispiel für alle größeren und kleineren Fürsten, wie ein Grandseigneur zu residieren und zu repräsentieren habe. Ein Sonnenkönig konnte und wollte Eugen nicht sein, aber er

*Die Kaiserstadt Wien, von Eugens Belvedere aus gesehen.
Gemälde von Bernardo Bellotto, genannt Canaletto.*

schien sich als ein Sonnenprinz gefühlt zu haben, der es Wien und Europa zu zeigen gedachte, daß er in seinem Sonnenwagen im Zenit anzuhalten vermochte. Ruhm und Ehre, die er im Krieg gesucht und gefunden hatte, sollten im Frieden, den er mitgeschlossen hatte und miterhalten wollte, ein Gehäuse bekommen, das ihrer würdig war und sie fort und fort verkündete. Das Bauen erschien ihm als die Fortsetzung der militärischen und politischen Taten, mit denen er sich eine, nämlich seine Welt erschuf.

Der Gestaltungswillen eines vor Kreativität sprühenden Menschen verstärkte sich durch den Geltungsdrang eines Immigranten, der in Wien immer noch als ein Fremder und bei Hofe als ein Seiteneinsteiger betrachtet wurde. Womöglich war auch das Geltungsbedürfnis eines Mannes im Spiel, der sich, wenn er sich im Spiegel anschaute, eingestehen mußte, daß er von der Natur eher stiefmütterlich behandelt worden war. Der Prinz, der von Statur ein Prinzlein war, ließ sich am liebsten hoch zu Roß malen, und großartiges Bauwerk mochte ihm als ein Kothurn dienen, auf dem er die Figur machte, in der er auf der Weltbühne gesehen werden wollte.

War er gar ein Narziß, der sich mit seinen Schlössern die Spiegel schaffen wollte, in denen er sich selbst bewundern konnte? Baute er primär für sich allein, wie später König Ludwig II. von Bayern, der in einer materialisierten Idealwelt seine Träume greifbar und besitzbar machte, in Gold und Marmor festhielt? Oder versuchte ein Olympier seinen Olymp aufzutürmen und seinen Parnaß zu errichten? Einer der Beweggründe seiner Bautätigkeit mochte die ihm nachgerühmte »Versorgung vieler tausend Menschen« mit Lohn und Brot als Bauarbeiter gewesen sein; immerhin beschäftigte er in den Jahren 1713 und 1714, als in Wien die Pest wütete und die Not am schlimmsten war, bis zu 1300 Taglöhner. »Wie könnten die Künstler und anderen Handwerksleute, die doch Gott auch auf dieser Welt haben will, bestehen, wenn er nicht zugleich Narren werden ließe, die sie ernähren täten«, meinte Kurfürst Lothar Franz von Schönborn, der eine weitere Erklärung für den an ihm wie am Prinzen Eugen nagenden »Bauwurm« gab: »Das Bauen ist ein

Teufelsding, wenn man einmal damit angefangen, kann man danach nicht mehr aufhören.«

Ein Hauptmotiv von Eugens Baulust war der Schönheitssinn eines Augenmenschen. Wer ihm begegnete, war von den das schmale Gesicht beherrschenden großen Augen fasziniert, die – wie gesagt wurde – das einzig Schöne an ihm gewesen seien. Mit ihnen erfaßte er mit einem Blick den Stand einer Schlacht, durch sie nahm er die Welt in sich auf. Da sie mehr Abstoßendes als Anziehendes enthielt, suchte er seinen Augen Schönheit durch die Kunst zu bieten. Er hatte ein Gesamtkunstwerk im Sinn, eine Zusammenschau von Architektur, Malerei und Plastik, eine Synthese von Form und Farbe, von Ordnung und Ornament. Der Denker Eugen hielt es mit dem Philosophen Leibniz, der eine barocke Summa anstrebte und der in seiner Monadologie lehrte: Die Welt sei ein System ursprünglicher Einzelkräfte, der Monaden, die, vom Schöpfer aufeinander abgestimmt, in prästabilierter Harmonie zusammenstimmten – in dieser bestmöglichen aller Welten. Der Bauherr Eugen strebte danach, das System der Monadologie in seinen Schlössern zu Stein werden zu lassen – zu der schönstmöglichen aller Welten. Die Tugend, die Weisheit und die Liebe zu den schönen Künsten bildeten die Fundamente seines Ruhms, lobte Jean-Baptiste Rousseau, der den Prinzen poetisch verklärte. Dem Romanen gefiel, daß der Kunstsinn des Eugenio von Savoye von französischen und italienischen Vorbildern geprägt war, und Österreicher lernten es schätzen, daß dieser, mit deutschen Elementen versehen, Musterbeispiele des barocken Reichstils der Habsburgermonarchie ermöglichte.

Der Verwirklichung seiner Bauvorhaben ging ein intensives Studium der Architektur aller Völker und Zeiten voraus. In Eugens Bibliothek standen 80 einschlägige Folianten, in erster Linie klassische Werke von und über den Römer Vitruv und den Italiener Palladio in italienischen, französischen und englischen Editionen. Der Bauherr brauchte Baumeister, die seine Vorhaben verwirklichten, die es sich nicht nur gefallen ließen, sondern es vielmehr zu würdigen wußten, daß er in ständigem Kontakt mit ihnen sich an Planung und Ausführung beteiligte.

Eugens erster Baumeister war Johann Bernhard Fischer von Erlach. Der gebürtige Grazer lernte in Rom am Beispiel Berninis und kam 1687 nach Wien, wo er kaiserlicher Hofarchitekt wurde. Seine Entwürfe faßten Stiltendenzen des italienischen Hochbarocks, der französischen Frühklassik und des Klassizismus Palladios in einer Synthese zusammen, die der österreichischen Barockbaukunst die Richtung wies. Seine Hauptwerke wurden die Karlskirche und die Hofbibliothek in Wien. Dem Prinzen von Savoyen lieferte er am Ende des 17. Jahrhunderts die Pläne zum Umbau des Stadtpalais in der Himmelpfortgasse. Ausbau und Erweiterung, die sich vom Beginn des 18. Jahrhunderts bis 1723/24 hinzogen, übernahm ein anderer Architekt, der mit Johann Bernhard Fischer von Erlach um den ersten Rang der Barockbaumeister wetteiferte und diesen in der Wertschätzung des Bauherrn Eugen ausstach: Johann Lucas von Hildebrandt.

Der Name Gian Luca, den Eugen bevorzugte, verwies auf die italienischen Wurzeln des Meisters. 1668 in Genua als Sohn eines deutschen Hauptmanns in der Armee der Republik geboren, widmete er sich in Rom dem Studium der Architektur. In erster Linie an der Festungsbaukunst interessiert, trat er in kaiserliche Dienste und nahm als Festungsingenieur 1695 und 1696 an den italienischen Feldzügen teil. Dort scheint er mit dem Prinzen bekannt geworden und mit ihm nach Wien gekommen zu sein, wo er kaiserlicher Rat und Hofingenieur wurde.

Nicht allein die militärische Beziehung knüpfte die dauerhafte Verbindung zwischen dem Bauherrn und seinem Baumeister. Hildebrandt, an soldatische Unterordnung gewöhnt, fügte sich bereitwilliger den Befehlen gleichkommenden Wünschen des Auftraggebers als der eigenwillige, schon zu sehr verwöhnte Fischer von Erlach. Wahrscheinlich fühlte er sich geehrt, daß sein Vorgesetzter im Felde ihn zu einem gemeinsamen Friedenswerk heranzog. Eugen schätzte an Gian Luca, daß er sich von der strengen Monumentalität des kaiserlichen Hofarchitekten Fischer durch eine gefälligere, festlich heitere, südländisch graziöse, seinem eigenen Wesen und Verlangen entgegenkommende Architektur abhob. So betraute Eugen, nachdem Fischer von Erlach mit dem Bau seines »Palais magnifique« in der Himmelpfortgasse begonnen hatte, Hildebrandt mit der Fortführung des Werkes auf den vorgegebenen Linien mit der ihm eigenen Handschrift. An der Jahrhundertwende übertrug er ihm den Bau seines ersten Landschlosses auf der käuflich erworbenen Donauinsel Czepel bei Budapest. Hildebrandt lieferte für den Prinzen mit Schloß Ráckeve ein erstes Meisterwerk.

Im Felde in Italien stehend, hielt Eugen brieflich Kontakt mit Hildebrandt, gab Anweisungen, ließ sich Entwürfe schicken, nahm dazu Stellung, traf die Entscheidung, und der Architekt zeigte sich bereit, alles »secondo il genio dell'Altezza Vostra« vorzunehmen. Besonderen Wert legte der Sieger von Zenta darauf, daß die ebenerdige, dreiflügelige, von einem achteckigen Pyramidendach im Mittelbau gekrönte Anlage an ein Prunkzelt des Sultans erinnerte, den er aus Ungarn und von seinen dortigen Besitzungen ein für allemal verdrängt hatte.

Auf Schloß Ráckeve weilte Prinz Eugen ganz selten. Seine Sommerresidenz wurde das Untere Belvedere, das ihm Johann Lucas von Hildebrandt in den Jahren 1714 bis 1716 baute. Frankreich war besiegt, aber ein neuer Türkenkrieg begann. Aus dem Feldquartier blieb der Prinz mit dem Architekten in Verbindung und gab ihm Anweisungen für die Vollendung des Werkes. Mit dem Ergebnis zufrieden, beauftragte ihn Eugen mit der Errichtung des zur Repräsentation vorgesehenen Oberen Schlosses. Ein Gespräch zwischen dem Savoyer und dem Philosophen Leibniz, wurde erzählt, sei durch Hildebrandt unterbrochen worden. Der Baumeister hielt es für angezeigt, dem Bauherrn ohne Verzögerung neue Entwürfe vorzulegen, der sie sogleich mit leuchtenden Augen studierte. Er wolle das Obere Schloß nicht bauen, erklärte Hildebrandt, sondern in die Landschaft und in den Himmel hineinmodellieren. Die Horizontale werde betont, die Fassade durch Licht und Schatten belebt, das Dach mit dem Firmament verbunden werden. »Dieser Rhythmus ist bezaubernd«, soll Eugen ausgerufen haben. »Sie haben einen architektonischen Traum eingefangen.«

*Eugens Schloß Ráckeve auf der
Donauinsel Czepel bei Budapest.
Federzeichnung von L. F. de Rosenberg.*

Den Traum wollte der Prinz zum Leben erwecken, nach außen demonstrieren und im Innern domestizieren. Was ihm vorschwebte, stellte er den von ihm ausgewählten Künstlern vor Augen und griff in die Verwirklichung seiner Vorstellungen anregend und korrigierend ein, bestellte in halb Europa Einrichtungsgegenstände, Möbel und Geschirr sowie Kunstwerke: Statuen, die den bereits zum Denkmal gewordenen Hausherrn wie Statisten den Alleindarsteller umgeben, und Gemälde, die seinen Auftritten als Kulissen dienen sollten. Er bevorzugte Bilder, auf denen er Bezüge zu seiner Person erblickte. Auf jenem des Italieners Giuseppe Maria Crespi mochte er sich, in der Rückschau, mit dem jungen Achilles identifizieren, den der Kentaur Chiron im Gebrauch von Pfeil und Bogen unterweist. Als Schlachtensieger ließ er sich vom Niederländer Jan van Huchtenburg im Zyklus der Bataillengemälde von Zenta über Höchstädt und Turin bis Oudenaarde und Belgrad feiern: vorrückendes Fußvolk, attackierende Reiter, zurückweichende Feinde – eine gigantische Marionettenbühne, auf welcher der Feldherr alle Fäden zog, die Puppen fechten und sterben ließ, der Prinz Eugen, hoch zu Roß, in Harnisch, mit Lockenperücke und Marschallstab.

Nur vor Gott und der Kunst pflege er zu knien, wurde gesagt. Der holländische Graphiker Pieter van den Berge zeichnete den Prinzen, wie er beim Kunsthändler Somer in Amsterdam in Anschauung eines auf einen Stuhl gestellten Gemäldes in die Knie gesunken ist. Wann und wo immer möglich, suchte er Galerien auf, stets und ständig studierte er Kataloge, bemühte er sich durch Anschreiben von Händlern und Sammlern oder durch Einschaltung von Mittelsmännern um den Erwerb von Kunstwerken. Eugenio hegte eine besondere Vorliebe für italienische Maler, die seinem romanisch geprägten Kunstsinn am nächsten standen. Unter den älteren Meistern favorisierte er Guido Reni, dessen »Adam und Eva« ihn angeblich 50 000 Gulden gekostet hatte. Unter den jüngeren Malern der Bologneser Schule hatte er die engste Beziehung zu Giuseppe Maria Crespi, mit dem er korrespondierte und ihn zu seinem »familiaris« ernannte.

*Prinz Eugen beim Kunsthändler Somer in Amsterdam.
Zeichnung von Pieter van den Berge.*

An den Niederländern gefiel ihm die Detailtreue und das Genrehafte, die Darstellung von Landschaften und Alltagsszenen. Von Gerrit Dou besaß er Bilder, die Frauen am Fenster, Kinder mit einem Hund oder die sterbende »Wassersüchtige« zeigten. Auf Porträts von Herrschern und anderen Großen legte der Prinz wenig Wert. Konterfeis seiner Kaiser durften nicht fehlen, aber Porträts weiterer Potentaten, wie sie andere Schloßherren sammelten, waren bei ihm kaum zu finden. In seinem Pantheon schien Eugen keine fremden Götter neben sich zu dulden.

An Porträts, die ihn selber darstellten, mangelte es nicht. So sehr er mit seiner Zeit geizte, so knapste er sich doch die eine oder andere Stunde ab, um Malern zu sitzen. Mitunter war er nicht mehr dazu gekommen, sich entsprechend herzurichten. Der holländische Maler Carel Moor fragte ihn bei der zweiten Sitzung, ob Eugen sein Gesicht ändern wolle oder er das Bild ändern solle, denn das Antlitz sei nicht mehr das gleiche wie beim letztenmal, da sein Bart gewachsen und voller Schnupftabakflecken sei. Mit dem Werk des »unbescheidenen Holländers«, der ihm zu nahe trat und zu viel abnahm, zeigte sich Eugen nicht zufrieden. Gefallen fand er an anderen Porträts. Johann Kupezky rahmte das schön stilisierte Gesicht in eine Lockenpracht. Johann Gottfried Auerbach kontrastierte die in gerötete Augenlider gebetteten dunklen, fragenden Augen mit Harnisch und Hermelin. Als Sonnenprinzen in strahlender Jugendlichkeit porträtierte ihn 1712 der Engländer Godfrey Kneller. Jakob van Schuppen zeigte ihn in der Glorie des Siegers, der auf isabellfarbenem Pferd über in den Staub geworfene Türken hinwegsprengt. Dieses berühmteste seiner Reiterbilder, das sich heute in Turin befindet, war in Wien vielleicht neben dem seines Großvaters Thomas Franz von Savoyen-Carignan angebracht, das Anthonis van Dyck gemalt hatte und Jakob van Schuppen zum Vorbild nahm.

Gemälde alter wie neuer Meister, die Eugen sammelte, waren in den Bildergalerien zu sehen, die er nach dem Geschmack der Zeit in seinen Schlössern einrichtete. Zu deren allgemeiner Ausstattung, zur Gestaltung der Wohngemächer und Repräsentationssäle zog er zeitgenössische Maler und Bildhauer heran, die ihm im Verein mit den Architekten einen feinsinnig durchdachten barocken Kosmos schufen.

Eugens barocke Welt wurde im Innersten von zwei Idealgestalten zusammengehalten, mit deren Zweieinigkeit er sich personifizierte: Herkules, der durch seine Heldentaten Unsterblichkeit erlangte, und Apoll, der das Erreichte mit Licht und Glanz erfüllte. Nomen est omen: In der Himmelpfortgasse begann der Aufstieg zum Olymp. Der »edle Ritter« betrat seinen Stadtpalast durch das Hauptportal, das mit Reliefs des Herkules und des von ihm besiegten Riesen Antäus eingefaßt war. Dann ging er die Treppe hinauf, vorbei an vier Atlanten zu einem die Keule geschulterten Herkules und weiter bis unter das von dem in Italien lebenden Franzosen Louis Dorigny geschaffenen Deckengemälde: Zu Beginn des Tages fährt Apoll im Sonnenwagen dem Zenit entgegen. Die von Putten getragenen Attribute Spiegel und Waage, Symbole der Klugheit und Gerechtigkeit, mahnen den Lenker, daß er nur durch Maßhalten den Wagen auf der zur rechten Glorie führenden Via media halten kann.

Den Tugenden, die er sich vor Augen stellte, suchte der Hausherr nachzueifern: der Feldherr der Tapferkeit des Herkules, der seine Taten im Dienste der Humanitas vollbrachte, und der Staatsmann der Weisheit des Apoll, der weder zu hoch noch zu niedrig fuhr und in seinem Sonnenwagen die Mitte einzuhalten verstand. Mehr noch als Apoll beherrschte Herkules das Bildprogramm des Stadtpalastes. Im Konferenzzimmer sahen die unter Vorsitz des Prinzen tagenden Räte, wenn sie zur Stuckdecke blickten und Eingebungen suchten, Herkules im Kampf mit dem Hesperiden-Drachen. Im Paradezimmer stand die Bronzegruppe »Herkules im Kampf mit dem Nemeischen Löwen«, die als Ofen diente; die Heißluft konnte an den hinteren Öffnungen eintreten und durch das Tiermaul entweichen. Auf dem Deckenfresko des Schlachtenbildersaales wurden Taten des Herkules mit denen Eugens verglichen, auf jenen des Audienzzimmers war die Aufnahme des Helden in den Olymp und auf denen des Paradeschlafzimmers die Vermählung des

Herkules mit Hebe, der Göttin der Jugend, dargestellt.
»Ich nenne ihn einen Herculem, denn dieses Prinzen tapfere Taten sind nicht allein den Heldenstücken jenes Halbgottes zu vergleichen, sondern weit vorzuziehen«, schrieb ein Zeitgenosse über Eugen, und ein anderer bemerkte zu den Bildern im Stadtpalast: »Hier hat des Künstlers Hand, dieweil man sie belohnet/ Die Taten Herculis vielfältig abkopiert/ Zur Lehre, daß ein Prinz, den gleiche Tugend ziert/ Des Kaisers Hercules in diesen Zimmern wohnet.« Das »Exemplum virtutis« des antiken Helden hatten der Besitzer und seine Besucher stets vor Augen. Die Räume des Stadtpalastes »sind alle groß und unvergleichlich kostbar möbliert«, staunte der Reiseschriftsteller Johann Basilius Küchelbecker; in den Vorgemächern sehe man »anstatt der Tapissierung« auf Leinwand gemalte »Batallen und Belagerungen«, die Prinz Eugen, »dieser große Held unternommen und erfochten«. Der Dichter Jean-Baptiste Rousseau glaubte den Stadtpalast dem Schloß von Versailles an die Seite stellen zu können.

Diese Meinung mochte Eugen nicht teilen. So stolz er auf sein Palais war, so angenehm er in ihm zu residieren, standesgemäß zu repräsentieren und seine Bedeutung zu demonstrieren vermochte, so vermißte er doch in dem in eine mittelalterliche Gasse und eine bürgerliche Häuserfront eingezwängten Palast das Licht, die Weite, den großartigen Prospekt und die großzügige Perspektive von Versailles.

Einiges davon suchte er in seinem Garten vor der Stadt zu gewinnen. Über die Gestaltung hatten Eugen und Hildebrandt von Anfang an dieselbe Vorstellung. Ein Sommersitz am Fuße des Hügels sollte über Treppen, die durch Kaskaden begrenzt und durch Freitreppen verbunden waren, zu einem Bau auf der Anhöhe emporführen, wobei zunächst an einen Pavillon gedacht wurde, an dessen Stelle schließlich das Repräsentationsschloß erstand. Der Garten dazwischen war mehr als nur ein Verbindungsstück zwischen den beiden Bauten, sondern stellte eine gleichwertige Komponente im Triptychon des Belvedere dar. Wie in jedem Barockpark wurde die Dynamik der Natur in die Statik einer durch den menschlichen Willen geschaffenen

Ordnung gefügt, aber nicht so streng und unerbittlich wie in Versailles. In den Bassins spiegelten sich nicht nur Statuen, deren Gebärden in Marmor erstarrt waren, sondern auch das bewegte Grün der Mutter Natur. Die Meerjungfrauen schienen nicht zu einer Parade, sondern zu einem Plausch zusammengekommen zu sein, und die Kaskaden nahmen die Stufen nicht im Stechschritt, sondern flossen tänzelnd dahin, als ritten Husaren im Rhythmus des Eugen-Liedes dahin, oder Dragoner, die sich schon nach den Klängen des Radetzkymarsches bewegten.

Die Schloßanlage des Sonnenprinzen verlor sich nicht, wie jene des Sonnenkönigs, im Unendlichen, in der Illusion unbeschränkter Größe. Sie wurde, von unten gesehen, durch den gewaltig dastehenden Arc de Triomphe des Oberen Belvedere und, von oben gesehen, durch die Umrisse Wiens begrenzt, der Residenz des Kaisers, dem der Schloßherr diente, und der Hauptstadt des Reiches, dem er zum Rang einer Großmacht verholfen hatte.

Das ikonologische Programm war in der Bedeutung der Bildgegenstände auf Eugen, den Schlachtensieger, Friedensbringer, Freund der Künste und Wissenschaften und nicht zuletzt der Natur zugeschnitten. Auf die ihr Walten bestimmenden vier Elemente – Erde, Feuer (Sonne), Wasser und Luft – verwiesen die Bildwerke der unteren Kaskade, an das Stirb und Werde gemahnte die antike Sagengestalt der Persephone, die das Vergehen und Wiederaufleben der Pflanzenwelt symbolisierte. Musen zeugten für den Liebhaber der Künste und Wissenschaften, vornehmlich Kalliope, die für die Epik, und Klio, die für die Historie stand.

Der Meister und Führer der Musen, Gott Apoll, durfte im Garten so wenig wie in den Schlössern fehlen, auch nicht der Halbgott Herkules, der sich den Weg zum Olymp erkämpfte. In der östlichen Hälfte des Parks, auf der Seite des Morgenrotes, dominierten Bildnisse herkulischer Taten, in der westlichen Hälfte, auf der Seite des Abendrotes, solche apollinischer Triumphe. An der Hauptkaskade standen sich Halbgott und Gott gegenüber: Herkules, der dem sich in einen Stier verwandelten Flußgott Acheloos ein Horn abbrach, und Apoll, der den Pythondrachen erlegte. Die Spitze der Kaskade glich dem Parnaß, dem Sitz Apolls und der Musen, an dem die Quelle der Kunstbegeisterung entsprang, und darüber, vor dem Oberen Belvedere, lagerten auf dem Olymp Jupiter und Juno, die Herrscher über das Weltall und den Gartenkosmos.

Der »unvergleichliche Held unserer Zeiten« wohnte am liebsten im Unteren Belvedere. Von außen glich es einem zu groß geratenen Gartenpavillon und einem zu klein geratenen Schloß – ein Lustschlößchen eben. Im Innern, den Blicken gewöhnlicher Sterblicher entzogen, gab sich der des Biwakierens überdrüssig gewordene Soldat einer zivilen Wohnkultur hin, nicht ohne sich und den an seinem Hofe Vorgelassenen zu demonstrieren, daß er den Luxus seinen herkulischen Erfolgen verdankte, die er in apollinischem Glanz zu genießen gedachte.

Mittelpunkt des langgestreckten Erdgeschoßbaus war im erhöhten Mitteltrakt der Marmorsaal. Sein Rotbraun, das an das in vielen Schlachten vergossene Blut gemahnte, wurde von Weiß und Gold übertrumpft. Über den Kaminen verwiesen die Reliefs »Venus in der Schmiede des Vulkan« und »Venus übergibt Aeneas die Waffen« auf die Werkzeuge hin, mit denen der Savoyer seine Siege errang, von denen die darüber dargestellten Trophäen wiederum zeugten. Auf dem Deckenfresko von Martino Altomonte wurde auf die Beziehung zwischen Eugen und Apoll hingewiesen, in der Verbindung von Heldenhaftem und Göttergleichem die beiden Seiten des glorifizierten Prinzen herausgestellt: Dem Sieger von Peterwardein überbringt Merkur die Nachricht von der Verleihung der päpstlichen Ehrengaben, und dem Liebling der Musen verkündet Apoll den verdienten Sonnentag. Dem Schloßherrn, der die aus der griechisch-römischen Mythologie entnommenen Gleichnisse schätzte und antike Kunstwerke bewunderte, wurden aus einer ersten Ausgrabung des vom Vesuv verschütteten Herculaneum drei Statuen im Stil der Schule des Praxiteles geschenkt. Für die drei »Herkulanerinnen«, die vom Archäologen Johann Joachim Winkkelmann als »große Meisterstücke der griechischen Kunst« gepriesen wurden, schuf Eugen einen würdigen Rahmen in der Marmorgalerie des Unteren Belvedere.

Das Paradeschlafzimmer des Hausherrn lag in gewisser Distanz zu den drei Marmorschönen und in unmittelbarer Nähe des ihn platonisch verherrlichenden Marmorsaales. Marc Antonio Chiarini und Gaetano Fanti malten die einem Baldachin gleichende Decke, und Martino Altomonte versinnbildlichte in den Fresken »Apoll und Klythia« den anhebenden Tag und in »Luna und Endymion« die einbrechende Nacht. Das Bett Eugens war so gestellt, daß seinen Schlaf an der Westwand die Herme der Mondgöttin beschützte und er beim Aufwachen die Herme des Sonnengottes an der Ostwand erblickte.

In den der französischen Architektur des Grand Siècle nachempfundenen Räumen des Mittelbaus repräsentierte der Prince de Savoye, in den anschließenden, an italienische Villen des 16. Jahrhunderts erinnernden Galerien und Gemächern suchte Eugenio Stille und Sammlung, fand Erholung und Vergnügen. An den Mitteltrakt schlossen lange Flügelbauten an, in denen Orangenbäume in Kübeln standen, sodaß sich der Savoyer wie in einem südlichen Hain ergehen konnte. Die privaten Wohnräume befanden sich im rechten Seitentrakt. Er öffnete sich zum intimen Kammergarten mit seinen Laubengängen und Pavillons, dem italienisch anmutenden Pomeranzenhaus und dem großen Glashaus, in dem Pflanzen aus vieler Herren Länder gehegt wurden. »Der raren Gewächse, welche teils von Florenz, teils von Genua, von Neapolis, aus Peru, Malabar, Indien und der Türkei hierher gebracht worden, werden über zweitausend gezählt«, berichtete der Reiseschriftsteller Johann Basilius Küchelbecker, der namentlich einen kleinen Baum bewunderte, »arbor sensitiva genannt, welcher so zart, daß derjenige Teil, so nur im geringsten angerührt wird, sogleich verdorrt.« Bestaunt wurden ein Kaffeebaum, der Bohnen trug, ein Drachenbaum, der rote Farbe, das von Malern gesuchte Drachenblut absonderte, und ein Säulenkaktus von dreieinhalb Meter Höhe. Dem »Wiener Diarium« hatten es besonders zwei Palmen angetan, »dergleichen an Größe niemals in Teutschland gesehen worden«.

Eugen hatte ein Faible für außergewöhnliche Pflanzen, die er sich in der halben Welt besorgen und sich etwas kosten ließ.

*Marmorsaal im Unteren Belvedere.
Kupferstich nach Salomon Kleiner.*

Er konnte sich an ihnen kaum satt sehen, holte Auskünfte für die Pflege ein, sah den Gärtnern auf die Finger und legte mitunter selbst Hand an, entfernte, wie erzählt wurde, welk gewordene Blätter. Einen seiner »indianischen Bäume«, der zu blühen anfing, ließ er in zwei Bildern festhalten, mit der Anweisung an den Maler, er solle auf dem einen den Baum »in seiner Länge und Form darstellen, so wie er ist, und auf dem anderen die Blüten, die er getrieben hat«.

Zur Flora kam die Fauna. Im Kammergarten des Unteren Belvedere stand eine Voliere, durch die an die tausend Vögel schwirrten. Eugen konnte von ihnen nie genug bekommen, wenn sie, wie ein Zeitgenosse bemerkte, sich durch »Gesang oder die schöne Farbe oder auch durch die Fremde« empfahlen. Kapitäne der von Ostende auslaufenden Schiffe ließ er ersuchen, in Indien und China seltene Exemplare zu besorgen. Aus Cadix wurden ihm Raritäten von Tiroler Händlern überbracht. Einen österreichischen General in Sizilien wies er an, ihm »vor allem Federvieh« zu schicken, »aber nur bei sicherer Gelegenheit, damit sie nicht unterwegs eingehen«.

Seine Wertschätzung der Pferde war eher prosaischer, praktischer Natur. Der Soldat verbrachte einen Großteil seines Lebens im Sattel, der Aristokrat fuhr in Kutschen durch die Stadt. Eugens Marstall am Rennweg war so angelegt, wie es Karl Eusebius von Liechtenstein in seinem für Wiener Fürstlichkeiten verbindlichen »Werk von der Architektur« vorschrieb: Der Stall sollte beileibe nicht so schön als die Wohnung der Herrschaft, aber viel schöner als die Unterkunft der Dienerschaft gestaltet sein. Der Prinz von Savoyen hielt sich an dieses Schema. Die Pracht des Schlosses wurde im Stall für die Leibpferde bei weitem nicht erreicht, er war aber ansehnlich genug. Die zwölf Lieblingsrösser Eugens standen zwischen Hermenpilastern, die antike Götter mit ihren Attributen zeigten: so Jupiter mit Blitzbündel, Merkur mit Flügelhelm, Neptun mit Dreizack, Vulkan mit Schmiedezange, und auch Apoll mit der Leier und Herkules mit der Keule fehlten nicht. Die Futtertröge waren aus Marmor und die Brunnennische wurde von einem stilisierten Pferdekopf überfaßt. Der Prunkstall wurde mit der Marmorgalerie im Unteren Belvedere verglichen. In dieser standen die antiken Statuen unter Stuckgewölbe in Nischen, in jenem – mit ähnlichem, wenn auch weniger aufwendigem Schmuck – in Boxen. Die Kunstschätze wie der Rösserreichtum wurden wie in einem Museum präsentiert, primär für den Sammler und Besitzer, nicht für das Publikum.

Dies galt auch für die Menagerie, die Eugen für sich am Oberen Belvedere anlegen ließ. In den Gehegen der halbkreisförmigen Anlage wurden zuletzt 43 Arten von Säugetieren und 76 Arten von Vögeln gehalten. Dieser Tiergarten wurde nach dem von Versailles als der wichtigste Europas bezeichnet. Potentaten und Diplomaten, die Eugens Liebhaberei kannten, bemühten sich, seinen Privatzoo mit besonderen Exemplaren zu bereichern. Der König von Preußen schenkte ein Wisentpaar, der König von Schweden Rentiere, der Gesandte von Tunis brachte einen Tiger mit und der spanische Gesandte ließ ihn wissen, daß ihm die Kolonien zu Diensten stünden, wenn er »einige rare Tiere daraus verlange«. Raritäten waren ein »indianischer«, also aus Übersee kommender Hirsch, »welcher nebst den ordentlichen Nasenlöchern noch zwei andere Öffnungen gleich unter den Augen hat«, ein Pelikan, »der fast alle drei bis vier Monate selbst seine Brust aufhackt und auf diese Art sich gleichsam Ader läßt«, ein Hund ohne Vorderfüße, ein »Vogel Vielfraß oder Nimmersatt« und eine Bisamkatze, »ein böses Tier, welches nicht ohne viele Kosten aus Ostindien nach Europa gebracht wurde«.

Der Helmkasuar galt als ein Lieblingstier Eugens, der Straußenvogel aus den Wäldern Neuguineas und Australiens, der ein Einzelgänger war, sich im Dickicht versteckte, aber sich in seiner bunten Uniform und mit seinem stolzen Helm aller Orten hätte sehen lassen können. Ein weißköpfiger Geier, den der Prinz bereits 1706 erworben hatte und oft eigenhändig fütterte, ging erst ein Jahrhundert später ein. Ein Steinadler, der aus der Menagerie des Belvedere in jene von Schönbrunn verlegt worden war, soll noch 1809 gelebt haben und von Napoleon I. betrachtet worden sein. Mehr als den Adler schätzte der Feldherr den Löwen, das Symbol von Mut und Großmut, des

Heldentums. Mit seinem zahmen Löwen soll der Schloßherr gerne tafelnde Gäste erschreckt haben. Der König der Tiere bewohnte das mittlere der Gehege seiner Menagerie. Sie lag vor ihm, wenn er von der Terrasse des Oberen Belvedere gen Osten blickte, wo die Sonne aufging, die er im schönsten seiner Schlösser domestiziert zu haben schien.

Wenn er in der Kutsche durch das vom Savoyerwappen gekrönte Haupttor am Linienwall in den Ehrenhof einfuhr, sah er sein Schloß aus dem großen Teich wie die Sonne aus dem Meere aufsteigen. Hildebrandts Meisterwerk, in dem italienische und französische Stilelemente zu einer österreichisch-barocken Einheit verschmolzen waren, verströmte Grandeur und Grandezza. Der wuchtig hingelagerte Baukörper erhielt durch die vielen Fenster so viel Licht und Luft, daß er drauf und dran zu sein schien, sich in Eleganz zu erheben und ins Blaue zu entschweben.

Wenn Eugen vom Unteren Belvedere durch den Garten zum Oberen Belvedere ging, mochte er beim Anblick des von orientalisch anmutenden Pavillons flankierten und im erhöhten Mittelbau von stilisierten Zelten überwölbten Schlosses den Eindruck gewinnen, daß sein Aufstieg, der gleichnishaft auf der Treppe des Stadtpalastes begonnen, den Gipfel erreicht hatte, für den Sonnenprinzen die Sonne im Scheitelpunkt des Himmels stehen geblieben war und für immer den Höhepunkt seiner Laufbahn markierte. Vom Süden näherte man sich der Repräsentationsseite, von Norden der heiteren Seite des Oberen Belvedere. Der Zurückblickende genoß die Aussicht auf den Garten und die ihn einrahmenden Kuppeln der Kaiserstadt und Wipfel des Wiener Waldes. Der Eintretende setzte im grottenartigen Unterbau die Gartenpromenade fort, kam in eine Zwischenzone von Natur und Kultur, näherte sich den Glanzstücken des ikonologischen Programms, das sich zur Apotheose des Schloßherrn steigerte.

Zum Zenit der Gloire gelangte er über das Treppenhaus, das für den »zweiten Alexander« mit Szenen aus der Geschichte Alexanders des Großen ausgeschmückt war, in den Marmorsaal, das Zentrum des Schlosses, und zum Superlativ der Ver-

*Menagerie des Prinzen Eugen am Oberen Belvedere.
Nach dem Stichwerk von Salomon Kleiner.*

herrlichung des mit dem Sonnengott Apoll gleichgesetzten savoyischen Herkules. In den Freskenhimmel wurde er auf dem Deckengemälde des Oberitalieners Carlo Carlone erhoben. Unter einem von Chronos enthüllten Savoyerwappen thronte der Held, von Mars gekrönt, in jugendlicher Kraft und Schönheit, umgeben von Allegorien der Tugenden, die er verkörperte, der Historie die seine Taten aufzeichnete, und der Fama, die seinen Ruhm verkündete. In der Gestalt des Apoll vertrieb er die Laster, Aurora annoncierte den neuen Tag, die drei Grazien erwachten und der Friede zog mit Freude ein.

In dem mit rotem Damast ausgeschlagenen Konferenzzimmer hatten die Räte ihren an der Schmalseite vor dem Kamin plazierten Präsidenten vor sich. Über sich, im Deckengemälde von Giacomo del Pò, sahen sie ihn als Überwinder des Bösen und Häßlichen, als Erbauer einer gerechten und schönen Welt, dem in der Beratung zu widersprechen als Sakrileg erscheinen mußte. Im Audienzsaal sollte jeder, der empfangen wurde, seinen Blick über den in seinem sterblichen Körperwuchs nicht so ansehnlichen Hausherrn hinweg auf das vom selben römischen Künstler geschaffene Deckenfresko richten, auf dem der Prinz triumphal in den Götterhimmel aufgenommen wurde. Der ruhmvoll erworbene Reichtum wurde im Goldkabinett veranschaulicht. Die Vergoldungen des achteckigen Raumes wurden von Spiegeln reflektiert und der Glanz durch den auf dem Deckenbild von Francesco Solimena erscheinenden Sonnengott Apoll vervielfacht.

In allen Räumen wurden Triumphe gefeiert, auch in der zweigeschossigen Palastkapelle, in der dem Gottessohn der Vortritt gebührte. Das Altarbild des Neapolitaners Solimena präsentierte den auferstandenen Christus, den im von Carlo Carlone gemalten Deckenhimmel Gottvater und der Heilige Geist erwarteten. Auffallend war die im Gegensatz zu den Sälen und Zimmern des Oberen Belvedere schlichte Ausstattung der Kapelle. Der ernste und kühle Raum war in erster Linie den Bediensteten vorbehalten. Der Hausherr konnte dem Gottesdienst von der Empore aus beiwohnen, auf die er direkt von seinem Privatappartement aus gelangte. Dort herrschte allent-

*Großes Gesellschafts-Sommerzimmer im Oberen Belvedere.
Kupferstich nach Salomon Kleiner.*

*Beratung unter dem Vorsitz des Prinzen Eugen
im Konferenz-Zimmer des Oberen Belvedere.
Kupferstich nach Salomon Kleiner.*

halben der Luxus, den er sich schuldig zu sein glaubte, und das antike, heidnische Bildprogramm, mit dem er sich glorifizieren ließ. Die Wände des Schlafzimmers waren mit Seide bespannt, über dem Himmelbett prangten Straußenfedern, und die Stukkaturen zeigten den Wettstreit der als Schönheitsköniginnen konkurrierenden Göttinen. Paris reichte Venus den Apfel, doch Eugen zog offenkundig Minerva vor: Zur Rechten des Bettes war die Göttin der Kunst und Wissenschaft zu sehen, auf deren kriegerische Vergangenheit als Helferin der Helden der Schild mit dem Gorgonenhaupt hindeutete.

In der Garderobe neben dem Schlafzimmer standen Fernrohre, mit denen Eugen die Sterne beobachtete, freilich mehr aus astronomischem Interesse als mit dem Verlangen eines Astrologen, aus den Sternen das Schicksal abzulesen. Lieber betrachtete er in seinem Wohnzimmer aus der Nähe die in Augenhöhe angebrachten Meisterstücke niederländischer Maler, die Ausschnitte aus der alltäglichen, überschaubaren, greifbaren und besitzbaren Welt boten. »An diesem Palast«, bemerkte der zeitgenössische Guide Küchelbecker, »ist überhaupt weder Mühe noch Geld gespart worden, um solchen zu einem der vollkommensten Häuser zu machen, dergestalt, daß es aller Menschen Approbation und Verwunderung findet.« Der Wien besuchende Franzose Montesquieu war, überwältigt von der Prachtentfaltung des »heimlichen Kaisers«, der irrigen Meinung, man habe Eugen die Zurschaustellung seiner Reichtümer ebensowenig mißgönnt wie den Göttern das in ihren Tempeln angehäufte Gold. Die großartigen Leistungen der Architekten Johann Lucas von Hildebrandt und des Innenausstatters Claude le Fort du Plessy wurden von der Wiener Hautevolee neidvoll betrachtet. Wenn man es auch einem Barockfürsten zubilligte, daß er selbst an der Gestaltung seiner Behausung und an der Darstellung seiner Bedeutung mitwirkte, so monierte doch mancher dazu eher bemittelte als begabte Aristokrat, daß sich der Standesgenosse über Gebühr engagierte. Am meisten mißfiel einheimischen Hochgeborenen, daß der Parvenü seine Selbstdarstellung zu übertreiben schien, sich im Oberen Belvedere kein Schloß, sondern einen Olymp erbaute.

*Allegorische Apotheose des Prinzen Eugen.
Gemälde von Giacomo del Pò, Bozzetto für ein Fresko
in der Antichambre des Oberen Belvedere.*

Die Nachwelt dankte es ihm. Wien erhielt seine schönste Schloßanlage; denn jene von Schönbrunn, die später Maria Theresia errichtete, war zwar weitläufiger, aber nicht wohlgefälliger. Am Hofe Karls VI. wäre es dem Hofkriegsratspräsidenten besser bekommen, wenn er weniger an Apoll als an Polykrates gedacht hätte. Der Herr der Insel Samos, der Künstler und Wissenschaftler an seinen Hof holte und den Tempel der Hera zum schönsten hellenischen Heiligtum machte, umgab sich mit einer Aureole, welche die Mißgunst der Götter herausforderte, die ihm schließlich, nach einem langen Sonnentag des Glücks, zum Verhängnis wurde. »Mir grauet vor der Götter Neide; / Des Lebens ungemischte Freude / Ward keinem Irdischen zu Teil«, ließ Friedrich Schiller den Gastfreund des Polykrates mahnen. »Noch keinen sah ich fröhlich enden, / Auf den mit immer vollen Händen / Die Götter ihre Gaben streun.«

Und Prinz Eugen schenkte sich noch ein Schloß. Ihm fehlte noch ein »Tusculum rurale« für ländliche Vergnügungen eines Barockfürsten. Ráckeve bei Buda war zu weit von der Kaiserstadt und den Lustschlössern der Standesgenossen entfernt. So ging er daran, sich auf dem Marchfeld eine »Landesdistraktion« zu schaffen, in einer Gegend, die zu Schlachten gedient hatte und für weitere vorgesehen war, doch genug Platz für bukolische Zerstreuungen bot.

Ein beträchtliches Stück Land zwischen Donau und March besaß er bereits. Karl VI. hatte dem Erzbischof von Wien für 200 000 Gulden die Herrschaft Siebenbrunn abgekauft und sie dem Prinzen, einschließlich der Dörfer Lassee und Oberweiden aus kaiserlichem Besitz, zur Retraite geschenkt, »da Uns und dem allgemeinen Wesen an Seiner Liebden langer Konservation besonders gelegen ist«. Als Trostpflaster für das verlorene Generalgouvernement der Niederlande gedacht, gab sich Eugen damit nicht zufrieden, weil es auf diesem Besitztum »keine Jagdbarkeiten« gab und er es für den Bau eines Landschlosses ungeeignet fand. So kaufte er noch im Jahre 1725 »mit merklicher Überzahlung« vom Obersthoffalkenmeister Graf Saint-

Julien die weiter östlich gelegene Herrschaft Hof samt der Ortschaft Stopfenreuth, und ein Jahr später von der Gräfin Maria Josepha Starhemberg für 177 000 Gulden die Herrschaft Engelhartstetten mit Schloß und Dorf Niederweiden sowie das kaiserliche Jagdgebiet in der Hainburger Au. Zudem erwarb er »zu Erweiterung der ersthin erkauften Herrschaft Hof an der March, sonderbar aber zu Dero mehrerer ruhiger und ohne Beeinträchtigung fremder Untertanen genießender Landesdistraktion« für 19 000 Gulden das Dorf Groissenbrunn.

Mit diesem erweiterten und abgerundeten Grundbesitz, dessen Wert mit circa 600 000 Gulden angegeben wurde, war Prinz Eugen einer der reichsten Grundherren auf dem Marchfeld geworden. Nun hatte er außer vermehrten Einkünften die gewünschten »Jagdbarkeiten« und genügend Platz und Geld für den Bau eines Landschlosses, das sich neben den Landpalästen der aristokratischen Nachbarschaft nicht nur sehen lassen, sondern sie sogar übertreffen könnte. In Niederweiden hatte er vom Vorbesitzer ein Jagdschlößchen übernommen, das zwar von Johann Bernhard Fischer von Erlach entworfen worden war, aber ihm – auch nach Renovierung, der Errichtung eines Glashauses und der Einrichtung eines Fasanengartens – als »Lustgebäude« keineswegs genügte. In Siebenbrunn ließ er nur einen Garten anlegen und ein Gartenhaus nach Plänen von Johann Lucas von Hildebrandt hinstellen. Seinen Leibarchitekten, der eben das Obere Belvedere vollendet hatte, betraute er mit dem Bau eines repräsentativen Landschlosses in Hof.

Schloßhof, wie es genannt wurde, erstand wiederum als ein Meisterwerk des Baumeisters zum Gefallen des Bauherrn. Dem Genius loci, der mit dem Geist des Generalissimus übereinstimmte, wurde Rechnung getragen. Als Baugrund diente eine Anhöhe, auf der in den Zeiten, da Angriffe aus dem Osten drohten, eine Grenzfestung errichtet worden war. Bei der Umgestaltung der Burg zu einem Palast sollte die Erinnerung wachgehalten werden, daß Eugen als Feldherr die Gefahr gebannt hatte, und der Anspruch des Friedensbringers erfüllt werden, sich der verdienten Muße mit heiterer Würde hinzugeben. So wuchs aus den Gräben und Wällen des Kastells ein Barockschloß als Schauplatz eines höfischen Landlebens hervor, gleichsam als Illustration der Biographie des Schloßherrn, der sich als Militär ein Vermögen wie das Anrecht auf ein fürstliches Dasein verschafft hatte.

Mitte der zwanziger Jahre, im ersten und für lange letzten Friedensjahrzehnt des 18. Jahrhunderts, wurde der Um- und Ausbau begonnen. Eugen wirkte nicht nur bei der Planung, sondern auch bei der Ausführung mit. Im Herbst 1729 stürzte er von einem Baugerüst und verletzte sich am Bein, was ihn nicht daran hinderte, noch am selben Tag mit Gästen auszufahren, die sich zur Besichtigung des fortgeschrittenen Baus eingefunden hatten und mit ihm die Landpartie genießen wollten. Schon zu dieser Zeit fand ein Besucher, der Feldmarschall Graf Harrach, weniger die Architektur Hildebrandts als die von Claude le Fort du Plessy vorgenommene Innenausstattung für lobenswert. Wiederum wurden Künstler wie Arbeiter in Lohn und Brot gesetzt; an der schwierigen Terrassierung waren im Juni 1730 zweihundert Maurer und vierhundert Tagwerker beteiligt. Im Jahre 1732 – vier Jahre vor Eugens Tod – war Schloßhof an der March in jener barocken Schönheit vollendet, die Canaletto in seinen Jahrzehnte später entstandenen Gemälden festgehalten und überliefert hat.

Ein zweites Belvedere war weder gewünscht noch machbar. Hildebrandt hatte die aus dem frühen 17. Jahrhundert stammende Burg mit dem Arkadenhof in seinen Entwurf einzubeziehen, fügte zwei Flügelbauten mit Eckpavillons hinzu und gewann damit einen Ehrenhof, dessen Entrée von Löwen bewacht und mit Herkulesgruppen markiert war. Über dem Haupttor zum Gebäude war das Savoyerwappen angebracht, und darüber eine Uhr, die dem Besitzer anzeigte, daß es die ihm verbliebene Zeit zu nützen galt.

Hier wandte der alternde Eugen der Ausgestaltung der Schloßkapelle mehr Aufmerksamkeit als im Oberen Belvedere zu. Christliche Tugenden, die er nun noch mehr als jene Platos geschätzt zu haben schien, wurden an den Wänden der Emporen in Hochreliefs herausgestellt: der Glaube mit Kreuz, Kelch und Bibel, die Liebe, die ein Kind an der Brust säugt, und die

Hoffnung, die den Anker hält. Das Altarbild von Francesco Solimena zeigte nicht wie das im Oberen Belvedere den auferstandenen, triumphierenden, sondern den seinen Leiden erlegenen, vom Kreuze abgenommenen Christus. Auf dem Deckenfresko Carlo Carlones waren Gottvater und der Heilige Geist noch allein; der Gottessohn war noch nicht aus seinem Grab gestiegen und in den Himmel aufgefahren. Im Schloßgarten schuf sich der Schloßherr ein irdisches Paradies. In Terrassen angelegt, mit Kaskaden versehen, von einem Bassin zum Gebäude ansteigend, ähnelte er dem Park des Belvedere, auch in seinem dem Savoyer gewidmeten Bildprogramm, das zwei Figurengruppen besonders plastisch dokumentierten: »Prinz Eugens Kriegsruhm« und »Prinz Eugens Staatskunst«.

Im »Tusculum rurale« spielte die Natur eine wichtigere Rolle als in der Wiener Schloßanlage. Nicht Mars und Herkules, sondern Statuen der Flußgötter Donau und March, Allegorien der Elemente, der Erdteile und der Jahreszeiten beherrschten die Bildbühne, und der Park mit seinen uniformen Hecken und präsentierenden Boskett war von Obstgärten umgeben, in denen Marillen statt Orangen gediehen. »Die vergnügliche Gärtnerei«, wie sie der Fürstbischof von Bamberg und Würzburg, Reichsvizekanzler Friedrich Karl von Schönborn, nannte und auf seinem österreichischen Schloß Göllersdorf wie auf seinem fränkischen Schloß Pommersfelden pflegte, praktizierte auch der mit ihm über »Hortikultur« korrespondierende Prinz Eugen in Schloßhof. Mitunter schien er selber zur Schere gegriffen zu haben, des öfteren bestellte er Pflanzen in den Niederlanden; einem Pater Philibert, von dem er Blumenzwiebeln erhielt, schrieb er: »Obwohl ich nicht zweifele, daß mein Gärtner sie richtig pflanzt, würden Sie mir einen Gefallen tun, wenn Sie mir angeben würden, auf welche Weise man mit ihnen in Ihrem Lande verfährt.« Einen jungen Mann schickte er nach Holland, damit er »die Kultur der Blumen und Gärten« lerne.

Schloßhof diente auch und nicht zuletzt der »vergnüglichen Jägerei«. Karl VI. war ein großer Nimrod vor dem Herrn, und seine Umgebung suchte ihm mit mehr oder weniger Begeisterung nachzueifern. Auch Prinz Eugen gab sich diesem standesgemäßen Vergnügen hin, zumal in einer Zeit, als es weder Türken noch Franzosen zu jagen gab und er auf dem wildreichen Marchfeld über ein Jagdschloß verfügte, in das er zu Jagdpartien einladen konnte. Zunächst war er, um im Wald des Waidmanns Freude zu suchen, bei anderen Herren zu Gast gewesen. Dazu scheute Eugen, der so viele Jahre auf Feldzügen unterwegs gewesen war und in den Friedenszeiten am liebsten auf seinen Anwesen blieb, keine noch so unbequeme Reise: zu Schönborn in das vierzig Kilometer nördlich von Wien gelegene Göllersdorf, zu Liechtenstein nach Feldsberg in Niederösterreich, zu Trauttmansdorff nach Mähren, zu Kinski und Martinitz nach Böhmen wie zu den kaiserlichen Jagden nach Halbthurn in Ungarn.

Der Herr auf Schloßhof konnte nun selber Jagdgäste einladen. Es kamen unter anderen der französische Gesandte in Wien, Herzog von Richelieu, Prinz Ludwig von Württemberg und der kaiserliche General und Bauintendant Graf Gundaker Althann, der von einem Hirsch zu Boden geworfen wurde. Der Gastgeber erzählte, »daß ich ihn zu retten wirklich auf den Hirsch schießen wollte, obwohl die Flinte mit nichts als Schrot geladen war«. Sein liebster Jagdgefährte war und blieb Friedrich Karl von Schönborn, der die Jagdlust Eugens mündlich wie schriftlich anzuregen wußte. So lockte er ihn 1723 auf seine Jagdgründe in Göllersdorf: Eine Menge von Fasanen, Rebhühnern, Enten und vor allem Hasen hielten sich zur Verfügung Seiner Durchlaucht. Im Jahr darauf wurden dort – zwar in Abwesenheit Friedrich Karls, aber unter reger Beteiligung Eugens – 40 Hirsche und an die 400 Fasanen erlegt. Alsbald lud ihn Schönborn wiederum ein, »damit meine hochwürdigen Hasen, meine mutwilligen Hirsche, Fasanen und Rebhühner gleichförmig durch Dero gloriose Waffen auch möchten in das Jagd-Martyrologium versetzt werden«.

Im Revier des Kaisers wurden weit mehr abgeschossene Tiere verzeichnet, am 30. August 1725 – einem einzigen seiner hundert Jagdtage im Jahr – 109 im Revier von Wolkersdorf erlegte Hirsche; 300 Gemsen waren es am 4. August 1728 auf dem Hochreiting bei Eisenerz, wovon 103 allein auf das

Schloßhof im Marchfeld, Hofseite.
Gemälde von Bernardo Bellotto, genannt Canaletto.

Konto Karls VI. kamen. Damit konnte und wollte Eugen nicht mithalten, der mit seinen Passionen haushielt und sich auf seine Bauleidenschaft konzentrierte. Die Teilnahme an Hofjagden war für ihn eher eine Hofdienst, die Beteiligung an Jagdpartien von Standesgenossen eine gesellschaftliche Verpflichtung, und dazu selber einzuladen, war sich ein über ein Jagdschloß und Jagdgründe verfügender Barockfürst schuldig. Mit den Gelegenheiten wuchs das Gefallen, aber lieber zog er sich in seine vier Wände zurück, in die Abgeschiedenheit seiner Gärten und Schlösser, wo er es sich – was er mit zunehmendem Alter immer mehr schätzte – bequem machen, sich des Erreichten erfreuen und in Erinnerungen schwelgen konnte.

In Schloßhof hingen zahlreiche Bilder, auf denen der Schloßherr als siegreicher Feldherr zu betrachten war. Jan van Huchtenburg, von dem die am meisten beachteten Gemälde stammten, Jacques-Ignace Parrocel und Jean-Pierre Bredael schufen, was der Auftraggeber erwartete: eine Theatralisierung der Schlachten und eine Glorifizierung des Schlachtenlenkers. Das Bombastische fand nicht nur Bewunderer. Gotthold Ephraim Lessing sprach in dem Epigramm »Auf ein Schlachtenstück von Huchtenburg« von furchtbarer Täuscherei, die einen Bramarbas erblassen und zittern lasse. Selbst dem Helden dieser Bilder schien der Maler zu dick aufgetragen zu haben. Jedenfalls kontrastierte er die Bataillenstücke mit Darstellungen von Pflanzen und Tieren, als wollte er sich und anderen zeigen, daß die Medaille Eugen zwei Seiten habe: die martialische und die bukolische. Die meisten der zweihundert Bilder in Schloßhof hatten nichts mit Militär und Krieg zu tun.

Und da waren Bücher, mit denen Eugen sich stets umgab, nicht so viele in Schloßhof, dem Maison de Campagne, mehr schon in den Bücherkabinetten des Unteren und Oberen Belvedere, die allermeisten im Winterpalais, wo in den langen Wintermonaten die große Bibliothek unerschöpflichen Lesestoff für Unterhaltung und Belehrung bot.

Zwölftes Kapitel

Zwischen Barock und Aufklärung

An Büchern konnte er nie genug bekommen. Ständig war er, wie es in einer zeitgenössischen Biographie hieß, auf »recherche de savoir«, auf der Suche nach Wissen und Bildung, um seinen Geist zu schulen, die Welt besser zu kennen und zu verstehen, seine Aufgaben in ihr angemessener zu lösen und ihre Widrigkeiten gelassener zu ertragen.

Auch beim Büchersammeln ging er planmäßig mit Unterstützung eines Generalstabs vor. Georg Wilhelm von Hohendorff wurde vom militärischen zum literarischen Generaladjutanten bestellt. In Paris erwarb er für Eugen wertvolle Werke und engagierte einen fähigen Bibliothekar. Étienne Boyet sorgte nicht nur für den Erwerb und Transport von Büchern, Inkunabeln und Handschriften, sondern auch für deren fachgemäße Einordnung und gleichmäßiges Einbinden.

Zur Hand ging ihm der Franzose Pierre-Jean Mariette, der später durch seine Sammlung und Beschreibung von über 1500 Kupferstichen und 1400 Zeichnungen berühmt wurde. Für Eugen, der ihm das Zeugnis ausstellte, daß er sich »bei meiner Bibliothek eine geraume Zeit mit einem besonderen Ruhm hat gebrauchen lassen«, wurde er neben Hohendorff der wichtigste seiner Agenten, die in seinem Auftrag in halb Europa einschlägige Kataloge auswerteten, Buchhandlungen wie Antiquariate durchstöberten und bei Versteigerungen mitboten. Das letzte Wort behielt sich Eugen auch aus finanziellen Gründen vor. Für seine an Bibliomanie grenzende Bibliophilie gab er ohnehin – selbst für seine Verhältnisse – viel zu viel Geld aus; allein im Jahre 1726 überwies er an Mariette nach Paris 6000 Livres.

Frankreich blieb das Dorado des Büchersammlers. Auch die Niederlande, Holland und nicht zuletzt England erwiesen sich als ergiebig. In London waren vornehmlich österreichische Diplomaten für Eugen tätig. »Sie haben«, wandte er sich 1724 an den Residenten Hoffmann, »so glücklich und mit so gutem Geschmack eine Reihe von Kommissionen für mich erledigt, daß ich nichts besseres tun kann, als mich erneut an Sie zu wenden.« Hoffmanns Nachfolger Palm bat er um ein Verzeichnis der Bücher, »die seit etlichen Jahren allda in lateinischer, französischer, welscher und spanischer Sprache gedruckt wurden oder unter der Presse sind«.

Nicht so ertragreich war der Buchmarkt in Deutschland. Immerhin konnte er in Leipzig für 100 Dukaten ein Glanzstück seiner Bibliothek erwerben, die »Tabula Peutingeriana«, die im Mittelalter kopierte römische Straßenkarte aus dem vierten Jahrhundert, die nach dem Augsburger Humanisten und Sammler Konrad Peutinger benannt war. In Italien war Abate Biagio Garofalo, ein Literatur- und Kunstkenner, als Bücheragent tätig; als er wegen eigener Werke mit der kirchlichen Zensur Schwierigkeiten bekam, ernannte ihn Eugen zu seinem »famigliare d'onore«.

Die Ankäufe wurden durch Geschenke vermehrt, denn es hatte sich herumgesprochen, daß man dem Prinzen keine größere Freude als mit Kunstgegenständen und seltenen Büchern bereiten konnte. Der Bischof von Roermond verehrte ihm eine Bibel aus der Mainzer Anfangszeit des Buchdruckes, die er nach höflichem Zieren gerne entgegennahm. Zeitgenössische Autoren dedizierten ihm ihre Werke. Nach und nach kamen 15000 gedruckte Bücher, 287 Handschriften und 335 Bände Kupferstiche zusammen. Da der Platz für die anschwellende Bibliothek im Wiener Stadtpalast bald nicht mehr hinreichte, mußte dieser in den Jahren 1723 und 1724 erweitert werden. Ein Vergnügen zog das andere nach, die Bücherlust die Baulust, und Eugen genoß das potenzierte Pläsir in vollen Zügen.

Der »Philosophe guerrier«, wie ihn Jean-Baptiste Rousseau nannte, vergrub sich in seiner Bibliothek, in der es fast kein Werk gab, »das der Prinz nicht gelesen oder wenigstens durchgeblättert hat«. Als Generalissimus gliederte er seine Armee des Geistes in die Waffengattungen der Fachbereiche, gab ihnen uniforme Einbände in Maroquinleder: Dunkelblau für Theologie und Jurisprudenz, Dunkelrot für Geschichte und Dichtung, Gelb für die Naturwissenschaft. Alle trugen auf den Rücken Goldornamente wie Epauletten, und auf jedem Deckel prangte wie ein Ordensstern das Wappen des Savoyers mit der Fürstenkrone und der Kette mit dem Goldenen Vlies. Gerne schritt er die Front seiner Bücher ab. »Sollte man glauben«, äußerte sein Hofpoet Rousseau, »daß ein Mann, der die Last fast aller öffentlichen Geschäfte auf seinen Schultern trägt, oberster Feldherr des Reiches und erster Minister des Kaisers ist, eben so viel Zeit zum Lesen findet als einer, der gar nichts anderes zu tun hat? Er versteht von allem etwas, ohne für irgend etwas besondere Vorliebe zu zeigen; aber er weiß aus seiner Lektüre ebenso wie aus seiner amtlichen Beschäftigung jeden möglichen Nutzen zu ziehen.«

Am nächsten standen ihm die Bereiche, mit denen er es als Heerführer und Staatsmann zu tun hatte. Militaria waren vorhanden, aber nicht in einer Anzahl, die man bei ihm vermutet hätte; für Eugen war die Kriegskunst keine theoretische, sondern eine angewandte Wissenschaft. Politische Weisheit bezog er weniger aus staatswissenschaftlichen als aus historischen Werken, die einen breiten Raum einnahmen. Sein besonderes Interesse galt der neueren Geschichte Europas. Die 700 Folianten waren nach Ländern geordnet: Italien, Frankreich, Deutschland, die Niederlande, Holland, Spanien, Portugal, England, Skandinavien, Ungarn, Kroatien, Rußland. Der Katalog verzeichnete 50 Bände über Afrika und Amerika und kaum weniger über Asien.

Eugen wollte die Welt nicht nur in der Tiefe, durch die Geschichte, sondern auch in der Breite, durch die Geographie, kennen und begreifen lernen. Das wertvollste Stück der erdkundlichen Abteilung war der für 6000 Gulden in Holland erstandene Atlas, den Jan Bleauw 1640 begonnen und Laurenz van der Hem ergänzt hatte. Die 50 Folianten dieses Prachtwerkes waren von 600 Künstlern mit kolorierten Karten und Stichen ausgestattet worden. Prinz Eugen, der seine Schlösser nur noch selten verließ, fuhr mit Reiseschriftstellern um die Welt und scheute nicht davor zurück, sich mit Gulliver, dem phantastischen Helden seines publizistischen Gegners Jonathan Swift, auf »Travels into Several Remote Nations of the World« zu begeben. Seinen Liebhabereien ging er auch in der Bibliothek nach. Gerne blätterte er in den zahlreichen Büchern über die Baukunst, den Klassikern der Antike, der Renaissance und des Barock, beispielsweise in der 1682 in Florenz erschienenen Biographie des Architekten und Bildhauers Giovanni Lorenzo Bernini. Blumen und Bäume waren in 100 Folianten, 95 Quart- und 52 Oktavbänden und Tiere aller Arten in 80 Büchern zu betrachten. Unter »Poetica« waren viele Werke griechischer, römischer, französischer und italienischer, aber nur wenige deutscher Dichter vorhanden.

Aufklärern entging es nicht, daß in der Bibliothek des »kleinen Abbé«, der ein großer Feldherr und Staatsmann geworden war, der Theologie ein zentraler Platz eingeräumt war. Positiv wurde vermerkt, daß nicht nur römisch-katholische Klassiker alter und neuer Zeit, sondern auch Jansenisten, die sich von der alten Kirche entfernt, wie Lutheraner und Kalvinisten, die mit ihr gebrochen hatten, ökumenisch nebeneinander anzutreffen waren. Eugen von Savoyen schien es, was die Religion betraf, mit dem um Versöhnung bemühten Erasmus von Rotterdam zu halten, von dem er ein mit dessen Marginalien versehenes griechisches Neues Testament besaß.

Eine Harmonisierung von Glauben und Wissen suchte auch der auf katholischem Boden gebliebene und sich dem Humanismus geöffnete Laienabt von San Michele della Chiusa und Santa Maria di Casanova. Die Philosophie war in seiner Wiener Bibliothek mit Werken von Plato und Aristoteles über Seneca und Marc Aurel, Thomas von Aquin und Bossuet bis Descartes und Leibniz vertreten.

Am nächsten stand dem Prinzen Eugen, dem liberalen Katholiken und gemäßigten Rationalisten, der deutsche Universalphilosoph Gottfried Wilhelm Leibniz, der in seinem Denken und Wirken auf einen Ausgleich der Gegensätze im Konfessionellen und Nationalen und deren Aufhebung in einer Einheit in der Vielheit bedacht blieb.

Auch zwischen dem Kaiser und den Reichsständen suchte der als Bibliothekar in hannoverschen Diensten stehende und von Karl VI. zum Reichsfreiherrn und Reichshofrat ernannte Leibniz zu vermitteln. Bereits 1670 hatte er für den Reichserzkanzler in Mainz einen Plan zur Stabilisierung des Reiches im Innern und zur Sicherung des Reiches nach außen entworfen, ein Zusammenstehen deutscher Fürsten zur Abwehr französischer Aggressionen gefordert. Damit stimmte der österreichische Generalleutnant und Reichsfeldmarschall überein, dem im Kriege an einer Zusammenfassung aller deutschen Kräfte und im Frieden an einer Niederhaltung der deutschen Rivalitäten gelegen war. Ein Verfechter der Reichserneuerung wie Leibniz wurde Eugen nicht; der Hofminister des Habsburgers blieb der Matador der österreichischen Großmacht, die er freilich im Rahmen des Reiches behalten und darüber hinaus in ein europäisches System einfügen wollte.

In dieser Zielsetzung bestand Übereinstimmung zwischen Eugen und Leibniz, der vorwiegend französisch schrieb und der französisch geprägten Universalkultur anhing, eine französische Universalmonarchie jedoch ablehnte. Der deutsche Europäer hatte dafür plädiert, daß Österreich und Frankreich gemeinsam die Türken abwehren und sich auch politisch verständigen sollten. Leibniz, der Berater des Kurfürsten von Hannover, der König von England wurde, wollte im Kampf gegen Ludwig XIV. Großbritannien an der Seite Österreichs halten. Daneben schloß er nicht aus, daß ein vom Hegemonialthron geholtes Frankreich neben seinen beiden Hauptkriegsgegnern die dritte Hauptmacht in einer europäischen Friedensordnung werden könnte. Auch in dieser Hinsicht gab es Parallelen zwischen Eugen und Leibniz. Für den Österreicher waren und blieben die Engländer die wichtigsten Bundesgenossen. So hatte er an einer in lateinische Verse gefaßten moralischen Fabel, in welcher der Philosoph 1713 die Seemächte zum Ausharren in der Allianz bis zum gemeinsamen Sieg aufrief, Gefallen gefunden; er fand »den Gedanken hübsch und das Ganze angenehm«. Nach dem Abschluß des Friedens von Rastatt wurde Eugen von Leibniz in einem lateinischen Gedicht als »Pazifikator« Europas gefeiert, in dem beide ein friedfertiges Frankreich willkommen heißen wollten.

Der Protestant Leibniz warb für eine Vereinigung der evangelischen und der katholischen Kirche, korrespondierte darüber ergebnislos mit dem französischen Theologen Bossuet und verfaßte die für Konzilianz eintretende Schrift »Systema theologicum«, die ihn bei seinen Glaubensgenossen in den Verdacht des Kryptokatholizismus brachte. Eugen war nicht allein wegen des im Reich immer wieder aufflackernden Religionsstreites aus politischen Gründen für eine Versöhnung der Konfessionen. Der Prinz, bemerkte der französische Diplomat du Bourg, gehöre in Wien nicht zur Partei der »Papisten«, sondern zu jener der »Katholiken«, die – im Sinne des griechischen Wortes katholikos, »das Ganze betreffend«, »das Ganze umfassend« – jedem Religionskonflikt entschieden abgeneigt und für eine Vereinigung der gesamten Christenheit aufgeschlossen sei.

Der Philosoph Leibniz arbeitete an einer Verbindung zwischen der traditionellen Theologie und der modernen Naturwissenschaft, zwischen organischem und mechanistischem Denken. Er fand eine Brücke in seiner »Monadologie«, in der Gott als »Architekt« der in »prästabilierter Harmonie« geschaffenen bestmöglichen aller Welten und als »Monarch« der einzelnen, stufenweise entwickelten, eigengesetzlich agierenden, aber aufeinander abgestimmten Kraftwesen der »Monaden« begriffen wurde. »Principes de la Nature et de la Grâce fondés en Raison«, hieß die Zusammenfassung seiner Lehre, die Leibniz, als er in den Jahren 1713/1714 in Wien weilte, für Eugen schrieb und sie ihm zusammen mit vier weiteren einschlägigen Abhandlungen überreichte. Der Prinz ließ den »Leibniz-Kodex« in rotes Maroquin binden. Er zeigte ihn, wurde behauptet, wie ein neapolitanischer Priester die Blutreliquie des heiligen Januarius, nur zum Küssen vor und verwahrte ihn sofort wieder in einem Tabernakel seiner Bibliothek.

Eugen war an dieser Philosophie interessiert, die eine aufgeklärte Einzelbetrachtung mit einer barocken Gesamtschau verband, die zu jener dynamischen Vielheit in einer statischen Einheit fand, die dem Prinzen konvenierte, der sie als Staatsmann in seiner Europapolitik zu praktizieren und als Bauherr in seinen Schlössern zu realisieren verstand. Leibniz war öfters sein Gast. Er sprach mit ihm über Gott und die Welt, nahm Anregungen für die Beschaffung und Lektüre von Büchern entgegen und hörte sich den einen oder anderen politischen Ratschlag an. »Ich bin überzeugt, kein Mensch kann und will die Sache der Wissenschaft mehr fördern als Prinz Eugen«, lobte der Philosoph, der in erster Linie gekommen war, um seinen Plan einer Akademie der Wissenschaften, wie sie nach seiner Vorstellung und dem Vorbild von Paris und London 1700 in Berlin wie 1711 in Sankt Petersburg gegründet worden war, auch in Wien zu verwirklichen. Leibniz suchte und fand die Unterstützung Eugens, die freilich nicht so entschieden war, daß typisch österreichische Widerstände – die finanzielle Misere des Ärars und der bildungspolitische Monopolanspruch der Jesuiten – zu überwinden gewesen wären. Zwar versicherte er Anfang 1715 dem Philosophen schriftlich, »daß ich meines Ortes zur Vorstellung Ihres Vorhabens umso mehrers alles, was nur von mir dependiert, anwenden werde, als selbes allein zu Ihrer Kaiserlichen Majestät und des gemeinen Wesens besten Nutzen abzielt«. Doch zunächst war der Mäzen wieder als Militär gefragt, im Sommer 1716 entbrannte der neue Türkenkrieg und am 14. November 1716 verstarb Leibniz in Hannover.

Mit ihm ging ein Polyhistor des Barock und ein Enzyklopädist der Aufklärung dahin, und deswegen mochte sich Eugen mit ihm geistesverwandt gefühlt haben. Auch er legte Wert auf einen aus der Vergangenheit in die Zukunft führenden Mittelweg. Der Feldherr verstand es, durch eine Kombination von alter mit neuer Strategie und Taktik zu siegen. Der Staatsmann ging vom tradierten, historisch begründeten Monarchenstaat aus, und strebte danach, ihn in ein rational konstruiertes und mechanisch ausbalanciertes Staatensystem einzufügen. Der an überlieferten religiösen Geboten und moralischen Normen festhaltende, aber sich seiner Individualität bewußte und sich seiner Vernunft bedienende Mensch der Zeitenwende öffnete

*Jean-Baptiste Rousseau, »Hofdichter« des Prinzen Eugen.
Stich von Jean Daullé nach einem Gemälde von J. Aved.*

sich der gemäßigten Aufklärung. Der radikalen Aufklärung des 18. Jahrhunderts verschloß er sich und blieb im barocken Rahmen seiner Weltanschauung, die so vielgestalt und so geordnet war wie sein Belvedere.

In seinen Schlössern liebte er große Fenster, als wollte er nicht nur möglichst viel Sonnenlicht, sondern auch etliches von jenem Geist hereinlassen, der mit der Aufklärung eine gewisse Erleuchtung versprach. Indessen pflegte Eugen mit berühmten Repräsentanten dieser modernen Geistesbewegung kaum Kontakt, obwohl ihm dies einer ihrer weniger prominenten Vertreter in seiner Umgebung ständig nahelegte: Jean-Baptiste Rousseau. Im Jahre 1670, sieben Jahre nach dem Prinzen in Paris geboren, hatte auch der Dichter Frankreich den Rücken gekehrt, freilich aus einem anderen Grund. Rousseaus Komödien und Operntexte fanden zwar Beachtung, seine Lyrik trug ihm – weniger wegen ihrer Qualität als wegen ihrer Ausnahmestellung in einer vernunftbetonten und wenig gefühlsbewegten Epoche – die Bezeichnung »Liebling der Musen« ein. Aber mit seinen eher zeitgemäßen spöttischen Epigrammen und bissigen Satiren erregte er Anstoß; als er Persönlichkeiten angriff, denen er die Schuld an schriftstellerischen Mißerfolgen zuschob, entzog er sich einer drohenden Verurteilung durch die Flucht ins Ausland.

Mit dem französischen Gesandten du Luc, der seine Hand über ihn hielt, kam Rousseau 1715 aus der Schweiz nach Österreich, wo er in einem Land, in dem ein in Frankreich Verfolgter als persona grata galt, und in einer Hauptstadt, in der Literaten als salonfähige Gesprächspartner selten waren, freundlich aufgenommen wurde. »Ich befinde mich an diesem Hofe nach zwölf Tagen so, wie ich mich am französischen Hofe nach zwölf Jahren befunden habe, mit dem Unterschied, daß ich hier keine Feinde habe«, stellte Rousseau fest. »Alle Fürsten und Herren sprechen unsere Sprache, und die meisten kennen deren Vorzüge besser als wir selbst. So war ich hier schon vor meiner Ankunft in Mode, und alles, was Rang und Namen hat, zeigt sich begierig, mich zu sehen.«

Der Poet fühlte sich allgemein geschmeichelt und besonders geehrt, daß der Held des Tages, der eben Frankreich in die Schranken gewiesen und den Frieden geschlossen hatte, ihm wohlwollend entgegenkam. »Der Prinz Eugen begegnete mir mit außerordentlicher Güte«, konstatierte Rousseau. »Ich könnte bei ihm bleiben, wenn ich nur wollte.« Er wollte, und auch dem Savoyer war daran gelegen, in dem Franzosen, der wie er Frankreich hatte verlassen müssen, jedoch wie er im französischen Kulturkreis verblieben war, einen Hofdichter zu einem Zeitpunkt zu bekommen, da er in Wien Hof zu halten begann.

Als Hofpoet bewährte sich Rousseau schon bald nach seiner Aufnahme in den Salon des Prinzen. Er übertrieb den Lobpreis nicht, kam in der Schilderung von Eugens Person und Charakter der Wahrheit näher, als man es von einem Hofdichter gemeinhin gewöhnt war. Im Gespräch erscheine Eugen noch mehr als Held, »als er es an der Spitze der Armeen ist, da ich niemals in demselben Menschen so viel Größe verbunden mit so viel Einfachheit gesehen habe«, wußte Rousseau zu berichten. »Kalt bei der ersten Begegnung, bei längerem Umgang vertraulich, bewundert er die Vorzüge anderer viel mehr als die eigenen.« Der Prinz gebe sich keineswegs den Anschein einer besonderen Bildung, aber er sei in allem unterrichtet und »sein Urteil ist von einer wunderbaren Treffsicherheit«. Er sei ein kritischer Kopf mit klarem Geist, »der seine Würden und seinen Ruhm mit aller Gleichgültigkeit betrachtet und begangene Fehler mit so unbefangener Offenheit erzählt, als ob von einem anderen die Rede wäre«. Viktoria fliege vor ihm her und Pallas Athene marschiere an seiner Seite, rühmte Rousseau den Krieger und Sieger, den Freund der Musen und Wohltäter der Dichter – auch und vor allem Rousseaus. »Was für eine Generosität!« rief er aus, als er – außer Geldzuweisungen – einen wertvollen Diamantring erhalten hatte, »den ich jetzt am Finger trage und mein ganzes Leben behalten will«. Der Prinz, der sich von Malern als Herkules und Apoll feiern ließ, schätzte auch die Lobreden des Poeten, auch wenn sie mit der an ihm bewunderten Bescheidenheit im Widerspruch zu stehen schienen.

Der Günstling zeigte wenig Bescheidenheit. Als Eugen ihm keinen hochdotierten Posten in den österreichischen Niederlanden verschaffen konnte oder wollte, kühlte das Verhältnis ab.

Als er 1722, ohne Aussicht auf eine Pfründe, nach Brüssel ging, entfernte er sich nicht nur räumlich von dem in Wien gebliebenen Generalgouverneur. Noch wurden Briefe gewechselt, Eugen las und lobte die auf seine Empfehlung 1723 in London gedruckten »Odes, cantates, épîtres et poésies diverses« Rousseaus und gab den einen und anderen Rat. »Ich mißbillige Ihre Absicht nicht, sich der Geschichte zu widmen, aber ich hege zu viel Freundschaft für Sie, um Ihnen nicht zu raten, die Absicht aufzugeben und der Dichtkunst treu zu bleiben«, schrieb Eugen an Rousseau. »Es ist viel schwerer, Geschichte zu schreiben, als Gedichte zu machen! Wenn man die Geschichte vergangener Zeiten darstellen will, so kann man sich nur mit großer Mühe die Quellen erschließen, deren man bedarf, um sich seiner Aufgabe gut zu entledigen. Will man aber die Geschichte der Gegenwart niederschreiben, so ist es schwer, alle Welt zufrieden zu stellen. Man soll nicht zu viel und nicht zu wenig über eine Sache sagen und muß immer bedenken, daß es sich um lebende Persönlichkeiten handelt. Die Geschichte lebender Personen ist ein ebenso schwieriges wie gefährliches Unterfangen, denn so sehr man auch bemüht ist, sich in den Grenzen der Wahrheit zu halten, es wird immer zu Urteilen über große Menschen und oft über ganze Nationen kommen, die nicht gefallen würden, mag man sie auch mit so viel Verständnis und so wenig Leidenschaft wie möglich geschrieben haben.«

Die Wahrheit verfehlte Rousseau nicht selten, weil er seiner Leidenschaft oft zu freien Lauf ließ und nicht einmal vor einer Verunglimpfung des Gönners, von dem er sich nicht mehr genug gefördert sah, zurückscheute. Als er in den Niederlanden nicht Hofhistoriograph werden konnte, stellte er seine spitze Feder der Fronde gegen den Generalgouverneur Eugen in Wien und dessen Stellvertreter Prié in Brüssel zur Verfügung. Der Prinz beurteilte dies als Felonie, als Verrat am Hofherrn, und brach die Verbindung mit dem abgefallenen Hofpoeten ab.

Das Verhältnis zwischen Eugen und Rousseau wurde mit jenem zwischen Friedrich dem Großen und Voltaire verglichen. Zwar waren der Österreicher wie der Preuße außergewöhnliche Persönlichkeiten und ausgezeichnete Feldherren. Aber der ein halbes Jahrhundert später geborene Hohenzoller war aufgeschlossener gegenüber der Zeitströmung der Aufklärung als der dem Barock verbunden gebliebene Savoyer und galt selber als ein Homme de lettres, was Eugen nie war und wurde. Rousseau reichte an geistiger Bedeutung und säkularer Wirkung an Voltaire, dem Generalanwalt der Aufklärung und Generalrepräsentanten des 18. Jahrhunderts, bei weitem nicht heran. Ein Vergleich konnte gezogen werden: Beide enttäuschten ihre Gönner, Voltaire den König, der ihm seinen Hof, und Rousseau den Prinzen, der ihm seinen Salon geöffnet hatte.

Eugen lernte in seinem Hauspoeten nicht nur die Janusköpfigkeit eines Aufklärers kennen, sondern fand durch ihn auch einen gewissen, freilich beschränkten Zugang zu der neuen Geistesbewegung. So war Rousseau – mehr um sich selbst zu nützen, als den anderen zu bereichern – um eine Verbindung zwischen Eugen und Voltaire bemüht gewesen. Ein Anknüpfungspunkt war die Begeisterung, die Eugens Siege in dem 1694 geborenen Voltaire wie in so vielen Zeitgenossen weckte. Rousseau als Lyriker wie als Panegyriker nacheifernd, hatte er nach Peterwardein dem »großen Prinzen« eine Epistel gewidmet, aus der mehr jugendlicher Überschwang als dichterische Befähigung sprach: Nicht nur Furcht, sondern auch Liebe vermöge der Savoyer einzuflößen, den er beschwor, auf dem Palast des Sultans neben dem Banner Christi das der Venus aufzupflanzen und sich – in Verkennung des Wesens Eugens – der Dienstbarkeit der Haremsdamen zu erfreuen. Der reifere Voltaire fand zu abgewogeneren Urteilen. In seinem historischen Werk »Le Siècle de Louis XIV« hieß es, der »Honnête homme« Eugen »ist mit den Eigenschaften geboren, die einen Kriegshelden und großen Mann im Frieden auszeichnen, ein Geist voll Gerechtigkeit und mutiger Entschlossenheit«. Überdies habe er die Wissenschaften so gefördert, wie man das in Wien vermocht hätte.

Im Jahre 1719 schickte Voltaire ein Exemplar seiner eben erschienenen Tragödie »Oedipe« an Rousseau in Wien und fügte ein zweites für Prinz Eugen bei, der sich artig bedankte, daß der Dichter ihm bei der bereits angeordneten Anschaffung des allgemein bewunderten Stückes zuvorgekommen sei; er sehe mit Freuden weiteren Werken eines so trefflichen Autors entgegen. »Prinz Eugen, der Ihr Stück mit außerordentlicher Ungeduld erwartete, hat es mit ebenso großem Vergnügen empfangen und tat dies mit einer Achtung, die Ihnen, wie ich überzeugt bin, nicht weniger schmeicheln würde als die der großen Öffentlichkeit, wenn Sie den Gerechtigkeitssinn und die Urteilskraft des Prinzen ebenso gut kännten wie seine Verdienste und seinen Ruhm als Feldherr.« Rousseau übertrieb, weil er sich Voltaire anzubiedern suchte, und Eugen, weil er, wie immer, höflich bleiben wollte. Im Grunde mag ihm die Tragödie »Oedipe«, in der Zustände gegeißelt wurden, die er nicht unbedingt als Mißstände ansah, so wenig gefallen haben wie das 1723 erschienene Versepos »La Henriade«. Er habe das Gedicht Voltaires gelesen, schrieb er Rousseau, »aber um die Wahrheit zu sagen, ich habe darin nicht die Befriedigung gefunden, die ich mir nach Ihren Lobsprüchen für den Autor davon erwartet habe«. Ihm konnte diese Geschichte des französischen Königs Heinrich IV. nicht gefallen, in der Voltaire seinen Feldzug gegen die alten Gewalten in Gesellschaft, Staat und Kirche, denen Eugen bei mancher Kritik im einzelnen im Großen und Ganzen anhing, mit Vehemenz fortsetzte. »Écrasez l'infâme – Rottet die Schändliche aus«, lautete der Schlachtruf, mit dem der Kritiker, Dramatiker, Historiker und Philosoph Voltaire den Generalangriff der Aufklärung gegen die Christenheit im allgemeinen und die katholische Kirche im besonderen vorantrieb.

Eugen hing auch in der Religion keinen Extrempositionen an, er übertrieb nicht das Praktizieren des Glaubens und scheute keinen Konflikt mit dem Papst, wenn der Pontifex Maximus seine geistliche Omnipotenz auf die Angelegenheiten des Staates zu übertragen suchte. Doch galt ihm die Kirche als Stütze der staatlichen Ordnung, die »Pietas Austriaca« als Bindemittel des österreichischen »Totums«, der Katholizismus als Element wie Ferment seines barocken Universums.

Toleranz, wie sie Aufklärer verlangten, übte auch Eugen, als Generalgouverneur der Niederlande zeigte er Verständnis für die mit der Kurie und dem Episkopat in Konflikt geratenen Jansenisten und suchte sie vor ihren Verfolgern in Schutz zu nehmen. Cornelius Jansen, ein katholischer Theologe in den Niederlanden, begründete mit seinem 1640 erschienenen Werk über den heiligen Augustinus die Bewegung des Jansenismus. Diese innerkirchliche Bewegung setzte sich vom christlichen Humanismus ab, folgte einer Calvin nahekommenden Prädestinationslehre und glaubte die Gnade Gottes durch eine in kleinen Zirkeln praktizierte verinnerlichte Religiosität und einen asketischen Lebenswandel zu erlangen. Diese eher dem germanischen als dem romanischen Wesen entsprechende Lehre fand Anhänger selbst in Frankreich und erst recht in Holland und in den österreichischen Niederlanden.

Im Jahre 1713 verwarf Papst Clemens XI. in der Bulle »Unigenitus« die Glaubenssätze der Jansenisten. Dazu hatte ihn Ludwig XIV. gedrängt, der damit nicht nur eine französische Opposition treffen, sondern auch dem zum Herrn der Niederlande gewordenen Habsburger schaden wollte. Wie erwartet, entbrannte ein innerkirchlicher Streit mit innenpolitischen Auswirkungen. Karl VI. hatte zwar die Bekanntmachung der Bulle untersagt, aber der Erzbischof von Mecheln veröffentlichte sie in einem Hirtenbrief und verlangte, bei Androhung der Exkommunikation, ihre Befolgung. Prinz Eugen mißfiel die päpstliche Bulle nicht nur deswegen, weil sie auf seinen Feind Ludwig XIV. zurückging und die psychologische Kriegführung, die der Franzose damit beabsichtigt hatte, in seinem Generalgouvernement Erfolg zeitigte. Er mißbilligte auch den Eingriff der Amtskirche in das individuelle Gewissen; die Bulle verbot zum Beispiel den Gläubigen eine freie Auslegung der Heiligen Schrift und das Recht der eigenen Meinung gegenüber päpstlichen Entscheidungen. Zudem konnte ihm nicht gefallen, daß die Jesuiten den Kampf gegen die Jansenisten anführten, die Societas Jesu, die in Wien eine Machtstellung im Bildungswesen innehatte und diese auch in den Niederlanden erringen wollte. Der Jansenismus hatte in seinem Ursprungsland vor allem an der Universität Löwen nicht wenige Anhänger gefunden, die sich gegen die Bevormundung wehrten und sich Schützenhilfe vom »edlen Ritter« erhofften.

Zunächst versuchte der Staatsmann Eugen im Staatsinteresse eine neutrale Stellung einzunehmen und zwischen den Parteien zu vermitteln. Zunehmend wandte er sich gegen die überhand nehmende Intransigenz von Kirchenbehörden, nicht nur, weil diese den Frieden im Lande gefährdete, sondern auch seiner Auffassung widersprach, daß bei grundsätzlichem Gehorsam gegenüber dem kirchlichen Lehramt ein Freiheitsraum für Entscheidungen des eigenen Gewissens erhalten beziehungsweise geschaffen werden müßte. Eugen war entsetzt, als ihm berichtet wurde, daß Sterbenden, die sich vorher nicht zur päpstlichen Bulle bekannt hatten, die Sakramente verweigert wurden: »Wie können Menschen, die während ihres ganzen Lebens nichts davon gehört haben, einige Augenblicke vor dem Tod darüber entscheiden?« Niemand dürfe zur Annahme der Bulle gezwungen und keiner verfolgt werden, der ihr nicht »öffentlich und skandalös« widerspreche, befahl er Prié in Brüssel.

Schon wurde ihm unterstellt, ein verkappter Jansenist zu sein. Seine theologische Wißbegierde war so groß, daß er sich in einer Weise für religiöse Bewegungen innerhalb wie außerhalb seiner Kirche interessierte, die seinen Kriegsgegner und Friedenspartner Villars zu der scherzhaften Warnung veranlaßte, daß seine Kenntnisse seinem Seelenheil schaden könnten. Das hieß aber nicht, daß er sich von dieser oder jener Strömung von seinem Bekenntnis zur römisch-katholischen Kirche hätte hinwegreißen lassen. »Fremden Religionsverwandten« – womit Anglikaner, Lutheraner und Kalvinisten gemeint waren – sei er friedlich begegnet, ohne seiner eigenen Konfession »hierdurch das geringste zu vergeben«, stellte im Nachruf auf den mit den Tröstungen seiner Kirche Verschiedenen der Jesuitenpater Peikhardt fest.

Er sei kein Jansenist, erklärte Eugen; wenn er Jansenisten gegen Übergriffe der Amtskirche in Schutz nehme, so deshalb, weil er möchte, »daß man in diesen Dingen mit weniger Aufsehen und mit mehr Liebe vorgehe und nicht in einer Art, die dem Geist des Christentums widerspricht«. So äußerte sich ein Christ, der auf die Bergpredigt hörte, ein Katholik, der bei allem Festhalten an seinem Kirchenglauben sich religiöser Toleranz nicht verschloß.

Wahrscheinlich spürte er, dem Leibniz bescheinigte, er könne mindestens ebenso gut, sogar noch besser von der Theologie als vom Kriegswesen sprechen, eine Affinität zur verinnerlichten Religiosität und innerweltlichen Askese des Jansenismus. Er gehörte zu den Menschen, die ihren Glauben nicht wie die Kirchenfahne in einer Prozession vor sich hertrugen, und die enthaltsame Lebensweise, die er sich in Feldquartieren angewöhnt hatte, vermochte er nie ganz abzulegen.

Soweit die Aufklärung noch einem auf überlieferten Fundamenten ruhenden und von prinzipienfesten Pfeilern getragenen Dom glich, dem nur der himmelweisende Turm und eine die Welt im Sinne der Überwelt überwölbende Kuppel fehlten, konnte sich Eugen der Aufklärung öffnen, auch wenn er die Metaphysik vermißte. Solange Voltaire Toleranz predigte, für die Verantwortung des einzelnen in der Gesamtheit eintrat, konnte dies der Individualist akzeptieren. So wie er jedoch gesellschaftliche Gleichheit und politische Freiheit, die Emanzipation der Staatsbürger vom Monarchenstaat anstrebte, mochte ihm der Feudalherr und der Diener eines absolutistischen Herrn nicht mehr folgen.

Ähnliches galt für Eugens Verhältnis zum Schriftsteller und Staatsphilosophen Montesquieu, den er – im Unterschied zu Voltaire – im Jahre 1728 in Wien persönlich kennenlernte, ihn in seinen Kreis und ins Gespräch zog. Der Franzose meinte einen Homme de lettres getroffen zu haben, mit dem zu diskutieren ein hoher geistiger Genuß gewesen sei. Über »moments délicieux« in dieser Begegnung, von denen Montesquieu sprach, war von Eugen nichts zu hören. Anzunehmen ist, daß er auch diesem Aufklärer recht reserviert gegenübertrat. Wie hätte er auch dessen Meinung teilen können, daß Ludwig XIV. Europa nicht beherrschen, lediglich beunruhigen wollte, nach

Macht nur strebte, um damit zu prahlen! Vielleicht merkte Eugen, daß Montesquieu, vom französischen Klassizismus geblendet, das Obere Belvedere nicht goutierte, weil es mit zu viel Schmuckwerk überhäuft sei.

Am meisten hätte Eugen die Staatslehre des französischen Aufklärers mißfallen können, die bereits in dessen 1721 erschienenen »Lettres persanes« anklang und später im Hauptwerk »De l'esprit des Lois« in den Mittelpunkt rückte: Die absolutistische Monarchie solle durch eine konstitutionelle Monarchie überwunden werden, in der die Staatsgewalt in drei voneinander unabhängige Gewalten – Legislative, Exekutive und Rechtsprechung – zu teilen wäre. Montesquieu bezog sich dabei auf das englische Beispiel, das Eugen kaum imponieren konnte; denn er hatte zu oft erlebt, wie dort Theorie und Praxis auseinanderfielen und – wenn sie einmal übereinstimmten – ihm dies nicht als der Staatsweisheit letzter Schluß erschien. Die Brücke, die vom Ufer des Barock zu dem der Aufklärung führte, war nur ein Steg. Der Staatsmann Eugen betrat ihn überhaupt nicht, der Intellektuelle Eugen nur ein Stück weit; denn er wollte und konnte nicht hinübergelangen. Er sah zu viel Trennendes und zu wenig Verbindendes.

Indessen war der Savoyer vom Rationalismus eines Descartes nicht allzu weit entfernt, und der im Frankreich des Grand siècle Herangebildete blieb dem Esprit classique verpflichtet. Wie der Cartesianer Richelieu hätte er sagen können: »Die natürliche Einsicht läßt erkennen, daß, da der Mensch ›raisonnable‹ geschaffen ist, er alles nur aus der ›Raison‹ heraus tun darf, denn sonst würde er gegen seine Natur handeln und folglich gegen die Grundlage seines eigenen Wesens.«

Allerdings sagte ihm sein Verstand, daß durch noch so viel Rationalität ein irdisches Paradies nicht zu schaffen sei. Diese Einsicht unterschied ihn von Aufklärern, deren Fortschrittsoptimismus in Fortschrittsglauben umschlug, in die Hoffnung auf einen Himmel auf Erden. Ein progressiver Geist war Eugen nicht, sondern ein Konservativer, der realistisch vom Gegebenen ausging und dieses vernünftig durch Verbesserung im einzelnen, nicht durch Umwandlung des Ganzen zu ordnen suchte. Sein Anliegen war nicht ein radikales Verändern des Alten und ein kreatives Schaffen von Neuem. Wenn er sich in seine Bücher vertiefte und das daraus bezogene Wissen in Gesprächen ergänzte, so weniger, um Munition für die Gestaltung der Welt als für die Vervollkommnung seiner Persönlichkeit zu gewinnen.

Mit zunehmendem Alter, nachdem er auf den Schlachtfeldern zu viel Böses und in den Staatskanzleien so viel Schlechtes gesehen hatte, neigte er immer mehr zu einer pessimistischen Weltsicht. Die Annahme der Aufklärung, daß der Mensch von Natur aus gut sei und durch rationale Bildung noch besser werden könnte, vermochte er nicht zu teilen. Mehr und mehr zog er sich auf sich selbst zurück, verschloß sich gegen andere, denen er immer kälter und düsterer erschien.

Durch die hohen Fenster seiner Barockschlösser, der Refugien eines Eigenbrötlers, kam viel Sonnenlicht, aber wenig vom Geist der Aufklärung herein. Der Kontrast zwischen dem Schloßherrn und Apoll, als den er sich am Freskenhimmel verherrlichen ließ, wurde immer augenfälliger. Der Savoyer, der schon eher dem Herkules glich, schien bereits das mit dem vergifteten Blut des Nessus gefärbte Hemd zu tragen, mit dem sich der besiegte Kentaur am Helden rächte.

Dreizehntes Kapitel

Die Sphinx von Wien

Den Eingang zum Oberen Belvedere bewachten Sphinxe, Abbildungen jener mythischen Fabelwesen mit Löwenleib und Menschenkopf, die Sinnbilder des Unergründlichen und Rätselhaften waren. Wer in das Barockschloß eintrat, traf einen Hausherrn an, der fast so undurchschaubar und geheimnisvoll erschien wie die Sphinxen vor seiner Haustüre. »Niemand kann sich rühmen, daß er dieses Helden Gemüt ergründet«, meinte Pater Peikhardt, der sich nicht nur aus seelsorgerlichen Motiven darum bemüht hatte. So mancher Besucher fand einige Anhaltspunkte, aber keine eingehende Erklärung. »Weil er in allen Zufällen die gewöhnliche Gleichgültigkeit des Gesichts behielt, so hätte man eher an allem anderen, als an dem seinigen, die Gemütsregungen ablesen können«, bemerkte Nuntius Passionei, der ihn zwar öfter sah, aber aus ihm nie ganz klug wurde, zumal »weil er mehr liebte zu schweigen, als zuviel zu reden.«

Seine Reserviertheit und Schweigsamkeit wurde ihm von einigen französischen Diplomaten als eine abweisende, ja feindselige Haltung ausgelegt, weil sie sich einem Gepanzerten mit herabgelassenem Visier gegenüber sahen. Differenzierter urteilte der preußische Minister Grumbkow: »Denn obwohl seine erste Erscheinung etwas Finsteres und Kaltes hat, so spricht er dagegen freimütig und zierlich und ist natürlich und unverändert bei jeder Gelegenheit, dabei von sehr guter Laune, und kann man nicht edler sein und nicht mehr Fürst als er.« Wenn Eugen meinte, das politisch Gewünschte eher durch Verbindlichkeit als durch Schroffheit erreichen zu können, war er in der Lage, das Visier hochzuklappen und den Panzer wenigstens für eine Weile abzulegen.

Intellektuelle, von denen er sich Anregung versprach, empfing er mit freundlichem Entgegenkommen, zumal wenn er sich von Schriftstellern eine Hervorhebung seiner Person und seines Werkes erwartete. Diese Erfahrung machte, wie der Fanzose Jean-Baptiste Rousseau, auch der Preuße Karl Ludwig von Pöllnitz, dem er – obwohl er den einen wie den anderen für windige Burschen gehalten haben wird – Zutritt in sein Haus gewährte und einen gewissen Einblick in sein Wesen gestattete. Pöllnitz revanchierte sich mit einer Eloge, die nicht ohne Spitze war: Prinz Eugen erscheine sehr ernst, ja kalt und zurückhaltend, aber er begegne Ergebenheit mit Entgegenkommen, kenne, schätze und ehre eines jeden Verdienst; er sei »honnête et civil«, hochherzig und in allem »magnifique« – nur nicht in seiner Kleidung, die zu einfach und voller Schnupftabakflecken sei.

Eugens Wortkargheit und Einsilbigkeit fiel Montesquieu auf, der berichtete: Wenn er sich einmal an einer Konversation beteiligte, habe man von ihm nur das vernommen, was zu dem Gesprächsgegenstand unbedingt gesagt werden mußte. Auch in seiner Korrespondenz hielt er sich mit Äußerungen zurück, die Aufschluß über seinen Charakter hätten geben können. Mitunter ließ er einiges durchblicken. »Die Leidenschaften«, schrieb der Generalgouverneur an seinen Stellvertreter Prié nach Brüssel, »dürfen einen Mann von Ehre nicht verwirren, er steht über dem, was Mißgunst ihm anhaben will, und geht stets seinen geraden Weg.« Gewöhnlich verbarg er, was er dachte und fühlte, wie hinter einer Maske, und zog es vor, sich in der »splendid isolation« seiner Schlösser zu vergraben und hinter der erhabenen Isoliertheit seiner Persönlichkeit zu verschanzen. Besucher verblüffte immer wieder der Kontrast zwischen dem Prunk, mit dem er sich umgab, und der Bescheidenheit, in der er in dessen Rahmen auftrat.

Einen Leitfaden für sein persönlich einfaches, menschlich einsames, aber geistig keineswegs anspruchsloses Leben bot ihm die antike Philosophie der Stoa. Deren Ethik, die den Pflichtgedanken als kategorischen Imperativ herausstellte, stimmte mit dem Pflichtbewußtsein des »edlen Ritters« überein. Der Alte vom Belvedere orientierte sich am stoischen Ideal des Weisen, der nur tut, was die Vernunft gebietet, Gemütsbewegungen zügelt und alle Schwierigkeiten und Enttäuschungen des Lebens ohne zu klagen mit »stoischer Ruhe« erträgt.

Der Stoiker Marc Aurel wurde ihm zum Wegbegleiter. Ähnlichkeiten in der Biographie mochten ihn zu dem Römer hingezogen haben. Der Kaiser, der ein fähiger Feldherr gewesen war, hatte die Donaugrenze des Reiches gesichert, das er, von Pflichteifer erfüllt, mit Gerechtigkeit und Menschlichkeit zu regieren sich bemühte, wobei sich der Philosoph von den von ihm verfaßten »Selbstbetrachtungen« leiten ließ. Als sich das germanische Volk der Markomannen erneut erhob, kam er wiederum an die Donau, führte seine Legionen zum Sieg und schickte sich an, Böhmen als Provinz dem Imperium einzuverleiben, als ihn im Jahre 180 der Tod im römischen Militärlager Vindobona, der Urzelle Wiens, ereilte.

Marc Aurel, den Heimito von Doderer als den ersten namhaften Wiener bezeichnete, galt Eugen als philosophischer Mentor. Den »Selbstbetrachtungen« entnahm er die Erkenntnis, »daß ich der Läuterung meines Charakters, überhaupt der sittlichen Arbeit an mir selber bedürfe«. Ein Maßstab war für ihn die Tugendlehre der Stoa, die, in Selbstdisziplinierung befolgt, Selbstzufriedenheit versprach. Sittliche Haltung bedeutete für Marc Aurel wie für Eugen »Mannhaftigkeit, Wahrheit, Treue, Einfachheit, Selbstgenügsamkeit« und »Gleichmut« als »die freiwillige Ergebung« in das von der göttlichen Weltvernunft jedem Beschiedene.

Einige Maximen des antiken Stoikers mochte sich Eugen unterstrichen haben: »Die Tugend ist gelebte Vernunft.« »Die Lust ist weder gut noch nützlich.« »Sich nicht fortreißen lassen, sondern bei jedem Triebe die Forderung der Sittlichkeit erfüllen.« »Welche Gemütsruhe gewinnt der Mann, der sich nicht darum kümmert, was der andre sagt, tut oder denkt, sondern nur darum, was er selber tut, damit gerade dies gerecht und gottgefällig ist.« »Treib es nicht, als wenn du tausend Jahre zu leben hättest! Dein Schicksal hängt schon über dir. Solange du lebst, solange du noch die Möglichkeit hast, werde gut!«

Waren für Eugen die »Selbstbetrachtungen« ein Spiegel, in dem er sich selbst bewunderte, weil er diesen Forderungen bereits nahegekommen war, sie vielleicht schon erfüllt sah? Oder dienten sie ihm als eine Art Beichtspiegel zur Erforschung seines Gewissens, ob er den Geboten nachgekommen oder gegen sie verstoßen habe, um Fehler zu bereuen und Vorsätze zur Besserung zu fassen?

Frei von Zorn und Haß, wie es Marc Aurel verlangte, war er keineswegs. Nicht jeden behandelte er nach der Maxime des Philosophen: »Wenn jemand gegen dich fehlt ..., liegt der Fehler bei ihm« und »du mußt ihm verzeihen«. So verhielt er sich nicht immer gegen Ungehorsame im Felde, Intriganten in Wien und Widersacher in Brüssel. Selbst in konstruktiver Kritik vermeinte er oft nur Feindseligkeit zu sehen, der er entsprechend begegnen müßte. Kränkungen vergaß er nicht, schon gar nicht verzieh er sie.

Rachsucht war ihm nicht ganz fremd. Sie bekam Bonneval zu spüren, als er sich vom Freund zum Feind gewandelt und dem Savoyer übel mitgespielt hatte. Wegen Insubordination gegen den Hofkriegsrat und Diffamierung des Hofkriegsratspräsidenten hätte es Eugen nicht ungern gesehen, wenn der Delinquent »von dem Leben zum Tode mit dem Schwert« befördert worden wäre. Als Karl VI. Bonneval begnadigte, ihm die Flucht in die Türkei und als Achmet Pascha eine Karriere in der osmanischen Armee ermöglicht hatte, empfahl er dem Kaiser, das Angebot eines Mannes in Istanbul anzunehmen, Bonneval mit Diamantenpulver zu vergiften und den Attentäter gebührend zu belohnen. »Placet in toto«, schrieb Karl VI. an den Rand der Eingabe Eugens. Aber der Mordanschlag kam zum Bedauern beider nicht zustande. Ein Gelingen hätte ihr Gewissen kaum belastet: Der Kaiser wollte einen Verräter an der Christenheit bestrafen und sein Generalleutnant einen nicht ungefährlichen militärischen Gegner Österreichs ausschalten.

In Eugens Bibliothek standen nicht nur die »Selbstbetrachtungen« des Marc Aurel, sondern auch das Werk »Il Principe« des Florentiner Machiavelli, dem zu entnehmen war, daß die Staatsräson alle Mittel heilige. Doch der vom Politiker geforderte rücksichts- und bedenkenlose Machtwille sollte durch die in ihm wirkende Virtù, in der Verbindung von Kampfwillen und Klugheit, in einer Balance gehalten werden. Eugen hat sich an diesem Programm des modernen Machtstaates und dem Muster eines politischen Führers zwar nicht vollständig, aber weitgehend orientiert. Der Feldherr war, wie es Machiavelli verlangte, »Fuchs und Löwe« zugleich. Im Krieg griff er nicht immer wie ein Ritter ohne Furcht und Tadel den Feind offen an, sondern pflegte ihn nicht selten durch Finten zu überraschen und von hinten zu überfallen. In Friedenszeiten saß er wie eine Spinne im Netz seiner Geheimdiplomatie, und seine Außenpolitik führte er nach der Richtlinie, alles zu tun, was der Großmacht Österreich nütze, und alles zu vermeiden, was ihr schade.

Dennoch: Kriege führte er zur Verteidigung gegen Türken und Franzosen, und nicht aus »Eroberungslust«, die Machiavelli als »etwas sehr Natürliches und Verbreitetes« hingestellt hatte. Seine Außenpolitik – so sehr er sich auch im einzelnen machiavellistischer Methoden zu bedienen wußte, ja es mußte, weil diese im 18. Jahrhundert gang und gäbe geworden waren – verfolgte ein über der Großmachtpolitik stehendes Ziel: die Erreichung eines gerechten, auf einer gemeinsamen Werteordnung basierenden und von gleichgesinnten Partnern garantierten und deshalb dauerhaften Friedens in Europa. »Pax est tranquillitas ordinis – Friede ist die Ruhe der Ordnung« –, das war augustinisch, nicht machiavellistisch und kam der Erwartung Marc Aurels nahe: »*Eine* Welt wird aus allen Dingen, und *eine* göttliche Macht durchdringt alle Dinge, und einen einzigen Urstoff gibt es und ein einziges Gesetz – die allen denkenden Wesen gemeinsame Vernunft und eine einzige Wahrheit«: in der Civitas Dei wie im Gottesstaat der Philosophen, die Eugen beide in seinem Denken und Handeln zu vereinen suchte.

In den Palästen Eugens herrschte im Prinzip die gedämpfte Stimmung einer Bibliothek und die beruhigende Atmosphäre eines Museums. Der Hausherr versenkte sich in seine Bücher und war in den Anblick seiner Bilder versunken. Darunter war eines, das er kaum oft und schon gar nicht gerne betrachtet hat, das Küchelbecker als ein Gemälde beschrieb, »da ein Frauenzimmer einen Jüngling im Bade embrassiert«. Vom »Embrassieren«, Umarmen und Küssen von Frauen, hatte Eugen nicht einmal in seiner stürmischen Jugend in Paris viel gehalten. Der Laienabt von San Michele della Chiusa und Santa Maria di Casanova war unverheiratet geblieben, und keineswegs nur deshalb, weil er, wenn er nicht Zölibatär geblieben wäre, mit den Würden die damit verbundenen Einkünfte verloren hätte. Da er sich im geistlichen Stande befände, hieß es in einem Bescheid der Hofkammer auf eine Anfrage bezüglich der Vererbung weltlichen Besitzes, sei er de facto nicht imstande, »Posteriorität zu haben«. Die Räte meinten wohl de jure, denn de facto wäre er dazu wahrscheinlich fähig gewesen; aber ihm lag nichts daran.

Eugen blieb ein »Mars ohne Venus«, und auch das hatte er mit Friedrich dem Großen gemein. Fridericus scheute nicht nur den Venusdienst, sondern wollte auch sonst von Frauen nichts wissen und hören, berief sich auf den ersten Paulus-Brief an Timotheus: »Einem Weibe aber gestatte ich nicht, daß sie lehre, auch nicht, daß sie des Mannes Herr sei, sondern stille sei.« Eugen hielt Distanz, weil er meinte: »Eine Frau ist allemal ein dem Kriegsmann hinderlicher Hausrat. Zu leicht vergißt er seine Pflicht darüber, daß er an sie denkt, oder schont sein Leben gar zu sehr, um sich seiner Frau zu erhalten.« Der Politiker Eugen bemerkte: »Frauen werden in Europa viel zu ernst genommen. Da sollten wir von den Türken lernen... Europa wird zugrunde gehen an den Frauen. In Venedig wird dieser Vorgang zum Entsetzen deutlich.« Er betonte: »Die Amourösen sind in der bürgerlichen Gesellschaft das, was Fanatiker im religiösen Leben, das heißt Wirrköpfe.« Kurzum: Die Liebe sei eine Leidenschaft, der sich ein auch nur halbwegs vernünftiger Mensch nie hingeben dürfe.

Sagte er dies wirklich oder wurde ihm dies nur nachgesagt? Jedenfalls fühlte sich der in dieser Beziehung gehemmte, fast verklemmte Einzelgänger zum schönen und auch klugen Geschlecht nicht hingezogen, suchte bei ihm weder Amüsement noch Instruktion, blieb Junggeselle und wurde ein Hagestolz. In seinen Schlössern repräsentierte neben dem Schloßherrn keine Schloßherrin, und das in einer Zeit, da Frauen als Gemahlinnen oder Mätressen in vielen Häusern den Ton angaben. Das gesellschaftliche Manko seiner Frauenfeindschaft schien ihm bewußt geworden zu sein, denn der Alternde wählte sich eine Dame »pour faire les honneurs de la maison«, um seine Gäste zu empfangen, zu bewirten und an der Tafel wie im Salon standesgemäß zu unterhalten – eine Hausdame, keine Mätresse. Für diese Aufgabe in einem Haushalt ohne Hausfrau hielt er eine honorige Dame der Wiener Gesellschaft für geeignet: die Gräfin Eleonore Batthyány. Die Tochter des österreichischen Hofkanzlers Theodor Heinrich von Strattmann, der den jungen Offizier Eugen gefördert hatte, war 1692 mit dem Grafen Adam Batthyány vermählt worden, der Banus von Kroatien wurde und bereits im Jahre 1703 verstarb. Mit Einunddreißig Witwe geworden, residierte sie in dem von Johann Bernhard Fischer von Erlach zu einem Barockpalais umgebauten Schlögelhof in der Renngasse zu Wien. Dort verkehrte vermutlich auch Prinz Eugen, in der ersten Zeit der Witwenschaft der Hausherrin allerdings nicht allzu oft, da er im Felde gegen Franzosen und Türken stand.

Sofern er sich für Frauen überhaupt interessierte, mag ihm schon damals die Gräfin Batthyány aufgefallen sein, weniger die »schöne Lori« als die Grande Dame, die ein großes Haus zu führen verstand. »Sie ist nicht mehr ganz jung, besitzt aber viel Geist, jedenfalls verdient sie einige Aufmerksamkeit«, bemerkte 1715 der französische Gesandte du Luc. Bewundert wurde sie in ungarischer Tracht, wenn das schmale Gesicht mit den sprechenden Augen von den langen, bis auf die Schultern fallenden schwarzen, lockigen Haaren eingerahmt war.

Der Dichter Jean-Baptiste Rousseau wird, wie fast immer, übertrieben haben, wenn er die Dreiundvierzigjährige in einem Gedicht anhimmelte: Gott habe beschlossen, eine irdische Schönheit zu schaffen, die jener der Phantasie von Poeten entsprungenen Venus nicht nur gleiche, sondern sie übertreffe – und Elonore ward geboren. Eine Bemerkung des Diplomaten

*Eleonore Gräfin Batthyány, die »schöne Lori«.
Kopie von E. Ritschel nach einem verschollenen Original.*

du Bourg war ungalant: Im wenig anspruchsvollen Wien spreche man ihr Esprit zu, in Paris würde man sie eine Klatschbase nennen. Immerhin gewann diese Frau den Respekt des Savoyers, den auch Franzosen für geistreich hielten, die Sympathie des Wortkargen, der sich lieber Geplauder anhörte, als selber zu reden, fand bei dem gemeinhin Zugeknöpften freundliches Entgegenkommen und Aufnahme in seinen Salon, in dem eine Salondame fehlte – aber nicht unbedingt einen Platz in seinem Herzen, das von Eigenliebe erfüllt war.

Was Eugen genau von Eleonore hielt und wie er wirklich zu ihr stand, blieb im Dunkeln. Er erwähnte sie in keinem seiner bekannt gewordenen Briefe. Von ihr sind nur ein paar Signaturen unter geschäftlichen Kontrakten überliefert. Eben weil man nichts Genaues über ihr Verhältnis wußte, waren der Phantasie keine Grenzen gesetzt, blieb viel Raum für den Klatsch von Zeitgenossen und wurde Romanciers reichlich Stoff geboten. In Wien, bei Hofe wie im Beisel, wurde gemunkelt, eine intime Beziehung habe schon lange bestanden; Eugen sei der Vater der 1696 und 1697 geborenen Söhne der »schönen Lori«, der Grafen Ludwig und Karl Batthyány. Der Witwe traute man es zu, daß sie die Favoritin ihres avancierten und in prächtigen Schlössern zu einem glänzenden Hof angehaltenen Amanten werden wollte und es auch zu werden verstand. Dem »edlen Ritter« sah man es nach, daß er seiner »hohen Frau« nicht nur platonische Liebe entgegengebracht habe.

Der Tratsch fand Niederschlag in diplomatischen Berichten. Man halte in Wien die Gräfin Batthyány »für die Mätresse des Prinzen Eugen«, meldete der französische Gesandte du Luc und behauptete: Die Kaiserin habe dem Kaiser vorgehalten, daß er ihr verbiete, von Politik zu sprechen, es jedoch zulasse, daß die Batthyány, die den Prinzen Eugen, den wichtigsten Minister, nicht nur in der Liebe beherrsche, über das Reich mitgebiete. Der diplomatische Berichterstatter hielt es für angezeigt, die Gunst der einflußreichen Dame durch Geschenke zu gewinnen, so mit achtzehn Paar Schuhen, einer Schärpe, einer Schürze und einem Goldschmuck im Gesamtwert von 1200 Livres. Schließlich schien der aufmerksame Gesandte dahinter gekommen zu sein, daß sich diese Ausgaben nicht gelohnt hätten; denn – wie er 1717 bilanzierte – die Gräfin nütze zwar gewisse Gelegenheiten für sich, mische sich aber nicht in ernste Angelegenheiten.

Andere waren sich da nicht so sicher. Jedenfalls kolportierten sie, daß Eleonore ihren Eugen auch politisch am Zügel führe, und wollten damit weniger der Gräfin als ihrem Prinzen schaden. Die Intriganten am Hof, die 1719 den Savoyer beim Kaiser in Mißkredit zu bringen suchten, operierten mit dieser Behauptung, die bei Karl VI. nicht ohne Eindruck blieb. Die Batthyány, deren politischer Ehrgeiz nicht hinter ihrem gesellschaftlichen Geltungsbedürfnis zurückstehe, suggeriere ihrem Freunde manches, was er akzeptiere und wenn schon nicht selber, so doch durch Sekretäre und Referendare ausführe, wurde behauptet. Die Unterstellung, Eugen höre am meisten auf sie, hatte sich in Karl VI. so festgesetzt, daß er die Gräfin ersuchen ließ, den über die Kabalen aufgebrachten Minister zu beschwichtigen; als Honorar dafür sei ihr – wie es hieß – eine Schenkung in Ungarn in Aussicht gestellt worden.

Über Eleonore wurde zu wenig bekannt, um ihre Beweggründe genau ermitteln und beurteilen zu können. Abwegig wäre die Annahme, daß Eugen sich von ihr in politischen Fragen hätte beeinflussen lassen. Er war nicht der Mann, der sich von anderen, und schon gar nicht von einer Frau, in seine Geschäfte hineinreden und sich Beschlüsse aufdrängen ließ. Frauen, betonte Eugen, dürfe man keine politischen Geschäfte führen lassen und ihnen keine Geheimnisse anvertrauen, weil ihr Herz immer zu voll sei und der Mund immer wieder überlaufe. Als Gesellschafterin war Eleonore ihm willkommen und wurde ihm unentbehrlich. Es war nicht seine Art, Hof wie Friedrich Wilhelm I. von Preußen zu halten, der fast jeden Abend eine Männergesellschaft, das Tabakskollegium, um sich versammelte. Er schätzte zwar den Tabak, wollte ihn aber schnupfen und nicht aus Tonpfeifen rauchen, kein Bier in sich hineinschütten, sich keine derben Sprüche anhören, keine ausgelassenen Späße mit anderen treiben, vor allem sich selber nicht gehen lassen. Er zog eine Tafelrunde vor, in der über alles geistvoll gesprochen und der Ernsthaftigkeit eine heitere Note durch die Anwesenheit von Damen verliehen wurde.

Die Gräfin Eleonore Batthyány war nicht die einzige. Zum Gesellschaftskreis des Prinzen gehörte auch die Gräfin Eleonore Strattmann, die mit Loris 1707 verstorbenem Bruder Heinrich verheiratet gewesen war. Die Batthyány nahm zwar den ersten Platz ein, aber die um sechs Jahre jüngere Schwägerin stand ihr an Aussehen wie Ansehen nicht nach. In seinen letzten Lebensjahren hielt sich Eugen öfter im Palais der Strattmann in der Schenkenstraße als in jenem der Batthyány am Rennweg auf. Vor diesem soll er einmal, wie erzählt wurde, in der vierspännigen Kutsche, in der er vorgefahren war, eingenickt sein. Die Gräfin, die es vom Fenster aus bemerkte und gezählt zu haben meinte, daß die Rösser, die beiden Lakaien, der Kutscher und sein Herr zusammen dreihundertzehn Jahre alt waren, ließ Eugen schlafen.

Anlaß zum Feiern boten die Geburtstage des Prinzen Eugen wie der Gräfin Batthyány. Schloßhof bot einen Rahmen, in dem sich der Gastgeber lockerer gab als im kühlen Stadtpalais oder im strengen Belvedere und die Geladenen – Mitglieder der Hofgesellschaft und Angehörige des Diplomatischen Korps – einen sich mit ihnen standesgemäßen Zerstreuungen hingebenden Schloßherrn erlebten.

Es wurde getafelt, im Garten, wo Springbrunnen sprühten und Lebensfreude versprühten, promeniert, zur Jagd auf Hirsche und Hasen gegangen, am Abend das kleine Schloßtheater aufgesucht, und bis in die Nacht hinein saßen Damen und Kavaliere an den Spieltischen. Von Konzerten hörte man wenig; denn der Hausherr, dessen Musikalität – wie er eingestand – sich auf Trommeln und Trompeten beschränkte, wurde nie ein Bürger der Musikstadt Wien. Gelegentlich lauschte er gern dem Lautenstück »L'arrivée du Prince Eugène«, das ihm der Brüsseler Jacques de Saint-Luc gewidmet hatte.

Die frohen Feste waren eine Ausnahme, die harten Wochen die Regel. Von des Tages Last und Mühe suchte er bei einer Partie Pikett, wobei er ebenso geschickt wie gewagt spielte, Erholung zu finden und neue Kraft aus Gesprächen mit Gästen zu schöpfen, die ihm nahestanden. Der König Artus dieser Tafelrunde gab sich dabei als der »Roi des Honnêtes hommes«, wie ihn einer der Mitglieder seiner Assemblée, Friedrich Karl von Schönborn, nannte.

Als Reichsvizekanzler in Wien hatte der aus der »Germania sacra« stammende »Reicher« Schönborn des öfteren die Klingen mit dem »Österreicher« Eugen gekreuzt, doch wie ein Ritter, der die Hochachtung vor dem Kontrahenten nie verlor und schließlich dessen Freundschaft gewann. Als Fürstbischof von Bamberg und Würzburg wäre er gerne noch öfter, als es ihm gelang, seinem »Fürstenkäfig« entflohen und bei Eugen eingekehrt, um mit ihm nicht nur über Baukunst und Gartenlust, sondern auch über die sie beide beunruhigenden Zeitläufte zu sprechen, und darüber, wie diese geistig und politisch in geordnete Bahnen zu führen wären. Wenn sie nicht miteinander reden konnten, schrieben sie sich, und dabei ging der Savoyer mehr als gewöhnlich aus sich heraus. Dem um ein Jahrzehnt jüngeren Schönborn versicherte Eugen im Jahre 1728, »daß Sie einen aufrichtigen guten Freund an mir haben, der jederzeit einen wahren Anteil an allem dem nehmen wird, so Dieselben angehen mag«.

Ganz so weit ging seine Freundschaft mit dem Grafen Gundaker Althann keineswegs. Der um zwei Jahre Jüngere war zwar mit Graf Michael Johann Althann, dem Günstling Karls VI. und Gegner Eugens, verwandt, hatte aber mit dessen Ränken nichts zu tun, sondern war ein Gefolgsmann des Beleidigten, mit dem ihn Gesinnungen wie Liebhabereien verbanden. Der Soldat hatte bei Höchstädt und bei Peterwardein an der Seite Eugens gekämpft, respektierte als General den Generalissimus und sympathisierte als kaiserlicher Gartendirektor und Bauintendant, der die Errichtung der Karlskirche und der Hofbibliothek leitete, mit dem Bauherrn des Belvedere, der ihn in seinen Zirkel aufnahm.

Zu den »Honnêtes gens« um den »edlen Ritter« gehörte auch Johann Gomes da Silva Conde Tarouca. Den Portugiesen, der seinen König beim Kaiser vertrat, zog der Savoyer, ungeachtet manchen politischen Gegensatzes, in seinen Kreis, wo er mehr als Weltmann denn als Diskussionspartner glänzte. Sein Sohn Emanuel Silva-Tarouca, dessen gute Manieren und »generous sentiments« nicht allein Lady Montagu schätzte, wurde der Vertraute Maria Theresias in politischen wie privaten Angelegenheiten.

»Abate magnetico« nannte man den päpstlichen Nuntius Domenico Passionei, von dem sich auch Eugen angezogen fühlte. Er zeigte noch mehr Temperament, als man es von einem Italiener erwartete, ließ keine »Partie des plaisirs« aus, parlierte freimütiger, als es einem Diplomaten anstand, war umfassender gebildet und aufgeschlossener gegenüber dem Zeitgeist, als man es von einem Kleriker annahm. Bibliophile Passion führte ihn mit dem Prinzen zusammen, dem er seltene Bücher und Handschriften zu erwerben half und deren Inhalt mit ihm zu erörtern verstand.

Nur wenige fanden Zutritt bei Eugens Musenhof, denn nur wenige zeichnete er mit seiner Anerkennung oder gar Freundschaft aus. Zu Ministern und Diplomaten hielt er amtlich Kontakt, aber menschlich Distanz, und zu Militärs wahrte er den Abstand eines Oberbefehlshabers zu seinen Untergebenen. Als gleichrangig hatte er Marlborough angesehen, ihm im Felde beste Kameradschaft entgegengebracht. Doch im Frieden und in der räumlichen Entfernung lockerten sich mit den beruflichen auch die menschlichen Beziehungen. Eine Zeitlang standen sie noch in Briefverkehr, der jedoch noch vor dem Tode des Engländers im Jahre 1722 eingestellt wurde.

Am liebsten blieb Eugen allein oder im kleinen vertrauten Kreis in den vier Wänden seiner Schlösser oder zwischen den Hecken seiner Gärten. Bei offiziellen Anlässen mußte er zugegen sein, so beim Ordensfest der Ritter des Goldenen Vlieses am Andreastag. Dazu hatte er das Ordensornat anzulegen, den wallenden und schweren Mantel, der seine kleinwüchsige Gestalt kaum hob, doch fast erdrückte. Einladungen bei Ministern konnte sich der Vorsitzende der Geheimen Konferenz und bei Diplomaten der sich zunehmend außenpolitisch betätigende Staatsmann nicht immer entziehen. Lieber begab er sich zu

Soireen und Spielpartien bei den Gräfinnen Batthyány und Strattmann sowie anderen illustren Damen der Gesellschaft.

Um Gegeneinladungen kam er nicht herum. Er lud zum Diner in den Stadtpalast oder zu einem »grand repas« in seinen Belvederegarten, so am 4. August 1729, wobei der Gastgeber, wie ein Geladener bemerkte, bester Laune gewesen sei, bis ihn der Hofkanzler beiseite genommen und ihm politische Depeschen gezeigt habe, wonach Eugen mit düsterem Gesicht wie abwesend erschien. In seinen Schlössern nahm er auch Amtshandlungen vor. Gesandte machten ihm Antritts- und Abschiedsbesuche. Der Prinz empfing die Diplomaten in seinem Kabinett stehend, den Rücken dem Kamin zugekehrt und – als wollte er gegen das strenge Protokoll demonstrieren und sich von seinen aufgeputzten Besuchern distanzieren – in schlichter Uniform. Höflich begleitete er, nach absolvierter Zeremonie, die Würdenträger zur Tür, und er war erleichtert, wenn er sie wieder hinter ihnen schließen lassen konnte.

Wenn es die Staatsräson gebot, schlüpfte er in einen mausgrauen, goldbordierten Rock, legte die Kette des Goldenen Vlieses an, schnallte sich den vom Kaiser geschenkten Prunkdegen um, setzte einen mit Diamanten verzierten Hut auf und erwartete den Staatsbesucher auf einem thronartigen Fauteuil. Am 11. Juni 1731 empfing er im Audienzsaal des Oberen Belvedere, unter dem die triumphale Aufnahme des Helden in den Götterhimmel zeigenden Deckenbild, den türkischen Sonderbotschafter Nasif Mustapha – der Sonnenprinz in einem Strahlenkranz von Generälen, Hofräten, Gesandten, Kavalieren und Damen. Indessen waren im Belvedere, wie ein Augenzeuge berichtete, »alle Zimmer daselbst so voll, daß dergleichen bei solchen Audienzen ich und sonderbar von so vielen vornehmen Personen niemals gesehen, und weil sowohl Christen als Türken auf die Sessel und Tische gestanden, hat ein schwerer marmorner Tisch eine Kluft bekommen«.

Noch war das Friedenssystem, das Prinz Eugen nicht nur repräsentierte, sondern mitgeschaffen hatte und miterhalten wollte, in Ordnung, auch wenn sich – unter der Last der Eigengewichte der Großmächte – immer wieder Risse zeigten.

Vierzehntes Kapitel

Frieden durch Gleichgewicht

Der Friede, nicht mehr der Krieg wurde nun gerühmt. Im Jahre 1725 zeigte eine silberne Gedenkmedaille auf der Vorderseite Karl VI. und auf der Rückseite den Grund, warum er sich einen Lorbeerkranz verdient hatte: Austria und Hispania reichen sich die Hände.

Der im Frühjahr 1725 in Wien geschlossene Vertrag zwischen Österreich und Spanien schien Anlaß zum Feiern zu bieten. Vierundzwanzig Jahre nach dem Ausbruch und elf Jahre nach Beendigung des Spanischen Erbfolgekrieges brachte er den formellen Friedensschluß zwischen dem Habsburger und dem Anjou. Zwar hatte Philipp V. im Jahre 1720 auf Druck der von England, Holland, Frankreich und Österreich geschlossenen Quadrupelallianz de facto die Abtretung der spanischen Nebenlande an die Monarchia Austriaca anerkannt, aber Brief und Siegel darauf gab er erst jetzt, fünf Jahre später.

Auf der Gedenkmedaille war kein Bild Eugens zu sehen. Der Wiener Vertrag ging nicht auf ihn, sondern auf jene Kräfte in der Hofburg zurück, die ihn vom Ruder der österreichischen Politik wegintrigiert hatten. Karl VI. wähnte sich auf dem richtigen Kurs. Von Spanien hatte er als erster Macht die Anerkennung der Pragmatischen Sanktion erhalten, die für den um sein Erbe besorgten Habsburger ein Gradmesser der außenpolitischen Beziehungen zu werden begann. Zwar hatte er durch den rechtsgültigen Verzicht auf Spanien seinen Traum, ein zweiter Karl V. zu werden, endgültig aufgeben müssen, aber er und seine spanische Partei behielten die Hoffnung, daß ein Zweiklang zwischen den Monarchen in Wien und Madrid zu einem Nachhall der karolinischen Weltgeltung werden könnte.

Eugen vernahm Mißtöne. An der Pragmatischen Sanktion,

der Erhaltung der österreichischen Länder als Ganzem auch in weiblicher Thronfolge, war ihm gelegen, doch der Feldherr hätte sie lieber durch Heeresmacht als durch ein Vertragspapier garantiert gesehen, und der Außenpolitiker weniger die habsburgische Dynastieräson als die österreichische Staatsräson zum Maßstab für Bündnisse gemacht. Im Friedensvertrag mit Spanien konnte er keinen Gewinn für Österreich erblicken. Madrid bestätigte lediglich de jure, was Wien faktisch besaß und ihm von anderen Großmächten vertraglich zugesichert worden war: den Besitz von Mailand, Neapel, Sizilien und der Niederlande. Für die Bestätigung hatte der Kaiser dem König ein reales Zugeständnis mit der Versicherung gemacht, nach dem Erlöschen der Dynastien in Toskana, Parma und Piacenza einen Sohn Philipps V. und seiner zweiten Gemahlin Elisabeth Farnese mit diesen Fürstentümern zu belehnen. Das Lehensrecht war ein Relikt vergangener Zeiten; für Eugen zählte, daß Spanien hier und heute wiederum Fuß in Italien fassen könnte, das nicht zuletzt durch seine Kämpfe und Siege ein Interessengebiet Österreichs geworden war.

Außer dem Friedensvertrag waren ein Handelsvertrag und ein Bündnisvertrag unterzeichnet worden. Der Handelsvertrag räumte der Ostendekompanie Vorteile ein, die sich nachteilig auf das Verhältnis zu den Seemächten auswirken mußten, die Eugen nach wie vor für unentbehrliche Allianzpartner hielt. Der Bündnisvertrag war ganz dazu angetan, England gegen Österreich aufzubringen: Der Habsburger versprach dem Spanier seine Hilfe bei der Rückgewinnung der im Spanischen Erbfolgekrieg an England gefallenen Gebiete Gibraltar und Menorca und für den Fall eines Krieges militärische Unterstützung durch 30000 Mann.

Bei einer Beratung in der Geheimen Konferenz, die dem Abschluß der Verträge mit Spanien vorausging, erhob Eugen Bedenken gegen dieses bilaterale Bündnis, welches das bisherige multilaterale System der europäischen Friedenssicherung stören, wenn nicht gar zerstören würde. Die Quadrupelallianz, zu der sich England, Holland, Frankreich und Österreich gegen ein aggressives Spanien zusammengeschlossen hatten und der sich der in Schranken gewiesene Aggressor angeschlossen hatte, war eine große, in Europa vordem nie zustande gekommene Koalition der Mächte. Kaum geschaffen, begann sie auseinanderzufallen, weil die gegensätzlichen Interessen der Mächte erneut aufbrachen und ein kollektives Sicherheitsinteresse nicht mehr gegeben war. Frankreich hielt wieder Österreich für den eigentlichen Gegner, England und Holland wollten dem österreichischen Gewicht in Italien ein spanisches Gegengewicht entgegensetzen, und beide Seemächte fühlten sich durch die österreichische Handelskompanie von Ostende an ihrem kommerziellen Nervus rerum getroffen. Österreich, das allen zu mächtig geworden war, drohte isoliert zu werden.

Diese Entwicklung in den ersten Jahren des dritten Jahrzehnts des 18. Jahrhunderts, das mit einem großen Krieg begonnen hatte und nach dessen Beendigung Aussicht auf einen dauerhaften Frieden bestand, war von Eugen mit Besorgnis verfolgt worden. Da sein Einfluß in Wien schwand, konnte er keine außenpolitischen Markierungen setzen, nur Kommentare abgeben, deren Ceterum censeo lautete: Wenn der Verfall des multilateralen Systems nicht aufzuhalten sei, sollte Österreich auf das bewährte bilaterale Einvernehmen mit England zurückkommen und nicht davor zurückschrecken, mit einer Preisgabe der Ostendekompanie die Eintrittsgebühr für eine neue Allianz mit den Seemächten zu erbringen.

Statt dessen wählte die Hofburg das für Österreich am wenigsten vorteilhafte Bündnis mit Spanien. Wieder einmal sah sich Prinz Eugen gezwungen, als loyaler Diener seines Herrn eine Entscheidung mitzutragen, an deren Zustandekommen er nicht beteiligt gewesen war und deren Resultate er nicht billigte. Von den drei Traktaten mit Spanien ging ihm in erster Linie der Bündnisvertrag gegen den Strich; auch wenn dieser, wie beschlossen, geheim gehalten werden sollte, so würde er doch den Engländern, Holländern und Franzosen zur Kenntnis gelangen und sie in eine Front gegen die Österreicher zusammenführen.

Ausgerechnet Eugen wurde beauftragt, dem englischen und dem französischen Gesandten den hinter dem Rücken der Partner der Quadrupelallianz abgeschlossenen Friedens- und Handelsvertrag mit Spanien mitzuteilen. Er unterzog sich dieser unangenehmen Aufgabe »mit verschlossener und verlegener Miene«, und fühlte sich erleichtert, indes nicht entlastet, als die Diplomaten, die er nicht zum Sitzen aufgefordert hatte, sich unter Protest verabschiedeten.

»Nichts in der Welt hätte frostiger sein können als diese Konferenz«, berichteten der Engländer und der Franzose ihren Regierungen, die sogleich darangingen, dem österreichisch-spanischen Bündnis mit einem englisch-französischen Gegenbündnis zu begegnen. Ihnen gesellte sich Preußen zu, dessen König Friedrich Wilhelm I. im Einvernehmen der Katholiken in Wien und Madrid eine Verschwörung gegen die Protestanten erblickte. Bereits am 3. September 1725 schlossen England-Hannover, Frankreich und Preußen die Allianz von Herrenhausen.

Rasch war eingetreten, was Eugen befürchtet hatte. Anstatt eine Entspannung anzustreben, verschärfte Karl VI. die Spannungen durch ein noch engeres Zusammengehen mit Spanien. Im Vertrag vom 5. November 1725 verpflichteten sich Wien und Madrid zu gegenseitiger Unterstützung in einem Krieg mit Frankreich, der dem Kaiser die verlorenen Reichsgebiete – das Elsaß mit Straßburg, die Bistümer Metz, Toul und Verdun – und Spanien die Grafschaft Roussillon zurückbringen sollte. Mehr noch: Karl VI. stellte in Aussicht, zwei seiner Töchter mit Söhnen Philipps V. zu verheiraten, die älteste, Maria Theresia, mit Don Carlos sofort im Falle seines Todes. Das Gespenst des Reiches Karls V. ging wieder in Europa um. Eugen beklagte es, daß es von der spanischen Partei in Wien heraufbeschworen worden war, aber er verübelte es seinem Wunschpartner England, daß er den karolinischen Popanz bei der Verfolgung egoistischer Interessen vor sich hertrug. Überrascht war er nicht, daß Frankreich die Gelegenheit benützte, sich erneut gegen Österreich zu stellen, doch verwundert, daß Preußen, dessen König als treuer Paladin des Kaisers gegolten hatte, sich in eine Koalition gegen ihn einreihen ließ.

Es wurde aufgerüstet, wozu der Hofkriegsratspräsident Prinz Eugen seinen Beitrag zu leisten hatte. Als Außenpolitiker war er übergangen worden, aber als Soldat war er gefragt. Zum Gehorchen bestellt, hatte er das von ihm nicht gebilligte Bündnis mit Spanien zu vertreten und es gegen dessen Gegner zu verfechten. Noch erwartete Karl VI., daß Hofkanzler Sinzendorf, der zum Bündnis mit Spanien gedrängt hatte, ihn aus dem Schlamassel herausführen könnte. Je schwieriger das wurde, umso mehr setzte er erneut auf den Prinzen Eugen. Schließlich wurde der Savoyer wieder des kaiserlichen Kapitäns außenpolitischer Steuermann, der das Ruder energisch ergriff und geschickt Kurs auf sein Ziel nahm: »die Aufrechterhaltung der allgemeinen Ruhe in Europa«.

Die Wunschvorstellung war und blieb die Friedenssicherung durch einen alle europäischen Mächte umfassenden Staatenbund à la Abbé Saint-Pierre. Aber der Verfall der Quadrupelallianz, die diesem Ziel nahegekommen war, hatte gezeigt, daß Europa dafür nicht reif war. So blieb nichts anderes übrig, als eine Friedensordnung anzustreben, die auf einem Gleichgewicht der Mächte respektive der Allianzen beruhte, zu denen diese sich miteinander und gegeneinander zusammentaten. In dem Moment, da Eugen wieder in die außenpolitische Führung Österreichs eintrat, bedeutete dies, daß er versuchen mußte, das Herrenhauser Bündnis zwischen England, Frankreich und Preußen, das ein Übergewicht gegenüber dem Bündnis zwischen Österreich und Spanien besaß, auseinander zu dividieren oder ihm durch eine Verstärkung des österreichisch-spanischen Gewichts Pari zu bieten.

Letzteres gelang zuerst. Am 6. August 1726 konnte die Allianz zwischen Österreich und Spanien um Rußland erweitert werden. Für Eugen war dies gewiß kein Idealbündnis. Das Ostreich war dem Westler unheimlich und dem Österreicher zu sehr auf Expansion eingestellt. Allerdings war Peter der Große, der die Ausdehnung mit Macht und Erfolg betrieben hatte, am 8. Februar 1725 gestorben, und Katharina I. schien weder den Willen noch die Kraft zu haben, auf den Spuren ihres Gemahls und Vorgängers weiter zu schreiten. Jedenfalls mußte Österreich, angesichts der Herausforderung durch die Herrenhauser Allianz, jeder Koalitionspartner recht sein, selbst wenn zu erwarten war, daß auf die Dauer die Interessenunterschiede die Interessenübereinstimmungen überwiegen würden.

Unterzeichnet wurde der Bündnisvertrag mit Rußland in Eugens Wiener Stadtpalast, der wieder ein Schaltpunkt der österreichischen Außenpolitik zu werden begann. Der Savoyer erwies sich als ein Meister der Diplomatie, der im Grundsätzlichen keine Zugeständnisse machte und seine den Gegebenheiten angepaßten Konzepte in den Verhandlungen durchsetzte. Von Natur aus klug und an Machiavelli geschult, bewegte er sich vorsichtig und umsichtig auf dem glatten Parkett, kam Schritt für Schritt seinem Ziel näher, was so mancher seiner Verhandlungspartner erst bemerkte, wenn er es bereits erreicht hatte. Ein Kontrahent, der sich, unsicher und ungeduldig geworden, zu weit aus der Deckung hervorwagte, lief Gefahr, überrumpelt zu werden, sodaß ihm oft keine Zeit zum Rückzug blieb und er auf Bedingungen des ihm Überlegenen eingehen mußte. Es gab Parallelen zwischen der Kunst des Feldherrn und der Kunst des Diplomaten, auch wenn diese nicht wie jene im Sturmschritt, sondern auf leisen Sohlen ausgeübt wurde.

Auswärtige Diplomaten taten sich mit ihm schwer. Mit einem Pokergesicht saß er ihnen gegenüber, nahm ab und zu eine Prise Schnupftabak, ließ sie reden und reden, gab sich den Anschein, daß er billigte, jedenfalls nicht verwarf, was ihm vorgetragen wurde, ließ sich nicht anmerken, was er selber dachte und fühlte, und selbst hinter seinen Worten waren seine Vorsätze schwerlich zu erkennen.

Düpierte und frustrierte Diplomaten revanchierten sich mit abfälligen Bemerkungen. Es dürfte schwer sein, konstatierte ein Franzose, »ein wahres und solides Urteil über die Ansichten und Pläne des Prinzen Eugen zu gewinnen; sein Geheimnis ist bis zu einem Grade undurchdringlich, daß man bei allen seinen unbestreitbaren heroischen Qualitäten als die ihn beherrschende Eigenschaft eine tiefe Verstellung auch seinen besten Freunden gegenüber bezeichnen kann«. War aber Verstellung nicht eine Eigenschaft, die man von einem Diplomaten erwartete, ja verlangte, wenn er einen Kontrahenten im Unklaren lassen mußte, um ihn abzulenken? Freunden und Gegnern, die er als

Freunde gewinnen wollte, kam Eugen mit offenem Visier entgegen, wußte sie ohne Umschweife für seine Person wie seine Sache einzunehmen und – wie schon den Franzosen Villars in Rastatt – davon zu überzeugen, daß eine Annäherung möglich und eine Übereinstimmung nützlich wäre.

Voraussetzung einer erfolgreichen Diplomatie war eine eingehende und umfassende Information. Mit wem bekam man es zu tun, wo lagen seine Schwächen und Stärken, wie wäre er zu nehmen und zu fassen? Der Feldherr Eugen verdankte seine Erfolge nicht zuletzt den Spionen, die ihm Hinweise auf Beschaffenheit und Absichten des Feindes zutrugen. Der Außenpolitiker ließ Korrespondenz von in Wien akkreditierten Diplomaten abfangen, sie vor der Weiterleitung entziffern und auswerten. Ins Ausland wurden Agenten entsandt oder an Ort und Stelle angeworben, wobei Eugen, der selber nicht korrumpierbar war, vor Bestechung nicht zurückscheute.

Geheimdiplomatie, die in einer Ära der Kabinettspolitik gang und gäbe war, praktizierte Eugen mit besonderer Begabung und beträchtlichem Nutzen für seine persönliche Stellung wie die Angelegenheiten seines Landes. Er wußte hochgestellte Persönlichkeiten im Ausland zu gewinnen, die ihn neben dem »Ordinari-Weg« der offiziellen Vertreter mit Informationen versorgten und auch zur Beeinflussung von Politikern und Ministern, selbst Fürsten, verfügbar waren. Mit Hilfe seiner Geheimsekretäre – vor allem seines Faktotums Ignaz Koch – führte er eine umfangreiche Geheimkorrespondenz mit persönlichen Vertrauten wie mit österreichischen Diplomaten, die er dazu brachte, drei Berichte zu schreiben: einen an die Hofkanzlei, in der mancher saß, der weder seiner Person noch seiner Politik gewogen war; einen zweiten an den Kaiser, auf den er sich nicht immer verlassen konnte; und den dritten an ihn persönlich, der enthalten sollte, was er der Hofburg in der Verfolgung seiner Vorhaben vorenthalten wollte.

Von vornherein hatte er dafür gesorgt, daß Männer seines Vertrauens auf wichtige diplomatische Posten kamen. Dabei bevorzugte er Militärs, die unter ihm gedient hatten und ihm auch als Gesandte zu Diensten standen, Informationsquellen erschlossen, dabei mit Handsalben, also Bestechungsgeldern, nicht geizten und ihr Möglichstes taten, um Eugens Politik, die er nicht zuletzt an den erhaltenen Geheimberichten orientierte, zum Zuge kommen zu lassen.

Als wirksamer Diplomat, der zugleich Eugens persönlicher Agent war, zeichnete sich Graf Friedrich Heinrich von Seckendorff aus. Aus fränkischem Geschlecht stammend, hatte er im Spanischen Erbfolgekrieg wie in beiden Türkenkriegen unter dem Prinzen Eugen gekämpft, dem er als »ein gar wackerer und tapferer Offizier« aufgefallen war. Der Feldzeugmeister wurde 1726 als Vertreter Österreichs am Berliner Hof eingesetzt, und auch in dieser Position konnte der nun die Wiener Außenpolitik dirigierende Savoyer mit ihm zufrieden sein. Seine Erfolge verdankte Seckendorff nicht allein den für österreichische Verhältnisse großzügigen Geldmitteln, die ihm für »Pensionen« an Informanten – vom Kammerdiener Eversmann bis zum Minister Grumbkow – zur Verfügung standen, sondern vornehmlich seiner Mitgliedschaft im Tabakskollegium König Friedrich Wilhelms I., wo er durch Trinkfestigkeit und Schlagfertigkeit, mit dem Kasinoton eines alten Haudegens die Sympathie des Soldatenkönigs gewann.

»Le Noireau« oder der »Heros di testa nera«, wie sie Eugen im Tabakskollegium nannten, war – nach zeitweiliger Verstimmung – nicht zuletzt dank Seckendorffs Wirken beim »Compatron«, wie Friedrich Wilhelm I. in diesem Kreise hieß, wieder persona gratissima geworden. Der Gesandte meldete dem Prinzen, daß der Hohenzoller »niemand in der Welt so wie Eure Hochfürstliche Durchlaucht veneriert«. So wie er den König kenne, meinte Eugen, »ist er von der Absicht durchdrungen, als ehrlicher Mann zu handeln«; als »wahrer Patriot« sehe er die Gefahr, in der sich das Reich befände, und erkenne auch den Nutzen, »der aus der Freundschaft mit dem Kaiser seinem Haus erwächst«.

Das war für den Savoyer der Punkt, an dem er zum Aufbrechen der Herrenhauser Allianz, der Friedrich Wilhelm I. aus für Eugen unverständlichen Gründen beigetreten war, ansetzen konnte. Obschon er seine Erfahrungen mit der persönlichen

*König Friedrich Wilhelm I. von Preußen.
Gemälde von Antoine Pesne.*

Unbeständigkeit des Königs gemacht hatte und in dessen aufsteigendem Staat einen mutmaßlichen Rivalen Österreichs witterte, erstrebte er eine »Allianz zwischen den beiden Häusern Österreich und Brandenburg«. Sein Nahziel war, Preußen von England und Frankreich zu trennen, sein Fernziel ein Zusammengehen des Habsburgers und des Hohenzollern im Reich und in Europa.

Ein erster Anlauf blieb auf halbem Wege stecken. Am 12. Oktober 1726 kam es zu dem für Österreich von Seckendorff unterzeichneten Vertrag von Wusterhausen. Die Bedingung des Königs, daß der Kaiser ihm binnen sechs Monaten eine bindende Zusage für den Erwerb des Herzogtums Berg verschaffe, war eine schwere Belastung. Da dies mißlang, trat der Vertrag nicht in Kraft. Immerhin war der Weg zu einem Einvernehmen zwischen Österreich und Preußen beschritten, der 1728 – dank Eugens und Seckendorffs Bemühungen – zum Ziel einer Allianz führte. Bis dahin war Österreich nur mit den schwierigen Bundesgenossen Spanien und Rußland verbunden und mußte mit der schlagkräftigen Gegenallianz zwischen England und Frankreich rechnen, der Holland anhing und von der Preußen noch nicht ganz getrennt war.

Im Jahre 1727 spitzten sich die Differenzen zwischen den beiden Lagern derart zu, daß der Ausbruch eines europäischen Krieges zu befürchten war. In Wien trat Eugen den Falken entgegen, davon ausgehend, »daß mein und eines jeden Ministri Schuldigkeit sei, zu dem Frieden vor dem Krieg einzuraten, solange solches ohne Schmälerung der Ehre und Billigkeit und mit leidentlichen Bedingungen geschehen kann, besonders in einer Konjunktur, wie die jetzige war, wo bei ausgebrochenem Krieg ganz Europa in Feuer wäre gesetzt worden«.

Wenn es nicht dazu kam, dann besaß Prinz Eugen an diesem Erfolg einen entscheidenden Anteil. Dringend riet er seinem Kaiser, auf die Entspannungsbemühungen Kardinals Fleury, des leitenden Ministers Frankreichs, einzugehen und die von ihm gestellten Bedingungen anzunehmen. So wurde am 31. Mai 1727 der Pariser Präliminarvertrag unterzeichnet, für den Österreich einen Preis zu bezahlen hatte, den Eugen für angemessen hielt: die Suspendierung der Ostendekompanie. Karl VI. stimmte widerstrebend zu, tröstete sich aber mit der Erwartung, daß auf dem von Fleury vorgesehenen europäischen Kongreß, bei dem alle Streitfragen behandelt werden sollten, eine günstige Lösung für Österreichs Handelsinteressen gefunden werden könnte.

Es bedeutete nichts Gutes, daß dieser Kongreß, der binnen vier Monaten nach dem Zustandekommen des Präliminarvertrages zusammentreten sollte, erst am 14. Juni 1728 in Soissons eröffnet wurde. Eugen sah auch darin ein böses Omen, daß dorthin Hofkanzler Sinzendorf entsandt wurde, ausgerechnet der Mann, der federführend beim Bündnis mit Spanien gewesen war und den er nicht für geeignet hielt, als österreichischer Unterhändler sein Land aus der schwierigen Lage, in die er es durch diese unselige Allianz gebracht hatte, wieder herauszuführen. Sinzendorf gab sich der eitlen Hoffnung hin, er könnte Frankreich für einen Anschluß an das österreichisch-spanische Bündnis gewinnen und einen habsburgisch-bourbonischen Dreibund der katholischen Mächte zustande bringen. Doch Kardinal Fleury hielt an der Entente mit den Seemächten fest und unterstützte deren Forderung nach Auflösung der Ostendekompanie. Die Verhandlungen zogen sich bis in das Jahr 1729 hin und verliefen ergebnislos.

Inzwischen war Preußen zu Österreich übergeschwenkt. Am 23. Dezember 1728 wurde der Berliner Vertrag unterzeichnet. Der Habsburger stellte dem Hohenzollern den Erwerb von Berg in Aussicht, und Friedrich Wilhelm I. garantierte Karl VI. die Pragmatische Sanktion. Eugen, der mit Hilfe Seckendorffs dem Bündnis zwischen Österreich und Preußen den Weg geebnet hatte, ging daran, dieses mit dem Bündnis zwischen Österreich und Rußland zusammenzuschließen und damit ein östliches Gegengewicht gegen die Machtkonzentration im Westen zu schaffen.

»Wenn hinfüro Österreich, Brandenburg und Moskau zusammenhalten und in allen Vorfallenheiten wie ein Mann stehen, auch ein Hof dem anderen alles eröffnet, sie gar wohl im Stande sein werden, mit zusammengesetzten Kräften allen denen die Spitze zu bieten, die solche Allianz mit scheelen Blicken ansehen«, erklärte 1728 Prinz Eugen. Die Notwendigkeit eines solchen Zusammenstehens erwies sich bereits im Jahr darauf, als Spanien sich von Österreich abwandte und durch seinen Anschluß an England, Holland und Frankreich das Gewicht der Westallianz verstärkte.

Im Gegensatz zu Sinzendorf, der in der Verbindung zwischen Wien und Madrid die Idealehe gesehen hatte, war sie von Eugen für eine Mesalliance gehalten worden. So betrieb er die Scheidung mit, bestärkte Karl VI. in dessen Vorsatz, Maria Theresia keinesfalls mit dem Infanten Don Carlos zu vermählen. Dieses Heiratsprojekt war jedoch für Königin Elisabeth, die in Madrid das Heft in der Hand hielt, ein wesentlicher Grund für die Allianz mit Österreich gewesen. Wenn sie für ihren Sohn schon nicht die habsburgische Erbtochter bekommen konnte, so wollte sie ihm wenigstens Toskana, Parma und Piacenza sichern, und dafür sah sie die größeren Chancen im Bund mit den Westmächten. Am 9. November 1729 schloß Spanien – ohne vorherige Unterrichtung Österreichs – mit England und Frankreich den Vertrag von Sevilla, dem sich Holland anschloß. Bündnisziele waren die Auflösung der Ostendekompanie und die Entsendung von Truppen nach Mittelitalien zur Sicherung der Ansprüche des Infanten Don Carlos, die nötigenfalls mit Waffengewalt durchgesetzt werden sollten.

Karl VI. war bestürzt, und Eugen zeigte sich, jedenfalls nach außen hin, betroffen: Er glaube nicht, äußerte er in der Konferenz, »daß in den Historien viele Exempel solchen Betragens anzutreffen« seien, und zum französischen Diplomaten Bussy bemerkte er – »ohne dabei die Stimme zu heben und zu senken« – wie nutzlos Verträge seien. »Denn wenn man heute einen mit Euch schließt und Ihr morgen einen zweiten mit andern für zuträglicher hält, wird man mit dem Recht der Konvenienz den ersten brechen und einen zweiten ganz entgegengesetzten eingehen.«

Der Machiavellist in Wien, der den Machiavellisten in den anderen Hauptstädten nicht nachstand, hatte gesprochen. Im Grunde war er ganz froh, daß Spanien das Bündnis mit Österreich, das er nicht für zweckdienlich gehalten hatte, von sich aus aufgekündigt hatte. Damit war der Fürsprecher dieser Allianz, sein Rivale Sinzendorf, gescheitert und mußte seinen Platz als erster außenpolitischer Amtsgehilfe des Kaisers räumen, den nun Eugen, der schon in letzter Zeit durch seine Geheimdiplomatie die Fäden in die Hand genommen hatte, einnehmen konnte.

Sogleich ging er daran, das Bündnis zu suchen, das ihm von Anfang an die vorteilhafteste Konstellation versprach: mit England, dem Hauptverbündeten im Spanischen Erbfolgekrieg, den es nun als Hauptalliierten bei der Aufrechterhaltung des von den bourbonischen Mächten Spanien und Frankreich bedrohten Friedens zu gewinnen galt. Er werde »alles, was von mir abhängt, beitragen, um diese Freundschaft zu erneuern, sobald ich sehe, daß man dies in London aufrichtig wünscht«, hatte er bereits 1728 erklärt.

In England fand er keine verschlossene Tür. Stets auf die Balance of power bedacht, sah man dort das Gleichgewicht nun nicht mehr von einer Koalition von Österreich und Spanien, sondern von einer Neuauflage der von Ludwig XIV. anvisierten Potenzierung der bourbonischen Macht durch Frankreich und Spanien gefährdet. Um keinen Preis wollte sich England zu einer Zeit, in der der Überseehandel florierte, in einen europäischen Krieg – womöglich noch auf der falschen Seite – hineinziehen lassen.

Für eine Bündnispolitik nach dem Vorbild des »alten Systems« mußte Eugen indessen sein ganzes Geschick aufbieten: in Wien, wo der Kaiser die Gegenleistungen – endgültiger Verzicht auf die Ostendekompanie und Hinnahme spanischer Besatzungen in Toskana, Parma und Piacenza – zu hoch fand, und gegenüber London, das Karls VI. Hauptforderung, einer Garantie der Pragmatischen Sanktion, nur für den italienischen Besitz und nicht für das »Totum« der habsburgischen Lande zustimmen wollte.

Einen aufgeschlossenen Verhandlungspartner fand Eugen in Thomas Robinson, der im Juni 1730 als englischer Gesandter nach Wien kam. Die Rückkehr zu den »alten Prinzipien« war indessen nicht von heute auf morgen zu erreichen. Das Feilschen gehörte nun einmal zum Metier eines Diplomaten, vor allem eines Engländers, der es gewohnt war, die Usancen einer Handelsnation auch im außenpolitischen Geschäft zu pflegen. Eugen konnte ein überraschendes französisches Angebot ins Spiel bringen: Kardinal Fleury stellte eine Verständigung zwischen den katholischen Monarchen in Versailles und Wien zur Aufrechterhaltung von Ruhe und Ordnung in Europa in Aussicht. Für Eugen war dies kein substantieller Vorschlag; denn er war zur Neubelebung des »alten Systems« mit den Seemächten entschlossen, freilich zu für Österreich möglichst günstigen Bedingungen.

In der Himmelpfortgasse wurde die Tür zum Bündnis mit England geöffnet, in dem der Hausherr das Beste für Österreich und Europa sah. Dort wurde am 16. März 1731 der Allianzvertrag unterzeichnet. Die Krieg verheißenden Wolken seien durch sein Wirken vertrieben worden, schrieb der englische Minister Robert Walpole dem Prinzen Eugen, dank »dieser Versöhnung, die Sie so glücklich eingeleitet und vollendet haben«. Holland schloß sich dem Bündnis an, Spanien akzeptierte dessen Bedingungen, und mit Frankreich wurde ein Modus vivendi gefunden.

Indessen täuschte sich Eugen nicht darüber, daß ihm die Erhaltung des Friedens mehr gekostet als er dafür bekommen hatte. England hatte seine Hauptforderungen durchgesetzt: Die Ostendekompanie mußte aufgehoben, die spanische Besatzung in der Toskana, Parma und Piacenza hingenommen werden. Der König von England, Georg II., der zugleich Kurfürst von Hannover war, garantierte zwar die Pragmatische Sanktion, aber nur unter der Bedingung, daß die habsburgische Erbtochter Maria Theresia keinen Prinzen heiraten dürfte, der eigene Macht in die Verbindung einbrächte und damit das Gewicht Österreichs in einem die Balance of power störenden Maße verstärken würde.

Für Karl VI. blieben die Garantie der Pragmatischen Sanktion, die Regelung seiner Nachfolge und die Erhaltung der Gesamtmonarchie durch völkerrechtliche Verträge mit anderen

Staaten, die Grundlage seiner Außenpolitik. Wohl oder übel hatte Prinz Eugen diesen Kurs zu befolgen, der seiner Außenpolitik, die mehr die Interessen des Staates als die Anliegen der Dynastie im Auge behielt, nicht förderlich war. Eugen blieb sich zwar bewußt, daß zwischen der weiblichen Nachfolge und dem Fortbestand der Monarchia Austriaca als »Totum« ein untrennbarer Zusammenhang bestand, aber er hätte die Pragmatische Sanktion lieber durch die »politische und militärische Kraft« Österreichs als durch Vertragspapiere gewährleistet gesehen. Es ehrte Karl VI., daß er auf den Grundsatz »Pacta sunt servanda – Verträge müssen erfüllt werden« seine Außenpolitik baute. Eugen hingegen sah darin eine unrealistische Haltung in einer Zeit, in der im Zweifelsfall die Staatsräson und nicht die Vertragstreue den Ausschlag gab. Daher riet er immer wieder: »Das einzige Mittel, die Pragmatische Sanktion zu sichern, wäre, 140000 Mann auf den Beinen zu erhalten.«

Der Staatsmann verwies auf die Ansprüche Bayerns und Sachsens auf Teile des habsburgischen Reiches, das Streben Preußens, sich – gegebenenfalls auch auf Kosten Österreichs – zu vergrößern, die spanischen Ambitionen in Italien und den französischen Ausdehnungsdrang in Richtung der österreichisch gewordenen Niederlande: »Sollte es Frankreich gelingen, wie es auf alle Weise zu tun sucht und ihm zu erreichen nicht allzuviel Mühe kosten wird, Bayern, Sachsen und Preußen zu vereinigen, so ist für die Zukunft fast nichts gewisser, als daß die Erblande gänzlich zergliedert oder wenigstens völlig verheert und der Schauplatz eines furchtbaren Krieges sein werden.« Den Österreichischen Erbfolgekrieg sah Eugen voraus, der im Jahre 1740 ausbrach, als Maria Theresia nach dem Tode ihres Vaters das Habsburgerreich zufiel. Vier Jahre vorher gestorben, mußte der Savoyer nicht mehr den Schiffbruch einer Politik erleben, die es über den Manövern um eine Anerkennung der Pragmatischen Sanktion versäumt hatte, das österreichische Staatsschiff mit hinreichend Kanonen zu bestücken und auf einem klaren Kurs zu halten.

Als Ganzes, »unteilbar und untrennbar«, wollte der Staatsmann Eugen das Habsburgerreich erhalten. Das setzte nicht nur eine entsprechende Außenpolitik, sondern auch eine Innenpolitik voraus, welche die österreichische Ländervielfalt einem straffer zusammengefaßten und einheitlicher regierten »Totum« nahebrächte. Davon versprach er sich mehr finanzielle Kraft, mehr militärische Macht und einen inneren Zusammenhalt, der äußeren Widerständen standhalten sollte.

Doch Karl VI., dessen Sinnen und Trachten dahin ging, die Pragmatische Sanktion international garantiert zu bekommen, kümmerte sich weniger um das, *was* erhalten werden sollte, sondern mehr darum, *wie* es erhalten werden könnte. Dabei machte er nicht nur europäischen Staaten und Reichsständen, sondern auch seinen eigenen Ländern Zugeständnisse, die Prinz Eugen außenpolitisch und innenpolitisch nicht gutheißen konnte. Für die Anerkennung der Pragmatischen Sanktion wurden den Mächten und für deren Annahme den Ländern Preise entrichtet, die auf Kosten der Verteidigung nach außen wie der Vereinheitlichung im Innern gingen.

Der von Eugen bevorzugte Maler, Francesco Solimena, stellte sich eine wirksame und segensreiche Regierung in einer Allegorie vor: In einer Säulenhalle thront eine Frauenfigur mit Krone und Schwert als Versinnbildlichung der monarchischen Macht. Ihr wird von Prudentia ein Spiegel entgegengehalten, damit die Herrschergestalt überprüfen kann, ob sie klug und weise regiere. Eine weitere Frauenfigur, Abundantia, die Personifikation des Reichtums und Überflusses, beschenkt zwei Knaben mit Gaben aus ihrem Füllhorn, womit die Wohltaten gemeint waren, mit denen ein Monarch seine Untertanen zu bedenken habe.

Auch innenpolitisch war Eugen ein Anhänger des »alten Systems«, das heißt einer auf der monarchischen und feudalen Ordnung beruhenden Staatsmacht. Aber er bewegte sich in Richtung eines aufgeklärten Absolutismus, der alle Stände zur Erfüllung der Staatsaufgaben heranzog und das gemeinsam gewonnene Staatsprodukt zum Wohle des Ganzen einsetzte. Diesem Ideal, das ein Staatsprogramm des 18. Jahrhunderts wurde, standen Realitäten der Monarchia Austriaca entgegen. Der Monarch pochte zwar auf seine Allmacht, aber er hatte sie in der Praxis zu teilen: mit dem Feudaladel, der in den Ständen der auf ihren Sonderinteressen bestehenden Länder das Heft in der Hand behielt und in den Zentralbehörden in Wien den Ton angab.

Auch wenn sich Eugen auf dem Felde der Innenpolitik, das dem Militär und Außenpolitiker nicht als seine eigentliche Domäne galt, energischer engagiert hätte, wäre es ihm kaum gelungen, die Hindernisse, die in Österreich einer Vereinheitlichung und Stärkung des Staates entgegenstanden, aus dem Weg zu räumen. Mit Sorge beobachtete er, wie durch das auf die Billigung der Pragmatischen Sanktion gerichtete Bestreben Karls VI., das auch die Innenpolitik zu beherrschen begann, diese Barrieren noch höher wurden.

Auf die österreichischen Niederlande richtete Eugen weiter sein Augenmerk. Der ehemalige Generalgouverneur wußte, wie schwierig es war, sie in den habsburgischen Länderverband einzugliedern, und bemerkte, wie die Schwierigkeiten durch die Aufhebung der Ostendekompanie – die Karl VI. in Erfüllung der Hauptbedingung des österreichisch-englischen Vertrages am 23. Februar 1732 verfügte – noch zunahmen. Zwar war für den Außenpolitiker Eugen dieser Preis für die Wiederherstellung des alten Einvernehmens mit den Seemächten nicht zu hoch gewesen, aber er verfolgte mit Unbehagen, wie die Niederländer dies dem habsburgischen Landesherrn ankreideten. »Orient und Okzident, urteilet ihr über die Tortur, die man die Flamen für die Primogenitur erleiden ließ«, hieß es in einem Pamphlet. »O du Pragmatische Sanktion, du vertraust auf Nationen, die nur Figur mit dir machen, du wirst trotz aller Bemühung eines Tages die ganzen Früchte dieses Tuns verlieren.«

Vielleicht fiel die Annahme des »Pactum Mutuae Successionis« den Niederländern nicht besonders schwer, weil sie von ferne die Früchte der Unabhängigkeit winken sahen. Jedenfalls begrüßten sie es, daß sie sich lediglich in der Nachfolgefrage und nicht auf ein unteilbares und untrennbares »Totum« festzulegen hatten. Eugen erkannte die Gefahr, daß die ohnehin geographisch so weit von den Kernlanden entfernten Niederlande bei zunehmender innerer Distanzierung noch schwerer zu verteidigen wären.

Ähnliches galt für Italien, wo die spanischen Bourbonen einen Brückenkopf in Mittelitalien bekommen hatten, den sie nach Süden und Norden, gegen Neapel und Sizilien wie gegen Mailand und Mantua, ausweiten wollten. Mußte Habsburg nicht damit rechnen, daß die Bewohner der erst vor kurzem österreichisch gewordenen Gebiete über der Repression, der sie unter dem neuen Herrn ausgesetzt waren, jene der Spanier, die sie so lange beherrscht hatten, vergessen, vielleicht sich sogar nach ihnen zurücksehnen könnten? Sympathien für Österreich waren bestimmt nicht dadurch zu wecken, daß Karl VI. nicht wie in anderen seiner Länder die Pragmatische Sanktion von den einheimischen Gremien sanktionieren ließ. Er verfügte einfach ihre Registrierung beim Geheimen Rat von Mailand, die Mitteilung an die Stadt und an die Kongregation des Herzogtums Mailand. Im Königreich Neapel-Sizilien wurde sie nicht einmal publiziert.

Mit den Ungarn konnte man nicht wie mit den Italienern umspringen. Sie fühlten sich nicht als Untertanen, sondern als Partner des Hauses Habsburg. Sie hatten sich damit abgefunden, daß die Stephanskrone, das sakrale Symbol der nationalen Souveränität, von einem Habsburger auf den anderen übertragen wurde. Doch jeder hatte seine Krönung zum König von Ungarn mit einer Anerkennung der Eigenständigkeit des Reiches der Stephanskrone und einer Bestätigung der Sonderrechte des gesellschaftlich und politisch dominierenden Adels zu entgelten.

Kaiser Karl VI. wurde am 22. Mai 1712 in Preßburg zum König von Ungarn gekrönt. In Magyarentracht zeigte ihn eine Gedenkmedaille, und ein Kupferstich feierte in einer Allegorie das Aufblühen seines Königreiches: Frauengestalten verkörperten das landwirtschaftliche Gedeihen, Merkur verwies auf die Karte des Landes, dem er durch Handel Wohlstand brachte, und aus habsburgischen Füllhörnern ergossen sich Wohlfahrt und Zufriedenheit über Hungaria.

Einen Wunsch, nicht die Wirklichkeit brachte der Barockkünstler zum Ausdruck. Erst 1711 war der 1703 ausgebrochene Aufstand in Ungarn durch den Frieden von Szatmár beendet worden. Die Wunden, die er dem Lande zugefügt hatte, waren noch nicht geschlossen, und jene, die es durch die lange Türkenherrschaft erlitten hatte, noch nicht verheilt. Die Dankbarkeit, vom Osmanen durch den Habsburger befreit worden zu sein, wurde durch den Unmut, die Herrschaft des Siegers ertragen zu müssen, in Grenzen gehalten. Andererseits war in Wien so mancher der Meinung, daß man den Aufsässigen zu weit entgegengekommen wäre und deshalb Zusagen zurücknehmen müßte. Versprechen müssen gehalten werden, befand Prinz Eugen. Dabei hätte er einigen Grund gehabt, den Magyaren nachhaltig zu zürnen. Sie waren ihm, während er im Spanischen Erbfolgekrieg im Westen und Süden kämpfte, in den Rücken gefallen, hatten militärische Kräfte gebunden, die ihm an den anderen Fronten fehlten. Der Türkensieger mußte sich damit zufrieden geben, daß ihm die Befreiten zwar einigen Respekt, aber wenig Sympathie entgegenbrachten.

Dabei blieb er um das Wohl Ungarns bedacht, und nicht nur, weil er als Besitzer ungarischer Güter daran ein besonderes Interesse hatte. Mit der »Militärgrenze«, an der Wehrbauern angesiedelt wurden, half er einen Deich gegen die von ihm zurückgedrängte, aber immer wieder zurückschwappende Türkenflut zu errichten. Das dahinter liegende Land, das entvölkert und verödet war, mußte besiedelt und bebaut werden, und auch daran wirkte Eugen mit. In seinen ungarischen Herrschaften – auf der Donauinsel Czepel, in Promontor und in Belye – siedelte er schwäbische Bauern an. Im Feldlager von Temesvar hatte er seinen General Claudius Florimund Mercy zum Gouverneur eingesetzt, mit der Aufgabe, das eroberte Gebiet nicht nur militärisch abzusichern, sondern auch das Banat und die Baranya, die bald die schwäbische Türkei genannt wurde, zu kolonisieren. Die deutschen Siedler – ein Ort bei Belye hieß Eugendorf – blieben ihm dankbar, die Magyaren freilich sahen in der Ansiedlung von Deutschen vor allem den Versuch, ihr Land mit einer habsburgtreuen Bevölkerung zu durchsetzen, um weitere Absatzbewegungen von Wien zu erschweren und die Einbindung des Königreiches in ein gesamtösterreichisches Staatswesen zu erleichtern.

Da ein solches Ganzes durch die Pragmatische Sanktion anvisiert war, mußte sie bei den Ungarn, besonders bei der die Adelsnation verkörpernden Oberschicht, auf erheblichen Widerstand stoßen. Erste Verhandlungen im Zusammenhang mit Karls Königskrönung wurden ergebnislos abgebrochen, erst 1722 wieder aufgenommen und in einer mehr die Ungarn als die Österreicher befriedigenden Weise abgeschlossen. Die weibliche Erbfolge wurde auch für das Reich der Stephanskrone anerkannt und einem Zusammenbleiben der habsburgischen Länder zugestimmt; von deren Zusammenfassung, um aus ihnen »soweit als möglich ein Totum« zu machen, wie es sich Prinz Eugen gewünscht hätte, war nicht die Rede.

Auch vom Königreich Böhmen konnte keine Einwilligung in eine Integration erwartet werden; doch zu seinem habsburgischen König stand es und auch zu einer habsburgischen Königin versprach es zu halten. Das Einverständnis der böhmischen Stände mit der weiblichen Erbfolge und der Erhaltung des habsburgischen Länderkomplexes honorierte Karl VI. in besonderer Weise. Für die Reise nach Prag im Sommer 1723 brachte er eineinhalb Millionen Gulden auf; die böhmischen Stände legten 300 000 Gulden dazu. Für einen würdigen Empfang wurden Straßen instandgesetzt, die Burg in Prag restauriert und für eine Beleuchtung gesorgt.

Am 30. Juni 1723 traf der Habsburger mit stattlichem Gefolge – darunter Prinz Eugen – in der Hauptstadt Böhmens ein, wo er von fünfhundert Adeligen begrüßt wurde. Nach der Erbhuldigung wurde er am 5. September im Veitsdom zum König gekrönt. Zur Feier dieses Ereignisses, das seit 1656 nicht mehr stattgefunden hatte, wurde im Amphitheater die Oper »Costanza e Fortezza« von hundert Sängerinnen und Sängern sowie über zweihundert Musikern, allesamt aus Wien mitgebracht, aufgeführt. »Beständigkeit und Stärke« war ein Wahlspruch Karls VI., den er auch beim Anhören der vom Hofkapellmeister Johann Joseph Fux nach einem Libretto von Pietro Pariati komponierten Mammutoper zu beherzigen hatte; sie dauerte von acht Uhr abends bis ein Uhr nachts. Von Eugen, der dabei sein mußte, war kein Wort zu hören. Aber über die Jagdvergnügen, an denen er während des Böhmen-Besuches teilhaben durfte, ließ er sich vernehmen. »Ich habe mich indessen einigemal auf dem Land mit der Jagd divertiert und insonderheit bei Graf Martinitz und Philipp Kinsky, auch bei meines Herrn Vetters Liebden recht schöne Pläsier und Unterhaltung gehabt«, schrieb er Schönborn, wobei mit Vetter sein Neffe Emanuel gemeint war. »Die gute Zeit wird nun aber allgemach Urlaub nehmen.« Vor dem Kaiser und König kehrte er nach Wien zurück.

Auch die innerösterreichischen Länder hatten die Pragmatische Sanktion zu akzeptieren. Prinz Eugen, der wegen seiner »Verdienste um das Haus Österreich« in die Landstände Niederösterreichs, Kärntens und Oberösterreichs aufgenommen worden war, hatte kaum damit gerechnet, daß selbst die Kerngebiete der Monarchie sich gegen eine Vereinheitlichung wendeten. Fast alle Landtage gaben zu Protokoll, daß mit der Billigung der weiblichen Nachfolge nicht eine Schmälerung der Landesfreiheit einhergehen dürfte. Am meisten sträubten sich die Tiroler, die ihre Landesrechte gefährdet und die Aussicht auf einen eigenen Landesherrn schwinden sahen.

Die Monarchia Austriaca blieb eine Union von Ständestaaten, in der zwar die Erbfolge gesichert wurde, die jedoch eher einer Konföderation als einer Föderation glich und weiterhin hinter der Entwicklung zu einem modernen Staatswesen zurückblieb, wie es sich in Frankreich oder in Preußen ausbildete. Der Konferenzminister Eugen hatte nicht die Macht, den schwerfälligen österreichischen Länderverband, der in manchem dem Monstrum des römisch-deutschen Reiches glich, auf zeitgemäßen Bahnen vorwärts zu drängen, und im fortgeschrittenen Alter hatte er auch nicht mehr ausreichend Energie, um für seine Vorstellungen zu werben und zu wirken. Die Folgen der Unbeweglichkeit bekam der Hofkriegsratspräsident zu spüren. Die ungenügende Bündelung der österreichischen Kräfte, die ihm bereits im Krieg zu schaffen gemacht hatte, verhinderte im Frieden eine Heeresorganisation, mit der die Monarchie für künftige Konflikte hinreichend gewappnet wäre.

Die Streitmacht, die Eugen in den Kriegsjahren – allen Widrigkeiten zum Trotz – geschaffen und zum Siege geführt hatte, begann in den Friedensjahren zu verfallen. Dem Kaiser erklärte er, »daß ich den Unterschied gar wohl begreife, wie Dero Truppen ehedem waren, und wie sie nun sind«. Seine Anläufe, die Armee auf einem Friedensstand zu halten, aus dem sie sofort auf Kriegsfuß gesetzt werden könnte, waren im Sand der österreichischen Mißstände steckengeblieben, aber auch deshalb nicht weitergekommen, weil er mehr und mehr dazu neigte, sich auf seinen Lorbeeren auszuruhen, den Ertrag seiner Siege zu genießen und die Unzulänglichkeiten als »die natürlichen Früchte eines lang dauernden Friedens« hinzunehmen, »während welchem viele Unordnungen und Mißbräuche bei den Regimentern eingeschlichen sind, auch viele Offiziere einen Teil des Dienstes vergessen haben«.

Nach dem glücklich beendeten zweiten Türkenkrieg hatte er einen ersten Plan, die Staatsfinanzen zu Lasten des Heeresbudgets zu sanieren, am Beginn der zwanziger Jahre im Großen und Ganzen vereitelt. Der Sollstand von 146 000 Mann wurde gehalten. Als sich die Lage in Europa zuspitzte, erreichte er im Jahre 1727 eine Erhöhung auf 180 000 Mann. Nachdem die Lage durch das Bündnis zwischen Österreich und England entspannt zu sein schien, konnte oder wollte er eine Verminderung der Regimenter nicht verhindern. Im Frühjahr 1732 wurden die personelle Aufstockung von 1727 zurückgenommen und die Mittel für die Heeresausrüstung beschnitten.

Ein scharfer Beobachter wie der venezianische Gesandte Marco Foscarini bemerkte, daß dies auch auf das Konto des Hofkriegsratspräsidenten ginge, der das Heft immer mehr aus der Hand gebe und seinen Hofkriegsratsreferendaren überlasse, von denen mancher mehr an seinen Eigennutz als an das Gesamtwohl dächte. Der englische Gesandte Saint-Saphorin meinte es damit erklären zu können, daß der Savoyer zwar durch seine großen Fähigkeiten einer der ersten Männer Europas geworden sei, ihm jedoch in kleinen Dingen viele

Schwächen anhafteten. Er sei »ein Gewohnheitsmensch und will, nachdem er den Dienst einmal auf einem gewissen Fuß eingerichtet hat, daran nichts mehr ändern, obwohl es viel zu reformieren gäbe«.

Immerhin konstatierte der Staatssekretär Johann Christoph von Bartenstein in einem Rückblick: »Gegen Ende des Jahres 1732 schien das Erzhaus in größtem Flor und Aufnahme und des höchstseligsten Kaisers Ruhm und Glorie auf das höchste angestiegen zu sein.« Das bewährte »alte System« mit England und Holland sei bestätigt, das Bündnis mit Rußland und Preußen bekräftigt, das kaiserliche Ansehen im Reich gestiegen und von der Türkei nichts zu befürchten gewesen. Bartenstein, ein Wiener Intimfeind Eugens, wollte auch dreißig Jahre später nicht wahrhaben, daß dies auch und nicht zuletzt das Verdienst des Prinzen Eugen gewesen war.

Fünfzehntes Kapitel

Welkender Ruhm

Eine Parade seiner Savoyen-Dragoner führte Prinz Eugen am 23. April 1733 in Wien an. In neue Uniformen gesteckt, ließ er sie bei der Favorita am Kaiser, der Kaiserin und der Erbtochter Maria Theresia vorbeimarschieren. Die Wiener waren herbeigeströmt, um – wie berichtet wurde – »dieses sehr schöne und in den auserlesensten Leuten bestehende Regiment samt seinem heldenmütigen Haupt in Kommando zu sehen«.

Der eine und andere mochte sich daran erinnern, daß vor zweiunddreißig Jahren am selben Ort der Prinz seine Savoyen-Dragoner dem Obersten Kriegsherrn vorgeführt hatte, bevor er mit ihnen in den Spanischen Erbfolgekrieg zog. Das Regiment erschien noch immer als »das allerschönste, sehr reich und am besten montierte« der kaiserlichen Armee. Indessen war der Regimentsinhaber nicht mehr ein jugendlicher Held von Siebenunddreißig, sondern ein alter Herr von Neunundsechzig, der sich zwar noch aufrecht, aber nur mühsam im Sattel hielt. Eugen kränkelte seit Jahren, litt unter einer chronischen Bronchitis, verspürte Körperschwäche und ein Nachlassen seiner Geisteskraft und kam aus seinen Schlössern in Wien und auf dem Marchfeld kaum mehr heraus. Ihm war bewußt, daß er selber wie seine Armee nicht mehr auf der Höhe war, und er sorgte sich, daß das Mächtegleichgewicht in Europa, in dem das Gewicht Österreichs abnahm, nicht mehr lange im Lot gehalten und der Frieden in einen Krieg münden könnte.

Ein Konflikt kündete sich an. Wie vor drei Jahrzehnten schürzte sich der Knoten durch eine Verknüpfung von dynastischen Anliegen und machtpolitischen Interessen. Als am 1. Februar 1733 August der Starke, Kurfürst von Sachsen und König von Polen, verstarb, erhob sich die Frage, wer ihm in

Warschau auf den Thron folgen sollte. Die Polen besaßen zwar das Recht, ihren Monarchen zu wählen, aber europäische Mächte beanspruchten eine Mitsprache, wenn nicht gar die Entscheidung bei diesem für die zukünftige Mächtekonstellation entscheidenden Problem.

Die Nachbarn Österreich, Rußland und Preußen duldeten keine Wiederkehr des vom polnischen Adel bevorzugten Stanislaus Leszcynski. Der ehemalige König von Polen war der Schwiegervater König Ludwigs XV. von Frankreich geworden und wäre – was man in Versailles wünschte und in Wien, Berlin und Sankt Petersburg befürchtete – ein Statthalter der Bourbonen inmitten der Ostmächte geworden. Für das kleinere Übel hielten sie den schwachen Sohn August des Starken. Rußland, das nach Westen drängte und sich am liebsten Polen einverleibt hätte, ließ durch seine Truppen den inzwischen gewählten Stanislaus Leszcyński vertreiben und am 5. Oktober 1733 den Kurfürsten von Sachsen als August III. zum König proklamieren.

Das rief Frankreich auf den Plan, das sich im fernen Polen ausgeschaltet und unmittelbar an seiner Ostgrenze übervorteilt sah. Denn es hatte sich herumgesprochen, daß Karl VI. seine Nachfolgerin Maria Theresia mit dem Herzog Franz Stephan von Lothringen verheiraten wollte. Frankreich sah sein Vorhaben, sich Lothringens völlig zu bemächtigen, durch diese dynastische Alliance gefährdet, befürchtete eine Vergrößerung Österreichs um das Herzogtum des künftigen Schwiegersohnes des Kaisers. Spanien, das Neapel und Sizilien zurückgewinnen und Mailand dazugewinnen wollte, war sogleich zu einer Erneuerung der bourbonischen Front gegen Habsburg bereit.

Des Friedens sei man keines Tages mehr sicher, vermerkte Prinz Eugen. Besonders beunruhigte ihn, daß die Koalition zwischen Frankreich und Spanien durch Sardinien-Piemont, das Mailand im Visier hatte, verstärkt wurde:»Als Prinz des Hauses bin ich erschüttert über die Partei, die der König ergriffen hat, da er sich selbst nichts Schlimmeres hätte antun können, als diesen Weg zu wählen.« Schlimm war es jedenfalls für Österreich, denn es war nun an zwei Fronten im Nachteil: im

Süden, wo es mit einer französisch-spanisch-sardinischen Übermacht zu rechnen hatte, und im Westen, wo die Niederlande ohnehin schwer zu verteidigen waren, sowie am Rhein, wo der Kaiser keine geschlossene Unterstützung durch Reichsstände erwarten konnte. Karl VI. mußte schon zufrieden sein, daß der Kurfürst von Bayern und mit ihm die Wittelsbacher in Köln und in der Pfalz sich für neutral erklärten. Sachsen, das als Bundesgenosse gewonnen wurde, war in Polen engagiert. Selbst Preußen war er sich nicht sicher, obwohl Eugen, wie es schien, sich mit Erfolg bemüht hatte, Friedrich Wilhelm I. an der Seite von Kaiser und Reich zu halten, sodaß bei einem allfälligen Konflikt die preußische zur österreichischen Heeresmacht addiert werden könnte.

Noch im vorigen Jahr, im Sommer 1732, war Friedrich Wilhelm I. in Prag, hatte Karl VI. seine Loyalität und Prinz Eugen seine Hochachtung versichert, was diesem die Hoffnung gab, »es werde die beiderseitige Freundschaft zu des Reiches allgemeinem und beider Höfe Bestem unzertrennlich sein«.

So gewiß war das nicht. Von einem Staat wie Preußen, der einen Platz unter den Großmächten anstrebte, mußte erwartet werden, daß er seine eigenen Interessen, wenn sie sich nicht mehr mit denen Österreichs und des Reiches deckten, auch gegen Habsburg vertreten würde. Schon verlautete, Friedrich Wilhelm I. habe in Anspielung auf die von ihm anerkannte Pragmatische Sanktion geäußert: »Eine Garantie ist ein Traktat und heute wird kein Traktat mehr erfüllt; indem man einen macht, gedenkt man schon auf Moyens, wie man ihn mit guter Art wieder brechen kann.« Bereits im Jahre 1733, als Frankreich und Spanien erklärten, die Pragmatische Sanktion bedrohe das europäische Gleichgewicht, schwankte Preußen, ob es zu deren Garantie stehen und im bevorstehenden Krieg mit den Bourbonen an die Seite des Habsburgers treten sollte. Der Hohenzoller war verstimmt, daß in der polnischen Thronfolgefrage Österreich sich mit Rußland entgegen seinen Bedenken auf den Sachsen geeinigt hatte und sich der Habsburger nicht entschieden genug für seine Ansprüche auf Jülich und Berg verwandte.

Eugen beschwor Seckendorff, mit dem König »so recht aus dem Herzen und, wenn Sie wollen, in meinem Namen« zu sprechen; er selber erbot sich, dem Monarchen einen Brief zu schreiben. Ein Erfolg blieb nicht aus. »Ich habe jetzt Brief von Wien bekommen, der mich sehr freut, indem der Prinz meine Partei genommen«, teilte der König dem Gesandten Seckendorff mit und bat ihn, dem Prinzen zu versichern, »daß ich ihn meine Tag nicht desavouieren werde, sondern daß ich, solange ich lebe, werde von dem Kaiser und Haus Österreich im Tod verbleiben und mein Engagement auf das punktuellste halten. Vivat Germania teutscher Nation!«

Friedrich Wilhelm I. ging so weit, statt der im Bündnisvertrag vereinbarten 10000 Mann dem Kaiser seine ganze Armee von 50000 Mann anzubieten, freilich mit der Maßgabe, sie nicht in dem von den Franzosen bedrohten Oberrheingebiet, sondern am Niederrhein einzusetzen, wohl in der Absicht, sich Jülichs und Bergs mit Waffengewalt zu bemächtigen. So viel Eifer war Eugen nicht geheuer; er beschied sich mit den vorgesehenen 10000 Preußen.

Auf Truppen Rußlands, das sich in Polen breit machte, war im Westen nicht unbedingt, jedenfalls nicht sogleich zu zählen. England und Holland, auf die Eugen am meisten gesetzt hatte, waren nicht bereit, in einen Krieg einzutreten, in dem es in erster Linie um Belange Österreichs ging; nicht einmal Subsidien wollten die Seemächte diesmal beisteuern. Prinz Eugen, der Marlborough nachtrauerte, machte seiner Enttäuschung über den Bündnisverrat der Briten Luft: »Wenn ein so unverantwortlich schändliches Komplott, als Spanien, Frankreich und Sardinien wider Ihre Kaiserliche Majestät gemacht haben, kein casus foederis sein soll, so hört Treue und Glauben fernerhin auf, und es wird unnötig, Allianzen zu schließen.« Angesichts des Versagens seiner Bündnispolitik sah er rabenschwarz für die Zukunft: »Die Anstrengungen, die wir machen, überschreiten weit unsere Kräfte, sie sind der Art, daß wir sie nicht fortsetzen können, ohne binnen kurzem des Kaisers Erbländer zugrunde zu richten.«

Am 18. Oktober 1733 hatte er seinen 70. Geburtstag in

Schloßhof begangen, und er wäre lieber in seinem »Tusculum rurale« geblieben, als wiederum ins Feld zu ziehen, in dem er vom neunzehnten bis zum vierundfünfzigsten Lebensjahr fast ununterbrochen gestanden hatte. Aber sein Amt, das er nicht aufgegeben hatte, und sein Ruf ließen ihm keine andere Wahl, als noch einmal den Feldherrnstab zu ergreifen, obgleich er dabei jenem greisen Abderiten glich, der die großen Spiele seiner kraftvollen Mannesjahre mit zitternder Hand und geschwundener Aussicht auf Gewinn weiterspielte.

Als er am 20. Oktober 1733 von Schloßhof nach Wien zurückkam, fand er die Nachricht vor, daß die Franzosen den Krieg eröffnet, Nancy besetzt, bei Straßburg den Rhein überschritten hatten und Kehl belagerten. Gleichzeitig waren französisch-sardinische Truppen gegen Mailand vorgerückt. Am 28. Oktober kapitulierte Kehl und am 4. November zog König Karl Emanuel in die Hauptstadt der Lombardei ein, die im Februar 1734 bis zum Oglio in Feindeshand war.

Der Polnische Thronfolgekrieg hatte begonnen, der ein von der polnischen Thronfolgefrage ausgelöster europäischer Krieg war. Wieder blieb Österreich um etliche Monate und um die erforderlichen Armeen zurück. Diesmal war der Hofkriegsratspräsident daran nicht unbeteiligt, der hinreichende Rüstungen nicht durchgesetzt hatte, und auch der in der Außenpolitik tonangebende Konferenzminister Eugen, der so lange auf den Beistand der Seemächte vertraut und ein Umschwenken Sardiniens in das feindliche Lager nicht erwartet hatte.

Gegen Ende Oktober 1733, als die Franzosen bereits auf dem rechten Ufer Fuß gefaßt hatten, wurde eine Armee von ihrem Versammlungsraum Pilsen aus an den Oberrhein in Marsch gesetzt; noch im Februar 1734 zählte sie erst knapp 10000 Mann. Es war ein Glück, daß durch einen holländisch-französischen Vertrag die Niederlande neutralisiert waren und dort keine zusätzlichen Truppen benötigt wurden. Aus Italien, wo das isolierte Österreich durch die französisch-spanisch-sardinische Koalition am meisten bedroht war, wurden zwei Infanterieregimenter und ein Husarenregiment abgezogen – eine Fehlleistung Eugens, der die Situation falsch eingeschätzt hatte.

Den Oberbefehl im Süden übernahm er nicht, weil er als ein Savoyer nicht gegen den Savoyer kämpfen wollte, wahrscheinlich auch deshalb, weil dort die Lorbeeren noch höher hingen als im Westen, wohin er kommandiert wurde. In Italien wurde der fast blinde und taube Feldmarschall Claudius Florimund Mercy eingesetzt. Immerhin hatte er Ende April 1734 bei Mantua 50000 Mann zusammen, mit denen er gegen Franzosen und Sardinier in die Schlacht bei Parma zog, in der er fiel. Seine Armee, die 6000 Mann verloren hatte, trat den Rückzug an. Als sie unter dem Befehl des Grafen Lothar Joseph von Königsegg im Herbst wieder zur Offensive überging, mußte sie sich nach schwerem Kampf bei Guastalla wieder zurückziehen. Inzwischen war das Königreich Neapel, wo kaum 8000 Österreicher standen, von den weit überlegenen Spaniern erobert und der Infant Don Carlos zum König ausgerufen worden. Auch Sizilien war bald in spanischen Händen.

Italien schien verloren zu sein. Der Prinz von Savoyen, von dem die dortigen Positionen Österreichs erkämpft worden waren, hatte vergebens erwartet, »daß nicht die um so teuren Preise erworbenen Länder dem ersten besten, der sie überfällt, als wohlfeile Beute zuteil werden«. Nun galt es, mit den österreichischen Vorlanden die Rheinbastionen des Reiches zu sichern, eine Invasion der Franzosen aufzuhalten. Es sei vonnöten, »Gottes Segen anzurufen« und sich dessen »mit rechtschaffenem Eifer und Ernst« würdig zu erweisen, befand Eugen, als er daranging, die österreichische Kriegsmaschine, »so die Vernunft anratet, die Not erfordert und die Möglichkeit zuläßt«, in Bewegung zu setzen und sich in Gottes Namen, im fortgeschrittenen Frühjahr 1734, zu deren Einsatz an den Oberrhein zu begeben.

Die Erwartungen, die nicht nur in Österreich, sondern auch im Reich, das Frankreich den Krieg erklärt hatte, und darüber hinaus in Europa auf den berühmten Feldherrn gesetzt wurden, waren groß. Der dänische Diplomat Christian August von Berkentin äußerte, daß Eugen, wenn er am Leben bliebe, er alles bestens richten könnte, und man ihn, wenn er nicht mehr da wäre, »ausgestopft in die Armada schicken sollte, weil auch nur sein Schatten Glück und Respekt gebären würde«. Doch dreißig Jahre nach Höchstädt und siebzehn Jahre nach Belgrad waren die Ruhmesblätter welk und der Gerühmte hinfällig geworden, seine Truppen waren nicht in bestem Zustand und die Franzosen hatten sich inzwischen in Vorteil gesetzt. Als der Oberbefehlshaber endlich am 27. April 1734 im Badischen, im Lager von Waghäusel bei Philippsburg eintraf, um sich »von allem genau zu erkundigen und das Gehörige zu verfügen«, erkannte er mit seinem noch nicht getrübten Blick den Ernst der Lage.

Zur Verfügung standen ihm zunächst 15000 Mann, die in weit verstreuten Stellungen lagen. An eine Offensive war nicht zu denken, und selbst die Defensive schien angesichts des überlegenen Feindes, der Ende April und Anfang Mai mit zwei Armeen bei Straßburg und Mannheim über den Rhein gesetzt war, problematisch zu sein. Der Feldherr, der es in früheren Feldzügen darauf angelegt hatte, den Gegner zu umfassen und dann anzugreifen, lief nun selber Gefahr, in die Zange genommen zu werden. Vorerst blieb ihm nichts weiter übrig, als seine Truppen bis Heilbronn zurückzuziehen und Verstärkungen abzuwarten. Endlich trafen die 10000 Preußen, weitere Reichskontingente und Miettruppen ein und ließen seine Streitmacht auf 70000 Mann anwachsen, die 100000 Franzosen auf dem rechten Rheinufer gegenüberstanden.

Als »eine besondere Schickung und Gnade Gottes« empfand es Eugen, daß der Feind mit seiner Übermacht nicht in Richtung Bayern vorstieß, dessen Kurfürst Karl Albrecht bereit zu sein schien, wie sein Vater Max Emanuel an der Seite der Bourbonen sich gegen Habsburg zu stellen. Statt dessen bissen sich der Herzog von Berwick und der Marquis d'Asfeld an der Festung Philippsburg fest, die von österreichischen und fränkischen Truppen gehalten wurde. In der Absicht, sie zu entsetzen, brach Eugen am 19. Juni von Heilbronn auf, aber erst eine Woche später erreichte er mit seiner viel zu langsam marschierenden Armee Bruchsal, und fast eine weitere Woche verging, bis sie Stellung vor der französischen Belagerungsarmee bezog.

Der Feldherr Prinz Eugen.
Gemälde von Johann Gottfried Auerbach um 1728.

Die Hoffnungen, welche die in seinem Hauptquartier versammelten sechzig Fürstlichkeiten, darunter König Friedrich Wilhelm I. und Kronprinz Friedrich von Preußen, auf den großen Feldherrn setzten, gingen nicht in Erfüllung. Es schien, als wollte er seine Maxime bestätigen, daß Hoffnungen zu nichts als zur Lähmung aller Tätigkeit führten. In seinen guten Jahren hatte er sich nicht mit Hoffnungen aufgehalten, sondern war nach eigener Einsicht und selbständigem Entschluß sofort zur Aktion übergegangen. Nun glich er nicht mehr Caesar, sondern Fabius Cunctator, der zögerte und zauderte, sich in Beratungen mit Unterführern einließ und Handlungen unterließ, die ihn mit einer zusammengewürfelten Armee, der er noch weniger als sich selber zutraute, Mißerfolge erwarten ließen. Anstatt stehenden Fußes zum Entsatzangriff überzugehen, verzettelte er sich in Überlegungen, die eher für seine Phantasie als seinen Realitätssinn zeugten. So spielte er mit dem Gedanken, den Rhein in das französische Lager umzuleiten und die Belagerer hinwegzuschwemmen, ohne zu bedenken, daß er zu wenig Pioniere hatte und der Strom zu wenig Wasser führte.

So kam es zu keiner Entsatzschlacht bei Philippsburg. Vor diesem Wagnis scheute der alte Eugen mit Bedenken zurück, die der jüngere Eugen nicht gekannt hätte: Wenn er von der Übermacht geschlagen würde, hätte er nicht nur eine Schlacht, sondern den Feldzug verloren; denn die geschwächten Kaiserlichen wären dann kaum mehr in der Lage gewesen, einen Gegenangriff des übermächtigen Feindes abzuwehren und sein Vordringen nach Süddeutschland und vielleicht bis nach Österreich hinein aufzuhalten. Kurzum, er war nicht mehr der Hasardeur, der so oft alles auf eine Karte gesetzt und dabei meist gewonnen hatte.

Dies fiel vor allem dem Kronprinzen Friedrich von Preußen auf, der sich von seinem Feldherrnidol einen durch kühne Aktion erreichten Erfolg erwartet hatte. Der Zweiundzwanzigjährige hatte darauf gedrängt, dem Prinzen von Savoyen im Feldzug von 1734 zu begegnen, dem er als Menschen Sympathie und als Soldat Respekt entgegenbrachte. Friedrich hatte es nicht vergessen, daß der Savoyer als sein Fürsprecher aufgetreten war, als er, in seiner Sturm- und Drangzeit, 1730 aus dem Hohenzollernhaus auszubrechen suchte, aber in Wesel ergriffen und in der Festung Küstrin inhaftiert wurde. Eugen hatte sich keineswegs nur aus Mitleid dafür verwandt, daß der erzürnte Friedrich Wilhelm I. »nicht gegen ihn selbst seine Empfindlichkeit weise und es dessen Unverstand und Jugend zuschreibe, folglich zu Gnaden ihn wieder annehme«. Ausschlaggebend war die Überlegung gewesen, daß es von Nutzen sein könnte, sich den künftigen König zu verpflichten und zu versuchen, sein Wohlwollen von Frankreich ab- und auf Österreich einzulenken. Daher stand Eugen nicht an, dem knapp gehaltenen Kronprinzen finanziell unter die Arme zu greifen.

Dies sei »das kräftigste Mittel, wodurch Sie des Kronprinzen Vertrauen sich zuziehen, auch mehr Neigung gegen Kaiserliche Majestät selbigem beibringen können, zumalen bei derlei flüchtigen Gemütern notwendig in ihre Passiones hineingegangen werden muß, um sich angenehm bei ihnen zu machen und mit Nutzen alsdann operieren zu können«, instruierte er den Gesandten in Berlin, den Übermittler der stattlichen »Pensionen«. Seckendorff fand das Geld nicht gewinnbringend angelegt: »Wegen des Kronprinzen mir bekannten, sehr falschen, verborgenen und heimtückischen Gemüts« habe er wenig Hoffnung »zu einer Beständigkeit für die kaiserliche Allianz in Zukunft« und hege die Befürchtung, daß Friedrich, zur Regierung gelangt, die Fürsorge, die ihm Wien angedeihen ließ, mit Undank lohnen werde.

Eugen schien mit der Zeit ebenso dieser Ansicht zu sein. Dieser junge Herr Friedrich habe »weit aussehende Ideen«. Obwohl »selbe noch flüchtig und nicht wohl überlegt sind, muß es ihm doch gar nicht an Lebhaftigkeit und Vernunft fehlen. Um so gefährlicher dürfte er aber auch mit der Zeit seinen Nachbarn werden, wenn er von seinen gegenwärtigen Grundsätzen nicht abgebracht wird.« Dies zu erreichen hatte er mit viel Geld und guten Worten versucht. Als jedoch im März 1734 weitere Pensionszahlungen anstanden, bemerkte er, daß der Kronprinz »sich diese Zeit her gar nicht danach aufgeführt« habe. Im selben Jahr fügte er hinzu: »Ich will nicht gut dafür stehen, daß der Kronprinz dieselben guten Grundsätze wie sein Vater hege.« Aber der Österreicher, dem an einem Einvernehmen mit Preußen gelegen war, durfte nichts unversucht lassen, »diesen jungen Herrn zu gewinnen, der sich dereinst mehr Freunde als sein Vater in der Welt erwerben wird und ebensoviel Gutes wie Schlechtes vollbringen wird«. Deshalb unterließ es Eugen nicht, in seinem Hauptquartier vor Philippsburg nicht nur den Vater, der sich nach wie vor kaisertreu gab, sondern auch den Sohn, der für die Kultur Frankreichs schwärmte, so gut es ging und so weit es ihm möglich war, zu hofieren. Er zog den Kronprinzen ins Gespräch und lud ihn zu Tisch.

Ein Vierteljahrhundert später, als die Erinnerung manches vergoldete, behauptete Friedrich, er sei in jenen Wochen an Rhein und Neckar zum Schüler des Savoyers geworden, der ihm nicht nur menschliche Lebensregeln, sondern auch Prinzipien militärischen Verhaltens mit auf den Weg gegeben habe. »Soll ich Ihnen genau sagen«, erzählte er dem Vorleser Henri de Catt, »was an dem Prinzen Eugen Besonderes war? Mit einer bewunderungswürdigen und erhabenen Einsicht in alle seine Handlungen, im Kriege und in der Politik, verband er überlegene Fähigkeiten, teils die Dinge zu seinem Vorteil zu wenden, teils seine Fehler wieder gutzumachen; denn auch die größten Menschen begehen sie.«

Wenn er sein militärisches Handwerk verstehe, verdanke er dies dem Prinzen Eugen, erklärte König Friedrich II., der Große, während des Siebenjährigen Krieges, in dem er es mit österreichischen Militärs zu tun bekam, die dem Savoyer nicht das Wasser reichen konnten. Im Jahre 1734 jedoch war der Kronprinz von dem Siebzigjährigen enttäuscht worden, der sich nicht mehr als der geniale Feldherr erwies, der er früher gewesen war und als den ihn Friedrich später hinstellte. Der Preuße behielt das Positive im Gedächtnis: Eugen habe ihn gelehrt, beim Entwurf von Feldzugsplänen immer ins Große zu gehen, unablässig über die Kriegshandlungen und ihre Ausführung nachzudenken und sich dadurch jene Beweglichkeit des Geistes zu verschaffen, die alles zu erkennen und zu begreifen bereit sei.

Um vom Österreicher zu lernen, war der Preuße in das Hauptquartier vor Philippsburg gekommen. Es hätte dazu nicht der Instruktion bedurft, die ihm mitgegeben worden war: »Allemal und so oft des Prinzen Eugenii Durchlaucht ausreitet, es sei nun, um etwas zu recognoszieren, oder aber, wenn er in Laufgräben oder in die Bataille reitet, so soll des Kronprinzen Liebden sich bei ihm einfinden und ihn accompagnieren, auch auf Alles, so er commandiert, und was für Mouvements geschehen, wohl Acht geben.«

Was er jedoch bei Philippsburg beobachtete, war kaum der Beachtung wert und wenig dazu angetan, ihn in der Achtung, die er für den Feldherrn mitgebracht hatte, zu bestärken. »Hier denkt man so wenig an die Schlacht, als wie ich Papst werden will«, mokierte sich der junge Friedrich. »Wie gesagt, hier ist nichts los, als daß wir mit aller Seelenruhe zusehen, wie Philippsburg vor unserer Nase genommen wird.« Die Festung war am 19. Juli 1734 in der Hand der Franzosen. »Der Held hatte sich selbst überlebt«, resümierte der Alte Fritz. »Er scheute sich, seinen wohlbefestigten Ruf dem Zufall einer achtzehnten Schlacht auszusetzen.« Vor Philippsburg »gab es nur noch seinen Körper, aber seine Seele war nicht mehr gegenwärtig«.

Immerhin konnte der siebzigjährige Feldherr Eugen darauf verweisen, daß er es vermieden habe, seine »Mannschaft ohne wachsenden Sukzess zur Schlachtbank zu führen und die Armee nebst Philippsburg zu verlieren«. Durch eine Verlegung seiner Truppen gegen Mainz vereitelte er einen Angriff des Feindes auf diese wichtige Festung. Bei Heidelberg blieb er stehen, als die Franzosen bei Fort Louis den Rhein überschritten und bei Rastatt Stellung bezogen. Glücklicherweise unternahmen sie keine weiteren Vorstöße mehr.

Am 10. Oktober 1734 war Eugen wieder in Wien, wo man vermerkte, daß er »dem Ansehen nach etwas schwach sich befinde«. Dem Kaiser ließ er sagen, daß kein »Periculum in mora«, keine »Gefahr im Verzug« sei und zog sich nach Schloßhof zurück. Seinen 71. Geburtstag am 18. Oktober beging er auf seinem Ruhesitz, wo er sich, von Brustbeschwerden und Selbstzweifeln geplagt, am liebsten für immer verschanzt hätte. Ein Schiffbruch war auf einer Tapete in Eugens Winterpalais dargestellt, und wenn er sie ansah, wird er ein Sinnbild seines eigenen Scheiterns erblickt haben.

In Wien konnte so mancher seine Schadenfreude kaum unterdrücken. Dem Feldherrn wurde der Mißerfolg am Oberrhein gegönnt, und der Zusammenbruch der österreichischen Positionen in Italien dem Hofkriegsratspräsidenten angekreidet, der nicht rechtzeitig und tatkräftig genug für eine wirksame Verteidigung gesorgt habe. In der Geheimen Konferenz, der er immer noch präsidierte, wurde er nun weniger neidvoll als mitleidig angeblickt. Die einstige Zierlichkeit war zur Gebrechlichkeit geworden. Wie ein Schatten seiner selbst saß er auf seinem Stuhl, drohte jeden Moment einzunicken, schien nicht mehr zuzuhören, und wenn er den Mund auftat, glich er dem alten Cato, da er bei jeder passenden und unpassenden Gelegenheit einwarf, im übrigen meine er, daß Frankreich wieder gedemütigt und England wieder gewonnen werden müßte.

Als »Premierminister« galt er den Kollegen nicht mehr, die auf ihn gehört hatten, weil er das Vertrauen des Monarchen offenkundig lange Zeit gehabt hatte. Für einen »heimlichen Kaiser« wurde er ohnehin nicht mehr gehalten, und so manchem Hochgeborenen erschienen seine Schlösser wie Mausoleen eines Parvenüs, der zu hoch gestiegen und nun tief gestürzt war. Alte Rivalen brauchten sich vor ihm nicht mehr in Acht zu nehmen, und junge Aufsteiger, die alles besser wissen wollten und es vielleicht auch wegen gewonnener Einsichten in die fortschreitenden Zeitläufte auch besser wissen konnten, kritisierten den Feldherrn und Staatsmann, der zwar Österreich zur Großmachtstellung verholfen, aber – wie es sich nun herausgestellt zu haben schien – auf tönerne Füße gestellt hatte.

Namentlich tat sich dabei Johann Christoph von Bartenstein hervor. Der Sohn eines evangelischen Straßburger Professors, der zwar katholisch geworden war, aber die Tüchtigkeit eines Protestanten, etwas von der weltlichen Askese eines Kalvinisten in die Bequemlichkeit der österreichischen Gesellschaft brachte, erwies sich als Eugens letzter und gefährlichster Gegenspieler. Dank seiner mit Strebsamkeit gepaarten Begabung war der 1715 in österreichische Dienste getretene Jurist rasch aufgestiegen. Bald wurde er, wie er anmerkte »meistens in Staatssachen, und zwar in den geheimsten und wichtigsten« verwendet. 1726 wurde er Hofrat in der Hofkanzlei, im Jahr darauf Protokollführer der Geheimen Konferenz, wuchs über die Rolle eines Faktotums hinaus und gewann zunehmend Einfluß vor allem auf die Außenpolitik. 1733 wurde Bartenstein in den Reichsfreiherrnstand erhoben und erhielt den Titel eines Geheimen Staatssekretärs.

Karl VI., dessen Unzufriedenheit mit dem Savoyer mit dessen Mißerfolgen wuchs, hatte bereits 1731 Mißfallen über den Vorsitzenden der Geheimen Konferenz geäußert: Der Prinz lasse, um nur der Sitzung ein Ende zu machen, alles laufen, überblicke die Gegenstände nicht mehr genau und unterbinde deren eingehende Behandlung. Ein Jahr später klagte der Kaiser über die Verschleppung eines seiner Bescheide: »Ist es Ignoranz, ist es Mangel an Gedächtnis und vigoris naturalis, ist es falsche Politik, Furcht oder Maliz vom Prinzen, nachdem ihm geschrieben, er mir auch nach Wunsch geredet?«

Vielleicht war die Beschwerde nicht unberechtigt, aber eigentlich hätte er sie an den beschuldigten Vorsitzenden der Geheimen Konferenz und nicht an deren Protokollführer Bartenstein richten müssen, dem er, aus welchen Gründen auch immer, die Gnade seines allerhöchsten Vertrauens erwies und ihm gestattete, den ersten Minister und Berater des Monarchen zu überspielen. Dafür verstand er Gründe zu benennen, die vom Kaiser gebilligt wurden. Der körperliche und geistige Verfall des Prinzen habe – wie Bartenstein behauptete – dazu geführt, »daß ihm ohne fremdes Zutun die Wahrheit zu entdecken nicht möglich fiel«. Da bald selbst Hilfe nichts mehr genützt habe, wäre der Sekretär verpflichtet gewesen, die Sachen selber in die Hand zu nehmen. Eine Staatsreform, die Eugen – wie der Hauptvorwurf lautete – nicht anging, konnte auch Bartenstein unter Karl VI. nicht voranbringen. Freie Bahn bekam er erst unter Maria Theresia, die ihrem Staatssekretär das Format eines Staatsmannes bescheinigte, dem die Erhaltung der Monarchie zu verdanken gewesen wäre.

Die junge Herrscherin übertrieb in ihrer Dankbarkeit, in der Not nach ihrer Regierungsübernahme in Bartenstein einen verdienstvollen Helfer gefunden zu haben. Aber war die Monarchie nicht erst in ihrer Existenz bedroht worden, nachdem Eugen abgetreten war? Hatte sich nicht seine Mahnung, die Zukunft Österreichs nicht auf die Vertragspapiere einer völkerrechtlichen Anerkennung der Pragmatischen Sanktion, sondern auf eine starke Armee und einen gefüllten Schatz zu gründen, als richtig erwiesen? Hatten sich die Gefahren nicht zuletzt dadurch verschärft, daß Eugen noch zu seinen Lebzeiten von der Macht verdrängt worden war?

Auch Anno 1734, als der tatendurstige Kronprinz Friedrich von Preußen ein Zaudern und Zagen des Feldherrn und der sich nach vorne drängelnde Bartenstein die mangelnden militärischen Vorbereitungen des Hofkriegsratspräsidenten sowie eine unzulängliche diplomatische Absicherung durch den Außenpolitiker Eugen kritisierten, konnte er Verständnis für sein Verhalten verlangen. Hatte er nicht am Oberrhein dem Kaiser die Armee erhalten, die er bereit hielt, einen Vorstoß der Franzosen nach Bayern abzuwehren, wo der Wittelsbacher stand, um wie im Spanischen und dann im Österreichischen Erbfolgekrieg mit ihnen zusammen in Richtung Österreich zu marschieren? Konnte man ihm die Schuld zuschieben, daß das »alte System«, das Bündnis mit den Seemächten, das sich im ersten Jahrzehnt des Jahrhunderts bewährt und auf das er weiterhin gesetzt hatte, im Polnischen Thronfolgekrieg versagte? England und Holland waren nicht wegen mangelnder Bemühungen Eugens, sondern aus Machtinteresse dem Konflikt ferngeblieben. Immerhin war die von ihm geförderte Allianz mit Preußen und Rußland intakt geblieben, auch wenn sie kein hinreichendes Gegengewicht gegen die französisch-spanische Verbindung bot, für die Wiens Haltung in der polnischen Thronfolgefrage nur ein Vorwand gewesen war, um einen Krieg zu beginnen, von dem sie sich Gewinne am Rhein wie in Italien versprach.

Wenn Eugen nun, in der Winterpause der Kampfhandlungen, mit Pessimismus in das Jahr 1735 blickte, so war dies weniger altersbedingtes Schwarzsehen als die ihm verbliebene Einsicht in außenpolitische Situationen und militärische Gegebenheiten. »Unsere Kräfte reichen nicht entfernt aus, so mächtigen Feinden die Spitze zu bieten, und trotz der persönlichen Neigung des Königs von England besteht keine Aussicht auf Hilfe der Seemächte, da England dabei beharrt, nichts ohne Beihilfe Hollands zu tun, das seinerseits absolut keinen Krieg will«, stellte Eugen am 27. Oktober 1734 fest. Im Reich wachse die Zahl derer, welche Neutralität anstrebten, der Sachse verharre in Polen, der kaisertreue König von Preußen sei ein todkranker Mann, der Bayer rüste zum Angriff auf Österreich, der Türke wittere eine Chance, der Russe stehe Gewehr bei Fuß und in Österreich sei es unmöglich, »so ungeheure Summen herbeizuschaffen, wie sie die Fortsetzung des Krieges fordern wird«.

Andererseits könne »unter solchen Umständen der Friede nur sehr schlecht sein«, denn die Feinde, die Österreich von seinen mächtigsten Verbündeten verlassen sähen, »werden von ihren Eroberungen nichts aufgeben und noch weiß was für weitere Bedingungen uns auferlegen wollen«. Doch ein unguter Friede sei noch immer besser als ein Krieg, den man nicht gewinnen könne und daher noch mehr verlieren könnte. Deshalb müsse die angebotene Vermittlung der Engländer angenommen werden, darauf bauend, daß sie, wenn sie schon dem Bündnispartner keine Kriegshilfe geleistet hatten, ihm wenigstens zu annehmbaren Friedensbedingungen verhelfen würden. »Auch der zu erleiden müssende Verlust«, hieß es in Eugens Denkschrift vom 6. Februar 1735, könnte »insoweit noch zu verschmerzen sein, wofern ein Mittel kann gefunden werden, daß jenes, so in Italien Eurer Kaiserlichen Majestät allenfalls bleibt, nebst den hiesigen Erblanden, die eigentlich die Stärke Eurer Kaiserlichen Majestät Monarchie ausmachen, Dero Durchlauchtigsten Erbtochter unzertrennlich und in unangefochtenem Besitze gelassen wird.«

Jenes Mittel erhoffte er sich von der englischen Vermittlung. Diese kam aber Anfang 1735 nicht zum Zuge, weil Karl VI. den Rest des spanischen Erbes in Italien nicht ohne weiteres aufzugeben bereit war und Frankreich wie Spanien in nicht unberechtigter Hoffnung auf einen für sie günstigen Kriegsausgang die Friedensbedingungen in die Höhe schraubten. So schwand die Aussicht auf einen sofortigen Friedensschluß. Ein Kriegseintritt Englands auf Seite seines Verbündeten, auf den Eugen immer noch gehofft haben mochte, stand außer Frage. Deshalb blieb nichts anderes übrig, als allein die Kampfhandlungen fortzusetzen. Der greise Prinz mußte den Feldherrnstab ergreifen, wie stets gehorchte er dem Befehl seines Kaisers, setzte sich über die Bedenken seiner Rivalen wie die eigenen Zweifel, ob er der Aufgabe noch gewachsen wäre, pflichtbewußt hinweg. Am 5. Mai 1735 nahm er in Wien die Post, die ihn in sein Hauptquartier am Oberrhein brachte.

Noch einmal hatte er Fortune. Seiner Reichsarmee, mit der er, auch wenn er noch der Alte gewesen wäre, kaum einen Erfolg hätte erzielen können, lag ein französisches Heer gegenüber, dessen Befehlshaber keinen Angriff wagten, sei es aus Respekt vor dem gegnerischen Feldherrn, sei es in Erwartung eines baldigen Friedensschlusses, der ihnen die Siegesfrüchte ohne Schlachtopfer bringen würde. So gab es von der Front im Westen nicht viel zu berichten, und auf dem italienischen Kriegsschauplatz war nicht mehr zu retten, was schon verloren war.

Immerhin konnte Eugen darauf verweisen, daß die Rheingrenze des Reiches gesichert blieb, was der Reichstag in Regensburg honorierte. Als gegen Ende August endlich ein russisches Hilfskorps eintraf, wurde überlegt, ob man aus der Defensive in die Offensive übergehen sollte. Dies hätte aber wenig Sinn gehabt, denn für größere Operationen war die Jahreszeit zu weit vorgerückt, und die Diplomaten waren bereits dabei, den Schlußstrich unter einen Konflikt zu ziehen, in dem die Bourbonen bereits bekommen hatten, was sie haben wollten, und dem Habsburger nichts anderes übrig blieb, als Ja und Amen zu sagen.

Spanien hatte das Königreich Neapel-Sizilien erobert, Sar-dinien-Piemont das Herzogtum Mailand und Frankreich das Herzogtum Lothringen besetzt. Kardinal Fleury, der alt und weise genug war, sich mit dem Erreichten zu begnügen, streckte eine Friedenshand aus, die man in Wien nicht ausschlagen konnte. Über die Geheimverhandlungen wurde der Mann an der Front nicht auf dem Laufenden gehalten. Als er am 16. Oktober 1735 in Wien eintraf, um in der Winterpause weitere militärische Vorkehrungen zu treffen und für außenpolitische Aktionen bereit zu stehen, mußte er erfahren, daß bereits am 3. Oktober der in Wien ausgehandelte Präliminarfriede mit Frankreich unterzeichnet worden war.

Zwei Tage vor seinem 72. Geburtstag mußte Eugen, als er sogleich nach seiner Ankunft bei Karl VI. vorsprach, den sprichwörtlichen Dank des Hauses Habsburg entgegennehmen. Die Art und Weise, wie man ihn vor vollendete Tatsachen gestellt hatte, nicht der Inhalt des Präliminarfriedensvertrages mußte ihn verletzen. Er selbst hatte ja darauf gedrängt, mit dem unseligen Krieg Schluß zu machen und – in seiner Enttäuschung über die Seemächte – für eine Verständigung mit Frankreich plädiert.

Mit den Hauptpunkten des Vertrages konnte er einverstanden sein. In der Abtretung Neapels und Siziliens an Don Carlos sah er eher einen Vorteil, weil die weit entfernten Lande weder militärisch zu verteidigen noch politisch zu integrieren gewesen wären. Die Rückgabe Mailands begrüßte er, obschon es ihn schmerzte, daß an das Haus Savoyen, das undankbar gegen den Kaiser und rücksichtslos gegen dessen savoyischen Paladin gehandelt hatte, die Gebiete von Novara und Tortona abzutreten waren. Den Erwerb von Parma und Piacenza begrüßte er als eine Erweiterung der norditalienischen Stellung Österreichs.

Indirekt wurde sie durch die Bestimmung befestigt, daß – nach dem bevorstehenden Aussterben der Medici – die Toskana für Franz Stephan von Lothringen, den künftigen Gemahl der habsburgischen Erbtochter Maria Theresia, vorgesehen war. Der Preis schlug eher für das Reich als für Österreich negativ zu Buche: Der Schwiegersohn Ludwigs XV., Stanislaus Leszcyński, erhielt für seinen Verzicht auf den polnischen Königsthron die Herzogtümer Lothringen und Bar, die nach seinem Tode mit Frankreich vereinigt werden sollten.

In der Anerkennung der Pragmatischen Sanktion durch

Frankreich sah Eugen einen zweifelhaften Erfolg. War der Prinz auch deshalb nicht in alles eingeweiht und schon gar nicht zur Entscheidung herangezogen worden, weil Karl VI. dessen Bedenken gegen eine völkerrechtliche statt einer machtpolitischen Absicherung der Erbfolge kannte? Der Kaiser hatte sich eine »doppelte Buchführung« angewöhnt: Wichtige Erlasse wurden in zwei Fassungen ausgefertigt, eine ad usum Eugenii, und eine andere, in der stand, was tatsächlich beschlossen war und ausgeführt werden sollte.

Er wurde übergangen und fühlte sich hintergangen. Er wußte, daß dahinter Bartenstein steckte, und ahnte, daß Karl VI., bei allen höflichen, ja herzlichen Worten, die er für seinen getreuen Gefolgsmann noch übrig hatte, nur zu gerne auf die Einflüsterungen des Gegenspielers hörte. Ein bestimmender Einfluß oder gar eine maßgebliche Mitwirkung wurde ihm versagt. In seiner Verdrossenheit erklärte er dem englischen Gesandten Robinson: Wenn er bei den Friedensverhandlungen zugegen gewesen wäre, hätte man nicht so überstürzt mit den Franzosen abgeschlossen. Das war nicht nur eine diplomatische Äußerung, um sich die Tür zum englischen Wunschpartner offen zu halten, sondern auch ein Zeichen seiner Verbitterung, daß man ihn, der so lange der tonangebende Außenpolitiker Österreichs gewesen war, bei einer Entscheidung von solcher Tragweite ausgeschaltet hatte. Pro forma beließ man den Savoyer in seinen Ämtern, aber in der Praxis war seinem Wirken ein Ende gesetzt worden.

Mit seinen guten Büchern könne er ruhig seine Tage beschließen, hatte er vor Jahren gesagt, als diese Zeit noch ferne lag. Nun mochte er Trost beim Philosophen Marc Aurel finden. »Kurzlebig ist der Lobende und der Gelobte, der Gedenkende und der, dessen gedacht wird«, hatte der römische Stoiker gefunden und gemeint, daß die Bewertung eines Menschen nicht von der Einschätzung anderer abhinge: »Du mußt doch begreifen, daß jeder so viel wert ist wie das, worum er sich abmüht.«

Sechzehntes Kapitel

Der edle Ritter

In den Boden schien der Zweiundsiebzigjährige hineinzuwachsen, seine ohnehin kleinwüchsige Gestalt zusammenzuschrumpfen. Er ging gebeugt mit unsicherem Schritt, und mit zittriger Hand ließ er Nahestehende wissen, daß er wegen des chronischen Katarrhs sich nicht mehr »so ordentlich, wie ich es sonst zu tun gewohnt bin«, zu äußern vermöge.

Seine Durchlaucht habe »in dem Angesicht ziemlichermaßen notbrüchig dermal ausgesehen, war auch ziemlichermaßen schwach, und hält man allhier dafür, daß Dero Natur wirklich breche«, berichtete der bayerische Diplomat Franz Hannibal von Mörmann Ende 1735, und Anfang 1736 bemerkte Fürst Joseph Wenzel Liechtenstein: »Der Prinz Eugen ist sehr schlecht daran, und ich glaube nicht, daß er den Monat März überleben wird.« Man müsse die Welt verlassen, bevor man unter den Schwächen des Alters zusammenbreche, meinte Friedrich Heinrich von Seckendorff, wenn er an den dahinsiechenden Savoyer dachte. Barockmenschen, die sich in Gleichnissen auszudrücken beliebten, sprachen von einer bis auf wenige Körnchen abgelaufenen Sanduhr, oder von einer bis auf einen winzigen Talgrest herabgebrannten Kerze, die indes vor dem Erlöschen noch einmal aufflackerte.

Mit einem Fünkchen Hoffnung gewahrten die Freunde und mit kaum verhehlter Enttäuschung die Feinde, daß der Greis bis zuletzt seinen Amtspflichten nachzukommen suchte, Referendare anwies, Diplomaten empfing und durch seinen Sekretär Ignaz Koch seine Korrespondenz weiterführen ließ. Den Kaiser bat er freilich, ihn von der Teilnahme an den Konferenzen zu entbinden und es ihm nachzusehen, daß er die allerhöchsten Handschreiben »wegen der jetzo mir beiwohnenden Schwachheit« nicht mehr eigenhändig beantworten könne.

Bei der letzten Unterredung, im Dezember 1735, hatte er Karl VI. geraten, mit der Vermählung der Erbtochter Maria Theresia nicht länger zu warten. Als Gemahl hätte er lieber alsden Herzog von Lothringen den Kurprinzen von Bayern gesehen, da der Wittelsbacher »die anständigste Partie von allen zur Sicherheit und Befestigung der unzertrennten Beibehaltung der deutschen Erblande« wäre. Noch einmal bewies Eugen seinen Weitblick; denn eine Abrundung der deutschen Territorien der Monarchie durch das süddeutsche Kurfürstentum hätte den Kern Österreichs gestärkt. Auch an den älteren Sohn des deutschen Königs von Polen hatte er gedacht, da »nach dessen Vermählung mit der ältesten Durchlauchtigsten Erzherzogin die böhmischen Lande eine ansehnliche Vormauer durch Sachsen, gleich bei der Vermählung mit Bayern die österreichischen Lande durch Bayern solche überkommeten«.
Doch bei Maria Theresia gab nicht die Staatsräson, sondern ihr Herz den Ausschlag, und ihr Vater war mit dem Lothringer als Prinzgemahl einverstanden. An der Hochzeit mit Franz Stephan, die am 12. Februar 1736 in Wien gefeiert wurde, nahm der kranke Eugen nicht teil.
Auf die Ärzte wollte er, der ein Leben lang dem medizinischen Rat mißtraute, auch als es zu Ende ging, nicht hören. Der frustrierte Leibarzt Garelli riet ihm zur Beichte, ebenso der um das Seelenheil seines Freundes besorgte Nuntius Passionei, doch davon wollte der Patient noch nichts wissen. Denn mit anbrechendem Frühling schienen seine Lebensgeister wieder zu erwachen. In der ersten Aprilhälfte fuhr er an schönen Tagen aus, und wenn sie zur Neige gingen, gab er sich im vertrauten Kreis dem Kartenspiel hin.
Am Abend des 20. April 1736 hatte er keine gute Karte mehr. Seinen Partnern – darunter die Gräfin Batthyány – fiel auf, daß er »wegen Ermangelung des Atems den Mund beständig aufgehalten«. Früher als sonst zog er sich zurück. Am Morgen des 21. April 1736 fanden ihn die Diener im Schlafgemach des Stadtpalastes tot im Bett, »auf eben jener Seite«, wie er »in selbes gestern nachts gelegt worden«.
Gegen drei Uhr sei er »an der Lungelsucht« gestorben, kon-

*Maria Theresia als Thronfolgerin.
Ölgemälde um 1730.*

statierten die Ärzte. Bei der Sektion fanden sie »das Herz etwas verwelkt« wie »in der Kehle ein Stück Schleim«, und mutmaßten, »daß diese seine Krankheit und erfolgter Tod von nichts anderes als einer Austrocknung und gänzlicher Verlöschung der Lebensgeister hergerührt«. Dr. Garelli, auf den er nicht gehört hatte, fügte hinzu: »Wenn der Prinz nur Arznei brauchen und sich dadurch anfeuchten wollen, er sein Leben wohl noch höher hätte bringen können.«

In der Todesstunde, wurde erzählt, habe der Löwe in Eugens Menagerie »wider alle Gewohnheit ganz entsetzlich zu brüllen angefangen«. An seinem Todestag notierte Karl VI.: »Um halb 9 Nachricht, Prinz Eugen von Savoyen, seit 83 in meines Hauses Dienst, im Feld seit 97 in Commando Aktionen groß Dienst getan, 1703 Kriegspräsident worden, mir seit 1711 in allem dient, im Bett tot gefunden worden nach langer Krankheit. Gott sei der Seele gnädig. In seinem 73. Jahr.«

Die Eintragung in das Totenbuch der Pfarre Sankt Stephan erfolgte erst am 26. April, als habe man sich genau vergewissern wollen, daß Eugen als gläubiger Christ dahingegangen war. Die Berichte widersprachen sich. »Man sagt, er habe den Sinn der Religion darin gesehen, eine Honnête homme zu sein«, berichtete der französische Diplomat du Theil, während der Jesuitenpater Peikhardt erklärte, daß der Prinz ein paar Wochen vor seinem Tod die Sakramente seiner römisch-katholischen Kirche empfangen habe.

Der »Miles Christi« war drei Tage, vom 23. bis 25. April, im Schlachtensaal seines Stadtpalastes aufgebahrt. Schwarz verhangen waren die Eugens Schlachtensiege verherrlichenden Gemälde. Der tote Feldherr lag im scharlachroten Rock der Savoyen-Dragoner, gestiefelt und gespornt, auf dem Paradebett. Seelenmessen wurden an den im Trauergemach errichteten Altären gelesen. Seine Freunde Passionei und der portugiesische Diplomat Tarouca hatten den Kaiser vergebens ersucht, das Herz des Prinzen neben denen der Mitglieder der Dynastie in der Augustinerhofkirche beisetzen zu lassen. Dies war zu viel von der Majestät von Gottes Gnaden verlangt, die über das Hinscheiden des Savoyers eher erleichtert gewesen sein dürfte;

jedenfalls schrieb Karl VI. in sein Tagebuch: »Jetzt sehen, alles recht einrichten, bessere Ordnung.« Das Herz Eugens kehrte in die Heimat seines Geschlechtes zurück; es wurde am 9. Juni 1736 in der Superga, der Grabkirche des königlichen Hauses Savoyen, feierlich bestattet.

Der Habsburgerkaiser versagte es seinem Paladin, unter dem »Donnern der schweren Kanonen« zu Grabe getragen zu werden; denn dieses Privileg hatte er sich selbst vorbehalten. Die Kirchenglocken läuteten, als am 26. April 1736 der Leichnam Eugens aus dem Stadtpalast in den Stephansdom zur letzten Ruhe überführt wurde. Das letzte Geleit gaben ihm Veteranen seiner zweiunddreißig Feldzüge. Feldzeichen der Truppen, die er in Schlachten und zu Siegen geführt hatte, senkten sich vor dem toten Feldmarschall. Die Namen seiner Triumphe waren in das Bahrtuch gestickt, dessen Zipfel und Enden vierzehn Feldmarschall-Leutnants hielten. Im Stephansdom erwarteten Ritter des Goldenen Vlieses, Minister und Räte den Sarg, der in der Kreuzkapelle bestattet wurde.

Den Weg des zweistündigen Leichenzuges, der von der Himmelpfortgasse über die Kärntnerstraße, an Augustinerkirche und Hofburg vorbei, über Kohlmarkt und Graben zu Sankt Stephan führte, säumte viel Volk, das sich das »herrliche Trauergepränge« nicht entgehen ließ und nicht nur Respekt vor dem großen Österreicher, sondern auch Genugtuung empfand, daß ein hoher Herr wie jedermann vom Tode nicht verschont blieb, der ihn – wie es in einem Lied hieß – zum Gehen aufgefordert hatte:

    Nun gib dich drein, du starker Held,
    Es muß geschieden sein!
    Ob auch besiegt hast alle Welt,
    Ich mäh dich nieder in dem Feld
    Als wie ein Blümelein.
    Leg ab dein fürstlich Ornament,
    Dein Schwert und Marschallstab,
    All Zierrat, so die Welt geschenkt,
    Denn ich, der Tod, komm gar behend,
    Jetzt heißt es: Fort ins Grab!

*Castrum Doloris des Prinzen Eugen in der Stephanskirche.
Stich von Salomon Kleiner und Jeremias Jakob Sedelmayer
nach dem Entwurf von Johann Lucas von Hildebrandt.*

Die Exequien wurden erst am 9. Juli 1736 abgehalten, weil die Errichtung des »Castrum doloris« im Stephansdom, das großartig ausfallen sollte, eine gewisse Zeit beanspruchte. Der Kaiser hatte damit keinen geringeren als Johann Lucas von Hildebrandt beauftragt, der für seinen Bauherrn noch einmal das Beste gab. In die Mitte der Kirche stellte er ein barockes Monument, halb Hochaltar, halb Triumphbogen, drapiert mit Fahnen und Trophäen, besetzt mit Sinnbildern der Künste und Wissenschaften, die den Mäzen betrauerten, bestückt mit kriegerischen Gestalten, die dem Feldherrn die letzte Ehre erwiesen. Auf der Spitze des Trauergerüstes ritt der edle Ritter als römischer Imperator und Triumphator in die Ewigkeit.

Das »Castrum doloris« wurde, wie üblich, nach einiger Zeit abgebrochen, als sollte demonstriert werden, daß irdischer Ruhm, auch der glänzendste, vergänglich ist. War jener des Prinzen Eugen nicht schon 1734 bei Philippsburg verblaßt? Das fragte sich Kronprinz Friedrich, als er vernahm, daß der Österreicher verschieden war. Er sei einige Jahre zu spät für seinen Ruhm gestorben, resümierte der Preuße, den sie bald den Großen nannten, und zitierte »den größten Kriegshelden unseres Jahrhunderts« als ein Beispiel dafür, daß Gott die erhabensten Genies erniedrigen könne.

Eugens Tod könne vom politischen Standpunkt aus nicht mehr als ein Ereignis von Bedeutung angesehen werden, verlautete in Paris. Der Savoyer, von dem das Vormachtstreben Frankreichs militärisch wie diplomatisch in Schranken gehalten worden war, hatte in französischen Augen im Polnischen Thronfolgekrieg als Feldherr versagt und als Außenpolitiker abgedankt.

Ihm, der sein Leben lang das im Grand siècle ausgeprägte Ritterideal zu verkörpern versucht hatte, versagten französische Kavaliere nicht den Respekt. Auch sie lasen die in Italienisch verfaßte und ins Französische, Englische, Deutsche und Lateinische übersetzte Gedächtnisrede des päpstlichen Nuntius Domenico Passionei, der »seit fast dreißig Jahren«, wie er betonte, die Tugenden Eugens, vornehmlich dessen »prudenza« und »costanza« kennen- und schätzengelernt hatte und das Beispiel des »Roi des Honnêtes gens« der Mit- und Nachwelt vor Augen stellte.

Italiener, die den Savoyer für einen der ihren hielten, bewunderten ihn wie Giacomo del Pò, der »Die triumphale Aufnahme des Helden in den Olymp« gemalt hatte: Der von Minerva mit einem Lorbeerkranz geschmückte Prinz fährt, von Putten mit Posaunen begleitet, zum Himmel auf, wo ihn Sonnengott Apoll mit der Siegerkrone erwartet. In Österreich galt die »Lob- und Trauerrede«, die Domprediger Peikhardt in Sankt Stephan gehalten hatte und die gedruckt in mehr als 4000 Exemplaren verbreitet wurde, wie ein Andachtsbuch:

Eugenius, der teure Held, der allzeit obsieget,
Der niemals überwunden war, allhier im Grabe lieget,
Er ist nun tot: doch wer er war, wird dieser Grabstein
    melden,
Ein Sieger aller Siegenden, ein Helde aller Helden.

Auf einer in Nürnberg geprägten Gedenkmedaille wurde Prinz Eugen als inmitten von Trophäen thronender und von allegorischen Gestalten umgebener Kriegsgott gefeiert, der sich auf die »Klugheit« stützte, die »günstige Gelegenheit« beim Schopfe griff und die Lorbeerkränze auch der zu seinen Füßen sitzenden Fortuna verdankte; seine Aureole ist der Sternenkranz, den ihm der Genius des ewigen Nachruhms verleiht.

Einen solchen bescheinigten ihm die beiden bedeutendsten Feldherrn, die ihm im 18. Jahrhundert nachfolgten. Napoleon Bonaparte studierte Eugens Feldzüge, aus denen er für seine eigenen, vor allem in Italien, einiges lernte. In der ganzen Geschichte, erklärte er auf Sankt Helena, habe es – außer ihm – nur sieben wirklich große Feldherrn gegeben: Alexander der Große, Hannibal, Caesar, Gustav Adolf, Turenne, Prinz Eugen und Friedrich der Große. Der Hohenzoller bekannte sich als Schüler des Savoyers und tadelte dessen österreichische Nachfolger, sie seien vom Wege ihres großen Vorgängers abgewichen:

> Schaut nach Flandern, seine Schanzen gilts zu stürmen,
>   zu gewinnen,
> Mit den Ungarn Seit' an Seite legt in Asche Belgrads Zinnen.
> Muß beim Klange dieser Namen heißer nicht das Blut
>   euch rollen?
> Denkt ihr nicht der blutgetränkten Ehrenfelder, wo den
>   vollen
> Siegeskranz der edle Ritter Prinz Eugenius sich errungen,
> Der bewunderte, der jeden seiner Gegner hat bezwungen?

Ein Feldherr und Staatsmann von Eugens Format sei den Habsburgern nicht mehr beschieden gewesen, meinte Friedrich der Große, der einem Österreich gegenüberstand, das nach dem Hinscheiden des Savoyers ein entseelter Körper gewesen sei. »Man erstaunt mit Recht«, schrieb er in der »Histoire de mon temps«, »am Ende der Regierung Karls VI. den Glanz so verblichen zu sehen, der sie zu Anfang umschimmert hatte. Die Ursache für das Mißgeschick dieses Herrschers liegt in dem Verluste des Prinzen Eugen. Nach dem Tode dieses großen Mannes war keiner da, der ihn ersetzen konnte. Der Staat hatte seine Kraft verloren und sank in Schwäche und Verfall.«

Weiterhin wurde das Lied vom »edlen Ritter« gesungen, der dem Kaiser »wied'rum kriegen« wollte »Stadt und Festung Belgerad", und sie 1717 wiederbekommen hatte. Zwei Jahrzehnte später, in dem ein Jahr nach Eugens Tod begonnenen und 1739 beendeten Türkenkrieg gingen die vom Savoyer gewonnenen Gebiete in Bosnien, der Walachei und Serbien samt dem Bollwerk Belgrad wieder verloren.

»Ist denn«, fragte Karl VI., »mit Eugen der Glücksstern völlig von uns gewichen?« Er schien untergegangen zu sein, als der Kaiser, der Eugens Mahnung, das Heer kriegsbereit zu halten und die Kriegskasse zu füllen mißachtete, im Jahre 1740 starb. Seiner Nachfolgerin Maria Theresia hinterließ er, wie sie klagte, wenig taugliche Ratgeber, »nicht mehr als etliche tausend Gulden« sowie Truppen, die einst »für die ersten in Europa gehalten wurden« und jetzt »bei Freunden und Feinden den größten Teil ihres Ansehens« eingebüßt hatten. Die Verträge, mit denen der Vater die Nachfolge gesichert zu haben glaubte, waren das Pergament nicht wert, auf das sie geschrieben waren. Die Hinterlassenschaft wurde der jungen Herrscherin von Preußen, Bayern, Sachsen, Frankreich und Spanien streitig gemacht. Der Österreichische Erbfolgekrieg entbrannte, und als er 1748, nach acht Jahren, endlich erlosch, waren habsburgische Besitzungen in Italien und in Deutschland niedergebrannt, Parma und Piacenza an eine spanische Nebenlinie und – was Maria Theresia besonders schmerzte – Schlesien an Preußen verloren gegangen.

Der Versuch, Schlesien im Siebenjährigen Krieg wieder zu gewinnen, scheiterte nicht nur am Feldherrngenie und Durchhaltevermögen Friedrichs des Großen, sondern auch – trotz einer von Maria Theresia betriebenen Staatsreform und Heeresreorganisation – am unzureichenden Potential Österreichs und einer unzulänglichen Unterstützung durch die Koalitionspartner. Frankreich war nur mit halbem Herzen und schwachen Kräften an ihrer Seite geblieben, und Rußland hatte sie im Stich gelassen. Das Spiel mit wechselnden Bündnissen, das schon dem Prinzen Eugen immer schwerer gefallen war, der Versuch, durch neue Bündniskombinationen ein friedenssicherndes Gleichgewicht der Mächte und eine gewisse Gleichheit der Machtpotentiale für den Kriegsfall herzustellen, hatte sich nicht als der außenpolitischen Weisheit letzter Schluß erwiesen. In der »Umkehrung der Allianzen« vor dem Siebenjährigen Krieg war Österreich zu Frankreich und England zu Preußen umgeschwenkt, wobei die Habsburgerin und der Bourbone den schlechteren, der Hohenzoller und der Welfe den besseren Tausch gemacht hatten.

Österreich mußte endgültig das Herzogtum Schlesien abschreiben, Frankreich verlor mit Kanada den Konkurrenzkampf mit England in Übersee. Das »Britannia rules the waves« hatte sich durchgesetzt. Großbritannien, das eine Balance of power in Europa vornehmlich angestrebt hatte, um sich den Rücken für die Welteroberung frei zu halten, ging als erster Sieger aus dem siebenjährigen Ringen zwischen 1756 und 1763 hervor. Preußen, der zweite Sieger, hatte sich zur Großmacht in Deutschland und Europa erhoben. Rußland, der heimliche Sieger, schickte sich an, das Habsburgerreich vom ersten Platz auf dem Balkan, den ihm der Feldherr Eugen erkämpft hatte, zu verdrängen. Eine beständige Friedensordnung, an der dem Staatsmann Eugen gelegen war und die eher durch einen Staatenbund als eine Balance of power herzustellen gewesen wäre, war mit den herkömmlichen bilateralen Methoden nicht zu erlangen, und für neue multilaterale Lösungen war die Zeit noch lange nicht gekommen. Sie sollte erst anbrechen, als sich – nach zwei Weltkriegen – das Gleichgewichtssystem endgültig als obsolet und die alte Mächteordnung als anachronistisch erwiesen hatten.

Ein Notbehelf war das Ausbalancieren der Kräfte stets gewesen, was schon der Abbé Saint-Pierre erkannt hatte. In einer Epoche der Kabinettspolitik und Geheimdiplomatie sah man jedoch keine andere Möglichkeit, und der im Zeichen der Waage geborene Eugen half an seinem Platz mit, die Mächte im Gleichgewicht zu halten, was nach dem Spanischen Erbfolgekrieg, in dem die Vormacht Frankreichs gebrochen wurde, die allgemeine Ruhe für einige Zeit zu wahren vermochte. Dem österreichischen Staatskanzler Metternich, der die unter Eugen begonnene Außenpolitik mit mehr Kompetenz, größeren Befugnissen und günstigeren Voraussetzungen fortführte, gelang es – mit Hilfe des Engländers Castlereagh und des Franzosen Talleyrand – eine durch die Balance of power im Lot gehaltene Friedensordnung zu errichten und sie fast ein halbes Jahrhundert lang zu erhalten.

Metternich blieb die Erfahrung nicht erspart, daß ein rational konzipiertes und mechanisch stabilisiertes System in seiner Statik der Dynamik nicht gewachsen war, die durch den Nationalismus freigesetzt wurde. Schließlich konnte der deutsche Reichskanzler Bismarck, der die alte Ordnung mit alten Methoden zu erhalten und die Ruhe in Europa zu bewahren suchte, den Zusammenbruch der Friedensordnung nur aufhalten, nicht verhindern.

In Europa gingen die Lichter aus, die der Europäer Eugenio von Savoye leuchten gesehen hatte, und die übernationale

Habsburgermonarchie zerfiel, für die sich der zum Österreicher gewordene Italiener und Franzose eingesetzt hatte.

Der unverheiratete und kinderlose Prinz hatte zum Haupterben seinen Großneffen Eugen bestimmt, aber nach dessen Tod im Jahre 1734 kein neues Testament gemacht. So kam seine Hinterlassenschaft – außer Gütern in Ungarn, die als Schenkungen des Kaisers das Ärar vereinnahmte – an die einzige noch lebende Angehörige des Hauses Savoyen-Carignan-Soissons, Eugens Nichte Victoria, eine Tochter seines ältesten Bruders. Der ledig gebliebenen Zweiundfünfzigjährigen, die in einem Kloster untergebracht worden war, fiel ein unermeßliches Erbe in den Schoß: Das Belvedere und der Stadtpalast in Wien, Schloßhof und die Güter auf dem Marchfeld, Bibliothek, Gemäldesammlung und ein beträchtliches Barvermögen.

Mit dieser Mitgift suchte Victoria einen Ehemann und fand den um fast zwanzig Jahre jüngeren Prinzen Joseph Friedrich von Sachsen-Hildburghausen, der sich sein Ja-Wort mit der Schenkung von Schloßhof und einem Kapital von fast 300 000 Gulden bezahlen ließ. Zudem erhielt er das Schwert Eugens, ein Geschenk der Königin Anna von England, weil Victoria meinte, daß er der einzige sei, der es im Sinne und mit den Erfolgen des Savoyers zu führen vermöchte. Doch der Hildburghauser sammelte als österreichischer Generalfeldzeugmeister im Türkenkrieg wenig und als Oberbefehlshaber der Reichsarmee im Siebenjährigen Krieg keine Lorbeeren. Noch rascher war die Hoffnung Victorias verflogen, er würde ihr die Zuwendungen mit Zuneigung entgelten; im Jahre 1744 wurde die Ehe auf ihren Wunsch geschieden.

Den mit Geerbtem gewonnenen Gatten hatte sie verloren, das ihm Geschenkte nur zum Teil zurückerhalten und vom Onkel Hinterlassenes nach und nach veräußert, bereits in seinem Todesjahr die antiken Statuen; die beiden Herkulanerinnen gingen nach Sachsen und der Betende Knabe nach Preußen. Den Großteil der Gemäldesammlung verkaufte sie nach Turin; dort ließen Anführer der französischen Revolutionsarmee etliche Bilder mitgehen. Zum Glück brachte das Kaiserhaus die Mittel zum Erwerb der Büchersammlung sowie zur Übernahme der Schlösser auf; Maria Theresia erstand von Victoria den Stadtpalast wie das Belvedere und von Hildburghausen das ihm nach der Scheidung verbliebene Schloßhof. So gelangte Wesentliches, das der »Minerva Lieblingssohn« – wie Friedrich der Große den Bauherrn und Musenfreund Eugen nannte – zurückgelassen hatte, in den Besitz der Dynastie, für die des »Mars Lieblingssohn« gekämpft und gesiegt hatte. Aber vieles ging beim Ausverkauf seines Nachlasses verloren, nicht zuletzt private Papiere und persönliche Briefe.

Die 1763 verschiedene Victoria, die durch das Erbe steinreich geworden war, hatte kein Geld für die Errichtung eines würdigen Grabmals für den Erblasser übrig gehabt. So mußte der Tote die Gruft in der Kreuzkapelle der Stephanskirche mit seinem 1729 verstorbenen Neffen Emanuel teilen. Die Witwe Emanuels, eine Liechtenstein, ließ erst 1754 dem Gemahl und dessen Onkel ein Grabmonument errichten. Für Emanuel fiel es groß genug, für Eugen nicht zu großartig aus.

Die herrlichsten Denkmäler hatte er sich selber gesetzt: Schloßhof, das seit kurzem in neuem Glanz erstrahlt. Den Stadtpalast in der Himmelpfortgasse, der seine Würde auch als Finanzministerium der Republik Österreich kaum eingebüßt hat. Das Belvedere, das Obere Schloß, dessen im Zweiten Weltkrieg erlittene Wunden vernarbt sind, und das Untere Schloß, in dem das Österreichische Barockmuseum seinen Platz hat und die von Eugen bestellte Apotheose steht.

Der Bildhauer Balthasar Permoser wußte, wie ein Barockheld darzustellen war: in Überlebensgröße, mit Harnisch und Perückenpracht, mit Löwenfell und Keule, den Attributen des Herkules, als Feldherr, dem Nike, die Siegesgöttin, die Sonne des ewigen Ruhmes präsentiert, den zu verkünden Fama sich anschickt. Doch die Mündung ihrer Posaune wird von Eugen zugehalten.

Führt in der rechten Faust des Herkuls Heldenkeule,
Und decket sittsamlich durch edlen Widerstand
Der Fama Ruhmtrompet mit seiner linken Hand,
Weil sie die Flügel scheint erfreut empor zu schwingen,
Der Nachwelt seinen Ruhm helltönend vorzusingen.
So deutet ihr der Held hierdurch großmütig an,
Daß er sein eigen Lob nicht wohl ertragen kann.

Was ein Poet zu rühmen wußte, bestätigte Eugen einem Literaten: »So wie Sie meiner Person, die derlei Anerkennung und Lobpreisung nicht verdient, eine allzu hohe Huldigung haben darbringen wollen, möchte ich diese nicht in der Welt durch den Druck mitgeteilt wissen.«

Er war und blieb der edle Ritter, der bei allem Stolz auf die Taten, die er vollbrachte, und aller Pracht, in die er sich hüllte, die Tugenden eines Honnête homme nicht vergaß – der Sonnenprinz, der, wie es in der »Zauberflöte« nachklang, mehr als ein Prinz war: ein Mensch.

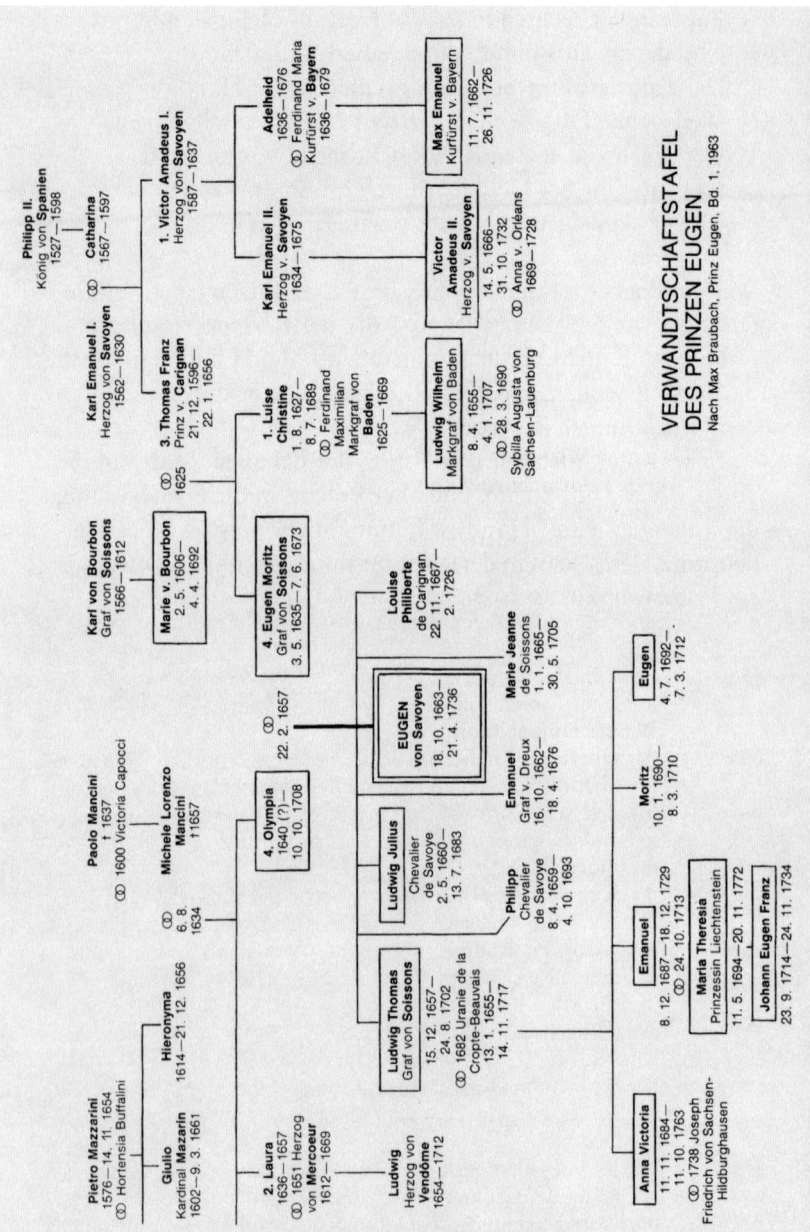

Zeittafel

1663   18. Oktober: Prinz Eugen in Paris als Sohn des Prinzen Eugen Moritz von Savoyen-Carignan, Grafen von Soissons, und seiner Gemahlin Olympia Mancini geboren.

1683   Von König Ludwig XIV. nicht als Offizier in Dienst genommen, tritt Eugen in das Heer Kaiser Leopolds I. ein und nimmt an der Befreiungsschlacht des von den Türken belagerten Wien teil.

1688   Der Feldwachtmeister Prinz Eugen, der sich in der Schlacht bei Mohács (1687) auszeichnete, wird zum Feldmarschall-Leutnant befördert.

1690-96   Mit seinem Vetter, Herzog Viktor Amadeus II. von Savoyen, kämpft Prinz Eugen in Oberitalien; seit 1693 Feldmarschall und 1694 Oberbefehlshaber der dortigen kaiserlichen Truppen.

1695   Prinz Eugen beauftragt Johann Bernhard Fischer von Erlach mit dem Umbau seines im Vorjahr gekauften Palais in der Wiener Himmelpfortgasse.

1697   Als Oberbefehlshaber in Ungarn siegt Eugen am 11. September über die Türken in der Entscheidungsschlacht bei Zenta.

1699   Frieden von Karlowitz: Die Türkei tritt Ungarn, mit Ausnahme des Banats, und Siebenbürgen an Österreich ab, das Großmacht wird.

1701   Nach dem Aussterben der spanischen Habsburger beginnt der bis 1714 dauernde Spanische Erbfolgekrieg. Der österreichische Habsburger kämpft mit England, Holland und deutschen Reichsständen gegen die Bourbonen in Frankreich und Spanien sowie die Kurfürsten von Bayern und Köln. Siege Eugens über die Franzosen bei Carpi und Chiari in Italien.

1702   Die Schlacht bei Luzzara endet unentschieden. – Eugens letzter Bruder Ludwig Thomas fällt als kaiserlicher General bei Landau.

1703   Wechsel des Herzogs von Savoyen aus dem französischen in das Lager der Großen Allianz, die sich unter Führung Österreichs und Englands dem Vormachtstreben des um Spanien verstärkten Frankreich entgegenstellt. – Prinz Eugen wird

	Präsident des Hofkriegsrates, der Obersten Militärbehörde Österreichs; seit 1700 Mitglied der Geheimen Konferenz.
1704	Prinz Eugen und der englische Oberkommandierende Herzog von Marlborough besiegen die Franzosen und Bayern in der Schlacht bei Höchstädt/Blindheim (Blenheim) an der oberen Donau.
1705	Kaiser Joseph I. folgt auf seinen verstorbenen Vater Leopold I. – Eugens Niederlage bei Cassano. – Österreichische Truppen schlagen den bayerischen Volksaufstand nieder.
1706	Durch seinen Sieg bei Turin befreit Eugen die von den Franzosen eingeschlossene Haupt- und Residenzstadt des savoyischen Vetters.
1707	Prinz Eugen wird (bis 1716) Generalgouverneur des Herzogtums Mailand sowie katholischer Reichsfeldmarschall.
1708	Die Franzosen werden von Prinz Eugen und dem Herzog von Marlborough bei Oudenaarde in den spanischen Niederlanden besiegt. Die nordfranzösische Festung Lille wird belagert und eingenommen. – Johann Lucas von Hildebrandt beginnt mit der Erweiterung des Stadtpalastes des Prinzen Eugen, der von Joseph I. zum Generalleutnant befördert wurde (höchster militärischer Rang).
1709	Fortsetzung des Feldzuges in den Niederlanden nach dem Scheitern von Friedensverhandlungen. Eugen und Marlborough siegen in der Schlacht bei Malplaquet.
1710	Wendepunkt des Spanischen Erbfolgekrieges zuungunsten Österreichs. Regierungswechsel in England, das sich mit Frankreich zu verständigen beginnt.
1711	Kaiser Karl VI., der sich als König Karl III. von Spanien nicht durchsetzte, folgt seinem verstorbenen Bruder Joseph I. – Der Friede von Szatmár beendet den 1703 begonnenen Aufstand in Ungarn.
1712	Nach der Entlassung Marlboroughs als englischer Oberkommandierender versucht Eugen in London ohne Erfolg, England im Kriegsbündnis mit Österreich zu halten. – Die Franzosen siegen bei Denain.
1713	Friede von Utrecht zwischen Frankreich und seinen Kriegsgegnern – außer Österreich. England erhält Gibraltar, Menorca und Gebiete in Nordamerika, Philipp V. behält Spanien und dessen Kolonien, Viktor Amadeus II. wird König von Sizilien. – Karl VI. erläßt die Pragmatische Sanktion zur Sicherung der weiblichen Nachfolge und der Unteilbarkeit der Habsburger Monarchie.
1714	Durch den von Eugen ausgehandelten Frieden von Rastatt erhält der österreichische Habsburger die spanischen Niederlande, Mailand, Neapel und Sardinien. – Johann Lucas von Hildebrandt beginnt mit dem Bau des Unteren Belve-

	dere (bis 1716). – Begegnungen zwischen Eugen und dem Philosophen Leibniz (auch 1715).
1715	Tod König Ludwigs XIV. von Frankreich. – Jean-Baptiste Rousseau wird Eugens »Hofpoet«.
1716	Prinz Eugen wird Generalgouverneur der österreichischen Niederlande (bis 1724), die er von Wien aus verwaltet.
1717	Im neuen Türkenkrieg, in dem er 1716 die Schlacht bei Peterwardein gewinnt, erobert der »edle Ritter« nach dem Sieg über das türkische Entsatzheer Stadt und Festung Belgrad.
1718	Im Frieden von Passarowitz tritt die Türkei das Banat, Belgrad, Nordserbien, die westliche Walachei und einen Grenzstreifen in Bosnien an Österreich ab, das seine größte territoriale Ausdehnung erreicht. – Quadrupelallianz zwischen England, Frankreich, Österreich und Holland gegen Spanien, das italienische Gebiete zurückzugewinnen sucht.
1719	Intrigen gegen Eugen in Wien, Verminderung seines Einflusses bei Hof.
1720	Friede zwischen Spanien und der Quadrupelallianz. Österreich tritt Sardinien an Savoyen ab, von dem es Sizilien erhält. – Johann Lucas von Hildebrandt beginnt mit dem Bau des Oberen Belvedere (bis 1722).
1721	Beendigung des Nordischen Krieges (seit 1700): Schweden verliert seine Vormachtstellung, Rußland steigt zur europäischen Großmacht auf. – Der Bildhauer Balthasar Permoser vollendet die »Apotheose« des Prinzen Eugen.
1722	Karl VI. übernimmt die Schutzherrschaft über die Handelskompanie von Ostende, wodurch die Beziehungen zu Holland und England belastet werden.
1723	Johann Lucas von Hildebrandt baut den Bibliothekstrakt in Eugens Stadtpalast (bis 1724).
1725	Das Bündnis zwischen Österreich und Spanien löst ein Gegenbündnis zwischen England, Frankreich und Preußen aus. – Eugen kauft die Herrschaft Hof auf dem Marchfeld und läßt die vorhandene Burg von Hildebrandt zum Schloßhof umbauen (bis 1729).
1726	Nach dem Wiedereintritt des Prinzen Eugen in die außenpolitische Führung Allianz zwischen Österreich und Rußland und Annäherung an Preußen, die 1728 zum Bündnisvertrag von Berlin führt.
1729	Spanien, Frankreich und England schließen den Allianzvertrag von Sevilla, dem Holland beitritt. Kriegsgefahr in Europa.
1731	Eine von Eugen gewünschte und betriebene Wiederherstellung des »alten Systems« wird durch den Wiener Vertrag zwischen Österreich und England ermöglicht. Karl VI. muß die Ostendekompanie auflösen.

1733	Beginn des Polnischen Thronfolgekrieges, der primär ein europäischer Mächtekrieg ist: Frankreich, Spanien und Sardinien gegen Österreich, Preußen und Rußland; England bleibt abseits.
1734	Als Oberbefehlshaber an der Rheinfront erzielt Prinz Eugen keine Erfolge. Begegnung mit Kronprinz Friedrich von Preußen, dem nachmaligen König Friedrich II. – Die österreichischen Besitzungen in Italien gehen bis auf Mantua verloren.
1735	Vorfriede von Wien zwischen Österreich und Frankreich, an dessen Zustandekommen Prinz Eugen nicht beteiligt wird. Österreich verliert Neapel und Sizilien, behält Mailand und erhält Parma und Piacenza. Frankreich legt seine Hand auf Lothringen; dessen Herzog Franz Stephan, der Gemahl Maria Theresias, wird mit der Toskana entschädigt. Der Sachse August III. bleibt König von Polen.
1736	21. April: Prinz Eugen stirbt im Wiener Stadtpalast und wird in der Kreuzkapelle der Stephanskirche bestattet. Das Herz des Savoyers wird in der Superga bei Turin beigesetzt.

Bibliographie

Diese auf dem gegenwärtigen Forschungsstand basierende Biographie ist für einen breiteren Leserkreis geschrieben. Sie enthält keinen wissenschaftlichen Apparat, doch wird im folgenden auf einschlägige, vom Autor benützte und den interessierten Leser weiterführende Literatur verwiesen.

Prinz Eugen

Das grundlegende Werk schrieb Max Braubach: Prinz Eugen von Savoyen. 5 Bde., Wien/München 1963–1965. Was im Untertitel schlicht »Eine Biographie« heißt, ist die umfassendste Darstellung und wichtigste Quelle zum Leben und Wirken des Feldherrn und Staatsmannes, Bauherrn und Sammlers: 1890 Seiten Text, 500 Seiten Anmerkungen, 103 Seiten Register. Zu seinem großen Thema legte Max Braubach auch Einzelstudien vor: Geschichte und Abenteuer. Gestalten um den Prinzen Eugen. München 1950. – Die Geheimdiplomatie des Prinzen Eugen von Savoyen. Köln/Opladen 1962. – Diplomatie und geistiges Leben im 17. und 18. Jahrhundert. Bonn 1969 (darin: Friedrich Karl von Schönborn und Prinz Eugen). – Versailles und Wien von Ludwig XIV. bis Kaunitz. Bonn 1952. – Die Bedeutung der Subsidien für die Politik im Spanischen Erbfolgekrieg. Bonn 1923.

Weiterhin dienlich sind die Quellenwerke: Arneth, Alfred: Prinz Eugen von Savoyen. 3 Bde., Wien 2/1864. – Feldzüge des Prinzen Eugen von Savoyen nach den Feldakten und anderen authentischen Quellen. Hrsg. von der Abteilung für Kriegsgeschichte des k.k. Kriegsarchives Wien. Serie I (Bd. 1–9), Serie II (Bd. 10–20) und Registerband. Wien 1876–1892.

Aufschlußreich sind Kataloge zu Prinz-Eugen-Ausstellungen in Österreich: Heeresgeschichtliches Museum. Wien 1963. – Österreichische Galerie (Prinz Eugen als Freund der Künste und Wissenschaften). Wien 1963. – Österreichische Galerie (Prinz Eugen der edle Reiter. Der Prunkstall des Türkensiegers). Wien 1986. – Marchfeldschlösser Schloßhof und Niederweiden (Prinz Eugen und das barocke Österreich). Wien 1986.

Karl Gutkas, ein Schriftleiter des Katalogs der Ausstellung in den Marchfeldschlössern, gab das Sammelwerk heraus: Prinz Eugen und das barocke Österreich. Salzburg/Wien 1985.

Wolfgang Oppenheimer stellt in seiner Biographie »Prinz Eugen von Savoyen«, München 1979, wirtschaftliche und europapolitische Aspekte heraus. Biographien aus englischer Sicht: Henderson, Nicholas: Prinz Eugen. Der edle Ritter. München 1978, und McKay, Derek: Prinz Eugen von Savoyen. Graz/Wien/Köln 1979. Aus französischer Sicht: Bethouard, Antoine: Eugène de Savoie. Paris 1975.

Heinrich von Srbik interpretiert in seinem Essay »Vom politischen Denken des Prinzen Eugen von Savoyen« (in: Aus Österreichs Vergangenheit. Salzburg 1949) den Savoyer mehr als »Reicher« denn als »Österreicher«. Den besten Essay schrieb Ernst Klett: Ein Herr als Diener. In: Was die Wirklichkeit lehrt. Festschrift zum 70. Geburtstag von Golo Mann. Frankfurt am Main.

Ansprechende Kombinationen von Bild und Text bieten Mraz, Gerda: Prinz Eugen. Sein Leben, sein Wirken, seine Zeit. Wien/München 1985, und Mraz, Gottfried: Prinz Eugen. Ein Leben in Bildern und Dokumenten. München 1985.

»Prinz Eugen: Briefe, Berichte und Stimmen« wählte Heinrich Kretschmayr aus (München 1940), »Anekdoten um den Prinzen Eugen« sammelte unter dem Titel »Der edle Ritter« Egon Caesar Conte Corti (Berlin 1941). »Prinz Eugen im Urteil Europas. Ein Mythus und sein Niederschlag in Dichtung und Geschichtsschreibung« heißt das wichtige Werk von Helmut Oehler (München 1944).

Die ältere Literatur verzeichnen Böhm, Bruno: Bibliographie zur Geschichte des Prinzen Eugen von Savoyen und seiner Zeit. Wien 1943, und Max Braubach in Band 1 seiner Eugen-Biographie, Wien/München 1963.

Zum Leben und Wirken Eugens

Herkunft und Jugend: Storia del Piemonte. 2 Bde., Torino 1960. – Salvatorelli, Luigi: Casa Savoia nella storia d'Italia. Milano/Roma 1945. – Lavisse, Ernest: Louis XIV. 2 Bde., Paris 1978. – Goubert, Pierre: Ludwig XIV. und zwanzig Millionen Franzosen. Berlin 1973. – Burckhardt, Carl J.: Der Honnête Homme. Das Eliteproblem im 17. Jahrhundert. In: Gestalten und Mächte. München 1941. – Schulte, Aloys: Die Jugend Prinz Eugens. Mitteilungen des Instituts für österreichische Geschichtsforschung 13. Innsbruck 1892.

Der Feldherr: Broucek, Peter – Erich Hillbrand – Fritz Vesely: Prinz Eugen. Feldzüge und Heerwesen. Wien 1986. – Gesellschaft für österreichische Heereskunde: Prinz Eugen. Heereskundliches – Kriegsgeschichtliches. Wien 1986. – Allmayer-Beck, Joh. Christoph und Erich Lessing: Die kaiserlichen Kriegsvölker. Von Maximilian I. bis Prinz Eugen 1479–1718. München 1978.– Zimmermann, Jürg: Militärverwaltung und Heeresaufbringung in Österreich bis 1806. In: Deutsche Militärgeschichte 1648–1939. Hrsg. vom Militärgeschichtlichen Forschungsamt. Band 1, Freiburg 1965. – Regele, Oskar: Der österreichische Hofkriegsrat 1556–1848. Wien 1949. – Kerchnawe, Hugo: Prinz Eugen von Savoyen. Eine militärbiographische Studie. Prag 1944. – Churchill, Winston S.: Marlborough. 2 Bde., München 1968–1969. – Otruba, Gustav: Prinz Eugen und Marlborough. Wien 1961. – Ritter, Eberhard: Politik und Kriegführung. Ihre Beherrschung durch Prinz Eugen 1704. Berlin 1934. – Parri, Ettore: Vittorio Amadeo II ed Eugenio di Savoia nelle Guerre della Successione spagnuola. Milano 1888. – Koser, Reinhold: Tagebuch des Kronprinzen Friedrich aus dem Rheinfeldzug von 1734. Forschungen zur Brandenburgischen und Preußischen Geschichte 4. Berlin 1891.

Der Staatsmann: Aretin, Karl Otmar von: Die Friedensverhandlungen in Utrecht und Rastatt (1712–1714). In: Historisches Jahrbuch 90, 1970. – Adami, Vittorio: Eugenio di Savoia Governatore di Milano (1706–1716). In: Nuova Rivista Storica IX, 1925. – Benedikt, Heinrich: Kaiseradler über dem Apennin. Die Österreicher in Italien 1700 bis 1866. Wien/München 1964. – Wandruszka, Adam: Österreich und Italien im 18. Jahrhundert. München 1963. – Niessen, Josef: Prinz Eugen von Savoyen als Statthalter in den südlichen Niederlanden (1716–1724). In: Rheinische Vierteljahresblätter 6, 1936. – Benedikt, Heinrich: Als Belgien österreichisch war. Wien/München 1965. – Weber, Ottokar: Die Quadrupelallianz. Wien 1887. – Naumann, M.: Österreich, England und das Reich 1719–1732. Neue Deutsche Forschungen 88, Abt. Neuere Geschichte 3. Berlin 1936. – Prinz Eugen. Eine donauschwäbische Gedenkschrift. Wien 1963. – Mezgolich, Elfriede: Johann Wenzel Graf Wratislaw von Mitrowitz. Diss. Wien 1967. – Holl, Brigitte: Hofkammerpräsident Gundaker Thomas Graf Starhemberg und die österreichische Finanzpolitik der Barockzeit (1703–1715). Wien 1976. – Hantsch, Hugo: Reichsvizekanzler Graf Friedrich Karl von Schönborn (1674–1746). Augsburg 1929. – Gehling, Th.: Ein europäischer Diplomat am Kaiserhof zu Wien: François-Louis de Pesme Seigneur de Saint-Saphorin. Bonn 1964.

Der Bauherr und Sammler: Rizzi, Wilhelm Georg: Prinz Eugen und seine Bauwerke. In: Prinz Eugen und das barocke Österreich. Hrsg. von Karl Gutkas. Salzburg/Wien 1985. – Prinz Eugen und sein Belvedere. Sonderheft der Mitteilungen der Österreichischen Galerie. Wien 1963. – Salomon Kleiner: Das Belvedere in Wien. Hrsg. von Hans und Gertrude Aurenhammer. Graz 1969. – Aurenhammer, Hans und Gertrude: Das Belvedere in Wien. Wien/München 1971. – Heinz, Günther: Die italienischen Maler im Dienste des Prinzen Eugen. In: Prinz Eugen und sein Belvedere. Wien 1963. – Linke R. (Hrsg.): Prinz Eugen und das Marchfeld. Wien 1985. – Ybl, Erwin von: Das Schloß des Prinzen Eugen von Savoyen in Ráckeve. In: Wiener Jahrbuch für Kunstgeschichte 4 (18), 1926. – Sedlmayr, Hans: Johann Bernhard Fischer von Erlach. Wien/München 2/1976. – Grimschitz, Bruno: Johann Lucas von Hildebrandt. Wien/München 1959. – Leitich, Ann Tizia: Vienna Gloriosa. Wien 1947. – Hennings, Fred: Das barocke Wien. 2 Bde., Wien 1965. –

Brucher, Günther: Barockarchitektur in Österreich. Köln 1983. – Matsche, Franz: Die Kunst im Dienst der Staatsidee Kaiser Karls VI., 2 Bde., Berlin/New York 1981. – Winter, Eduard: Barock, Absolutismus und Aufklärung in der Donaumonarchie. Wien 1971. – Suchier, Wolfram: Prinz Eugen als Bibliophile. Weimar 1928. – Hamann, Günther: Prinz Eugen und die Wissenschaften. In: Österreich in Geschichte und Literatur, 1963. – Meyer, Rudolf: Leibniz und die europäische Ordnungskrise. Hamburg 1948.

Österreich zur Zeit Eugens

Allgemeine Geschichte: Uhlirz, Karl und Mathilde: Handbuch der Geschichte Österreichs und seiner Nachbarländer Böhmen und Ungarn. 4 Bde., Graz/Leipzig/Wien 1927–1944. – Redlich, Oswald: Weltmacht des Barock. Österreich in der Zeit Kaiser Leopolds I. Wien 4/1961. – Ders.: Das Werden einer Großmacht. Österreich von 1700 bis 1740. Wien 4/1962. – Mikoletzky, Hanns Leo: Österreich. Das große 18. Jahrhundert. Wien 1967.

Herrscher und Hof: Vacha, Brigitte (Hrsg.): Die Habsburger. Verfaßt von Walter Pohl und Karl Vocelka. Graz/Wien/Köln 1992. – Wandruszka, Adam: Das Haus Habsburg. Wien/Freiburg/Basel 1978. – Hamann, Brigitte (Hrsg.): Die Habsburger. Ein biographisches Lexikon. Wien/München 4/1988. – Spielman, John P.: Leopold I., Graz/Wien/Köln 1981. – Ingrao, Charles W.: Josef I., Graz/Wien/Köln 1982. Rill, Bernd: Karl VI., Graz/Wien/Köln 1992. – Aretin, Karl Otmar von (Hrsg.): Der aufgeklärte Absolutismus. Köln 1974. – Elias, Norbert: Die höfische Gesellschaft. Neuwied 1969. – Kruedener, Jürgen: Die Rolle des Hofes im Absolutismus. Stuttgart 1973. – Ehalt, Hubert Ch.: Ausdrucksformen absolutistischer Herrschaft. Der Wiener Hof im 17. und 18. Jahrhundert. München 1980.

Innere Verhältnisse: Coreth, Anna: Pietas Austriaca. Ursprung und Entwicklung barocker Frömmigkeit in Österreich. Wien 2/1982. – Dittrich, Erhard: Die deutschen und österreichischen Kameralisten. Darmstadt 1974. – Benedikt, Heinrich: Das Finanzwesen unter Karl VI., Wien 1964. – Mensi, Franz von: Die Finanzen Österreichs von 1701 bis 1740. Wien 1890. – Grunwald, Max: Samuel Oppenheimer und sein Kreis. Leipzig 1913. – Schulze, Winfried: Landesdefension und Staatsbildung. Graz/Wien/Köln 1973. – Wessely, Kurt: Die österreichische Militärgrenze. Kitzingen 1954. – Benedikt, Heinrich: Das Königreich Neapel unter Kaiser Karl VI., Wien 1927. – Turba, Gustav: Die Pragmatische Sanktion. Wien 1913.

Auswärtige Beziehungen: Eickhoff, Ekkehard: Venedig, Wien und die Osmanen. Umbruch in Südosteuropa 1645–1700. München 1970. – Die Türken vor Wien. Europa und die Entscheidung an der Donau 1683. Salzburg/Wien 1982. – Barker, Thomas M.: Doppeladler und Halbmond. Entscheidungsjahr 1683. Graz/Wien/Köln 1982. – Srbik,

Heinrich von: Wien und Versailles 1692–1697. München 1944. – Ders.: Der staatliche Exporthandel Österreichs von Leopold I. bis Maria Theresia. Wien 1907. – Berney, Arnold: König Friedrich I. und das Haus Habsburg (1701–1707). Berlin 1927. – Mecenseffy, Grete: Karls VI. spanische Bündnispolitik 1725–1729. Innsbruck 1934. – Furlani, Silvio und Adam Wandruszka: Österreich und Italien. Wien/München 1973.

Europa zur Zeit Eugens

Handbuch der europäischen Geschichte. Hrsg. von Theodor Schieder. Bd. 4: Europa im Zeitalter des Absolutismus und der Aufklärung. Hrsg. von Fritz Wagner. Stuttgart 1968. Darin Fritz Wagner: Die Einheit der Epoche. Eberhard Weis: Frankreich von 1661 bis 1789. Kurt Kluxen: Großbritannien von 1660 bis 1783. Gerhard Oestreich: Das Reich – Habsburgische Monarchie – Brandenburg-Preußen von 1648 bis 1803. Karl Otmar von Aretin: Italien im 18. Jahrhundert. – Trevelyan, George Macaulay: England under Queen Anne. 3 Bde., London 2/1948. – Gaxotte, Pierre: Ludwig XV. und sein Jahrhundert. München 1954. – Bély, Lucien: Les Relations internationales en Europe (XVIIe– XVIIIe siècle). Paris 1992. – Valsecchi, Franco: L'Italie nel Settecento dal 1714 al 1789. Milano 1959. – Quazza, Guido: Il problema italiano e l'equilibrio europeo 1720–1738. Torino 1965. – Duchhardt, Heinz: Altes Reich und europäische Staatenwelt 1648–1806. München 1990. – Ders.: Gleichgewicht der Kräfte, Convenance, Europäisches Konzert. Darmstadt 1976. – Borner, Wilhelm: Das Weltstaatsprojekt des Abbé de Saint-Pierre. Berlin 1913. – Sutton, John L.: The King's Honor and the King's Cardinal. The War of Polish Succession. Lexington 1980.

Antoine, Michel: Louis XV. Paris 1989. – Wittram, Reinhard: Peter I., 2 Bde., Göttingen 1964. – Hüttl, Ludwig: Max Emanuel. Der Blaue Kurfürst. München 1976. – Czok, Karl: August der Starke und Kursachsen. München 1988. – Frey, Linda und Frey, Marsha: Friedrich I., Preußens erster König. Graz/Wien/Köln 1984. – Oestreich, Gerhard: Friedrich Wilhelm I., Göttingen 1977. – Schieder, Theodor: Friedrich der Große. Berlin 1983. – Herre, Franz: Maria Theresia. Köln 1994.

Personenregister

Achmed III., Sultan 211
Achmet Pascha, s. Bonneval
Adelheid von Savoyen 36
Agneessens, Franz 254
Albemarle, Arnold Joost van Keppel, General 190
Alberoni, Giulio, Kardinal 245
Alexander d. Große 21, 178, 373
Allard, Abraham 194
Althann, Graf Gundaker 289, 321
Althann, Graf Michael Johann von 240, 244–246, 255, 321
Altomonte, Martino 35, 273–274
Amalia Wilhelmine von Braunschweig-Lüneburg, Prinzessin 89
Anna, Königin von England 116, 123, 132, 148, 155, 172, 182, 185, 187, 206, 377
Aristoteles 295
Asfeld, Claude-François d' 353
Auerbach, Johann Gottfried 88, 175, 225, 269, 354
August der Starke, s. Friedrich August I.
Augustinus 305
Aved, J. 299

Bartenstein, Johann Christoph von 346, 359–361, 365
Batthyány, Graf Adam 316
Batthyány, Graf Karl 318
Batthyány, Graf Ludwig 318
Batthyány, Gräfin Eleonore 316–320, 323, 367

Berge, Pieter van den 267–268
Berkentin, Christian August von 352
Bernini, Giovanni Lorenzo 295
Berwick, James Fitzjames, Herzog von 153, 353
Biron, Charles-Armand von Contaut, Herzog von 158
Bischoff, Engelbert 115, 118
Bleauw, Jan 294
Bolingbroke, Henri Saint-John 184–185
Bonneval, Comte Claude-Alexandre de, auch: Achmet Pascha 256–257, 313
Borromeo, Carlo 234
Bossuet, Jacques-Bénigne 295, 297
Bouillon, Godefroi-Maurice, Herzog von 14
Bourbon-Soissons, Marie von 11–12, 20
Bourg, Jean-Baptiste Radiguet, du 297, 318
Boyet, Étienne 292
Braubach, Max 133, 159
Bredael, Jean-Pierre 291
Breuner, Graf Seyfried 215
Burckhardt, Jacob 30
Burgund, Ludwig, Herzog von 157
Burnet, Gilbert, Bischof 187
Bussy, François von 335

Caesar, Julius 21, 64, 157, 230, 355, 373

Calvin, Johann 305
Canaletto (eigent. Bernardo Bellotto) 261, 287, 290
Caprara, Graf Enea Silvio 50, 54
Cardona, de Folch, Antonio 240
Carlone, Carlo 280, 288
Carlos, Herzog von Parma, König von Neapel, als König von Spanien Karl III. 327, 335, 352, 364
Castlereagh, Robert Stewart, Lord 376
Catinat, Nicolas, Herzog von 50–53, 107, 109–110
Cato 359
Catt, Henri de 357
Chiarini, Marc Antonio 274
Christian Ernst von Brandenburg-Bayreuth, Markgraf 154
Churchill, Winston 126, 130, 159, 179
Clemens XI., Papst 214, 218, 305
Colonna, Lorenzo, Fürst 14
Colyer, Jakob 229
Commercy, Karl Franz, Prinz von 114
Contades, Georges-Gaspard von 200
Conti, Louis-Armand Prinz 26
Corneille, Pierre 18
Covens, L. 108
Crespi, Giuseppe Maria 267

Damad Ali 211, 216
Dancourt, Florent 22
Daun, Graf Wirich 146, 150
Delsenbach, Johann Adam 212
Descartes, René 18, 295, 308
Deshayes, Cathérine 16
Doderer, Heimito von 312
Dorigny, Louis 270
Dou, Gerrit 269
Drummond, Agent 184
Dyck, Anthonis van 11, 269

Eikhout, G. van der 167
Eleonore Magdalena, römisch-deutsche Kaiserin 37, 44, 174, 347
Elisabeth Farnese, Königin von Spanien 325, 335
Erasmus von Rotterdam 295

Fabius Cunctator 355
Fanti, Gaetano 274
Fénelon, Erzbischof von Cambrai 162
Ferdinand I., römisch-deutscher Kaiser 166
Ferdinand II., römisch-deutscher Kaiser 238
Ferdinand Maximilian, Markgraf von Baden 12
Fischer von Erlach, Johann Bernhard 74, 140, 232, 264–265, 286, 316, 381
Fleischmann, Anselm Franz von 214
Fleury, André-Hercule von, Kardinal 333–334, 337, 363
Foscarini, Marco 345
François de Sales 23
Franz II. Rákóczi, Fürst 117, 228
Franz Joseph I., Kaiser von Österreich7
Franz Stephan von Lothringen, Herzog, später Kaiser Franz I. 348, 364, 367, 384
Friedrich, Erbprinz von Hessen-Kassel, später König von Schweden 160
Friedrich II., König von Preußen (der Große) 64, 99, 112, 226, 302, 315, 355–358, 361, 372–375, 378, 384
Friedrich III. von Brandenburg, Kurfürst, ab 1701 Friedrich I., König in Preußen 98, 148, 171
Friedrich III., römisch-deutscher Kaiser 164

Friedrich IV., König von Dänemark 99
Friedrich August I., Kurfürst von Sachsen (der Starke), als König von Polen August II. 54–55, 93–94, 99, 347
Friedrich August II, Kurfürst von Sachsen, als August III. König von Polen 348, 384
Friedrich Wilhelm I., König von Preußen 160, 319, 327, 331–334, 349, 355–356
Friedrich Wilhelm von Brandenburg (der Große Kurfürst) 92, 98
Fuensalida, Antonio Lopez de Ayala 45
Fugger, Jakob 56
Fux, Johann Joseph 343

Garelli, Pius Nikolaus 367, 369
Garofalo, Biagio 293
Georg II., König von England, Kurfürst von Hannover 337
Georg Ludwig, Kurfürst von Hannover, ab 1714 Georg I., König von England 154–156, 206
Giovanni Gasto, Großherzog von Toskana 44
Goethe, Johann Wolfgang 235
Goslinga, Sicco van 157, 159
Gramont, Antoine de 77
Grumbkow, Friedrich Wilhelm von 130, 310, 331
Günther, Johann Christian 235
Gustav Adolf, König von Schweden 373

Halil Pascha 221
Hamel Bruynincx, Jacob Jan 196
Hannibal 373
Harley, Robert, Earl of Oxford 184
Harrach, Graf Johann Joseph von (Feldmarschall) 287
Harrach, Graf Ferdinand Bonaventura von (Obristhofmeister) 86
Hegel, Georg Wilhelm Friedrich 9
Heinrich IV., König von Frankreich 304
Heinsius, Anthony 103, 166–168, 183, 190
Heister, Graf Siegbert von 135
Hem, Laurenz van der 294
Hermann der Cherusker 235
Hermann Markgraf von Baden, Hofkriegsratspräsident 36
Hildebrandt, Johann Lucas von (auch Gian Luca) 74, 89, 234, 264–265, 271, 278, 283, 286–287, 371–372, 382–383
Hobbes, Thomas 203
Hoffmann, Johann Philipp 293
Hohendorff, Georg Wilhelm von 208, 292
Höningk, Friedrich Wilhelm 84–85
Huchtenburg, Jan van 129, 267, 291

Ibrahim Aga 211–213, 229
Innozenz XI., Papst 33
Isabella von Portugal 38

Jakob I., König von England 155
Jakob II., König von England 79
Jansen, Cornelius 305
Johann Georg III., Kurfürst von Sachsen 33
Johann III. Sobieski, König von Polen 33, 132
Johann Wilhelm, Kurfürst von Pfalz-Neuburg 176
Joseph, Clemens, Kurfürst von Köln, Fürstbischof von Lüttich 98
Joseph Ferdinand, Kurprinz von Bayern 81

Joseph I., römisch-deutscher Kaiser 7, 43, 89, 118, 134, 138–140, 142–144, 148–149, 154, 157, 164–165, 172–174, 177–179, 260, 382

Kant, Immanuel 203
Kara Mustafa, Großwesir 32
Karl Albrecht, Kurfürst von Bayern 353
Karl Emanuel III. von Savoyen, König von Sardinien 244, 251
Karl II., König von Spanien 16, 39–40, 80–82, 97, 168
Karl V., römisch-deutscher Kaiser 18, 38, 56, 81, 90, 176, 180, 324, 327
Karl von Bourbon 20
Karl, Herzog von Lothringen 33, 36, 176
Karl XII., König von Schweden 99, 173
Karl, Erzherzog von Österreich, als Karl III. König von Spanien, als Karl VI. römisch-deutscher Kaiser 7, 81, 101, 134, 149, 151, 153, 162, 165, 170, 173–175, 177–181, 188–189, 192–195, 197, 199, 201, 206, 209, 214–215, 218, 220, 229–234, 238–243, 246–247, 252–253, 255, 257, 260, 285, 288, 291, 296, 305, 313, 319, 321, 324, 327–328, 334–341, 343, 345, 347–349, 360, 362, 364–370, 374, 382–383
Karl, Erzherzog, Generalissimus 226
Katharina I., russische Zarin 328
Kaunitz, Graf Dominik Andreas von 86, 95
Kinsky, Graf Ulrich von 86, 103
Kinsky, Graf Philipp von 344
Kleiner, Salomon 275, 279, 281–282, 371

Kneller, Godfrey 186, 269
Koch, Ignaz 330, 366
Königsegg, Graf Lothar Joseph von 352
Küchelbecker, Johann Basilius 237, 271, 274, 283, 315
Kupezky, Johann 269

La Bruyère, Jean de 23
La Feuillade, Louis, Herzog von 146
La Rochefoucauld, François, Herzog von 23, 31
Leganés, Diego Felipez de Guzman, Generalgouverneur, 51
Leibniz, Gottfried Wilhelm 202, 263, 265, 295–298, 307, 383
Leopold I., römisch-deutscher Kaiser 7, 28–32, 34, 36, 43–44, 53–54, 56, 60, 64, 68, 71–72, 77–78, 81–82, 85–86, 89–91, 96–101, 103, 105, 107, 109, 111, 114, 118, 120, 122–123, 127, 131–134, 137–138, 155, 174, 381–382
Leopold von Anhalt-Dessau, Fürst 127, 145, 147
Leopold, Kronprinz (Sohn Karls VI.) 218
Lessing, Gotthold Ephraim 8, 291
Leszczyński, Stanislaus, König von Polen 99, 348, 364
Liechtenstein, Fürst Joseph Wenzel 366
Liechtenstein, Fürst Karl Eusebius 237, 260, 276, 289
Liselotte von der Pfalz 21–22, 42, 73, 125, 146, 158, 169, 191
Löwenstein, Graf Maximilian Karl 132
Luc, Charles-François du 206, 236, 241, 300, 316, 318
Ludwig von Württemberg, Prinz 289

Ludwig Wilhelm von Baden 12, 18, 28, 33–34, 43–44, 54, 109, 123–124, 127–128, 134, 154, 198
Ludwig XIII., König von Frankreich 247
Ludwig XIV., König von Frankreich 11–16, 18–19, 21, 24–28, 41–42, 49, 51–52, 54, 77–78, 80–81, 83, 85, 90, 94, 97–98, 105, 109–110, 112, 116, 140, 148, 154, 157, 159, 162–163, 165–170, 176, 185, 188–189, 193, 197, 199–200, 202, 205–207, 260, 296, 303, 305, 307, 336, 381, 383
Ludwig XV., König von Frankreich 348, 364
Luise Christine von Baden 20
Luxembuorg, Herzog François-Henri von 79

Machiavelli, Niccolò 313–314
Mancini, Hortensia 14
Mancini, Laura 14, 112
Mancini, Maria 14
Mancini, Maria Anna
Mancini, Olympia (Mutter Prinz Eugens) 12–17, 20, 25, 38, 381
Mandat, Jean Galyot von 236
Mansfeld, Graf Heinrich Franz von 86, 106, 115, 118–119, 138, 240
Mantua, Herzog Karl Ferdinand von 105
Marc Aurel 295, 312–314, 365
Marcillac, François de 23
Maria (Tochter von Jakob II. von England, Gemahlin von Wilhelm III. von England) 79
Maria Antonia (Gemahlin Max Emanuels von Bayern) 40
Maria Theresia (auch Teresa), Königin von Frankreich 15, 77

Maria Theresia, Erzherzogin von Österreich, Königin von Ungarn und Böhmen, Gemahlin des römisch-deutschen Kaisers Franz I. 173, 220, 260, 285, 321, 327, 335, 337–338, 347–348, 360–361, 364, 367–368, 374–375, 378, 384
Marie Louise, Königin von Spanien 17
Mariette, Pierre-Jean 292
Marlborough, John Churchill, Herzog von 66–67, 101–102, 104–105, 113, 116, 123–129, 131–134, 143–144, 148, 153, 155–160, 163–164, 166, 169, 171–172, 177, 181–189, 192, 207, 235, 322
Marsigli, Graf Ludwig Ferdinand 71
Max Emanuel von Bayern, Kurfürst 16, 33, 36–38, 40–41, 43, 48, 87, 94, 98, 116–117, 123, 128, 131, 136, 219, 227, 253, 353
Maximilian I. Joseph, König von Bayern 117
Mazarin, Jules (Kardinal und Minister) 14
Mechmed IV., Sultan 32
Medici, Katharina von 18–20
Mehmed Aga 229
Meilleraye, Armand-Charles, Herzog von Mazarin 14
Mélac, Ezéchiel 43
Mercoeur, Herzog von 14, 112
Mercy, Graf Claudius Florimund 220, 342, 352
Merkur 273, 276, 341
Merode-Westerloo, Graf Johann Philipp Eugen von 255
Metternich, Klemens Wenzel Lothar Fürst von 376
Molière 18
Moltke, Helmuth Graf von 64
Montagu, Lady Mary 74, 322

Montecuccoli, Graf Raimund von 57
Montesquieu 237, 283, 307–308, 311
Moor, Carel 269
Mörmann, Franz Hannibal von 366
Mortiers, C. 108
Muratori, Ludovico Antonio 235
Mustapha II., Sultan 61–62, 72
Mustapha Pascha 218, 221, 227–228

Napoleon I. Bonaparte 55, 64, 66, 117, 191, 202, 373
Narbonne, Pierre 205
Nasif Mustapha 323
Nimptsch, Graf Johann Friedrich 244–246

Oppenheimer, Samuel 56, 119
Orléans, Herzog Philipp von, Regent von Frankreich 146, 205, 207–208
Ormonde, James Butler, Herzog von 185, 188, 190
Öttingen, Graf Wolfgang 71
Ovid 203

Pálffy, Graf Karl von 51
Palladio 263–264
Palm, Karl Joseph von 293
Pariati, Pietro 343
Parma, Prinz Alexander von 16
Parrocel, Jacques-Ignace 63, 291
Pascal, Blaise 18, 21
Passionei, Domenico 322, 367, 369, 372
Pedro II., König von Portugal 153
Peikhardt, Franz, Pater 306, 310, 369, 373
Pendterriedter, Johann Christoph von 207–208
Permoser, Balthasar 378, 383
Pesne, Antoine 93, 332

Peter der Große, russischer Zar, 76, 89, 99, 153, 210, 328
Peutinger, Konrad 293
Philibert, Pater 288
Philipp II., König von Spanien 18, 38, 180
Philipp III., König von Spanien 81
Philipp IV., König von Spanien 81
Philipp V.(von Anjou), König von Spanien 81–82, 97–98, 101, 105, 134, 153, 162, 165, 168, 170, 178, 189, 195, 208–209, 227, 240–241, 245, 324–325, 327, 382
Philipp, Pfalzgraf Wilhelm von Neuburg 44
Plato 295
Plessy, Claude le Fort du 283, 287
Pò, Giacomo del 280, 284, 373
Pöllnitz, Karl Ludwig von 311
Portland, Lady 187
Poussin, Nicolas 18
Prié, Ercole Giuseppe Turinetti, Marchese di 152, 251, 254–258, 302, 306, 311
Prié, Piana di Saluzzo 256, 258
Pufendorf, Samuel von 91, 95

Racine, Jean 18, 23
Ranke, Leopold von 79
Rasponi, Oratio 218
Reni, Guido 267
Rialp, Ramon Perlas de Vilana, Marques de 240–241
Richelieu, Armand du Plessis, Herzog von 238–239, 247, 308
Richelieu, Herzog von (frz. Gesandter in Wien) 289
Ritschel, E. 317
Robinson, Thomas 336, 365
Rosenberg, L.F. de 266

Rouillé de Marbeuf, Pierre 163, 166
Rousseau, Jean-Baptiste 256, 271, 293–294, 299–304, 311, 316, 383
Ruzzini, Carlo 64

Sachsen-Hildburghausen, Prinz Joseph Friedrich von 377–378
Sachsen-Lauenburg, Anna Maria Franziska von 44
Sachsen-Lauenburg, Herzog Julius Franz von 43
Sachsen-Lauenburg, Sybilla Augusta von 44
Saint-Julien, Graf Albrecht 285
Saint-Luc, Jacques de 320
Saint-Maurice, Thomas-François, Marquis de 20–21
Saint-Pierre, Abbé Charles-Irénée Castel de 202, 328, 376
Saint-Saphorin, François-Louis de Pesme, Baron von 242, 245, 247–248, 345
Saint-Simon, Louis de Rouvroy, Herzog von 162
Salaburg, Graf Gotthard Heinrich 117
Salm, Karl Theodor, Fürst von 140, 144, 148, 170
San Tommaso, Giuseppe Gaetano Carron, Marchese di 244, 247
Sarah Jennings (Ehefrau des Herzogs von Marlborough) 148, 172
Savoyen-Carignan-Soissons, von
– Emanuel (Neffe) 344, 378
– Emanuel Philibert (Onkel) 12, 27
– Eugen (Neffe) 188, 377
– Eugen Moritz (Vater) 12, 14–15, 17, 381
– Josef Emanuel (Onkel) 12
– Ludwig Julius, (Bruder) 27
– Ludwig Thomas (Bruder) 115, 188
– Thomas Franz (Großvater) 11–12, 20, 36, 269
– Victoria (Nichte) 377–378
Schiller, Friedrich 285
Schlick, Graf Leopold 71
Schönborn, Graf Friedrich Karl von, Reichsvizekanzler, Fürstbischof von Bamberg und Würzburg 95, 235, 259, 288–289, 321, 344
Schönborn, Graf Lothar Franz von, Kurfürst von Mainz und Reichserzkanzler 259, 262
Schuppen, Jakob van 11, 269
Seckendorff, Graf Friedrich Heinrich von 331, 333–334, 350, 366
Sedelmayer, Jeremias Jakob 371
Seneca 295
Sévigné, Maria de Rabutin-Chantal, Marquise de 16
Silva-Tarouca, Emanuel 322
Silvester II., Papst 91
Sinzendorf, Graf Philipp Ludwig von 161, 164, 173–174, 180, 189, 201, 247, 328, 334–336
Solimena, Francesco 280, 288, 339
Somer, Kunsthändler 267
Sophie, Kurfürstin von Hannover 125, 155
Stanhope, Lord James 209
Starhemberg, Ernst Rüdiger von 54, 86
Starhemberg, Graf Guido von 60, 107, 115, 119, 143
Starhemberg, Graf Gundaker von 86, 119–120, 247
Starhemberg, Gräfin Maria Josepha 286
Steele, Richard 187, 236
Stella, Graf Rocco 240
Stephan I., König von Ungarn 91
Strafford, Lady 187
Strafford, Thomas Wentworth, Lord 183–184

Strattmann, Graf Theodor Heinrich von 316, 320
Strattmann, Gräfin Eleonore von 320, 323
Sutton, Robert 229
Swift, Jonathan 183–184, 187, 295

Tallard, Camille 127–128, 130
Talleyrand, Charles-Maurice, Herzog von Périgord 376
Talman, Leopold von 228–229
Tarouca, Emanuel da Silva Conde 322
Tarouca, Johann Gomes da Silva Conde 321, 369
Tedeschi, Giovanni Prospero 245–246
Theil, Jean Gabriel du 369
Theresia Kunigunde (Gemahlin Max Emanuels von Bayern) 132
Thiel, Johann von 71
Thomas von Aquin 295
Torcy, Jean-Baptiste, Marquis de 166–169
Turenne, Henri de la Tour d'Auvergne, Vicomte de 373

Vauban, Sébastien le Prêtre, Marquis de 21, 159, 162
Vendôme, Louis Joseph de Bourbon, Herzog von 18, 112–114, 137, 141–142, 144, 154, 157
Viktor Amadeus II., Herzog von Savoyen, König von Sardinien 11, 18, 37, 39, 43, 45–47, 50, 52–53, 105, 110, 114, 136, 141, 144, 146, 151–152, 192, 243–244, 251, 381–382
Villars, Louis Hector, Herzog von 87, 89–90, 97, 106, 116–117, 160, 190–191, 197–200, 202, 205, 241, 306, 330
Villeroy, François de Neufville, Herzog von 110–112
Virmond, Graf Damian Huger 228–229
Vitruv (Marcus Vitruvius Pollio) 263
Voltaire, François Marie Arouet 22, 26, 169, 302–304, 307

Waldstein, Graf Karl Ferdinand von 86
Wallenstein, Albrecht von 57, 238–239
Walpole, Robert 337
Werff, Adrien van der 102
Widukind, Herzog von Sachsen 18
Wilhelm von Oranien, als Wilhelm III. König von England 78–79, 81, 100–101, 111, 116, 195
Winckelmann, Johann Joachim 273
Wratislaw von Mitrowitz, Graf Johann Wenzel 87–88, 103–104, 124, 132, 138, 140–141, 154, 165, 170, 173–174, 180–181, 192, 248

Bildquellennachweis

Albertina, Wien: S.93, S.231, S.279;
Bayerischer Schulbuch-Verlag: Vorsatzkarte
Bayerische Staatsgemäldesammlungen, München: S.19;
Historisches Museum, Wien: S.35, S.63, S.212, S.233, S.268, S.275, S.281, S.282, S.284, S.371;
Kunsthistorisches Museum, Wien: S. 225, S.261, S.290;
Österreichische Nationalbibliothek, Wien: S.13, S.29, S.47, S.102, S.175;
Österreichisches Staatsarchiv, Kriegsarchiv, Wien: S.70, S.108, S.266;
Stift Seitenstetten: S.217;
Verlagsarchiv: S.88, S.167, S.194.
Rechteinhaber, die wir nicht ermitteln konnten, bitten wir, sich beim Verlag zu melden.